21세기 한반도 평화연구의 쟁점과 전망

21세기 한반도
평화연구의 쟁점과 전망

Beyond Confrontation,
Toward Cooperation

박영준(한국평화학회 회장) 엮음 ┃ 광중잉·요코야마 마사키·박영준·김준석·홍태영·
이동선·백선우·고봉준·남기정·이승주·조동준·이혜정·한용섭·김영호·서보혁 지음

한울
아카데미

차 례

서 문

한국평화학회의 다섯 번째 연구 총서를 세상에 내놓는다. 한국평화학회는 1998년 최상용, 하영선, 문정인, 한용섭, 김영호 교수님 등 선배 학자들의 주도로 창립되었다. 일본과 중국 등 주변 국가들을 보면 평화 문제를 연구하는 전문적인 학회가 활발하게 활동하고 있는데, 역사상 다른 나라를 침략한 적이 없다고 자부하는 한국에서 평화 문제를 학제적으로 연구하는 학술 모임이 없어서 되겠는가 하는 문제의식이 학회 창립의 계기가 된 것으로 안다.

창립 이후 평화학회는 꾸준하게 관련 학술회의를 개최하며 모은 성과들로 주목할 만한 연구서들을 한국 사회에 내놓았다. 『21세기 평화학』(하영선 엮음, 풀빛, 2002), 『동아시아의 전쟁과 평화』(문정인·김명섭 엮음, 연세대학교 출판부, 2006), 『미중 경쟁시대의 동북아 평화론: 쟁점, 과제, 구축전략』(한용섭 엮음, 아연출판부, 2010), 『21세기 미·중 패권경쟁과 한반도 평화』(김영호 엮음, 성신여자대학교 출판부, 2015) 등의 저작들이 그것이다.

그럼에도 2020년 시점에서 보아 한반도와 동아시아는 잠재적인 갈등과 대립 구조에서 여전히 벗어나지 못하고 있다. 미국과 중국이 연출하는 전략적 경쟁 혹은 '신냉전' 상황은 한반도에도 짙은 그림자를 드리우고 있다. 남북한 간에도 그동안 정상회담과 상호 합의가 수차례 있었지만, 북한의 비핵화와 한반도 평화체제 구축은 아득한 일로 느껴진다. 평화학회의 2010년판 총서에서는 서문에서 "왜 한반도와 동북아에서는 평화체제가 수립되지 못하고, 갈등과 경쟁의 질서 속에 머무르고 있는가"라는 물음을 던졌지만, 여전히 이 질문은 현재진행형이다.

이러한 관심에서 평화학회는 2017년 6월 21일에 서울대학교 국제대학원에서 동북아역사재단의 후원하에 국제 학술회의를 열어 중국, 일본, 한국의 연구자들이 참가한 가운데 각국 평화론의 전개와 동아시아 국가 간 분쟁의 현실과 평화 가능성을 검토했다. 그리고 같은 해 9월 28일에는 국방대학교 캠퍼스에서 국방대학교 안보대학원과 한국국제정치학회가 공동으로 학술회의를 열었다. 여기서 국제 질서상의 전쟁과 평화체제 사례를 검토하면서 한반도 평화체제 구축을 위한 시사를 얻고자 했다. 그 뒤에 주지하는 것처럼 문재인 정부가 한반도 평화 프로세스 정책을 적극 추진했다. 이에 학회는 2020년 6월 10일에 다시 국방대학교에서 소규모 세미나를 열어 그동안 진행된 문재인 정부의 한반도 평화체제 구축의 성과와 한계를 평가하는 자리를 가졌다.

평화학회의 이번 다섯 번째 총서는 2017년 이후 세 번에 걸쳐 학회가 주관해 개최한 학술회의의 성과를 모은 것이다. 제1부에 실린 세 편의 논문들은 각각 한국, 중국, 일본에서 전개되고 있는 평화론의 흐름들을 개관하면서, 현재적 함의를 검토하고 있다. 제2부에 실린 두 편의 논문들은 국제정치사의 흐름 속에서 나타난 전쟁과 평화의 사례들을 검토하면서, 국제평화체제가 갖추어야 할 요건들을 점검하고자 했다. 제3부에 실린 다섯 편의 논문들은 21세기 동아시아 질서에서 나타나는 잠재적 분쟁과 협력의 쟁점들을 검토하면서, 평화의 가능성들을 찾아보고 있다. 제4부에 실린 네 편의 논문들은 남북한에서 각기 생각하는 평화의 개념과 관련 정책들을 검토하고, 한반도 평화를 위한 우리의 평화 전략을 제안하고자 했다.

일찍이 평화학회의 2002년판 총서는 서문에서 세계 갈등의 중심에 놓인 한반도가 지구상의 그 어떤 공간보다 21세기 평화학을 필요로 하고 있다면서, 새로운 평화학은 "경직화된 전략연구와 비현실적 평화연구"를 넘어서야 한다고 제언한 바 있다. 지난 2017년 이래 학회가 개최해 온 세 차례의 학술회의와 그 결과로 이 책에 수록된 논문들이 가진 문제의식이 20여 년 전 첫 번째 총서에서 야심 차게 제기한 한국 평화연구의 과제를 나름대로 계승하는 방식이 아닐

까 생각한다.

도서 발간에 즈음해 2017년 국제 학술회의의 기조연설을 맡아주신 초대 학회장 최상용 고려대학교 명예교수님, 중국 팡중잉(龐中英) 교수님, 일본 요코야마 마사키(横山正樹) 교수님을 포함해서 학회의 문제의식에 공명해 그동안 발표와 토론을 맡아주신 연구자님들과 학회 활동을 지원해 주신 동북아역사재단 등 단체들에 감사의 인사를 드린다. 학술서 발간의 수고를 맡아주신 한울엠플러스(주)의 윤순현 차장님과 조일현 편집자 등에게도 깊은 감사를 드린다. 도서 기획과 편집을 책임진 학회장으로서 이 총서가 보다 일찍 간행되도록 노력을 기울여야 했는데, 여러 사정으로 늦어지게 되었다. 집필진과 관계 기관에 깊은 양해를 구한다. 부디 이 총서에 담긴 문제의식들이 21세기 한반도 평화연구에 새로운 지평을 여는 마중물이 되기를 바란다. 그리고 미·중 사이의 신냉전 상황과 북한의 핵 능력 강화에 대응하면서 한반도 평화체제를 구축해야 할 중첩적 과제를 안고 있는 정책 담당자들에게도 유의미한 기여가 되기를 기대한다.

2021년 2월 20일
한국평화학회 회장 박영준

권두언

평화 상태의 개념에 대하여* **

최상용(한국평화학회 초대 회장, 고려대학교 명예교수)

오늘 이 자리에 모이신 나라 안팎의 평화연구자 여러분 반갑습니다. 저는 평소에 이론적으로는 평화 사상을 연구해 왔으며, 실천 과제로는 한반도 평화의 조건을 구명하고 한국의 평화통일을 위한 외교의 역할에 깊은 관심을 갖고 있습니다.

오늘 회의는 주로 평화 이론에 대한 논의라고 들었습니다. 그래서 저도 거기에 맞추어 평화의 개념에 대한 저의 생각을 간단하게 말씀드리고자 합니다. 여러분도 잘 아시다시피 평화는 정치철학에서 이야기하는 이른바 영원한 물음(perennial questions) 중 하나입니다. 평화는 자명한 윤리적 가치이며 정치 영역

---

* 이 글은 한국평화학회가 2017년 6월 21일에 주최한 국제 학술회의에서 발표된 기조연설문이다 — 엮은이.

** 이 글은 평화, 중용, 민주주의에 대한 필자의 연구에 바탕을 두고 있다. 최상용, 『평화의 정치사상』(나남, 1997); Choi Sang-Yong, *A Political Philosophy of Peace*(UNESCO, 2000); 최상용, 『중용의 정치사상』(까치, 2012); 양승태, 「中庸과 平和라는 영원한 질문을 향한 영속적인 知的 여정」, 최상용, 『중용의 삶』(종문화사, 2016); 최상용, 「정치에서 보편과 특수의 문제」, 양승태 외, 『보편주의: 새로운 세계를 위한 정치사상사적 성찰』(책세상, 2016).

에서는 정의와 함께 최우선 실천 과제이기 때문입니다.

사람들은 일상생활 속에서 평화를 공기처럼 당연한 것으로 느끼기 쉽습니다. 그러나 대기오염이 심각해 건강에 위협이 되면 맑은 공기의 귀중함을 실감하게 됩니다. 평화도 마찬가지입니다. 전쟁의 비참을 체험한 사람들이 또다시 전쟁의 공포에 시달리게 되면 평화의 소중함을 더욱 절감하게 됩니다.

한반도는 세계 냉전사의 최대 희생물이고 지금도 동족상잔의 전쟁이 빚은 후유증이 심각해 한국 사회의 상생과 통합에 걸림돌이 되고 있습니다. 그렇기 때문에 우리는 어떤 경우에도 제2의 한국전쟁을 거부하고 한반도 평화와 평화통일을 지향하는 것입니다.

그런데 세계 전쟁사가 말해주듯이 평화는 인간의 근본악(radikale Böse)과 국제사회의 무정부적 속성 탓에 안정된 상태로 오래 유지되기 어려우며 언제라도 위협받을 수 있습니다. 그 때문에 인간(시민, 국민)이 평화 가치를 의식화하고 국가가 정책을 통해 지속 가능한 평화를 만들어나가야 합니다.

그렇다면 우리가 추구하는 가치로서의 평화 상태(state of peace)를 개념적으로 어떻게 설명할 것인가? 다들 아시다시피 정치학, 특히 정치철학의 개념들은 그 내포와 외연, 즉 의미 내용과 적용 범위가 엄밀하지도 않고 명확하지도 않습니다.

저는 논의의 편의상 평화 상태를 세 가지로 나누어 설명하고 있습니다.

첫째, 인명의 존엄이 유지되는 상태로서의 평화입니다. 국제정치학에 인간안보라는 개념이 있지만 정치철학의 언어로 표현하면 인간의 존엄이고, 보다 구체적으로는 인간 생명의 존엄입니다. 이때 생명은 단순한 생존이 아니라 인간다운 삶을 유지하는 존엄한 인명입니다. 따라서 인명의 존엄은 자기 자신의 존엄인 동시에 타자의 존엄으로 기본적으로 평등합니다.

사카모토 요시카즈(坂本義和) 교수는 정치적 유언이라고 할 수 있는 「평화연구의 과제(平和研究の課題)」라는 논문에서 다음과 같이 말했습니다. "평화연구는 인간 생명의 존엄을 축(軸)으로 세계를 변혁해 나가는 끝없는 투쟁"이다.

앞으로 예상되는 무인 전쟁, 로봇 전쟁 시대에 대응하는 평화연구는 인명 존엄의 평등이라는 기준에서 진행해야 한다고 봅니다. 이를테면 자국민의 죽음을 최소화하고 상대국 사람을 많이 죽이는 전쟁은 인명 존엄의 평등이라는 글로벌한 기준에서 볼 때 정당화될 수 없다는 것입니다. 사카모토 교수는 앞으로의 평화연구는 평화의 연구가 아니라 평화를 위한 연구여야 한다고 역설했습니다.

둘째, 전쟁과 구조폭력이 없는 상태로서의 평화입니다.

1970년대 이래 요한 갈퉁(Johan Galtung) 교수를 중심으로 하는 비판적 평화연구 그룹이 전쟁의 부재를 평화로 보는 소극적 평화 개념을 비판한 것은 널리 알려져 있습니다. 그들은 개별 국가와 세계에 엄존하는 각종의 구조폭력이 해소된 상태를 보다 적극적인 의미의 평화로 보고 있습니다.

평화를 만드는 최소한의 필요조건은 전쟁의 부재입니다. 이와 함께 인간이 인간다운 삶을 지속할 수 있는 환경, 즉 구조폭력이 배제된 상태를 추구함으로써 우리는 평화의 충분조건을 갖추어 나가야 할 것입니다.

갈퉁 교수의 구조폭력 개념은 이론적으로나 현실적으로 민주평화 사상으로 이어집니다. 왜냐하면 전쟁을 최소화하고 각종 구조폭력을 줄일 수 있는 정치체제로서의 민주주의와 평화의 관계에 대한 연구는 그 유효성과 한계를 둘러싸고 많은 찬반 토론이 있어왔기 때문입니다. 저는 그동안 민주평화 사상의 연구에서 얻을 수 있는 학문적 시사점을 『평화의 정치사상』에서 밝힌 바 있습니다. 즉, 민주평화 이론을 미국의 외교정책을 정당화하는 이념적 틀에 가두어두지 말고 2500여 년 이어진 민주주의 정치사상의 긴 역사 속에서 민주평화 사상의 연속성을 찾아보자는 것입니다.

제 연구를 토대로 말씀드리자면 "민주주의국가 간에는 전쟁이 없다", "정치체제가 민주적일수록 평화적이다" 등 민주평화 사상의 캐치프레이즈는 아직도 유효성이 있으며 민주주의가 평화의 토대라는 명제의 생명력은 오래 지속될 것입니다.

셋째, 정의가 실현된 상태로서의 평화입니다.

프란시스코(Franciscus) 교황은 평화는 정의의 결과라고 했고, 20세기 최대의 정의론자인 존 롤스(John Rawls)는 공정정의(justice as fairness)론의 방법으로 평화를 설명하고 있습니다. 롤스의 마지막 작품인 『만민법(The Law of Peoples)』(1999)은 정치적 자유주의를 바탕으로 칸트의 『영구평화론(Zum ewigen Frieden)』(1795)과 민주평화 사상을 거의 전면적으로 계승하고 있습니다. 여기서 롤스는 개별 국가나 국민이 아닌 세계의 민중이 공유할 수 있는 정의와 평화의 일반 원칙을 열거하고 있습니다. 그는 민주적이고 양식 있는(reasonable) 세계 각국의 민중이 정의로운 세계(a realistic utopia)에서 평화롭게 살 수 있는 구상을 제시하고 있습니다.

롤스가 공정정의로 평화를 설명했다면 저는 중용정의로 평화를 설명하고자 합니다. 저는 『중용의 정치사상』에서 중용으로서의 정의(justice as mean)가 실현된 상태가 바로 평화라고 설명했습니다. 정의가 무엇인지에 대해서는 다양한 논의가 가능하지만 정치철학사에서 최초의 정의론인 『국가론』의 저자 플라톤(Platon)이나 오늘날 각종 사회경제적 정의론에 깊은 영향을 끼친 아리스토텔레스(Aristoteles)의 정의론에서도 정의가 곧 중용입니다. 정의의 유교적 표현인 인의(仁義)의 핵심 내용도 중용입니다. 그리고 롤스는 그의 정의론을 독단론(dogmatism)과 환원주의(reductionism)의 중용이라고 자리매김하고 있습니다.

중용은 극단을 배제한 중간 영역에서의 최적 판단으로, 인간이 사회생활을 하면서 보편적으로 공유하는 도덕적·정치적 규범입니다. 중용이 인간관계에서나 정치 관계에서 갈등의 최소화를 통한 균형의 유지를 기본 내용으로 한다는 점에서 평화 사상의 기본 내용과 유사합니다. 그리고 중용과 평화는 둘 다 민주주의 정치체제의 성격을 규정짓는 기본적인 가치입니다.

저는 1970년대 이래 '중용은 평화(middle is peaceful)'라는 캐치프레이즈를 제시해 왔습니다. 민주주의 정치체제를 이른바 중용민주주의(Meanocracy)로 재정의했습니다. 그것은 첫째, 인간의 존재론적 상대성(ontological relativity), 즉 인간 능력의 가능성과 한계에 대한 깊은 자각을 토대로, 둘째, 각종 극단주의, 절대주의, 원리주의, 패권주의를 거부하고, 셋째, 다수와 법의 지배를 원칙으로 평화와 중용을 실현하는 정치체제임을 논증한 것입니다.

이처럼 중용정의론의 관점에서 보면 정의는 곧 중용이고, 법치는 중용의 제도화이며, 중용으로서의 정의의 결과가 바로 평화입니다.

제1부

동아시아 평화론의 전개와 현대적 함의

제 1 장

평화로서의 발전, 혹은 발전적 평화
중국 평화론의 전개와 현대적 함의

팡중잉(龐中英, 중국 칭다오 대학 해양발전연구원 원장)

1 | 서론

이 글에서는 중국의 사례를 통해 개발과 평화 사이의 상호 관계를 살펴본다. 개발이라는 관점에서 보면 1949년 이후 중국은 다음의 세 단계를 거쳤다. 1949년에서 1979년까지의 개발 전(前) 단계, 1979년에서 2012년까지의 개발 단계, 마지막으로 2012년 이후 현재까지의 신(新)개발 단계다.

개발 전 단계의 중국은 세계에서 가장 가난한 국가 가운데 하나였다. 한국전쟁에 참전했던 중국은 1954~1955년 인도, 인도네시아, 미얀마 등 아시아-아프리카 국가들과 함께 평화공존(Peaceful Co-existence)을 주창하게 된다. 하지만 1962년 중국은 인도와 국경분쟁에 휘말린다. 또한 1960년대에 중국은 소련 및 미국과 최악의 관계에 놓이는 동시에 국내적으로는 문화혁명을 겪게 된다. 문화혁명은 1966년에서 1976년까지 10년간 지속되었다. 중국과 소련의 관계는 계속 악화되어 1960년대 말에는 국경에서 무력 분쟁이 발생했다. 중국은 동남아시아와 아프리카에 공산혁명을 수출했는데, 이 때문에 구(舊) 아세안(ASEAN: Association of Southeast Asian Nations) 국가들과 갈등을 겪기도 했다. 중국은 베트남전쟁에서 미국의 침략에 대항해 북베트남 정부를 지원했다. 하지만 1979년에는 중국-베트남 전쟁이 발생했다. 1970년대 초 중국은 미국과 관계 정상화 협상을 시작했다. 마오쩌둥(毛澤東)이 제시한 '세 개 세계론(Three Worlds)'에 힘입어, 중국은 제3세계 국가들(비동맹국) 및 서유럽 국가들[당시 유럽경제공동체(EEC)]과의 관계를 향상시켰다.

중국의 근대화, 즉 진정한 의미의 개발은 1980년대 초 공식적으로 시작되었다. 그 뒤 30여 년의 개발 기간이 지난 현재 중국은 아직 전형적인 개발도상국에 불과하다. 하지만 개발의 결과는 현저하다. 중국은 세계 제2위 경제 대국이자 세계 최대 무역국으로 성장했다. 또한 중국은 현재 주류 국제 질서인 자유주의 국제 질서(liberal world order) 안에 편입되어 있으며, 그 안에서 국제 공공재(public goods)의 제공을 주도하고 있다. 적어도 무역과 투자 부문에서 보면 중국이 미국보다 자유주의 국제 질서에서 더 중추적인 역할을 맡고 있다.

그렇다면 중국의 발전이 평화에 어떤 영향을 미칠까? 저명한 현실주의 국제 정치학자인 찰스 글레이저(Charles Glaser)는 중국의 발전은 새로운 강대국의 부상을 의미하며, 이는 평화가 아닌 전쟁으로 이어질 것이라고 주장한다.[1] 하지만 이러한 주장은 1980년대 초 이후 30여 년간 이어진 중국과 아시아 국가들 사이의 평화 상태를 설명하지 못한다. 발전하는 중국이 다른 국가들과 갈등을 겪어온 것이 사실이기는 하다. 하지만 지금까지 중국은 이러한 갈등을 비교적 평화롭게 해결해 왔다. 필자는 중국의 발전이 전쟁이 아니라 평화로 이어질 것이라고 생각한다.

2010년대 이후 중국의 발전은 대전환기를 맞고 있다. 새로운 발전, 혹은 대전환 시기에서의 발전이라고 할 수 있다. 이러한 대전환의 목표는 국내외적 '새로운 발전'이다. 중국 공산당 선전가인 정비젠(鄭必堅)이 던졌던 다음의 질문

---

1   Charles Glaser, "Will China's Rise Lead to War?," *Foreign Affairs*, Vol.90, No.2(March/April 2011).

들은 아직 유효하다. "중국의 '새로운 발전'이 평화적일까?", "중국의 새로운 발전이 평화에 미칠 영향은 무엇일까?" 필자는 중국과 다른 국가들의 새로운 발전이 진정으로 이루어진다면 아시아에서 "100년의 평화(Hundred Years' Peace)"가 가능하다고 생각한다.[2] 이는 현재부터 2070년까지 아시아가 평화 상태를 누릴 것이라는 의미다.

2 ㅣ 덩샤오핑의 평화발전론

덩샤오핑(鄧小平)의 평화발전론(peace and development)은 그의 집권기는 물론 그의 사후에도 중국 외교정책에 큰 영향을 미쳤다(1979~2012).

1949년 정부 수립 이후에 평화 문제는 중국에게 가장 큰 도전이었다. 덩샤오핑은 평화를 우선시했다. 그는 평화를 달성하기 위해 근대화, 즉 발전을 이용했다. 이것이 바로 평화발전론이며 덩샤오핑 세계관의 핵심이다. 덩샤오핑은 중국의 경제 발전을 설계한 사람 중 한 명이었다. 그는 중국 발전의 조건으로 평화를 중시했다. 덩샤오핑은 진정한 피스메이커였다. 1979년 그는 미국과 중국의 관계 정상화 직후에 미국을 방문했는데, 이는 1949년 이후 중국 정치지도자의 첫 번째 미국 방문이었다. 또 덩샤오핑은 1989년 5월 16일 미하일 고르바초프(Mikhail Gorbachev) 당시 소련 공산당 서기장의 방중을 환대함으로써 20~30년간 이어진 중국과 소련 간의 적대 관계가 공식적으로 종결되었음을 대내외에 알렸다.

---

2 카를 폴라니(Karl Polanyi)는 『거대한 전환(Great Transformation)』(1944)에서 1815년에서 1914년까지의 시기를 '100년의 평화'라고 칭했다. 물론 이 시기 유럽 국가들 사이에 전쟁이나 무력 갈등이 한 번도 없었다는 의미는 아니다. 하지만 '유럽 협조 체제'라는 국제 제도를 통해 실질적인 평화가 이루어졌음을 의미한다.

"평화와 발전은 현재의 세계를 위한 두 주제"라는 것이 덩샤오핑의 전략적 판단이었다.[3] 이후 그의 사상은 '평화발전을 위한 중국의 길(中國和平發展的道路)'이라는 이름의 정치 이념이 되었다.

소련이 붕괴한 1992년 이후 덩샤오핑은 도광양회(韜光養晦) 전략을 구사하며 정치적 위기를 무사히 넘길 수 있었다. 도광양회는 궁극적으로 미국과의 관계를 유지하고 발전시켜 나가는 것을 의미했다. 덩샤오핑은 중국의 발전을 위해 필요한 과학, 기술, 자본 등을 제공해 줄 수 있는 나라는 소련이 아니라 미국이라고 보았다.

1989년 덩샤오핑이 도광양회라는 용어를 만들어 사용한 뒤에 이 용어의 진정한 의미에 대해 여러 해석이 분분했다. 그중 대부분의 해석은 정확하지 않았다. 필자의 생각에 도광양회는 평화 전략이며, 중국 공산당 지배하에서 중국의 평화 발전을 지속하기 위한 전략이다.

3 ㅣ '중국의 평화적 부상'의 문제

1990년대 후반에 서구 국가들은 중국을 '부상하는 강대국'으로 인식했다. 불행하게도 '부상하는 강대국'이라는 개념은 세계 평화에 대한 도전이나 위협으로 여겨졌다. 중국 역시 이 용어 자체는 받아들이고 있지만, 부상하는 중국이 평화에 위협이 되리라는 주장에는 동의하지 않는다.[4] 따라서 이러한 중국위협론에 대처하기 위해 중국은 많이 노력해 왔다. 정비젠은 '중국의 평화적 부상(China's peaceful rise)'이라는 용어를 새로 만들었는데, 이는 중국의 발전은

---

3 Deng Xiaoping, *Selected Works*, Vol.3(Beijing: Renmin Press, 1993), p.105.

4 '중국위협론'에 관해서는 다음을 참조. http://cenaa.org/analysis/the-china-threat-theory-revisited-chinese-changing-society-and-future-development.

평화적으로 이루어질 것이며, 이러한 발전을 통해 중국은 세계 평화 유지에 이바지할 것이라는 의미다. 중국 공산당이 평화 및 발전과 관련된 새로운 개념을 발전시킨 것은 덩샤오핑의 평화발전론 이후 처음이다. 현재 '평화적 부상' 개념은 전 세계적으로 주목받고 또한 인정받고 있다.

1997년 덩샤오핑이 사망한 뒤에도 '평화와 발전'에 관한 중국의 고민은 계속되었다. 특히 2002년 후진타오(胡錦濤) 집권 이후 정비젠의 '평화적 부상' 개념은 후진타오 정부의 외교정책, 그중에서도 중국과 미국의 평화로운 관계 지속을 위한 해결책으로 기능했다.

정비젠의 '평화적 부상' 구상은 미국의 주요 싱크 탱크에서 발간되었다.[5] 그는 2006년 4월 19일 미국의 유력 싱크 탱크인 국제전략문제연구소(CSIS)가 개최한 학술회의에 참석하기 위해 중국의 학자들을 이끌고 시애틀을 방문했다. 이 학술회의의 주제는 "중국의 평화적 발전과 미래의 중-미 관계"였다. 이때 미국을 방문하는 중이던 후진타오 주석이 중국과 미국의 전문가들을 만났다.[6]

하지만 정비젠이 덩샤오핑의 평화발전론을 대체하기 위해 개발한 '평화적 부상론'을 후진타오 정부는 승인하지 않았다. 다만 평화적 부상론은 평화발전론을 '평화적 발전론'으로 수정하는 데 도움이 되었다. 평화적 발전론은 2005년경 발표되었다. 후진타오 정부는 '부상'보다 '발전'이라는 용어를 선호했다. 실제 중국의 대외 정책 담론에서 부상은 발전으로 이해된다.

중국은 세계 역사상 전쟁을 통해 '부상'한 강대국들과 자국은 다를 것이라고 주장해 왔다. 중국은 강대국으로서 자국의 재등장(re-emergence)이 평화적일 것이며, 평화적인 방법을 통한, 평화를 위한 것이라고 주장하며 미국과 아시아

---

5   Zheng Bijian, "China's 'Peaceful Rise' to Great-Power Status," *Foreign Affairs*, Vol.84, No.5 (September/October 2005); The Brookings Institution, "China's Peaceful Rise: Speeches of Zheng Bijian 1997~2004," June, 2005, https://www.brookings.edu/wp-content/uploads/2012/04/20050616bijianlunch.pdf.

6   필자는 당시 대표단의 일원이었다.

국가들을 안심시켜 왔다. 중국의 이러한 점들이 바로 평화연구에서 중요한 공헌이다. 그럼에도 평화적 부상론은 학술적인 탐구라기보다 이데올로기적이고 교리적인 성격이 강하다. 평화적 부상론은 발전이 왜 평화로 이어지는지 알아보기 위해 평화-발전의 순서를 발전-평화로 바꾸어놓지는 않았다.[7]

4 ｜ 발전(부상)의 역설과 평화에 대한 발전의 도전

중국의 일부 비판가들은 중국이 직면한 발전의 문제, 특히 거대한 사회·정치적 긴장과 생태·환경적 위기들을 끊임없이 제기해 왔다.

1995년 제9차 5개년 계획(1996~2000)이 입안되었을 때 우징롄(吳敬璉) 등의 경제학자들은 중국의 경제 발전이 큰 문제점을 안고 있으며 변화가 필요하다는 점을 알게 되었다. 하지만 20여 년이 지난 지금 우징롄은 중국의 경제문제가 점점 커지고 심각해지고 있다는 점에 실망하고 있다.[8]

2002~2003년에 후진타오는 중국의 '과학적 발전'을 역설했다. 사실 '과학적 발전'이라는 용어는 비판적이면서 희망적인 의미를 담고 있다. 후진타오 정부는 과거 중국의 발전이 비과학적이라고 판단했다. 즉, 비인간 중심적이었고 불평등하고 불균등하며 협력적이지도 않은, 따라서 지속 가능하지도 않다고 평가했다. 후진타오 지도부는 차기 발전 목표로 지속가능성(sustainability)을 채택한 듯하다.

발전이라는 측면에서 현재 중국이 처한 문제점들은 다음과 같다.

---

7 친야칭(秦亞靑)은 구성주의 국제정치학자로, 서구 세계가 지배하는 국제사회에서 중국의 부상의 평화로움(peacefulness)에 대해 체계적으로 답한다.

8 Wu Jinglian, "Challenges and Options of China's Economy," *China's Supply-side Reform* (Beijing: Chinese Wen Shi Press, 2016), p.3.

첫째, 중진국 함정(middle income trap)을 아직 극복하지 못했다.

둘째, 중국의 인구는 점점 고령화되는데, 인구 대부분의 소득이 아직 낮다.

셋째, 기후변화 문제가 심각하다. 중국의 발전은 무수한 공해를 발생시키며 이루어졌다. 중국 내 많은 국제 기업들도 공해 문제를 발생시켰다.

넷째, 중국의 소득 불균형은 세계 최악이다. [9]

그렇다면 중국의 기존 발전 모델(일부에서는 이를 '중국 모델'이라고 부르기도 한다)의 지속불가능성(unsustainability)이 세계 평화에 미치는 영향과 결과는 무엇일까?

5 | '새로운 발전'과 발전이 주도하는 세계 질서?

중국은 국내적으로 과거 발전 과정에서 발생한 문제들을 해결해야 하며 경제구조를 크게 변화시키기를 원하고 있다. [10] 국제 관계 측면에서 중국은 '새로운 발전' 방향으로 나아가기 위해 노력하고 있다.

중국은 브릭스(BRICS) 참여국 사이의 협력을 지지한다. 2006년 중국은 첫 브릭(BRIC) 외무장관 회담을 개최했다. 또한 중국은 2009년 첫 브릭스 정상회담에도 참가했다. 중국은 2017년 브릭스 의장국이었다. 브릭스의 중요 성과로는 국제 개발 금융 기구인 신개발은행(NDB: New Development Bank)의 창설을

---

9   "China's Income Inequality among the World's Worst," *Financial Times,* January 14, 2016, https://www.ft.com/content/3c521faa-baa6-11e5-a7cc-280dfe875e28.

10 최근 중국 경제학자들이 중국의 경제구조 변화를 위해 다음과 같이 다양한 연구 성과를 발표하고 있다는 점을 강조하고 싶다. Geng Xiao and Andrew Sheng, "Unlocking the Potential of Chinese Cities"(2017), https://www.project-syndicate.org/commentary/urbanization-china-property-prices-by-andrew-sheng-and-xiao-geng-2017-03; Xu Hongcai, *A Great Transformation: Seeking China's New Path of Economic Development*(Beijing: China Machine Press, 2017).

들 수 있다. 이 기구의 본부는 상하이에 있다. 또 다른 개발 금융 기구인 아시아인프라투자은행(AIIB: Asia Infrastructure Investment Bank) 역시 중국의 주도로 창설되었으며 본부는 베이징에 있다.

새로운 금융 기구의 창설은 세계 정치적으로 다음과 같이 분명한 의미를 갖는다. 인도네시아 자카르타에서 열린 '아시아-아프리카 회의' 기념 정상회담의 개회사에서 인도네시아 [조코 위도도(Joko Widodo)] 대통령은 "세계은행, 국제통화기금, 아시아개발은행만이 세계경제 문제를 해결하리라는 주장은 시대착오적인 것"이라고 지적했다. 현직에 있는 국가 지도자가 이들 세 국제 금융 기구에 대해 이렇듯 통렬하게 비판한 것은 전례가 없는 일이었다.[11]

신개발은행 부총재인 레슬리 마스도르프(Leslie Maasdorp)는 "신개발은행은 브릭스 국가들 및 개발도상국들의 사회 기반 시설 확충과 (환경 파괴 없는) 지속가능한 개발 사업에 투자할 것"이라며 "신개발은행과 아시아인프라투자은행의 창설은 국제 개발 금융 구조의 큰 변화를 의미하며, 앞으로 지속가능성과 신재생에너지(clean energy)가 우리가 추구하는 개발의 필수 요소가 될 것이다"라고 언급했다.[12]

아시아인프라투자은행 총재 진리췬(金立群)은 "아시아인프라투자은행은 아시아의 새로운 은행으로 사회 기반 시설에 대한 투자를 통해 광범위한 경제적·사회적 개발을 증진시킬 것"이라고 강조했다. 또 그는 "아시아 시장은 상품 시장이나 자산 시장 모두 분열되어 있다. 이는 사회 기반 시설의 부족으로 인한 통합의 문제(connectivity problem)에서 비롯되었고, 다시 지속적인 빈곤, 저학력, 환경 악화 등으로 이어진다"라고 언급했다.[13] 여기서 사회 기반 시설에

---

11 Avilash Roul, "AIIB: Financing Development in Asia"(2015), https://www.sspconline.org/index.php/opinion/aiib-financing-development-asia.

12 Leslie Maasdorp, "What is 'New' about the New Development Bank?," World Economic Forum, 25 August, 2015, https://www.weforum.org/agenda/2015/08/what-is-new-about-the-new-development-bank.

대한 투자는 빈곤 문제를 풀 새로운 접근법으로 보인다.

브릭스와 아시아인프라투자은행 창설 이후에 중국은 일대일로(BRI: The Belt and Road Initiative)라는 전례 없는 세계적 차원의 개발 프로그램을 주도하고 있다. 중국이 일대일로 프로그램을 시작한 뒤에 이에 관한 수많은 연구가 발표되었다. 하지만 아직 일대일로 프로그램이 평화에 미칠 영향에 대한 논의는 부족하다. 일대일로 프로그램은 새로운 형태의 중국 민족주의가 아니다. 이는 새로운 형태의 발전론이다.[14] 일대일로 프로그램은 평화 증진에 기여할 가능성이 높다. 실제로 시진핑(習近平) 주석은 일대일로 프로그램의 특징을 '평화'라는 단어로 설명했다. 2017년 5월 14일 베이징에서 열린 '국제평화를 위한 일대일로 포럼' 개회식 기조연설에서 시진핑 주석은 "고대 실크로드는 바로 평화 정신의 구현이었다"라고 설명하면서 "현재 세계는 평화가 부족한(peace deficit, 平和赤字) 시대다. 우리 모두는 일대일로를 평화를 위한 길로 만들어야 한다"라고 언급했다. 이어서 그는 "중국은 평화공존 5원칙에 입각해 일대일로 구상과 관련된 모든 국가들과 우의와 협력을 증진시킬 것"이라고 강조했다. 시진핑 주석은 평화와 발전을 별개로 보지 않았다. 그는 "중국은 새로운 발전의 시작점에 서 있다. 중국은 새로운 발전, 혁신적이고, 조화롭고, 환경 친화적이고, 개방적이고, 포용적인 발전을 추구할 것"이라고 선언했다.[15]

유럽연합(EU: European Union)은 평화를 이끌어내는 힘으로 여겨진다. 유럽연합은 평화를 촉진했다. 2012년 유럽연합은 유럽의 평화, 화합, 민주주의, 인

---

13 Jin Liqun, Address at the Brookings Institution, Washington, D.C., October 21, 2015, https://www.brookings.edu/wp-content/uploads/2015/10/20151021_asia_infrastructure_bank_transcript.pdf.

14 Wu Zhifeng, "OBOR: Beyond Traditional Logic of Continental and Sea Power," in Pangoal Institution(ed.), On the OBOR(Taiyuan: Shanxi Economic Press, 2015), pp.269~274.

15 "Full text of President Xi's speech at opening of Belt and Road forum," Xinhua News Agency, May 14, 2017, https://eng.yidaiyilu.gov.cn/home/rolling/13299.htm.

권 향상에 기여한 공로로 노벨 평화상을 수상했다.[16] 유럽에서 유럽연합과 같이 아시아에서는 아세안이 (1967년 이후 현재까지) 평화를 촉진하는 역할을 수행해 온 것으로 평가된다.[17]

중국의 일대일로 구상이 아직 국제기구로 발전한 것은 아니다. 하지만 중국은 일대일로의 특징을 다음과 같이 소개했다. 일대일로는 중국만의 일대일로가 아니며 지구적 규모의 협력을 위한 새로운 체제다. 2016년 일대일로 정상회담의 개최 결정은 일대일로가 다자간 기구가 되고 있음을 보여주었다.[18]

6 ┃ '발전적 평화'에 관한 필자의 이론

필자는 '자유로서의 발전론'[19]과 '무역평화론'의 영향을 받아 '발전적 평화'라는 야심적인 연구 과제를 설정해 보았다. 이는 지난 40여 년간 중국이 실행한 '발전과 평화론'에 기초한 것이다.

솔로몬 폴라첵(Solomon Polachek)과 카를로스 세이글리(Carlos Seiglie)는 '무역평화론'에 대해 다음과 같이 언급했다. "1750년 몽테스키외가 '평화는 무역

---

16 https://europa.eu/european-union/about-eu/history/2010-today/2012/eu-nobel_en.

17 Kishore Mahbubani and Jeffery Sng, *The ASEAN Miracle: A Catalyst For Peace*(Singapore: NUS Press, 2017).

18 필자는 일대일로 구상이 다자간 협력이 되어야 한다고 주장한 최초의 학자다. 필자의 이러한 주장은 동아시아 다자간 금융협력 방안인 치앙마이 구상(Chiang Mai Initiative)에서 큰 영향을 받았다. Pang Zhongying, "Multilateralism holds key to success of 'Belt and Road'," *China Daily*, November 4, 2015, http://www.chinadailyasia.com/special/2015-11/04/content_15339463.html; Pang Zhongying, "Multilateralism and China's OBOR Initiative," *Journal of China and International Relation*, Vol.3, No.2(2015), https://journals.aau.dk/index.php/jcir/article/view/1304.

19 노벨 경제학상 수상자인 아마르티아 센(Amartya Sen)은 『자유로서의 발전(Development as Freedom)』(1999)을 출판했다.

의 당연한 결과'라고 선언한 이후 수많은 경제학자들과 정치학자들이 국가 간 무역이 평화로 이어질 것이라고 주장해 왔다. 자원의 효율적 사용을 전제로 한 비교우위론의 관점에서 보면, 국가들은 자국이 비교우위를 갖는 산업을 각각 특화시키고 무역을 통해 특화된 상품을 거래함으로써 교역국 모두 더 많은 부를 창출하게 된다. 만약 국가 간 정치적 갈등으로 무역이 축소된다면, 두 국가의 무역을 통한 이익 역시 줄어들 것이다. 따라서 두 국가 간 무역을 통한 이익이 많으면 많을수록 양국 간 갈등으로 인한 비용은 더욱 커질 것이다. 이것이 바로 몽테스키외가 주장했던 무역과 평화 간 관계의 핵심이다."[20]

지금까지 중국의 발전은 개방, 다시 말해 세계화의 참여를 통해 이루어져 왔다. 경제 발전을 이끈 개방과 세계화는 단순히 중국 국내 수준이 아닌 아시아 지역 및 전 세계 수준에서 이루어져 왔다. 이 점이 바로 중국의 발전이 평화로 이어질 것이라는 주장의 핵심이다.

7 | 결론

『강대국 국제정치의 비극: 미중 패권경쟁의 시대(The Tragedy of Great Power Politics)』를 쓴 존 미어샤이머(John Mearsheimer)[21]와 같은 현실주의 국제정치학자들의 주장과 달리, 아시아 전문가인 한국계 미국인 학자 데이비드 강(David Kang)은 중국의 부상에 대해 낙관적이다. 그는 중국의 부상(발전)을 동아시아 지역의 평화 및 질서와 연결시킨다. 그는 중국의 약화(쇠퇴)는 전쟁으로 이어졌고 중국의 강화(부상)가 동아시아의 평화로 이어졌다고 주장한다.[22]

---

20 Solomon W. Polachek and Carlos Seiglie, "Trade, Peace and Democracy: An Analysis of Dyadic Dispute," *IZA DP*, No. 2170(2006), http://repec.iza.org/dp2170.pdf.

21 국제 관계 이론서『강대국 국제정치의 비극』은 미국 학자 존 미어샤이머가 2001년 출판했다.

중국의 '발전' 시기 중국과 주변 국가들과의 평화는 '발전적 평화론'이라는 새로운 이론으로 설명되어야만 한다. 앞으로 아시아를 넘어 세계 수준에서 평화에 대한 도전은 중국과 다른 국가들의 기존 발전 방식에 따른 지속불가능성에서 올 것이다.

중국은 현재 두 가지 과제를 수행하고 있다. 국내의 경제·사회적 개발의 변환과 발전적 세계 질서의 건설이 바로 그것이다. 미래 세계에서 중국의 역할은 변할 것이다. 중국의 외교정책과 대외 관계 또한 변할 것이다. 다양한 수준에서의 평화가 유지되고 만들어질 것이다.

---

22 David Kang, *China Rising: Peace, Power, and Order in East Asia*(New York: Columbia University Press, 2007), pp.23~25.

참고문헌

Deng, Xiaoping. 1993. *Selected Works*, Vol.3. Beijing: Renmin Press.

Glaser, Charles. 2011. "Will China's Rise Lead to War?" *Foreign Affairs*, Vol.90, No.2(March/April).

Kang, David. 2007. *China Rising: Peace, Power, and Order in East Asia*. New York: Columbia University Press.

Maasdorp, Leslie. 2015.8.25. "What is 'New' about the New Development Bank?" World Economic Forum. https://www.weforum.org/agenda/2015/08/what-is-new-about-the-new-developmentbank.

Mahbubani, Kishore and Jeffery Sng. 2017. *The ASEAN Miracle: A Catalyst For Peace*. Singapore: NUS Press.

Pang, Zhongying. 2015. "Multilateralism and China-sponsored OBOR Initiative." *Journal of China and International Relation*, Vol.3, No.2. https://journals.aau.dk/index.php/jcir/article/view/1304.

Polachek, Solomon W. and Carlos Seiglie. 2006. "Trade, Peace and Democracy: An Analysis of Dyadic Dispute." *IZA DP*, No.2170. http://repec.iza.org/dp2170.pdf.

Roul, Avilash. 2015. "AIIB: Financing Development in Asia." http://www.sspconline.org/opinion/aiib-financing-development-asia.

Wu, Jinglian. 2016. "Challenges and Options of China's Economy." *China's Supply-side Reform*. Beijing: Chinese Wen Shi Press.

Wu, Zhifeng. 2015. "OBOR: Beyond Traditional Logic of Continental and Sea Power." in Pangoal Institution(ed.). *On the OBOR*. Taiyuan: Shanxi Economic Press.

Xiao, Geng and Andrew Sheng. 2017. "Unlocking the Potential of Chinese Cities." https://www.project-syndicate.org/commentary/urbanization-china-property-prices-by-andrew-sheng-and-xiao-geng-2017-03.

Xu, Hongcai. 2017. *A Great Transformation: Seeking China's New Path of Economic Development*. Beijing: China Machine Press.

Zheng, Bijian. 2005. "China's 'Peaceful Rise' to Great-Power Status." New York: *Foreign Affairs*, Vol.84, No.5(September/October).

제 2 장

일본의 평화정책과 평화 논쟁

동아시아 평화를 위한 새로운 시각과 평화연구가들의 책임과 도전

요코야마 마사키(橫山正樹, 일본 페리스 여학원대학 명예교수)

1 | 서론

일본의 평화·안보 정책을 보는 시각은 정부 측과 반대 측으로 분명히 나누어 있으며, 이러한 현상은 계속해서 심화되고 있다. 게다가 장기적 관점은 매우 불확실하다. 이 문제의 핵심 쟁점은 일본이 군사력을 증강할 필요성을 받아들이는지 아닌지의 여부다.

이번 발표에서는 다음의 세 가지 긴급 사안에 관해 이야기한다.

첫째, 현재 상황과 일본 정부의 정책이다. 둘째, 변화하는 동아시아 지역 국제 질서와 미래를 위한 설계다. 셋째, 개발주의(developmentalism)에 대응하는, 평화에 관한 새로운 시각이다.

그리고 결론 부분에서 필자는 네트워크 구성을 위한 몇 가지 구체적인 제안을 하려고 한다. 필자가 제안할 네트워크는 미래 동아시아 평화를 설계하기 위한 것으로, 이번 학술회의 참석자들을 포함해 이 지역의 평화연구자들이 심사숙고해 주기를 바란다.

2 | 현재 상황과 일본 정부의 정책

현재 중국은 동중국해와 남중국해에서 지속적으로 군사력을 증강하고 있으며, 북한은 핵무기와 미사일을 개발하고 있다. 이에 대해 일본인들의 우려는 점점 깊어지고 있다. 이렇듯 일본 대중 사이에 안보에 대한 두려움이 늘어난 것은 특히 북한의 핵과 미사일 시험 이후 일본 정부와 주요 언론들이 과장되게 보도한 것과도 관련이 있다. 안보 불안이 증대되면서 많은 일본인들 사이에서 미국과 일본 두 나라 사이에 더 긴밀한 군사적 유대가 필요할 뿐만 아니라 일본 자체의 능력 보강(군사력 증강과 법적·제도적 장치의 보강)이 필요하다는 주장이 점차 힘을 얻고 있다.

2012년 1월 2차 아베 내각이 등장하고 1년 뒤에 아베 신조(安倍晋三) 총리는 '평화를 위한 적극적 공헌(Proactive Contribution to Peace)'이라는 정책 구상을 일본 정부 대외 정책의 골간으로 발표했다. 이는 구체적인 정책 방안을 제시한 것이 아니었기에 상황에 따라 다르게 해석될 소지를 남겼다. 한편에서는 아베의 새로운 정책 구상이 제2차 세계대전 이후 이어진 평화주의를 포기하고 전쟁 이전의 군국주의로의 회귀를 위한 것이라며 우려를 나타냈다. 반면에 다른 한편에서는 일본이 앞으로 국제분쟁 지역에서 평화 유지 및 평화 건설을 위해 보다 적극적인 활동을 할 수 있게 되었다며 환영의 뜻을 나타냈다.

그리고 2015년에 아베 내각은 새로운 안보법제의 의회 통과를 강행했다. 일본에서 전국적으로 반대 시위가 일었지만 이 법률은 의회를 통과하며 2016년 3월 발효되었다. 이 법률을 통해 일본은 미군과의 집단자위권을 행사할 수 있게 되었다. 집단자위권의 행사 필요성에 대해서 일본 정부는 자국을 둘러싼 안보 환경이 급격히 변하고 있음을 지적했다.

2015년 새로운 안보법제를 제정하기 전에 해외에서 집단자위권을 행사하기 위한 일본 자위대의 파병은 헌법 제9조(전쟁 포기)에 따라 금지되어 있었다.[1] 자위대의 집단자위권 행사는 헌법 개정이 아니라 정부의 헌법 해석 변경으로도 가능했다. 일본에서 헌법 개정은 자유민주당(자민당), 그중에서도 아베 내각의 오랜 희망이었다. 아베 총리는 2017년 5월 초 자위대의 근거를 분명히 하기 위해 헌법 제9조를 2020년까지 수정하겠다고 발표했다.

3 ǀ 변화하는 동아시아 지역 질서와 미래를 위한 설계

아베 내각의 안보 정책은 동아시아 지역 질서의 변화 속에서 검토되어야 한다. 그러한 변화를 알리는 단적인 사례들은 다음과 같다.

첫째, 2013년 9월 10일 버락 오바마(Barack Obama) 미국 대통령은 TV 연설에서 미국이 더 이상 '세계 경찰'이 아님을 분명히 했다.[2]

둘째, 도널드 트럼프(Donald Trump) 미국 대통령의 경우 전임 오바마 대통령의 정책들을 사실상 거의 부정하고 있다. 하지만 "미국이 세계 경찰일 수 없다"라는 주장은 전임 대통령과 일치한다. 트럼프는 이러한 주장을 대통령 후보 시절부터 언급해 왔다.

셋째, 미국 사회는 점점 고립주의 쪽으로 기울고 있다. 21세기 들어 이라크 전쟁과 아프가니스탄 전쟁에서 어려움을 겪은 뒤에 경제력이 상대적으로 감소

---

1   일본 헌법 제9조에는 일본이 "육군, 해군, 공군, 기타 전력"의 보유를 분명히 금지하고 있다. 일본 헌법 제9조의 영어판은 다음과 같다. "Aspiring sincerely to an international peace based on justice and order, the Japanese people forever renounce war as a sovereign right of the nation and the threat or use of force as means of settling international disputes. In order to accomplish the aim of the preceding paragraph, land, sea, and air forces, as well as other war potential, will never be maintained. The right of belligerency of the state will not be recognized."

2   2013년 오바마 대통령의 시리아 사태와 관련된 연설은 다음을 참조. "Remarks by the President in Address to the Nation on Syria," The White House, September 10, 2013, https://obamawhitehouse.archives.gov/the-press-office/2013/09/10/remarks-president-address-nation-syria.

하고 있는데, 이러한 경제력 감소가 고립주의 경향을 가속시키고 있다.

넷째, 미국 트럼프 행정부의 정책 방향을 예상하기는 아직 어렵다. 하지만 전임 오바마 행정부가 그러했듯, 트럼프 행정부 역시 미국이 맡아온 세계 경찰 역할을 포기할 가능성이 높다. 그렇다면 동아시아에서 미국의 영향력은 결국 줄어들 것인가? 그리고 한때 라틴아메리카가 미국의 뒷마당이었듯 동아시아 지역은 중국의 뒷마당이 될 것인가?

여기서 동아시아라고 하면 동북아시아와 동남아시아를 포함하는 의미다. 동아시아 지역을 이렇게 설정한 이유는 필자가 오랫동안 동남아시아 지역, 특히 필리핀을 연구했기 때문일 수 있다. 필자는 동북아시아와 동남아시아 지역 국가들과 시민들 간의 다자 관계 연구에 집중해 왔다.

2015년 말에 아세안 10개 회원국(ASEAN 10)으로 이루어진 아세안경제공동체(AEC)가 출범했다. 아세안경제공동체의 출범은 "지역 경제통합 의제에서 획기적인 사건"이었다. 아세안경제공동체는 2014년 현재 "26억 달러, 인구 6억 2000만 명 규모의 시장"으로, "아시아에서 세 번째, 세계에서 일곱 번째로 큰 규모의 경제주체"다.[3] 통합이 좀 더 공고화된다면, 아세안경제공동체는 동아시아 지역에서 비교적 독립적인 정치주체(independent entity)가 될 수 있을 것이다.

문제는 동남아시아를 포함한 동아시아 지역에서 중국 중심의 단극 체제가 형성될지, 아니면 몇몇 국가들이 다극 체제를 이루어 균형을 이룰지 하는 점이다. 이 지역 국가 간의 갈등이 무력 충돌로 이어지는 것을 막고, 사람들의 생활이 보다 안정되기 위해 과연 어떠한 미래를 설계해야 하는가? 이 점이 우리와 같은 동아시아 지역 평화연구자들이 학술회의에서 토론해야 할 과제다.

---

3   ASEAN Economic Community, http://asean.org/asean-economic-community.

4 | 개발주의에 대응하는, 평화에 관한 새로운 시각

이제 개발주의 문제에 대해 이야기할 차례다. 미래에 보다 진보된 시각을 만들어내기 위해 우리는 우선 개발이라는 단어의 실체를 바로 알아야 한다. 또한 개발은 필요한 것이며, 개발이 가난, 환경, 갈등 등과 같은 문제를 해결하기 위한 핵심 방법이라는 환상에서도 벗어나야 한다.

15세기 이후 서구 세계는 이른바 신대륙을 '발견'하고 세계를 무력으로 침략해 갔다. 이를 통해 축적된 자본은 산업혁명으로 이어졌다. 즉, 서구의 산업혁명은 식민지였던 제3세계 지역에 대한 부의 약탈과 이 지역 주민에 대한 착취를 통해 이루어진 것이다. 서구 국가들은 더 안락하고 더 편안하고 더 물질적인 풍요로움을 끝없이 추구했고, 더 높은 경제성장과 발전을 위해 경쟁했다. 19세기 말에는 미국과 일본도 이러한 식민지 쟁탈전에 뛰어들었다.

제2차 세계대전 이후 해리 트루먼(Harry Truman) 미국 대통령의 ('Four Point Speech'로 잘 알려진) 대통령 취임사가 전후 신생국들에 대한 개발주의의 출발점이었다. 유엔(UN: United Nations) 산하의 다양한 조직이 개발주의 확산에 관여했다. 이에 따라 '개발기구', '개발은행'과 같은 이름이 붙은 국제 조직들이 등장했다. 개발이 가장 중요한 정책 목표가 되었고, 국민총생산(GNP)이 개발 성과를 나타내는 중요한 지표가 되었다.

만약 세계의 모든 국가가 더 많은 발전을 위해 끊임없이 경쟁한다면, 재생 불가능한 자원을 얻기 위한 경쟁과 갈등이 불가피하다. 그 결과는 명확하다. 승자와 패자가 생기고 세계적 차원에서 자원은 과도하게 개발된다. 경제 격차가 심화되고 자연환경은 파괴된다. 결국 사회는 심한 빈부 격차로 양극화되고 자원은 고갈될 것이다. 이러한 요인들이 현재 갈등과 난민 문제를 낳고 있다.

지난 25년 동안 신자유주의가 이끈 세계화 때문에 극소수인 최상위 1퍼센트에 부가 집중되었고 나머지 99퍼센트의 사람들은 기준 이하의 수입으로 살아가야 했다. 많은 나라에서 중산층이 몰락했고 사회는 관용과 안정을 상실했다. 이러한 상황이 바로 테러리즘의 온상이 되었고 개발을 위해서라면 인권과 환경도 희생할 수 있다는 시대 조류를 낳았다.

따라서 우리는 이제 사회적·국가적 목표를 개발에서 이미 상당 부분 훼손된 '우리의 자족적 삶의 회복(recovery of our subsistence)'으로 바꾸어야 한다.[4] 이를 위해 우리는 다음에서 제시할 '비개혁적 개혁들(non-reformist reforms)'을 촉진해야 한다.

이러한 변화를 현실화시키려면 다음과 같은 구체적인 정책들의 수행이 필요하다. 이 정책들은 탈개발주의(post-developmentalism) 사상에 기초했다.

첫째, 국가들의 비군사화와 국방비 감축을 통해 더 많은 예산을 복지와 교육 부문에 할당한다.

둘째, 원자력발전소 및 핵연료 주기와 관련된 시설을 폐쇄한다. 에너지 소비의 총량을 줄이고 재생에너지의 비중을 높인다.

셋째, 금융거래세(Tobin Tax)를 도입하고, 세금 도피와 부패를 예방하며, 소득재분배 체제를 강화한다.

넷째, 담배, 술, 마약, 도박, 게임 등 중독과 관련된 산업을 강력하게 규제한다. 이것들에 중독된 사람들의 치료와 재활에 힘쓴다.

실제로 2017년 1월 필리핀을 방문한 아베 총리는 마약중독자들의 재활 시설 건설을 위해 총 90억 달러 규모의 경제협력을 약속했다. 중국 역시 이와 비슷한 목적으로 150억 달러를 약속했다. 이러한 종류의 국가 간 경쟁은 환영할 만하다. 하지만 예산집행이 제대로 이루어지는지 감시할 필요가 있으며, 이러한 감시 활동을 위한 비용은 예산편성 첫 단계부터 반영되어야 한다.

---

4 '자족적 삶의 회복'이라는 표현은 개발주의에 대한 반대 개념이다. 이반 일리치(Ivan Illich)는 『그림자 노동(Shadow Work)』(1981)에서 다음과 같이 설명했다. "생존과의 전쟁이 이끄는 곳은 이른바 개발의 거울에서 가장 잘 볼 수 있습니다(Where the war against subsistence has led can best be seen in the mirror of so-called development)."

5 | 이번 학술회의 참가자들과 평화연구자들을 위한 제안

첫째, 동북아시아와 동남아시아의 평화연구자들의 네트워크가 바로 이 학술회의 참석자들로부터 형성되어야 한다. 2017년 2월 중국 난징에서 평화와 관련해 학술회의가 열렸다. 이 학술회의에 필자를 포함해 일본과 중국에서 온 평화연구자들이 모였다. 우리는 앞으로 아세안 국가들과 중국, 몽골, 홍콩, 대만, 북한, 극동 러시아의 연구자들과 교류해야 한다.

둘째, 동아시아 지역의 연구자들로 구성된 전문가 모임을 구성해 학술적 교류를 하고 국가 및 관련 단체들의 시급한 현안에 대해 조언과 지원을 제공해야 한다. 시급한 현안으로는 증오 연설(hate speeches)과 증오 범죄(hate crimes)를 포함한 인종 편견, 인종차별, 성차별, 종교 차별, 빈부 격차, 환경, 부패, 약물중독 등이 포함된다.

제 3 장

한국 평화 담론의 전개와 대외 정책론[*]

박영준(한국평화학회 회장, 국방대학교 안전보장대학원 교수)

1 | 서론: 문제 제기

국제정치의 세계에서 국가와 국가 간 관계의 양상은 전쟁에서 평화에 이르는 스펙트럼상의 어딘가에 위치한다. 각국의 정치·사회 세력이 국가 상호간의 현안과 쟁점에 대해 어떠한 방식으로 접근해 갈지의 판단과 결정에 따라 국가들은 상호 전쟁을 일으키거나 아니면 대화와 협력의 제도화로 평화로운 관계를 형성하기도 한다. 따라서 전쟁과 평화의 문제는 국제정치 및 외교의 세계에서 가장 중요한 실제적 문제가 되어왔다.

다만 국제정치의 세계에서 '평화'의 개념을 어떻게 파악하고 '평화'를 달성하기 위한 방법은 무엇인지에 대해 연구자들의 견해가 꼭 일치하지는 않는다. 단테 알리기에리(Dante Alighieri), 데시데리위스 에라스뮈스(Desiderius Erasmus), 장자크 루소(Jean-Jacques Rousseau), 이마누엘 칸트(Immanuel Kant) 등 서구 정

---

[*] 이 글은 「한국의 평화담론 전개와 대외정책론: 역대 대통령들의 정책구상과 『국제정치논총』 게재 관련 연구를 중심으로」, ≪국제정치논총≫, 제57집 3호(2017)로 게재된 바 있다.

치사상의 전통에서 평화는 전쟁의 상대적인 개념으로 사용되어 왔다.[1] 20세기에 들어와 발전하기 시작한 국제정치학의 영역에서는 현실주의와 자유주의 간에 평화의 달성 방식에 대한 견해 차이가 노정되어 왔다. 국제정치의 세계가 근본적으로 무정부 상태이고, 개별 국가들이 국가 간 전쟁의 위험성에 노출되어 있다고 전제하는 현실주의자들은 국가의 안보와 평화를 달성하기 위해 군사력 증강이나 동맹 체결, 나아가 집단 안보의 형성 등 군사적 수단을 강조하는 경향을 보인다. 이에 비해 자유주의자들은 국가 간 인적·물적 교류와 접촉 확대, 국제기구 및 규범의 제도화 등을 통해 평화가 달성된다는 입장을 견지한다.[2] 나아가 마르크시스트를 포함한 극단적 이상주의자들은 아예 군비축소와 비무장화, 혹은 자본주의국가의 폐지 등을 통해 국가 간 평화가 달성될 수 있다는 견해도 보인다.[3]

이러한 국제정치학의 논의와 병행해 요한 갈퉁(Johan Galtung)이나 케네스 볼딩(Kenneth Boulding) 등은 평화 개념을 보다 세분화해 구분한 바 있다. 1960년대 갈퉁은 폭력과 대비해 평화 개념을 재정의하며 소극적 평화(negative peace)와 적극적 평화(positive peace)의 이분법적 구분을 제시했다. 갈퉁은 소극적 평화는 전쟁이 부재한 상태, 혹은 직접적 폭력이 부재한 상태를 가리키고, 적극적 평화는 단지 전쟁이 부재할 뿐 아니라 구조적 폭력이 부재해 인간의 권리와

---

1 이에 대해서는 최상용, 「근대 서양의 평화사상」, 하영선 엮음, 『21세기 평화학』(풀빛, 2002) 참조.

2 그런 측면에서 후술하듯이 현실주의적 평화연구는 전통적 안보 담론과 유사성을 갖고, 자유주의적 평화연구는 공동 안보 및 협력 안보를 중시하는 비전통적 안보 담론과 유사성을 갖는다. 국제정치 분야에서 평화연구와 안보연구가 갖는 연계적 성격에 대해서는 황병무, 「구미의 평화연구와 한국에서의 적용」, ≪국제정치논총≫, 제30집 2호(1990), 139쪽; Barry Buzan, *People, States and Fear: An Agenda for International Security Studies in the Post-Cold War Era*(Boulder, Colorado: Lynne Rienner Publishers, 1991), pp.24~25 참조.

3 평화연구에 대한 현실주의, 자유주의, 이상주의의 방법론적 분류는 김기정, 「19대 국회와 한국 외교담론」, ≪국가전략≫, 제18권 2호(2012), 76쪽 참조.

행복이 실현될 수 있는 상태라고 설명한다.[4] 1970년대 말 이후 케네스 볼딩, 찰스 쿱찬(Charles Kupchan) 등은 불안정적 평화(unstable peace)와 안정적 평화(stable peace) 개념을 제시했다. 불안정적 평화는 국가 간의 전쟁 가능성은 상존하지만 힘에 의한 억지나 합의에 따른 규제 등을 통해 전쟁을 방지하는 상태를 의미한다. 그에 비해 안정적 평화는 민주·평화와 안보 공동체가 제도화되면서 국가 간에 전쟁 준비의 필요성도 없는 상태를 가리킨다.[5] 지금까지의 논의를 단순화해 종합한다면 현실주의자의 평화관은 국제정치하에서의 소극적 평화 혹은 불안정적 평화를 지향하고 있고, 자유주의자의 평화론은 적극적 평화 혹은 안정적 평화를 최종 목표로 설정하고 있다고 할 수 있다.

한국의 역대 정부는 정부 수립 이후 전개된 미·소 냉전 체제, 한국전쟁, 남북 분단 상황하에서도 한국의 대외 정책이 '국제평화'라는 목표를 지향해야 한다는 점을 분명히 천명해 왔다. 1948년 7월 제정된 제헌 헌법 전문에서 "대한민국은 …… 민주 독립국가를 재건함에 있어서 …… 안으로는 국민 생활의 균등한 향상을 기하고, 밖으로는 항구적인 국제평화의 유지에 노력"해야 한다고 밝힌 점이 이것을 말해준다. 1987년 개정된 현행 헌법 전문에서도 대한민국이 "국제평화와 인류공영에 이바지"해야 한다는 점을 확인하고, 제5조 1항에서 "대한민국은 국제평화의 유지에 노력하고 침략적 전쟁을 부인한다"라며 국제평화주의에 입각한 평화 국가의 근본원리를 천명하고 있다.[6]

---

4 갈퉁의 이론은 1970년대 최창윤, 김학준 등이 소개하고 있으나 그의 평화 이론이 본격적으로 소개된 것은 1980년대 하영선의 작업으로 보인다. 최창윤, 「현대국제체제에 있어서의 국가들의 계층구조」, ≪국제정치논총≫, 제15집(1975); 하영선, 「새로운 국제정치이론을 찾아서: 평화연구를 중심으로」, ≪국제정치논총≫, 제21집(1981) 참조.

5 '안정적 평화'와 '불안정적 평화' 개념에 대한 최근의 소개로는 이상근, 「'안정적 평화' 개념과 한반도 적용 가능성」, ≪한국정치학회보≫, 제49집 1호(2015년 봄) 참조.

6 권영성, 『헌법학원론』(법문사, 1994), 143, 171쪽; 이경주, 「현행 헌법의 평화주의 원리와 '평화국가' 만들기」, 참여연대 평화군축센터 엮음, 『평화백서 2008: 시민, 안보를 말하다』(아르케, 2008), 31쪽.

그러나 남북 분단이 70여 년 이상 장기화되고 한반도를 둘러싼 주변 국가들과의 관계가 대립과 갈등의 국면을 보여주는 상황에서, 한국 사회의 논자들은 한국이 지향해야 할 '평화' 상태가 어떠한 것이며 그 방법론은 무엇인지에 대해 견해의 분화를 노정하고 있다. 보수적 입장의 논자들은 남북 분단 상황하에서 강력한 국력, 특히 국방력의 건설, 한미 동맹 강화 등이 국가 안보와 평화를 보장하는 방식이라고 주장한다. 이에 대해 진보적 입장의 논자들은 이러한 평화 개념과 연구를 "전쟁의 재발 방지만을 평화로 보는" 안보연구, "군사적 방법에 중점을 두는 안보연구"와 다르지 않다고 비판하며 방어적 방어, 군비축소 등 평화적 수단에 의거한 평화를 추구하는 연구만이 진정한 평화연구라고 강조한다. 이러한 입장에서 이들은 1980년대 중반까지는 아예 평화연구가 부재했다고 단언한다.[7] 이 같은 반론에 대해 보수적 입장의 논자들은 진보적 입장의 평화연구가 "비현실적 평화연구의 피해"를 초래한다거나 "추상적 평화주의"의 성격을 벗어나지 못하고 있다고 비판한다.[8] 국제정치학의 프레임 워크를 빌린다면 한국 보수의 입장은 현실주의 성향의 소극적 평화를, 진보의 입장은 자유주의적 입장의 적극적 평화를 최종 지향점으로 설정한 것으로 볼 수 있다.

물론 한반도 분단 상황에서의 평화 담론이 정치적·학문적 입장에 따라 상호 논쟁이 전개되는 것은 불가피한 현상일 수 있다. 다만 평화에 관한 담론 공간에서 보수와 진보 간의 입장 차이가 과연 이질적이고 양립 불가능한 성격을 갖는지는 질문을 던지지 않을 수 없다. 진보 측 연구자들의 주장대로 1980년대

---

7 구갑우, 「평화국가, 평화적 방법에 의한 평화를 추구하는 새로운 정치체」, 『평화백서 2008』, 23쪽; 구갑우, 「한반도적 맥락의 비판적 평화·안보담론: '평화국가담론' 재론」, ≪한국과 국제정치≫, 제24권 3호(2008년 가을), 100쪽; 서보혁, 「한국 평화연구의 현황과 과제」, ≪한국과 국제정치≫, 제31권 2호(2015년 여름), 118, 121, 123쪽 참조.

8 하영선, 「책을 펴내며」, 『21세기 평화학』; 김영호, 「책을 펴내며」, 김영호 엮음, 『21세기 미·중 패권경쟁과 한반도 평화』(성신여자대학교 출판부, 2015), 6쪽. 김기정도 현실주의 평화연구가 자유주의 성향의 평화연구를 "이상주의로 폄하하려는 경향"을 가진다고 지적한 바 있다. 김기정, 「19대 국회와 한국 외교담론」.

이전에는 한국에 평화연구라고 할 만한 것들이 과연 부재했는가? 또한 현실주의 논자들이 주장하는 것처럼 진보적 입장의 평화연구가 "비현실적 연구"에 불과한 추상적 담론에 머무는가?

이 연구는 이 같은 문제의식하에 1948년 정부 수립 이후 한국의 정치가들과 식자들이 과연 어떠한 상황 인식하에서 평화 담론을 전개했고, 실제 대외 정책에 어떤 영향을 주었는지를 역사적 맥락에서 재조명하고자 한다.[9] 그 과정에서 평화 담론을 둘러싼 보수와 진보, 현실주의자와 자유주의자들의 견해가 어떻게 분화되었으며, 그 분화가 과연 근본적인 차이를 노정한 상이한 패러다임에 속하는지의 문제도 검토하기로 한다. 이러한 평화 담론 연구가 결국에는 한국적 국제정치학, 한국 외교정책의 특성을 드러내는 연구의 일단이 될 수 있다는 기대를 가져본다.

2 ı 현실주의 평화 담론과 대외 정책론: 이승만 정부와 박정희 정부 초기

1) 이승만 정부 시기의 평화 담론

근대 국제정치의 세계에 편입된 이래, 한반도의 주요 식자들은 공통적으로 전쟁이 아닌 '평화'의 달성을 대외적인 목표로 갈망해 왔다. 서세동점(西勢東漸)과 일본제국주의 대두라는 대외 상황이 전개된 구한말과 식민지 시기를 보면 '평화' 개념이 ≪독립신문≫ 등에서 빈번하게 사용되기 시작했다.[10] 특히 일제

---

9 이 글에서 정치 세력의 평화론은 주로 역대 대통령들의 담화와 연설문을 대상으로 분석했으며, 지식인들의 평화 관련 담론은 주로 ≪국제정치논총≫에 실린 관련 논문들을 대상으로 했음을 밝힌다.

10 하영선, 「근대 한국의 평화개념 도입사」, 『21세기 평화학』, 111쪽.

식민지하에서 신채호, 박은식, 한용운 등 식자들은 조선의 독립이 동양 평화의 기초가 된다고 인식했다.[11] 이러한 인식은 3·1 독립운동 당시의 독립선언서를 통해 "금일 오인(吾人)의 조선독립은 …… 동양평화로 중요한 일부를 삼는 세계평화, 인류행복에 필요한 계단(階段)이 되게 하는 것"이라는 표현에 집약적으로 나타났다.

대한민국 정부가 수립된 뒤에도 '국제평화'는 1948년 제헌 헌법 전문에서 명문화되어 우리의 국가 대외 정책의 근본원리, 혹은 국가 정체성의 하나로 간주되어 왔다. 구한말 애국계몽 운동에 투신한 경력이 있는 이승만 초대 대통령도 신생 한국 정부가 추구해야 할 대외 정책의 지향점으로 '평화'를 누차에 걸쳐 강조했다. 1948년 7월 24일 대통령 취임사에서 그는 "대외적으로 말하면 우리는 세계 모든 나라와 친선해서 평화를 증진하며 외교통상에 균평한 이익을 나누기를 절대 도모할 것"이라고 밝혔다.[12] 1949년 1월 1일의 신년 담화에서도 그는 "민주정체의 기초를 공고히 세워서 동양의 모범적인 민주국으로, 세계평화와 자유를 보장하는 신성한 국가를 이루"는 것이 국가 목표라고 강조했다.[13] 한국전쟁이 터지기 전에 이승만 대통령이 남북으로 분단된 국가의 통일 방식에 관해 1949년 2월 4일 기자회견에서 밝힌 내용을 보면, "동족의 인명을 살상하는 것을 피하여 평화적으로 통일을 기도하고 있으며, 이북에 일보도 공세를 취하지 않고 방어만 하도록 명령"하고 있다고 하면서, "평화적 통일"을 추구해야 한다고 강조했다.[14]

---

11 신채호, 한용운, 박은식 등은 공통적으로 한국의 독립이 동양 평화의 기초가 된다고 인식했다. 이호재, 「1910년대 외교논쟁과 지도자의 주장」, 『한국인의 국제정치관: 개항후 100년의 외교논쟁과 반성』(법문사, 1994), 185~194쪽.

12 공보처, 『대통령 이승만 박사 담화집』(1953.12), 3쪽.

13 국사편찬위원회 엮음, 『자료대한민국사 제10권: 1949년 1~2월』(1999), 2쪽.

14 같은 책, 370쪽. 같은 시기 이범석 국무총리 겸 국방부 장관도 기자회견을 통해 우리 국군이 통일을 위해 "무력을 행사하려는 것이 아니라 화평을 보유하기 위한 평화적 기관"이라고 강조했다. 국사편찬위원회 엮음, 『자료대한민국사 제11권: 1949년 3~4월』(1999), 87쪽.

다만 이승만 대통령은 남북이 분단되고 국제 질서가 미·소 양대 진영의 이데올로기 투쟁을 보이는 상황에서, 한국이 영구한 평화를 달성하려면 한국과 미국 간의 상호 안보 조약이 체결되어야 하며, 유럽의 대서양동맹처럼 아세아·태평양 지역에서도 자유 애호 국가 간의 집단적인 '태평양동맹' 체결이 필요하다고 보았다. 그는 이러한 집단적 방어 조치로서의 동맹 형성이 태평양 주변의 모든 민주국가들이 "전체주의 세력을 저지하는 동시에 아세아의 확고한 평화를 보존"하기 위해 절대 필요하다고 보았다.[15] 이 같은 담론을 통해 볼 때 한국전쟁 이전에 이승만 대통령을 비롯한 한국 정부 요인들은 북한에 대해서도 평화적인 통일 방식을 추구했고, 국제적으로도 동질적인 국가들의 집단 안보 체제 결성을 통해 공산주의의 위협에 대응해야 한다는 현실주의적 평화 구상을 갖고 있었다고 볼 수 있다.

집단 안보 체제 결성을 강조하는 이승만 대통령의 현실주의적 평화 구상은 1950년 6월 25일 발발한 한국전쟁을 계기로 보다 경직된 모습을 보이기 시작한다. 전쟁이 발발한 직후인 7월 10일 기자회견에서 그는 "38선을 취소하지 않는 한 한국은 통일할 수 없고 평화도 실현될 수 없다"라고 단언하며 "모든 공산 세력과 투쟁하는 아세아의 모든 국가와 군사동맹을 체결"해야 한다고 주장했다.[16] 즉, 아세아의 반공 국가들과 집단 안보 결성을 추구할 뿐만 아니라 전쟁을 일으킨 북한에 대해서도 무력 통일 방침으로 전환해야 한다고 밝힌 것이다. 한국전쟁을 계기로 유엔 회원국 중 53개국이 한국을 지원하기로 결정하고 17개국이 군대를 파견하기로 하자, 이승만의 집단 안보를 통한 한반도 평화 구상은 더욱 공고해졌다. 1951년 8월 15일 광복절 기념사에서 그는 "우리의 공동 원

---

15 1949년 7월 8일 대통령 담화. 공보처, 『대통령 이승만 박사 담화집』, 144쪽. 이승만 대통령은 1949년 3월 23일 엘피디오 퀴리노(Elpidio Quirino) 필리핀 대통령이 제기한 태평양동맹 구상에 찬의를 표명한 이래 아시아 평화를 위한 집단 안보 구상으로서 태평양동맹을 일관되게 지지해 왔다.

16 국사편찬위원회 엮음, 『자료대한민국사 제18권: 1950년 6~9월』(2004), 195쪽.

수 국가들이 유엔의 힘을 이길 수 없다는 것을 깨닫게 하는 것, 이것이 세계평화의 시작"이라고 역설했다.[17] 또한 1952년 5월에는 미국 정치인들에게 보내는 녹음 연설에서 태평양 지역의 평화를 유지하기 위해 미국이 호주, 필리핀, 일본 등과 체결한 것과 같은 "광범위한 지역적 협정"이 필요하고, 이에 더해 한국군을 일본군과 같은 수준으로 증강해야 한다고 재차 강조했다.[18]

이승만 대통령의 이 같은 현실주의적 평화 구상은 당대의 주요 정치인과 식자들 사이에도 광범위하게 공유된 것으로 보인다. 외무부 장관 및 유엔 대사를 역임한 임병직은 1951년 《포린어페어스(Foreign Affairs)》에 게재한 글을 통해, 한국이 통일된다고 해도 태평양 지역에서 안보 및 평화를 확립하기 위해서는 "극동 국가들을 규합해 아시아 공산주의에 대항하는 태평양 조약"이 필요하다고 제언했다.[19] 연희대학 총장 백낙준도 아세아 지역에서 공산주의 위협에 대응하기 위해 태평양 지역 반공 국가들의 반공 동맹 결성이 필요하다고 제언했다.[20] 물론 1950년대 후반이 되면 당시 야당인 민주당이나 《사상계》 등에서 이승만 정부의 북진 무력 통일 방식이 평화 기조에 어긋난다며 반대하는 의견도 제기되었다.[21] 그러나 전체적으로 종전 이후의 1950년대 한국 사회에서는 이승만 대통령이 주장했던 것처럼 현실주의적 평화 담론, 즉 공산주의의 군사 위협에 대응해 국내적으로는 군사력 증강을 추진하고 대외적으로는 한미동맹을 체결하며, 나아가 아시아 지역에서는 태평양동맹과 같은 집단 안보 체제를 결성해 평화를 확보해야 한다는 현실주의적 성향의 평화 담론이 지배적이었다.

---

17 공보처, 『대통령 이승만 박사 담화집』, 60쪽.

18 같은 책, 152~153쪽.

19 Limb, Ben C., "The Pacific Pact: Looking Forward or Backward?," *Foreign Affairs*, Vol.29, No.4(July 1951).

20 백낙준(白樂濬), 「아세아와 世界政局」, 《사상계》(1954.3).

21 주요한, 「對共 정책은 어떻게 세울 것인가」, 《사상계》(1958.10) 등을 참조.

2) 박정희 정부 초기의 현실주의적 평화 담론

　　군사 쿠데타를 통해 정권을 잡은 박정희 정부는 이승만 정부와 장면 정부의 무능과 부패를 비판하며 차별화를 시도했다. 하지만 1960년에 제시된 평화 담론과 그에 따른 대외 정책은 이승만 정부와 별 차이를 보이지 않았다. 1960년 대의 박정희 대통령은 일련의 연설과 담화를 통해 국제 공산 세력의 침략과 파괴적 행동이 아시아·태평양 지역의 평화와 자유를 위협하고 있다는 인식을 보였다. 예컨대 1964년 10월에 중국이 최초의 핵실험을 감행하자 그는 "희대의 침략자 중공이 핵무기를 손아귀에 넣게 될 경우, 극동의 평화와 자유"에 큰 위협이 될 것이라고 경계했다.[22] 이러한 공산주의 세력의 위협에 대응해 박정희 대통령도 "북한 괴뢰에 우월하는 군사력의 유지", "자유 우방 특히 미국과의 군사적 연대 공고화 등 집단 안보 체제 강화" 등을 추구해야 한다고 했다. 특히 한일 선린 관계의 수립이 "극동의 안전과 평화 유지에 기여"할 수 있다고 주장하며 한일회담을 강행 추진했다.[23] 나아가 그는 이승만 대통령과 마찬가지로 "아시아·태평양 지역 자유 국민들의 상호 협력과 결속의 연대를 더욱 굳혀나가는 것"이 "평화, 자유, 균형된 번영의 위대한 아시아·태평양 공동사회를 건설"하는 길이 될 수 있다면서, 1966년 6월에 일본, 호주, 필리핀 등 아·태 지역 국가들이 참가하는 아시아태평양각료회의를 결성했고, 이를 "아시아 평화혁명"이라고 평가했다.[24] 이같이 1960년대에 박정희 대통령도 북한과 중공 등 국제 공산주의 세력을 평화에 대한 위협으로 간주하며 그에 대응하기 위한 평화

22　1964년 3월 10일 개최된 "중공 핵실험 규탄 국민궐기대회 격려사", 『박정희 대통령 연설문집: 제2집(1965.1~1965.12)』(대통령 비서실, 1966), 99~100쪽.

23　1964년 1월 10일의 "연두교서", 『박정희 대통령 연설문집: 제1집(1963.12~1964.12)』(대통령 공보비서관실, 1965), 38~39쪽.

24　1966년 6월 14일, "아시아태평양각료회의 치사", 『박정희 대통령 연설문집: 제3집(1966.1~1966.12)』(대통령 비서실, 1967), 235쪽.

수단으로 군사력 증강, 한미 동맹 강화, 아·태 지역에서의 집단 안보 체제 결성 등을 추진하는 현실주의적 평화정책을 추진했다.

박정희 정부가 추구한 현실주의적 대외 정책에 대해 지식인 사회에서 체계적으로 옹호한 학자 중 하나로 이호재를 꼽을 수 있다. 이호재는 경제력과 군사력 증강 등 종합적 국력 상승, 한미 동맹 강화, 남북한 간 군사력 균형과 역내 주요 국가들 간 세력균형 구조의 유지 등이 한반도 평화 유지의 중요한 조건이 되고 있다고 분석했다. 즉, 국력 증강과 동맹 체결 등 현실주의적 평화정책의 수단들이 한국전쟁 이후 한반도 평화를 지탱해 왔다고 파악한 것이다. 이런 시각의 연장선상에서 그는 한국의 국력 증강을 위해 당시 박정희 정부가 은밀하게 추진하고 있던 핵무장이라는 선택지도 적극 고려해야 한다는 구상을 제시했다. 핵에 의한 공포의 균형이 결국은 체제 공존을 가능하게 하리라고 전망했다. 이 같은 이호재의 현실주의적 담론은 1990년대까지도 비교적 일관되게 유지되고 있다.[25]

3 | 자유주의 평화 담론의 대두와 대외 정책론: 1970년대 이후

1) 1970년대 박정희 정부의 자유주의적 대외 정책과 평화 담론

박정희의 현실주의적 평화 담론과 정책은 1970년대에 접어들면서 미묘하게 변화하기 시작했다. 물론 그는 기본적으로 군사력과 경제력 등 국력을 결집해 전쟁을 억제할 수 있는 힘을 기르는 것, 즉 총력안보 체제 구축이 평화통일을

---

25 이호재, 「동북아 국제질서, 핵무기, 그리고 한반도」, ≪국제정치논총≫, 제17집(1977); 이호재,
    「자주국방과 자주외교문제」, 『핵의 세계와 한국 핵정책』(법문사, 1981); 이호재, 「한반도 군
    비축소문제의 한계와 가능성」, ≪국제정치논총≫, 제26집 2호(1986) 등을 참조.

앞당기는 길이라고 주장했다.[26] 다만 1973년 6월 23일에 "평화통일외교정책 특별성명"을 통해 밝혔듯이, 한반도 평화를 위해 남북한이 상호 내정간섭하지 않고 불가침을 약속한 가운데 대화를 지속해야 하며, 북한과 같이 국제기구에 가입할 수 있다는 전향적인 입장으로 선회하기 시작했다. 나아가 그는 이념과 체제를 달리하는 공산주의 국가들에게도 문호를 개방한다고 천명했다.[27]

　1970년대의 박정희 대통령은 이같이 북한을 포함한 적대 세력과의 대화와 교류를 통해 상호 평화를 증진할 수 있다는 자유주의적 평화 담론을 아울러 발신하기 시작했다. 물론 그는 북한에 대한 근본적인 불신을 버리지 않았고, 현실주의적 국력 증강론을 1970년대 말까지 견지했다.[28] 그럼에도 1970년대에 들어 그가 자유주의적 평화 담론을 병용하기 시작한 데는 1972년 이후 본격화된 미·중 간의 데탕트와 그에 자극받은 한국 지식인들의 대외 구상 전환의 영향으로 보인다. 박정희의 외교보좌관으로 기용된 함병춘은 1972년과 1974년에 작성한 논문을 통해 한국의 정치적 생존과 동아시아 평화를 위해 미국과의 동맹 관계 견지는 물론, 한국을 둘러싼 소련, 중국, 일본 등 세 나라와 우호적인 관계를 유지할 필요성이 있다고 역설했다.[29] 오랫동안 적대시되었던 공산주의 대국들과의 관계 개선을 역설한 일부 식자들의 자유주의적 담론이 철저하게 현실주의 성향을 가졌던 박정희의 대외 정책 담론에 영향을 준 것으로 보인다.

26　1972년 1월 11일의 연두 기자회견에서 이 같은 입장이 재확인되고 있다. 대통령 비서실, 『박정희 대통령 연설문집: 제9집(1972.1~1972.12)』(1973), 44쪽.

27　대통령 비서실, 『박정희 대통령 연설문집: 제10집(1973.1~1973.12)』(1974), 165쪽.

28　박정희는 남북회담이 교착상태를 보이던 1974년 1월 18일 신년 기자회견에서 공산주의자들의 평화 개념이 우리와 근본적으로 다르다고 토로하기도 했다. 대통령 비서실, 『박정희 대통령 연설문집: 제11집(1974.1~1974.12)』(1975), 46쪽.

29　Pyong-choon Hahm, "Korea and the Emerging Asian Power Balance," *Foreign Affairs*, Vol.50, No.1(January 1972); Pyong-choon Hahm, "Political Dilemmas in the Republic of Korea," *Asian Affairs*, Vol.1, No.5(May-June 1974), pp.297~301 등을 참조.

보다 다원화된 평화 담론의 가능성이 제시되면서, 1970년대 중반 한국의 식자들은 현실주의뿐만 아니라 자유주의적 성향의 평화 담론에 대해서도 다양하게 발언하기 시작했다. 박용옥은 전쟁이 억제되지 못했을 때를 대비한 국가 차원의 안보 전략만으로는 자원 고갈, 인구 증가, 기아 현상 등 국가의 생존 문제를 해결할 수 없다고 주장하며, 이를 대신해 평화의 조건을 찾아내 그를 충족시키려는 평화 전략을 강구해야 한다고 제언했다.[30] 김홍철은 한반도 평화 건설을 위해 "전 한반도 안전보장 구축"을 지향하는 "호혜적 안보" 개념을 도입하자고 주장했다. 이에 따라 남북한 간 상호 불가침 협정 체결 및 군비경쟁 완화를 통해 휴전 상태를 평화 상태로 전환하고, 한반도 평화 질서 보장을 위해 교차승인과 남북한 유엔 동시 가입, 국제적 차원에서의 "한반도 평화보장전략위원회" 등을 설치해야 한다고 제언했다.[31]

김학준, 이영호, 하영선은 요한 갈퉁의 소극적 평화 개념과 적극적 평화 개념을 소개했다.[32] 특히 김학준은 이 개념에 따라 한반도 평화 구축의 과제를 세 단계로 나누어 추진하는 방안을 제시했다. 그에 따르면 전쟁과 무력 충돌이 부재한 상태를 목표로 하는 제1단계인 소극적 평화의 단계에서는 한반도 주변 4강이 남북한을 교차승인하고 동시에 유엔 가입을 추진하게 된다. 제2단계인 평화의 제도화 단계에서는 남북한 상호 불가침 협정을 체결하고, 정전협정을 평화협정으로 대체한다. 끝으로 제3단계인 적극적 평화 단계에서는 남북한 교류와 협력을 증진하고, 주변국들이 이를 지지하는 상태를 구축하도록 한다는 것이다.

---

30 박용옥, 「강대국 정치 속에서의 약소국 정치: 약소국의 적응행태를 중심으로」, ≪국제정치논총≫, 제17집(1977).

31 김홍철, 「한반도 평화정착건설의 군사적 과제와 조건」, ≪국제정치논총≫, 제18집(1978).

32 이영호, 「한국인의 한반도 평화관」, ≪국제정치논총≫, 제18집(1978); 김학준, 「한반도 평화의 국제적 조건: 평화의 3단계론에 입각하여」, ≪국제정치논총≫, 제18집(1978); 하영선, 「새로운 국제정치이론을 찾아서: 평화연구를 중심으로」, ≪국제정치논총≫, 제21집(1981).

요컨대 냉전 체제하의 1970년대에도 한국의 정치가와 식자들은 기본적으로 현실주의적 평화 담론을 견지하면서도, 자유주의적 평화 구상의 가능성 역시 진지한 논의를 전개했던 것이다. 특히 새롭게 전개된 자유주의적 성향의 평화 담론은 1980년대 후반 이후 탈냉전기라는 공간이 열리자 한국의 전향적인 대북·지역 평화정책의 자양분으로 작용했다고 보인다.

2) 1980년대 이후 정부 차원의 평화적 대외 정책 전개

1980년대 초반 군사정권 등장 이후의 암울한 정치 상황에 도전한 1980년대 중반의 민주화 운동은 한국의 국내 정치 구조 및 대외 정책에 새로운 지평을 열게 했다. 민주화 운동의 결과 개정된 1987년 헌법은 전문에서 "세계평화와 인류공영에 이바지"한다는 조항을 재천명했고, 제5조에서 "대한민국은 국제평화의 유지에 노력하고 침략적 전쟁을 부인한다"라고 하며 국제평화주의를 조문에서 표명했다.

이러한 국제평화주의의 헌법 정신에 부응해 1980년대 후반부터 등장한 노태우, 김영삼, 김대중 정부는 보수와 진보의 정치 성향 차이에도 불구하고, 대북 정책이나 동아시아 지역 정책에 관해 자유주의적 성향의 평화 담론을 정책 기조로 추진하는 공통성을 보였다. 노태우 대통령은 1988년 7월 7일에 "민족자존과 통일번영을 위한 특별선언" 발표를 통해, 남북한 간에 상호 교류와 자유 왕래 실현, 대결 외교의 종결과 문호 개방, 국제 무대에서 남북한 간 상호 협력 추진 등을 선언하면서, 자유주의적 성향에 기반한 전향적인 대북 정책 기조를 밝혔다.[33] 노태우 대통령은 같은 해 10월 18일의 유엔총회 연설을 통해 한반도의 안정적 평화 구축을 위해 남북한 간 화해뿐만 아니라, 한반도에 이해

---

33 노태우, "민족자존과 통일번영을 위한 특별선언"(1988.7.7), 대통령 비서실, 『노태우 대통령 연설문집: 제1권(1988.2.25~1989.2.24)』(1990), 177~178쪽.

관계가 있는 모든 당사국들과의 합리적이며 정상적인 관계 구축이 불가결하다고 하며 미국, 소련, 중국, 일본, 남북한을 포함한 동북아평화협의회의 결성을 제안했다.[34] 노태우 대통령이 취임한 직후에 표명한 남북 관계 및 동북아 지역 정책, 즉 북방정책은 잠재적 적대국과의 교류와 접촉 증진, 그에 따른 제도화 추진이라는 자유주의적 평화 담론에 입각한 것으로 보인다.

노태우 정부의 이 같은 자유주의적 성향의 대북 정책과 동아시아 지역 정책은 그의 재임 기간 중에 가시적인 성과를 거두었다. 1991년과 1992년에 걸쳐 남북한 간에 기본합의서와 비핵화 공동선언 등이 성립되었다. 상호 간에 체제를 인정하고, 무력을 불사용하며, 분쟁을 평화적으로 해결하고, 핵무기의 보유와 제조를 금하며, 정전 상태를 평화 상태로 전환해 나간다는 합의에 도달한 것이다. 또한 1989년에 헝가리와 폴란드 등 동구권 국가들과의 국교 정상화에 이어, 1990년과 1992년에는 공산주의 종주국인 소련 및 중국과 국교가 체결되었다. 그리고 이와 병행해 1991년에 남북한이 유엔에 동시 가입하게 되었다.[35]

노태우 정부를 이은 김영삼 정부와 김대중 정부는 정치적 배경이나 성향 측면에서는 차이를 보였지만, 대북 정책과 동아시아 지역 정책에 관해서는 노태우 정부와 마찬가지로 자유주의적 평화정책의 기조를 보였다고 생각된다. 김영삼 대통령은 1993년 5월 24일의 연설을 통해 남북한 간의 통일은 화해와 협력의 단계 → 남북연합의 단계 → 1민족 1국가의 통일국가 등 점진적이고 평화적인 단계를 거쳐 이룩될 것이라며, 노태우 정부가 표명했던 한민족공동체 통일 방안을 기본적으로 계승했다. 또 한미 동맹과 병행해 아시아·태평양 지역 국가들과 다자간 안보 대화를 추진해, 지역 내 항구적 평화의 기틀을 마련해

---

34 노태우, "유엔총회 연설"(1988.10.18), 같은 책, 296~297쪽.

35 노태우, 『노태우 회고록: 하권-전환기의 대전략』(조선뉴스프레스, 2011). 노태우 정부 시기 외교정책에 대한 평가로는 이근, 「노태우 정부의 북방외교: 엘리트 민족주의에 기반한 대전략」, 강원택 엮음, 『노태우 시대의 재인식: 전환기의 한국 사회』(나남, 2012) 참조.

갈 것이라고 표명했다.[36] 이 같은 대북 정책과 동아시아 지역 정책의 기조 속에 김영삼 정부는 김일성 북한 주석과의 정상회담 개최에 합의했고, 1994년에는 아세안안보지역포럼(ARF: ASEAN Regional Forum)에 적극 참가하기 시작했다.

1998년에 취임한 김대중 대통령은 정치 성향이 전임자들인 노태우나 김영삼 대통령과 같다고 볼 수 없지만, 대북 정책과 동아시아 지역 정책에 관해서는 자유주의적 성향을 보여주었다. 그는 1998년 2월의 대통령 취임사를 통해 노태우 정부 때 합의된 남북 기본합의서에 따라 남북한 간 화해와 협력을 추진해 평화를 정착시키겠다는 방침을 천명했다.[37] 그리고 2000년 3월 9일의 독일 베를린 자유대학 연설을 통해 남북한의 화해·협력과 한반도의 항구적 평화를 위해 북한의 경제적 어려움을 도울 용의가 있으며, 이산가족 문제 해결 등을 위해 남북 당국자 간 회담을 가질 것을 전향적으로 제안했다.[38] 또한 1998년 11월 12일에 중국 베이징 대학 연설에서는 한반도의 평화체제 정착은 물론, 동북아시아의 평화와 발전을 위해 미국, 중국, 남북한 등이 참가하는 동북아시아 협력 기구 및 4자 회담 체제가 필요하다고 역설했다.[39]

이 같은 김대중 대통령의 대북 정책과 동북아 지역 정책은 기본적으로 남북한 간, 동북아 역내 국가 간의 대화와 협력 증진을 통해 평화를 도모해 갈 수 있다는 자유주의적 평화정책론의 성격을 지닌 것이었다. 그리고 그의 평화정책 구상은 실제로 양자 간·다자간 차원에서 구현되기에 이르렀다. 2000년 6월 14일에 그는 평양을 방문해 김정일 국방위원장과 남북 최초의 정상회담을 가졌고, 네 개 항의 공동성명을 발표했다. 그리고 남북한 간에 합의된 안보, 경

---

36 김영삼, "제26차 태평양경제협의회(PBEC) 총회연설"(1993.5.24), 대통령 비서실,『김영삼 대통령 연설문집: 제1권(1993.2.25~1994.1.31)』(1994), 212~213쪽.

37 김대중, "제5대 대통령 취임사: 국난극복과 재도약의 새 시대를 엽시다"(1998.2.25),『21세기와 한민족: 김대중 전 대통령 주요 연설 대담, 1998~2004』(돌베개, 2004), 25쪽.

38 김대중, "독일 베를린 자유대학 연설: 독일 통일의 교훈과 한반도 문제", 같은 책, 93~99쪽.

39 김대중, "중국 베이징 대학 연설: 동북아 지역의 평화와 안정을 위한 한중협력", 같은 책, 54쪽.

제, 인도주의적 협력 합의를 구체화하기 위해 남북한 국방장관 회담을 포함한 각료급·실무자급 회담들이 연쇄적으로 개최되었다. 또한 동북아 지역 내의 각국 간 평화적 협력을 증진하기 위해 역내 다자간 회담과 4자 회담 등도 활발하게 개최되었다.

2003년부터 집권한 노무현 정부도 자유주의적 평화정책의 관점에서 김대중 정부의 대북 정책과 동아시아 지역 정책을 계승했다. 노무현 정부는 2003년 공표한 「참여정부의 국정비전: 12대 국정과제」와 「평화번영과 국가안보: 참여정부의 안보정책 구상」 등을 통해 한반도의 평화와 안정, 동북아의 공동 번영을 국가 안보 정책의 목표로 제시했다. 그리고 이를 구현하기 위한 안보 정책 과제로서 한반도 평화체제 구축 및 동북아 협력 주도 등을 제기했다.[40] 2007년 10월의 남북 정상회담 직전에 행한 연설에서 노무현 대통령은 한반도에 대결의 질서를 해소하고 평화의 질서를 구축하는 것이 최선의 안보 전략이라고 설명했다. 남북한 간에 한반도 평화체제 논의가 본격화되면 군사적 신뢰 구축과 평화협정, 군비축소도 다루어질 것이라며, 한반도 평화체제 관련 정책 어젠다들을 설명했다.[41] 또한 그는 동북아 국가들 간의 잠재적 갈등을 해소하기 위해 한국이 외교적 주도권을 행사해야 하며, "동북아의 세력균형자로서 이 지역의 평화"를 지켜내는 역할을 맡아야 한다고 했다. 그에 따라 군도 국방 개혁을 수행하면서 한반도의 평화 정착과 동북아 안보 협력을 하나의 안보 전략으로 수용하는 전략적 사고를 가져야 한다고 주문했다.[42]

노무현 대통령의 한반도 평화체제 정책 및 동북아 균형자 정책은 각각 6자 회담 및 남북 정상회담 개최를 통해 추진되었다. 2003년부터 미국, 중국, 러시

---

40 청와대, 「참여정부의 국정비전: 12대 국정과제」 (2003); 국가안전보장회의, 「평화번영과 국가안보: 참여정부의 안보정책 구상」 (2004.3) 등을 참조.

41 노무현 대통령의 2007년 10월 1일 국군의 날 연설 참조.

42 노무현 대통령의 2005년 3월 8일 공군사관학교 졸업식 치사와 2007년 10월 1일 국군의 날 연설 참조.

아, 일본, 남북한이 참가한 가운데 개시된 6자 회담은 2005년 9월 19일에 공동 선언을 발표하기에 이르렀다. 이 선언에서 6개국은 한반도의 비핵화를 평화적인 방법으로 달성하는 것이 6자 회담의 목표라고 확인했다. 그러면서 북·미 간의 상호 주권 존중과 평화공존, 북·일 관계 정상화 추진, 관련 당사국들이 별도의 포럼을 조직해 한반도의 영구적 평화체제 건설 및 동북아의 항구적 평화를 위해 공동 노력할 것에 합의했다.[43] 2년 뒤인 2007년 10월 4일에 노무현 대통령은 김정일 국방위원장과 남북 정상회담을 갖고, 남북한 차원에서의 협력 사항에 합의했다. 공동발표문에서 양측은 남북한이 사상과 제도의 차이를 초월해 상호 존중과 신뢰의 관계로 전환하며, 군사적 적대 관계를 종식하고 한반도 긴장 완화와 평화 보장을 위해 상호 군사 협력을 추진하며, 서해평화협력특별지대를 설치하는 등의 협력을 통해 항구적 평화체제를 건설해 나가자는 합의에 도달한 것이다.[44] 이같이 노무현 대통령 시기는 대통령 자신이 자유주의적 평화정책 구상을 표명했고, 남북한 및 동북아 차원에서 국가들 간의 합의문 형태로 평화정책 구상이 공표되었다는 점에서 큰 진전이 있었다고 하겠다.

3) 1980년대 이후 자유주의적 평화 담론의 전개

자유주의적 성향의 평화연구자들은 1980년대 후반부터 기존의 안보 담론과 구분되는 평화 담론, 즉 평화적 방법에 의한 평화를 추구하는 담론들이 본격적으로 나타났다고 평가한다.[45] 이 같은 관찰에 반드시 동의하는 것은 아니지만 북방정책의 슬로건하에 남북한 기본합의서를 체결하고 유엔 동시 가입을 구현

---

43 2005년 9월 19일, "제4차 베이징 6자회담의 공동성명" 전문.

44 2007년 10월 4일, "남북관계 발전과 평화번영을 위한 선언".

45 구갑우, 「한반도적 맥락의 비판적 평화·안보담론: '평화국가담론' 재론」, ≪한국과 국제정치≫, 제24권 3호(2008년 가을), 105~107쪽.

한 노태우 정부의 전향적인 대북 정책과 동아시아 지역 정책에 따라 이 시기부터 자유주의적 성향의 평화 담론이 분출하듯 전개되기 시작했다. 심지어 현실주의적 성향을 가진 연구자들도 자유주의적 성향의 평화 담론을 발신하기 시작했다는 점은 부인할 수 없다.

1990년대 초반 황병무는 구미에서의 평화연구를 전반적으로 소개하면서, 한국의 평화연구도 전쟁 방지를 목표로 하는 소극적 평화 개념과 함께 한반도에서의 적극적 평화 개념 구현을 위한 조건이나 구조적 폭력에 대한 연구도 필요해졌다고 제언했다.[46] 사실 1990년대 이후 한국의 식자들은 소극적 평화뿐만 아니라 적극적 평화의 개념도 앞다투어 수용하면서 한반도 및 동북아 차원에서의 평화정책 관련 담론을 과감하게 개진하고 있다.[47]

김국진은 전쟁 재발 방지를 위한 한미 동맹과 주한미군의 역할과 기여를 평가하면서도, 한반도 평화체제 구축을 위해 휴전협정의 평화협정으로의 대체, 한반도 주변 4강에 의한 남북한 유엔 동시 가입을 긍정적으로 평가했다.[48] 이장은 여기서 더 나아가 현실주의자들이 강조하듯 군비 증강이나 한미 동맹이 한국의 안보를 강화시킨다고 볼 수 없다면서, 남북한 간의 긴장 완화와 평화 구현을 위해 주한미군이 보유한 핵무기의 완전한 철수, 대한민국 내부에서의 운동권이나 공산주의 정치 세력의 합법화 등 과감한 조치가 필요하다고 주장했다.[49] 김성주는 한반도 평화체제 구현을 위해 남북한 간에 군사공동위원회

---

46 황병무, 「구미의 평화연구와 한국에서의 적용」, ≪국제정치논총≫, 제30집 2호(1990), 139쪽.
47 적극적 평화 개념이 이 시기 국제정치학의 다른 분야에 파급되는 사례들도 적지 않다. 황영주는 적극적 평화 담론을 페미니즘 연구까지 확장했다. 황영주, 「평화, 안보, 그리고 여성: "지구는 내가 지킨다"의 페미니즘 재정의」, ≪국제정치논총≫, 제43집 1호(2003). 양승함과 배종윤은 적극적 평화 개념이 기존의 국제평화 관련 지수에 적절히 반영되지 못하고 있다고 지적했다. 양승함·배종윤, 「21세기 국제사회의 안보·평화 개념과 평화지수의 적실성」, ≪국제정치논총≫, 제43집 2호(2003).
48 김국진, 「주한미군과 한반도 통일」, ≪국제정치논총≫, 제29집 1호(1989), 131~138쪽.
49 이장, 「남북한의 긴장완화를 위한 제안」, ≪국제정치논총≫, 제30집 1호(1990).

설치 및 국방장관 회담을 통한 군사적 신뢰 구축, 균형적인 군비 감축 등이 이루어져야 하며, 나아가 북한 정권의 국제 존립을 국제사회가 보장하는 방안도 강구해야 한다고 제언했다.[50] 홍용표도 한반도 평화체제 구축 과정에서 한국이 주도적인 역할을 맡아야 하며, 주한미군의 작전 통제권을 환수하는 것이 그 방편의 하나가 될 수 있다고 주장했다.[51] 조성렬도 한반도 평화체제 구축을 위해서는 평화협정 체결과 병행해 남북한 간 군사적 신뢰 구축, 구조적 군비 통제 등이 추진되어야 한다고 제언했다.[52] 문정인, 이상현, 박건영, 정성장 등도 한반도 평화체제 구축을 위해 법적인 측면에서 현재의 정전협정을 평화협정으로 대체하고, 군사적 측면에서 남북한 간 실질적 군축과 군사적 신뢰 구축을 추진하며, 국제적 측면에서 북·미 및 북·일 관계를 정상화하는 대내외적 과제가 병행 추진되어야 한다고 제언했다.[53]

한반도에서의 평화체제 구축과 병행해 동아시아 지역 질서에도 보다 적극적인 다자간 안보 체제 구축의 필요성을 옹호하는 견해도 제기되었다. 조명현은 동북아에는 유럽안보협력회의와 같은 다자간 안보 협력 기구가 나타나지 못하고 있다고 지적하며, 이 지역의 잠재적 불안 요인들을 해결하려면 미국, 일본, 중국, 러시아, 남북한이 참가하는 동북아 안보 공동체가 형성되어야 한

---

50 김성주, 「6·15 남북정상회담 이후 남북한 관계와 한반도 평화체제 구축의 전제」, ≪국제정치논총≫, 제42집 3호(2002).

51 홍용표, 「정전협정과 한반도 평화체제 구축」, 경남대학교 극동문제연구소, 『한반도 평화체제 구축: 한반도 평화체제 공개학술회의 자료집』(2005.5.3).

52 조성렬, 「한반도 평화체제 구축과 한미동맹: 유엔사, 주한미군 문제를 중심으로」, 같은 책.

53 이상현, 「한반도 평화체제와 한미동맹 및 유엔사 문제」, 세종연구소, "북핵 문제 해결과 한반도 평화체제"(제17차 세종 국가전략포럼, 2007.10.17); 정성장, 「한반도 평화체제 구축: 쟁점과 전략」, 같은 책; 문정인, "평화체제 동시병행 방식으로 추진해야", ≪중앙일보≫, 2007년 9월 17일 자 칼럼; 박건영, 「한반도 평화체제 구축을 위한 한국의 전략」, 국방대학교 안보문제연구소·한국국제정치학회, 『한반도 평화체제와 동북아 안보협력: 07 국내안보학술회의 자료집』 (2007.12.7) 등을 참조.

다고 주장했다.[54] 김경호도 동북아 지역의 다자 안보 협력체 결성이 한반도의 안전과 평화에 직결된다고 보고, 협력 외교 개념에 따라 동북아 국가들 간에 상호 의존과 상호 신뢰를 증진하고, 이에 기반해 안보 공동체 형성을 추진할 것을 제안했다.[55] 홍용표는 남북 관계 개선과 상호 교류·협력이 궁극적으로 동아시아의 협력 증진과 안정성 제고에 이어진다고 보고, 개성 공단 조성과 환동해권 경제협력을 이런 차원에서 추진해야 한다고 주장했다.[56]

현실주의적 성향의 논자들도 동북아 지역 내에서의 과감한 평화공존적 다자간 제도화가 필요하다는 입장을 개진했다. 김태우는 북한이 1970년대에 주장했던 한반도 비핵지대 구상을 상기시키며, 한반도 비핵화 공동선언도 합의된 상황에서 미·일·중·러, 남북한, 몽골 등이 참가하는 동아시아 평화지대 창설을 제언했다. 여기서 상호 핵무기 사용 금지, 미사일 규제 등을 규범으로 공유하는 질서 창출이 필요하다고 주장했다.[57] 현실주의 성향의 대표 이론가였던 이호재도 탈냉전 이후 동북아 국제 질서가 미·일 동맹 대 중국의 대립 구도가 노정되고 있다고 지적하며, 동북아 지역 평화공존을 위해 중국, 미국, 일본 등 세 개 강대국과 러시아, 한국, 북한 등 6개국이 동북아 국제 질서 운영에 참가하는 동북아 6개국 체제를 형성할 필요가 있다고 제언했다.[58] 박세일도 역사상 동북아에 패권주의가 등장하면 항상 대립과 갈등의 역사가 나타났다고 지적하며, 한국이 생존 전략으로서 동북아 전체의 평화와 공동 번영 체제 구축을 추진해야 한다고 주장했다. 구체적 방안으로 그는 한미 동맹 관계 강화를 최소

---

54 조명현, 「한반도의 평화와 안전을 위한 다자간 안보체제」, ≪국제정치논총≫, 제33집 2호 (1993), 29~35쪽.

55 김경호, 「한반도 평화를 위한 하나의 대안적 모색: 다자안보협력체를 중심으로」, ≪국제정치논총≫, 제42집 2호(2002).

56 홍용표, 「동아시아의 지역협력과 한반도」, 통일연구원, ≪통일정책연구≫, 제11권 1호(2002).

57 김태우, 「'동아시아 평화지대' 제안의 의의와 전망」, ≪국제정치논총≫, 제38집 3호(1999).

58 이호재, 「21세기 동북아 국제질서와 새로운 세력균형체제 모색: 동북아 5개국 체제」, ≪국제정치논총≫, 제39집 3호(1999).

전략으로 구축하면서, 한·중·일, 러시아, 몽골, 대만 등을 포함하는 다자간 협력 대화를 최대 전략으로 추구할 것을 제안했다.[59]

이 같은 식자들의 한반도 및 동북아 지역에 대한 평화 질서 구축의 담론들은 사실 이 시기 김대중 및 노무현 정부의 남북 정상회담, 6자 회담과 병행되어 진전되었다. 그런 면에서 1990년대 말에서 2000년대 초에 이르는 시기는 한국에서 자유주의적 평화 담론과 그에 상응하는 한반도 및 동북아 지역에 대한 평화정책이 서로 조화로운 관계 속에서 구현되었던 시기로 볼 수 있다.

4 ┃ 현실주의적 대북 정책 회귀와 평화 담론: 이명박 및 박근혜 정부 시기

1) 이명박 및 박근혜 정부의 대북·지역 정책

노무현 정부 때까지 비교적 상호 조응하는 양상이었던 평화 담론과 대외 정책 간의 관계는 2008년 이명박 정부 등장 이후 다시 분화되는 모습을 보이기 시작했다. 이명박 정부는 출범 이후 발표한 국가 안보 전략서와 일련의 대통령 연설 등을 통해 북한에 대한 공존적 정책 추진과 동아시아 지역에 대한 협력 외교 확대를 표명했다. 2009년 공표된 국가 안보 전략서에서 이명박 정부는 "상생과 공영의 남북 관계" 구축을 전략목표로 삼고, 구체적 과제로 한반도 비핵 구조의 공고화, 남북 경제 공동체 및 사회·문화 공동체의 기반 조성, 인도적 협력의 증진 등을 제시했다. 또한 이명박 대통령은 2010년 8월 15일 광복절 경축사를 통해 남북 관계를 대결이 아닌 공존 관계로 만들겠다면서, 남북한 간 평화 공동체, 경제 공동체, 민족 공동체를 구축해 평화통일을 지향하겠다고 천

---

59 박세일, 「21세기 동북아시대의 국가·시장·시민사회: 시민사회의 역할을 중심으로」, 한국동북아지식인연대 엮음, 『동북아 공동체를 향하여』(동아일보사, 2004).

명했다.[60] 이명박 정부는 동아시아 주요 국가들, 즉 미국, 일본, 중국, 러시아 등과 협력 네트워크 외교의 확대를 전략목표로 제시하면서, 한미전략동맹 추진, 일본·중국·러시아 등과의 양자 관계 강화, 동북아 협력 체제 구축 등을 정책 과제로 제기했다.[61]

그러나 실제 대북 정책과 동북아 지역 정책에서 이명박 정부는 이미 표명된 국가 전략서상의 정책들을 추진하지 못했다. 2008년 금강산 관광객 피살 사건, 2009년 2차 핵실험, 2010년 천안함 피침과 연평도 피격 등을 겪으며 이명박 정부의 대북 정책은 경직화되기 시작했다. 김대중 정부부터 시작된 금강산 관광이 중지되었고, 이미 진행되어 오던 남북한 간 경제협력 프로젝트들도 중지되었다. 남북 관계 악화 속에 6자 회담도 2009년 이후 작동하지 않았다. 물론 이명박 정부는 한·중·일 정상회담의 정례화와 이를 제도화하기 위한 한중일 3국 협력 사무국(Trilateral Cooperation Secretariat)의 설치 등 성과를 이끌어냈지만, 미·중·일·러 및 남북한이 참가하는 역내 다자간 안보 협의 기구는 정상화되지 않았다.

2013년 이후 등장한 박근혜 정부의 대북·지역 정책 구상 및 실제 정책의 추진에서도 같은 양상이 나타났다. 박근혜 정부도 국가 안보 전략서 등을 통해 한반도 차원에서의 평화 정착과 통일 시대 준비, 동북아 평화·협력 증진과 세계 평화 발전에의 기여를 국가 안보 정책의 목표로 제시했다. 이러한 정책 목표를 달성하기 위해, 남북 관계 차원에서는 한반도 신뢰 프로세스라는 개념하에 남북대화 추진 등의 정책 과제를 제기했고, 동북아 국가들의 평화·협력 증진을 위해 역내 국가들 간 신뢰 외교를 전개하겠다는 방침을 밝혔다.[62] 박근혜 정부의 동북아 평화·협력 구상을 뒷받침했던 브레인들은 동북아 평화·협력

---

60   이명박 대통령의 2010년 8월 15일 광복절 경축사.

61   청와대, 「(이명박 정부 외교안보의 비전과 전략) 성숙한 세계국가」(2009.3).

62   청와대 국가안보실, 「(희망의 새시대) 국가안보전략」(2014.7).

구상이 결국 한반도 평화, 안정, 통일이라는 목표에 직결될 수 있다고 보았다. 이를 위해 동북아 국가들 간의 협력 문화 창출, 한·중·일 3국 간 역사 인식 공유, 비전통적 안보 분야에서의 협력 증진 등을 구체적 과제로 추가했다.[63]

그러나 이명박 정부와 마찬가지로 박근혜 정부도 대북·지역 정책에서 표명한 전략 구상이 실제 정책으로 연결되지 않았다. 이명박 정부 이래 실질적인 남북대화 채널이 단절된 가운데 박근혜 정부는 거듭된 북한의 미사일 발사 및 핵실험에 대한 대응으로 2015년 개성 공단을 폐쇄하는 결정을 내렸다. 이로써 그나마 남아 있던 남북한 경제 교류의 창구가 사라지게 되었다. 휴전선 지뢰 폭발 사건을 수습하려고 가까스로 남북한 양측을 대표해 김관진과 황병서 간의 회담이 열렸지만 후속 회담이 이어지지 않았다. 동북아 평화·협력 구상에도 불구하고 박근혜 대통령은 취임 직후부터 위안부 문제에 대한 일본의 입장을 문제 삼아 한일 양국 정상회담에 응하지 않았다. 그 결과 한·중·일 3국 정상회담도 그의 임기 중에는 개최되지 않았다. 이명박 정부 이래 가동이 중지된 6자 회담도 계속해서 정지된 상태로 남았다.

지금에서 살펴본 것처럼 이명박 및 박근혜 정부 10여 년간 정책 구상 단계에서는 대북·지역 정책 차원에서 대화와 협력 구상이 표명되었다. 하지만 정책 추진 단계에서는 북한의 도발 행위와 국내 보수 세력의 반발 등 이유로 실제적인 정책 구현이 나타나지 못했다.

2) 이명박 및 박근혜 정부 시기의 평화 담론

이명박 및 박근혜 정부가 국가 안보 전략서 등을 통해 한반도와 동아시아 지역 차원에서의 협력 확대와 평화 지향적 정책 구상을 표명했는데도 불구하

---

63 동북아 평화협력구상팀, 『동북아 평화협력구상』(오름, 2014), 19~26쪽; 유현석, 「한반도 신뢰 프로세스, 어떻게 이해할 것인가」, 제주평화연구원, ≪JPI PeaceNet≫, 2013년 6월 6일 자 참조.

고, 실제적인 평화정책으로 이어지지 못한 상황은 한국의 평화연구자들에게 동맥경화적인 징후로 받아들여졌다. 특히 이전 시기에 나타났던 평화 담론과 정책 간의 선순환적 구조를 경험한 자유주의적 성향을 가진 연구자들은 이명박 및 박근혜 정부가 평화의 이름으로 행하는 정책이 사실상 소극적 평화 개념에 입각한 안보 정책과 다르지 않다고 강력하게 비판했다.

2008년을 전후해 참여연대 평화군축센터가 조직한 일련의 학술회의와 평화백서 발간에 적극 참가한 구갑우는 평화연구와 안보연구를 구분하며, 이 양자는 평화의 개념은 물론 평화에 이르는 방법론에서도 차이가 있다고 지적했다. 즉, 군사적 방법을 통해 안보를 추구하는 안보연구와 달리 평화연구는 비도발적 방어(nonprovocative defense) 혹은 방어적 방어의 개념과 같은 평화적 방법으로 평화를 추구하려는 담론이고 군사력의 적정화 내지 최소화를 추구하는 특성을 가진다고 대비한다.[64] 서보혁도 안보연구와 평화연구를 구분하면서 "분단 체제하의 전쟁 재발 방지만을 한반도 평화로 보고, 그 관련 연구만을 한국 평화연구라고 말하는 것은 적절치 않다"라고 지적한다. 그러면서 안보를 중시하는 보수적 시각의 평화연구는 그 개념이나 특성으로 보아 평화연구라고 간주할 수 없다고 비판한다.[65]

이명박 및 박근혜 정부의 보수적 안보 정책 회귀의 기조하에서 평화연구자들은 요한 갈퉁이 구분한 '소극적 평화' 개념에 입각한 평화정책 자체에 대한 비판도 제기했다. 장영권은 "평화를 위해서 전쟁에 대비하라(Si vis pacem, para bellum)"는 플라비우스 베게티우스(Flavius Vegetius)의 금언에 기반한 평화론, 즉 평화를 위한 전쟁 준비론은 실상 전쟁을 부추기는 호전적인 논리와 다르지 않

---

64 구갑우, 「평화국가, 평화적 방법에 의한 평화를 추구하는 새로운 정치체」, 『평화백서 2008』; 구갑우, 「한반도적 맥락의 비판적 평화·안보담론: '평화국가담론' 재론」, ≪한국과 국제정치≫, 제24권 3호(2008년 가을) 등을 참조.

65 서보혁, 「한국 평화연구의 현황과 과제」, ≪한국과 국제정치≫, 제31권 2호(2015년 여름), 121쪽.

다고 지적한다. 그러면서 무력으로 지킨 평화는 진정한 평화가 아니라 차가운 평화라고 평가절하한다.[66] 박의경도 소극적 평화 개념이 국가 안보로 명명되는 기존의 안보 개념과 연결되어 있다고 분석하며, 소극적 평화 개념을 따른다면 무력과 폭력을 수반하는 위험한 평화가 귀결될 수 있다고 전망한다. 그는 폭력을 통해 평화를 이룩할 수 있다는 생각 자체가 아예 헛된 망상이라고 평가하며, 소극적 평화 개념을 대체해 인간의 행복, 복지, 번영이 보장된 상태의 '적극적 평화'를 국제사회가 추구해야 한다고 주장한다.[67] 이 같은 인식과 흐름을 같이하면서 김기정은 이명박 정부의 대북 정책을 평화 개념의 관점에서 비판한다. 그는 이명박 정부의 대북 정책이 "협의적 평화" 개념에 입각해 국가 중심적 시각에서 군사 안보의 측면에서만 접근하는 정책이라고 비판한다. 그러면서 그는 이러한 부국강병론적 정책이 오히려 주변국들의 불안을 야기하는 자충수가 될 수 있다고 지적한다.[68]

이 같은 인식하에 자유주의적 성향의 평화연구자들은 국내 수준에서의 평화운동, 한반도 차원에서의 평화지대 추진 등을 실제적인 평화정책으로 제안한다. 이경주는 국내 차원에서의 평화주의 실천을 위해 2007년 실시했던 이라크 파병 연장 반대 운동, 평택 미군 기지 반대 운동, 연합전시증원훈련(RSOI) 반대 운동 등을 높이 평가한다.[69] 장영권은 전쟁 위협이나 군사적 대결 없이 평화가 실질적으로 보장되는 지역을 "평화지대"라고 명명하면서, 남북한 간에 개성 공단 지속 가동, 금강산 관광 재개, 군사적 교류와 신뢰 구축 등을 통해 남북 평화지대를 건설해야 한다고 제언한다.[70] 이상근도 국가들 사이의 갈등을

---

66 장영권, 「평화의 새로운 발명과 확장: 남북 평화지대론을 중심으로」, ≪국제정치논총≫, 제51집 3호(2011), 106쪽.

67 박의경, 「지속가능한 평화를 위한 제언: 평화의 제도화를 향하여」, ≪국제정치논총≫, 제54집 4호(2014), 343, 349, 364쪽.

68 김기정, 「19대 국회와 한국 외교담론」, ≪국가전략≫, 제18권 2호(2012).

69 이경주, 「현행 헌법의 평화주의 원리와 '평화국가' 만들기」, 『평화백서 2008』, 29, 40쪽.

해결하기 위한 수단으로 군사력의 사용을 생각할 수 없는 상황을 의미하는 케네스 볼딩(Kenneth Boulding)의 '안정적 평화' 개념을 소개하며, 이를 전쟁 가능성이 여전히 남아 있는 '불안정적 평화' 상태와 대비한다. 그는 한반도가 여전히 불안정한 평화 상태에 있다고 분석하며, 이를 벗어나 안정적 평화로 가기 위해서는 서해 해상 경계선에 대한 남북한 간 합의, 의사소통 채널의 구축, 지도자들 간의 신뢰와 존경 회복, 한미연합 군사훈련 등에 대한 선제적 양보 조치 등이 필요하다고 제언했다.[71]

주목해야 할 것은 현실주의적 성향의 평화연구자들도 이명박 및 박근혜 정부의 대북·지역 정책에 대해 유보적 평가를 내리면서, 한국이 '적극적 평화' 개념에 입각해 보다 적극적인 대북 협력 정책의 재개 및 동북아 협력 정책을 추진해야 한다고 주장한 점이다. 한용섭은 북한에 대해 대미 대결 정책과 대남 도발 정책의 포기를 촉구하면서 동시에 한국도 소극적 평화보다 적극적 평화 개념에 입각해 남북한 간에 군비경쟁을 종식하고 군비 통제를 통한 평화체제 구축을 꾸준히 진행해야 한다고 제언했다. 그는 남북한 지도자들이 전쟁과 충돌이 없는 소극적 평화에 만족할 것이 아니라 전쟁과 충돌을 영원히 방지할 수 있는 적극적 평화를 추구해야 한다고 강조했다. 또한 그는 동북아 지역의 영토 분쟁과 군비경쟁을 지적하면서, 남북한과 미·중·일·러 등 역내 국가들이 다자간 군사 안보 대화와 군사적 신뢰 구축을 병행해 추진해야 한다고 주장했다.[72]

고봉준도 동북아 지역에서의 각국 간 국방비 증액과 군사력 증강 등을 면밀히 고찰하며, 이 지역에서 국가 간 숙적 관계의 잔존, 해양 분쟁의 촉발 가능성 상존, 체제적 불균형 문제가 어우러지면서 역내 질서의 불안정 요인이 증가하

---

70 장영권, 「평화의 새로운 발명과 확장」, 108, 116, 127쪽.

71 이상근, 「'안정적 평화' 개념과 한반도 적용 가능성」, ≪한국정치학회보≫, 제49집 1호(2015년 봄).

72 한용섭, 「동북아에서의 군비경쟁 극복방안과 한반도 평화」, 김영호 엮음, 『21세기 미·중 패권경쟁과 한반도 평화』(성신여자대학교 출판부, 2015), 294~296쪽.

고 있다고 진단한다. 이러한 현상 분석을 근거로 그는 "군사력 강화라는 하나의 대안이 안보와 평화를 절대적으로 확장시키는 만병통치의 수단이 아니"라고 강조하며, 역내 국가들 간의 다자주의적 협력 강화, 상호 협력의 증진으로 상호 이익이 증대하는 구조 형성에 한국이 적극 관여할 것을 제언한다.[73]

이 같은 현상은 평화연구가 안보연구와 구별되며, 평화적 방법에 의한 평화는 자유주의적 성향의 평화연구만이 독점한다고 보는 일부 논자들의 주장에 의문을 갖게 하는 것이다. 이명박 및 박근혜 보수 정부가 소극적으로 추진한 대북·지역 정책에 대해 현실주의적 성향의 평화연구자들도 사실은 적극적 평화 개념에 입각해 비판적으로 인식하고 있었던 것이다. 21세기의 한국 식자들 사이에는 현실주의자나 자유주의자나 공통적으로 한반도 평화와 동북아 지역 평화 문제를 풀어나가기 위해 갈퉁이 제시한 적극적 평화 개념이나 볼딩 등이 언급한 안정적 평화 개념에 입각한 평화정책이 불가피한 선택이며, 한국이 보다 적극적 역할을 해야 한다는 점에서는 합의에 도달하고 있다.[74]

---

73 고봉준, 「동아시아 군사력균형과 한반도 평화」, 같은 책, 31, 52~53쪽.
74 배종윤(Jong-Yun Bae)은 1970년대 박정희 정부 이래 모든 정부의 통일 정책이 북한과의 평화 공존 및 화해·협력 정책을 공통적으로 추구했다고 분석한다. 그리고 한국 내 보수와 진보 간 정책 차에도 불구하고 대북 정책에 관해서는 합의가 존재했다고 평가한다. Jong-Yun Bae, "South Korean Strategic Thinking toward North Korea: The Evolution of the Engagement Policy and Its Impact upon U.S.-ROK Relations," *Asian Survey*, Vol.59, No.2(2010), pp.341~342. 필자도 한국 역대 정부의 안보 정책을 연구하면서 같은 결론에 도달한 바 있다. 박영준, 『한국 국가안보전략의 전개와 과제』(한울엠플러스, 2017); 박영준, 「한국 국제정치학에 있어 안보연구의 경향 평가와 전망: 1963~2000년간 『국제정치논총』에 게재된 관련 논문 내용 분석을 중심으로」, 고려대학교 평화와 민주주의연구소, ≪평화연구≫, 제25권 1호(2017)도 참조.

5 | 결론

냉전기 이래의 국제정치학은 개별 국가가 취하게 될 대외 정책의 성격과 방향에 따라 전략연구(Strategic Studies), 안보연구(Security Study), 평화연구의 분야별 학문을 발전시켰다. 예컨대 전략연구는 전쟁 상황을 상정하고 국가가 어떻게 전쟁에 대비해 군사력을 포함한 국력을 증강하고 군사력을 운용할지를 중점적으로 연구한다. 안보연구는 전쟁으로 이를 수 있는 위협 요인들을 식별하고, 그러한 위협 요인들을 배제할 수 있는 전통적·비전통적 수단과 방책들을 연구 대상으로 삼는다.[75] 평화연구는 국가들 간에 존재할 수 있는 평화의 양태와 방법론들을 주요 연구 대상으로 삼는다. 개별 국가마다 어떠한 성격의 안보연구와 평화연구가 행해지느냐의 여부는 그 국가의 대외 정책 유형을 결정하는 중요한 변수의 하나가 될 수 있다.

혹자는 전략연구, 안보연구, 평화연구가 서로 엄격하게 구별되고 있다고 전제한다. 현실주의자들은 안보연구의 경향을 가지며 국내적으로 군사력을 증강하고, 대외적으로 동맹 체결 등을 중시한다고 평가한다. 이에 대해 자유주의자들은 평화연구의 경향을 가지며 국내적으로 민주주의 체제를 강화하고, 대외적으로 국제 제도와 규범의 확산을 중시한다고 구분한다. 그러나 그 속을 들여다보면 꼭 그렇지는 않다. 안보연구는 전통적 안보와 비전통적 안보로 구분하며, 비전통 안보의 영역에 협력 안보, 공동 안보, 인간 안보 개념을 포함하는 경향으로 발전해 왔다. 평화연구는 소극적 평화 개념과 적극적 평화 개념으로 평화 상태를 세분화하며, 소극적 평화가 현실주의와 친화성을 갖는다고 평가해 왔다. 그렇다면 안보연구와 평화연구 간의 관계는 엄격히 구분되기보다 비전통 안보와 소극적 평화 개념 사이에 상호 중첩되는 영역이 존재할 수 있다.

---

75 Barry Buzan, *People, States and Fear: An Agenda for International Security Studies in the Post-Cold War Era*(Boulder, Colorado: Lynne Rienner Publishers, 1991), pp. 24~25.

다시 말해 안보연구와 평화연구가 수렴될 수 있는 공간이 존재하는 것이다.

정부 수립 이후 냉전기를 거치며 한국에서는 북한과의 전쟁과 글로벌 냉전 체제의 영향하에서 현실주의자들이 전통적 안보 개념에 입각해 평화 담론과 정책을 전개했다. 북한의 군사적 위협과 전쟁 가능성을 우려하며 내부적으로는 군사력 증강, 외부적으로는 동맹 체결과 집단 안보 체제를 중시하는 평화정책론과 안보 정책론을 강조했다. 이승만 정부 때부터 한국의 평화정책과 담론은 한반도와 아시아 지역을 지리적 범위로 삼으면서 전통적 안보와 소극적 평화 개념에 바탕을 둔 특성을 보여주었다. 이러한 평화정책과 담론의 특성은 박정희 정부 초기에 해당하는 1960년대에도 지속되었다.

그러나 1970년대에 접어들며 박정희 정부가 남북대화를 추진하고 6·23 선언을 통해 체제와 이념이 다른 국가들에 대해서도 문호 개방을 표명하면서, 한국의 평화정책과 담론 지형은 변화를 겪게 되었다. 한반도는 물론 공산권 국가에 대해서도 전통적 안보가 아닌 협력 안보와 공동 안보의 개념에 바탕을 둔 외교정책론이 나타나고, 소극적 평화 개념이 아닌 적극적 평화 개념에 입각한 대북 정책이 논의되기 시작했다. 물론 대통령의 정책 연설이나 이호재 등의 담론에서는 여전히 현실주의적 지향성이 강하게 나타난다. 하지만 박용옥, 김홍철, 김학준의 담론에서는 자유주의적 평화 담론의 적극적인 수용이 보이기 시작했다.

이 같은 자유주의 평화 담론의 강화 현상은 탈냉전기에 접어들어 노태우 정부, 김영삼 정부, 김대중 정부가 추진한 대북 정책과 동아시아 지역 정책에 큰 영향을 주었던 것으로 보인다. 이 시기는 자유주의적 평화 담론을 대변하는 '적극적 평화' 개념이 당시 정부들의 성향 차이를 불문하고, 대북 정책과 동아시아 지역 정책에 적극 반영되었다. 노태우 정부의 북방정책, 김영삼 정부의 민족공동체 통일 방안과 동아시아 지역주의, 김대중 정부의 햇볕정책과 4자회담 구상 등은 이 같은 적극적 평화 개념을 중심으로 하는 평화정책이다. 이에 따라 기본적으로 현실주의 성향의 박세일, 김태우, 홍용표 등의 담론에서도 한반도와 동아시아 지역을 대상으로 하는 자유주의적 평화의 제도화 구상이 적극 제기되었다.

그러나 이명박 및 박근혜 정부 때는 표면상의 자유주의적 정책 구상에도 불구하고, 실제 정책은 전통적 안보, 소극적 평화 개념으로 회귀하는 양상이 나타났다. 이에 대해 자유주의적·이상주의적 성향을 가진 적극적 평화론자들은 안보 지향적 담론을 강력히 비판하기 시작했다. 그러나 실은 한용섭, 고봉준 등 현실주의적 지향을 가진 평화연구자들도 적극적 평화 개념에 기대어 한국 정부의 대북 정책과 동아시아 지역 정책을 비판적으로 인식하고 있었음을 간과할 수 없다.

지금까지의 검토에서 본 것처럼 냉전기 이래 한국의 평화연구는 '소극적 평화' 및 '전통적 안보' 개념을 중시하는 현실주의적 평화연구에서 점차 '적극적 평화' 및 '공동 안보' 개념을 중시하는 자유주의적 평화연구의 방향을 수용하며 변화해 왔다. 현실주의적 평화 담론과 자유주의적 평화 담론이 상호 수렴해 온 것이다. 이 같은 평화연구의 성격 수렴이 한국 정부의 대북 정책과 동아시아 지역 정책에도 일정한 영향을 주어왔던 것으로 보인다. 다만 이명박 및 박근혜 정부의 대북·지역 정책은 예외적으로 현실주의적 평화, 소극적 평화 개념으로 회귀한 예외적인 사례로 보인다.

이러한 평화 담론과 실제 정책의 상호 관계 속에서 새롭게 문재인 정부가 탄생했다. 선거 공약을 볼 때 문재인 정부는 지난 10년간 보수 정부가 추진해온 현실주의적 안보 정책의 지향과 달리 적극적 평화 담론의 정책화를 전망하게 한다. 새롭게 선출된 정부의 적극적 평화 지향의 대외 정책 전개에 대해 또 다른 변수들로 볼 수 있는 북한과 동북아의 세력 구조가 어떻게 작용하는지에 따라 한반도의 평화 상태가 결정될 것으로 전망된다. 이러한 정세 전망 속에서 한국의 평화연구는 현실주의와 자유주의 성향의 평화 담론을 어떻게 조합할지, 나아가 한반도 및 동아시아를 잇는 지역적 범위에서의 평화 제도화 구상을 어떻게 발신할지의 과제가 주어질 것으로 보인다.

참고문헌

1. 1차 자료

공보처. 1953.12.『대통령 이승만 박사 담화집』.

국가안전보장회의. 2004.3.「평화번영과 국가안보: 참여정부의 안보정책 구상」.

국사편찬위원회 엮음. 1999.『자료대한민국사 제10권: 1949년 1~2월』.

김대중. 2004.『21세기와 한민족: 김대중 전 대통령 주요 연설 대담, 1998~2004』. 돌베게.

노태우. 2011.『노태우 회고록: 하권-전환기의 대전략』. 조선뉴스프레스.

대통령 공보비서관실. 1965.『박정희 대통령 연설문집: 제1집(1963.12~1964.12)』.

대통령 비서실. 1973.『박정희 대통령 연설문집: 제9집(1972.1~1972.12)』.

_____. 1990.『노태우 대통령 연설문집: 제1권(1988.2.25~1989.2.24)』.

_____. 1994.『김영삼 대통령 연설문집: 제1권(1993.2.25~1994.1.31)』.

동북아 평화협력구상팀. 2014.『동북아 평화협력구상』. 오름.

청와대. 2009.3.「(이명박 정부 외교안보의 비전과 전략) 성숙한 세계국가」.

청와대 국가안보실. 2014.7.「(희망의 새시대) 국가안보전략」.

2. 2차 자료

고봉준. 2015.「동아시아 군사력균형과 한반도 평화」. 김영호 엮음.『21세기 미·중 패권경쟁과 한반도 평화』. 성신여자대학교 출판부.

구갑우. 2008.「평화국가, 평화적 방법에 의한 평화를 추구하는 새로운 정치체」. 참여연대 평화 군축센터 엮음.『평화백서 2008: 시민, 안보를 말하다』. 아르케.

_____. 2008.「한반도적 맥락의 비판적 평화·안보담론: '평화국가담론' 재론」. ≪한국과 국제정 치≫, 제24권 3호(가을).

권영성. 1994.『헌법학원론』. 법문사.

김경호. 2002.「한반도 평화를 위한 하나의 대안적 모색: 다자안보협력체를 중심으로」. ≪국제 정치논총≫, 제42집 2호.

김국진. 1989.「주한미군과 한반도 통일」. ≪국제정치논총≫, 제29집 1호.

김기정. 2012.「19대 국회와 한국 외교담론」. ≪국가전략≫, 제18권 2호.

김성주. 2002.「6·15 남북정상회담 이후 남북한 관계와 한반도 평화체제 구축의 전제」. ≪국제 정치논총≫, 제42집 3호.

김영호 엮음. 2015.『21세기 미·중 패권경쟁과 한반도 평화』. 성신여자대학교 출판부.

김태우. 1999.「동아시아 평화지대' 제안의 의의와 전망」. ≪국제정치논총≫, 제38집 3호.

김학준. 1978.「한반도 평화의 국제적 조건: 평화의 3단계론에 입각하여」. ≪국제정치논총≫, 제 18집.

김현철. 2008.「20세기초 한국인의 대외관과 안중근의 "동양평화론"」. 한국정치학회·안중근의 사기념사업회. "동아시아 공동체와 안중근"(안중근의사 의거 100주년 기념 준비 제8회 학 술대회, 2008.10.24).

김홍철. 1978. 「한반도 평화정착건설의 군사적 과제와 조건」. ≪국제정치논총≫, 제18집(1978).

문정인. 2007.9.17. "평화체제 동시병행 방식으로 추진해야". ≪중앙일보≫.

박건영. 2007. 「한반도 평화체제 구축을 위한 한국의 전략」. 국방대학교 안보문제연구소·한국
    국제정치학회. 『한반도 평화체제와 동북아 안보협력: 07 국내안보학술회의 자료집』
    (2007.12.7).

박세일. 2004. 「21세기 동북아시대의 국가·시장·시민사회: 시민사회의 역할을 중심으로」. 한국
    동북아지식인연대 엮음. 『동북아 공동체를 향하여』. 동아일보사.

_____. 2008. 『대한민국 국가전략』. 21세기북스.

박영준. 2017. 「한국 국제정치학에 있어 안보연구의 경향 평가와 전망: 1963~2000년간 『국제정
    치논총』에 게재된 관련 논문 내용 분석을 중심으로」. 고려대학교 평화와 민주주의연구소.
    ≪평화연구≫, 제25권 1호.

_____. 2017. 『한국 국가안보전략의 전개와 과제』. 한울엠플러스.

박용옥. 1977. 「강대국 정치 속에서의 약소국 정치: 약소국의 적응행태를 중심으로」. ≪국제정
    치논총≫, 제17집.

박의경. 2014. 「지속가능한 평화를 위한 제언: 평화의 제도화를 향하여」. ≪국제정치논총≫, 제
    54집 4호.

서보혁. 2015. 「한국 평화연구의 현황과 과제」. ≪한국과 국제정치≫, 제31권 2호(여름).

양승함·배종윤. 2003. 「21세기 국제사회의 안보·평화 개념과 평화지수의 적실성」. ≪국제정치
    논총≫, 제43집 2호.

유현석. 2013.6.7. 「한반도 신뢰 프로세스, 어떻게 이해할 것인가」. 제주평화연구원. ≪JPI Peace
    Net≫.

이경주. 2008. 「현행 헌법의 평화주의 원리와 '평화국가' 만들기」. 참여연대 평화군축센터 엮음.
    『평화백서 2008: 시민, 안보를 말하다』. 아르케.

이상근. 2015. 「'안정적 평화' 개념과 한반도 적용 가능성」. ≪한국정치학회보≫, 제49집 1호(봄).

이상우. 1977. 「약소국 시각에서 본 국제평화질서」. ≪국제정치논총≫, 제17집.

이상현. 2007. 「한반도 평화체제와 한미동맹 및 유엔사 문제」. 세종연구소. "북핵 문제 해결과
    한반도 평화체제"(제17차 세종 국가전략포럼, 2007.10.17).

이영호. 1978. 「한국인의 한반도 평화관」. ≪국제정치논총≫, 제18집.

이장. 1990. 「남북한의 긴장완화를 위한 제안」. ≪국제정치논총≫, 제30집 1호.

이호재. 1977. 「동북아 국제질서, 핵무기, 그리고 한반도」. ≪국제정치논총≫, 제17집.

_____. 1981. 「자주국방과 자주외교문제」. 『핵의 세계와 한국 핵정책』. 법문사.

_____. 1983. 「한반도 평화유지의 조건」. 『북방외교의 길』. 흥사단 출판부.

_____. 1986. 「한반도 군비축소문제의 한계와 가능성」. ≪국제정치논총≫, 제26집 2호.

_____. 1994. 「1910년대 외교논쟁과 지도자의 주장」. 『한국인의 국제정치관: 개항후 100년의
    외교논쟁과 반성』. 법문사.

_____. 1999. 「21세기 동북아 국제질서와 새로운 세력균형체제 모색: 동북아 5개국 체제」. ≪국
    제정치논총≫, 제39집 3호.

장영권. 2011. 「평화의 새로운 발명과 확장: 남북 평화지대론을 중심으로」. ≪국제정치논총≫, 제51집 3호.

정성장. 2007. 「한반도 평화체제 구축: 쟁점과 전략」. 세종연구소. "북핵 문제 해결과 한반도 평화체제"(제17차 세종 국가전략포럼, 2007.10.17).

정용화. 2006. 「근대 한국의 동아시아 지역인식과 지역질서 구상」. ≪국제정치논총≫, 제46집 1호.

조명현. 1990. 「동북아 평화정책과 지역협력: 회고와 전망」. ≪국제정치논총≫, 제30집 2호.

_____. 1993. 「한반도의 평화와 안전을 위한 다자간 안보체제」. ≪국제정치논총≫, 제33집 2호.

조성렬. 2005. 「한반도 평화체제 구축과 한미동맹: 유엔사, 주한미군 문제를 중심으로」. 경남대학교 극동문제연구소. 『한반도 평화체제 구축: 한반도 평화체제 공개학술회의 자료집』(2005.5.3).

최상용. 2002. 「근대 서양의 평화사상」. 하영선 엮음. 『21세기 평화학』. 풀빛.

최창윤. 1975. 「현대국제체제에 있어서의 국가들의 계층구조」. ≪국제정치논총≫, 제15집.

하영선. 1981. 「새로운 국제정치이론을 찾아서: 평화연구를 중심으로」. ≪국제정치논총≫, 제21집.

_____. 2002. 「근대 한국의 평화개념 도입사」, 하영선 엮음, 『21세기 평화학』. 풀빛.

한용섭. 2015. 「동북아에서의 군비경쟁 극복방안과 한반도 평화」. 김영호 엮음. 『21세기 미·중 패권경쟁과 한반도 평화』. 성신여자대학교 출판부.

홍용표. 2002. 「동아시아의 지역협력과 한반도」. 통일연구원. ≪통일정책연구≫, 제11권 1호.

_____. 2005. 「정전협정과 한반도 평화체제 구축」. 경남대학교 극동문제연구소. 『한반도 평화체제 구축: 한반도 평화체제 공개학술회의 자료집』(2005.5.3).

황병무. 1990. 「구미의 평화연구와 한국에서의 적용」. ≪국제정치논총≫, 제30집 2호.

_____. 2004. 『한국 안보의 영역, 쟁점, 정책』. 봉명.

황영주. 2003. 「평화, 안보, 그리고 여성: "지구는 내가 지킨다"의 페미니즘 재정의」. ≪국제정치논총≫, 제43집 1호.

Bae, Jong-Yun. 2010. "South Korean Strategic Thinking toward North Korea: The Evolution of the Engagement Policy and Its Impact upon U.S.-ROK Relations." *Asian Survey*, Vol.59, No.2.

Buzan, Barry. 1991. *People, States and Fear: An Agenda for International Security Studies in the Post-Cold War Era*. Boulder, Colorado: Lynne Rienner Publishers.

Hahm, Pyong-choon. 1972. "Korea and the Emerging Asian Power Balance." *Foreign Affairs*, Vol.50, No.1(January).

_____. 1974. "Political Dilemmas in the Republic of Korea." *Asian Affairs*, Vol.1, No.5(May-June), pp.297~301.

Limb, Ben C. 1951. "The Pacific Pact: Looking Forward or Backward?" *Foreign Affairs*, Vol.29, No.4(July).

제2부

국제평화체제의 흥망과 평화의 조건

제 4 장

'근세 초' 유럽 국제정치사의 '근대성'에 관한 연구
스페인 왕위계승전쟁의 사례를 중심으로

김준석(가톨릭대학교 국제학부 교수)

1 | 서론: 문제 제기

유럽사에서 1500년경부터 1800년경 간을 근세 초(early modern period, Frühe Neuzeit)라고 부른다. 이러한 시기 구분이 서구 역사학계에서 사용되기 시작한 것은 그렇게 오래된 일이 아니다. 영미 역사학계에서는 1970년대부터, 독일 역사학계에서는 1950년대부터 근세 초 역사가 별도의 시기로 다루어지기 시작했다. 이 시기에 유럽은 인구의 완만하지만 꾸준한 증가, 17세기 중반에 심각한 위기를 맞기도 했지만 역시 완만하고 꾸준하게 성장한 경제 발전, 여러 나라에서 중앙정부의 권한 강화, 종교개혁, 아메리카와 아시아 등 비유럽 지역으로의 상업적 진출, 인쇄술과 화약술을 비롯한 신기술의 도입과 확산, 르네상스, 과학혁명, 계몽주의 등 혁신적 사고 체계의 등장과 같은 변화를 경험했다.[1]

---

1 Hamish Scott, "'Early Modern' Europe and the Idea of Early Modernity," in H. Scott(ed.), *The Oxford Handbook of Early Modern European History, 1350~1750*(Oxford: Oxford University Press, 2015), pp.3~11.

이러한 변화의 결과 유럽은 '근대 세계'로의 문으로 들어서게 되었다.

그렇다면 1800년경 이전과 이후를 구분하고, 그 이전 시기를 따로 고려하는 이유는 무엇인가? 그것은 이 시기가 중세로부터의 유산과 새로운 변화가 긴밀하게 공존한 '이행기'였기 때문이다. 유럽사에서 근세 초는 '옛것'과 '새것'이 복합적으로 결합한 시기였다. '비동시적인 것이 동시에 존재'한 시대였다. 그 결과 근세 초 유럽에서 근대적인 발전은 언제나 과거의 규범, 관습, 관행 속에서 이해되고 수용되었다. 예컨대 인문주의와 르네상스는 그 내용의 혁신성에도 불구하고 '과거로의 회귀'라는 관점에서 이해되었고, 시장경제의 활성화에 따른 두드러진 경제 발전에도 불구하고 경제성장이라는 관념은 사람들의 마음속에 아직 등장하지 않았다.[2] 근세 초에 형태를 갖추기 시작한 근대성의 여러 다양한 요소들은 19세기와 20세기 들어서야 비로소 만개할 수 있었다.

국제정치학에서 유럽의 근세 초는 오늘날 우리가 익숙하게 알고 있는 근대 국제정치 체제가 처음 등장해 모습을 갖추기 시작한 시기로 알려져 있다.[3] 국제정치의 기본 단위인 근대국가(modern state)가 이 시기에 처음 등장해 기본적인 특징을 갖추기 시작했다. 이러한 근대국가들 간 관계로서의 다국 체제, 즉 근대 국제정치 역시 이 시기에 모습을 드러냈다. 일반적으로 이 근세 초 300여 년의 역사는 다시 1494년, 1648년, 1714/1715년, 1789/1815년 등을 기점으로 구분해 이해된다. 1494년에는 프랑스와 '합스부르크(Habsburg) 제국'[4] 사이의

---

2   Wolfgang Reinhard, "The Idea of Early Modern History," in M. Bentley(ed.), *Companion to Historiography*(London and New York: Routledge, 1997), pp.273~274; Randolph Starn, "The Early Modern Muddle," *Journal of Early Modern History*, Vol.6, No.3(2002), pp.299~303.

3   이에 관해서는 다음을 참조. M. S. Anderson, *The Origins of the Modern European State System, 1494~1618*(London and New York: Routledge, 1998); Richard Bonney, *European Dynastic States, 1494~1660*(Oxford: Oxford University Press, 1992); Jeremy Black, *European International Relations, 1648~1815*(Houndmills, Basingstoke, Hampshire, New York: Palgrave, 2002); Lucien Bély, *Les relations internationales en Europe: XVIIe-XVIIIe siècles*(Paris: Presses Universitaires de France, 2007).

이탈리아 전쟁(1494~1559)이 발발해 약 60년간 지속되었다. 양자 간의 갈등은 이후에 스페인 합스부르크가와 오스트리아 합스부르크가에게 계승되어 적어도 1700년 프랑스 부르봉(Bourbon)가의 필리프 당주(Philippe d'Anjou)가 펠리페 5세(Felipe V, 1700~1724, 1724~1746 재위)로서 스페인 왕위에 오를 때까지, 혹은 1756년 '외교 혁명'으로 오스트리아 합스부르크가와 프랑스가 동맹조약을 체결할 때까지 지속되었다. 프랑스-합스부르크가 갈등은 근세 초 유럽 국제 관계사의 중심축이었다. 1648년에는 30년전쟁(1618~1648)의 종료와 함께 베스트팔렌 평화조약(Treaty of Westfalen)이 체결되었다. 이 조약을 계기로 유럽 국제 관계에서 종교적인 분쟁이 차지하는 비중이 현저하게 줄어들었다. 적어도 종교 갈등을 이유로 국가들이 전쟁까지 불사하는 일은 찾아보기 어렵게 되었다. 그 대신 유럽 국가들은 철두철미하게 세속적인 이해관계에 따라 자국의 이익을 추구하기 시작했다. 통상적인 견해에 따르면 베스트팔렌 조약은 국가들 간 관계의 기본 규칙으로서의 주권 원칙이 확립되는 데도 크게 기여했다. 이제 각국은 자국 영토 안에서 최고의 권력을 행사하면서 다른 국가들은 이에 간섭해서는 안 된다는 원칙이 보편적으로 받아들여지게 되었다. 1714년에는 스페인 왕위계승전쟁(1701~1714)이 종료되면서 위트레흐트 조약(Treaty of Utrecht)이 체결되었는데, 여기서 국제 관계의 기본 운용 방식으로서 세력균형 원칙이 공식적으로 인정되었다. 이외에도 이 시기를 전후해 영국이 스페인 합스부르크가를 대신해 프랑스의 가장 중요한 경쟁자로 떠올랐다. 1789~1815년에 프랑스 혁명이 발발하고 나폴레옹 제국이 등장하면서 그동안 축적되고 확립되었던 유

---

4   여기서 '합스부르크 제국'은 공식적인 제국이 아닌 합스부르크가의 통치를 받은 스페인, 네덜란드, 밀라노 공국과 나폴리 왕국 등 이탈리아의 주요 지역, 오스트리아, 보헤미아, 헝가리 일부, 프랑슈-콩테와 알자스와 독일 서남부의 일부 영토, 아메리카 식민지를 포괄하는 연합국가(composite state)를 가리킨다. 합스부르크가는 1452년 프리드리히 3세(Friedrich III)가 신성로마제국 황제로 선출된 이래 카를 5세, 페르디난트 1세(Ferdinand I)를 거치면서 황제 자리를 사실상 독점했다.

럽 국제 관계의 기본 규칙과 규범이 전복될 위험에 처했지만, 프랑스의 패배 이후 어느 정도 원래의 상태를 회복했다.

앞서 지적했던 근세 초 유럽사의 이행기로서의 성격은 같은 시기 국제정치의 역사에서도 잘 드러난다. 즉, 이전 시기와의 현격한 차이점에도 불구하고 근세 초 유럽 국제정치사는 오늘날의 시각에서 볼 때 '근대적'이라고 하기 어려운 특징을 다수 포함했다. 가장 대표적으로 대외 정책 결정 과정에서 군주를 비롯한 소수의 정책 결정자들에게 지나치게 큰 권한이 부여된 나머지 이들의 다분히 개인적인 선호나 신념이 정책 결정에 지대한 영향을 끼쳤다는 사실을 들 수 있다. 특히 군주의 선호와 신념이 결정적이었다. 예컨대 브란덴부르크-프로이센의 프리드리히 2세(Friedrich II, 1740~1788 재위)는 거의 항상 중요한 대외 정책상의 결정을 별다른 상의 없이 단독으로 내렸다고 알려져 있다. 7년전쟁(1756~1763) 기간 중 오스트리아와 동맹을 맺고 브란덴부르크-프로이센과 싸우던 러시아는 여제 엘리자베타 페트로브나(Elizaveta Petrovna, 1741~1762 재위)가 사망하고 평소 프리드리히 2세를 흠모하던 표트르 3세(Pyotr III, 1762 재위)가 뒤를 잇자 일시에 싸움을 중단하기로 결정했다. 그 덕분에 당시 절체절명의 위기에 처해 있던 프리드리히 2세는 가까스로 패전을 모면할 수 있었다. 펠리페 2세(Felipe II, 1556~1598 재위)가 지녔던 특별한 종교적 소명 의식이 스페인이 가용한 자원의 범위를 넘어 국제 문제에 과도하게 개입한 원인을 제공했다는 지적 역시 가능하다.

이와 함께 네덜란드, 스위스 일부, 이탈리아 국가들을 제외한 거의 모든 유럽 국가에서 국주와 주요 정책 결정자들이 귀족계급의 일원이었기에 명예와 위신을 중시하는 이들의 성향이 외교정책에 상당 부분 반영되었다는 점도 지적할 수 있다. 1494년 프랑스의 샤를 8세(Charles VIII, 1483~1498 재위)가 이탈리아를 침공한 이래 그의 뒤를 이은 루이 12세(Louis XII, 1498~1515 재위), 프랑수아 1세(François I, 1515~1547 재위)가 역시 수차례에 걸쳐 원정에 나섰는데, 이들의 가장 중요한 목표는 자신과 왕조의 영광과 명성을 드높이는 데 있었다. 루이 14세(Louis XIV, 1643~1715 재위)의 재위 기간 프랑스가 벌인 다섯 차례의 전쟁 가운데 적어도 첫 두 차례 전쟁은 젊은 국왕이 군주로서 자신의 능력과 자질을 대내외에 과시하기 위해 다소 무리하게 밀어붙인 측면이 강하다. 오스트리아 합스부르크가의 카를 6세(Karl VI, 1711~1740 재위)는 1715년 라슈타트 조약(Treaty of Rastatt)의 체결로 스페인 왕위를 포기하는 데 동의한 뒤에도 1725년까지 스스로를 스페인 국왕으로 칭하도록 하는 한편, 정부 내부에 '스페인 평의회'를 폐지하지 않고 잔존시켰다. 카를 6세를 승계한 여제 마리아 테레지아(Maria Theresia, 1740~1780 재위)는 오스트리아 계승전쟁에서 프리드리히 2세의 브란덴부르크-프로이센에게 슐레지엔을 빼앗기는 '치욕'을 겪은 뒤에 이를 되갚기 위해 절치부심하며 정부 제도와 군대의 대대적인 개혁에 나섰다.

　근세 초 유럽의 국제정치를 '근대적'인 것으로 보기 어렵게 만드는 또 하나의 특징은 군주와 그의 조력자들이 국가의 이익을 왕조의 이익과 동일시했다는 점이다. 루이 14세가 남겼다고 전해지는 "짐이 곧 국가(L'État, c'est moi)"라는 유명한 언명에서 확인되듯이 근세 초 유럽의 군주는 국가를 자신과 자신이 속한 왕조의 '소유물', '가산(家産)'으로 간주했다. 그에게 국가를 통치한다는 것은 다른 무엇보다 가문의 재산을 안전하게 관리하고 증식하는 것을 의미했다. 이러한 상황에서 근세 초 유럽 국가의 대외 정책 역시 군주와 왕조의 이해관계에 따라 좌우되었다고 볼 수 있다. 국가의 영토 팽창은 왕조의 재산 증식의 관점에서 이해되었고, 국제정치적으로 더 큰 영향력을 확보하기 위해 국가들 사이의 경쟁은 사실은 개개 군주들 사이의 혹은 개개 왕조들 사이의 경쟁으로 인식되었다. 근세 초 유럽 국제정치의 이러한 특징은 앞서 지적한 두 가지 특징에 비해 더 큰 중요성이 있다. 대외 정책 결정 과정에서 군주를 비롯한 소수 개인이 지대한 영향력을 행사한 것이나 명예나 위신에 대한 고려가 일정한 역할을 담당한 것 등은 19세기 이후의 국제정치, 심지어는 21세기 국제정치에서도 정도의 차이는 있을지언정 어렵지 않게 찾아볼 수 있는 현상이다. 반면에 군주와 그의 조력자들이 대내외적으로 국가의 이익을 왕조의 이익과 동일시한 것은 오직 이때만 찾아볼 수 있는 현상이기 때문이다. 소유적 왕조주의(proprietary dynasticism)는 근세 초 국제정치의 결정적인 특징이었다.[5]

벤노 테슈케(Benno Teschke)와 같은 이는 바로 이러한 이유 때문에 근세 초 유럽 국제정치 체제의 '근대성'을 정면으로 부정한다. 그에 따르면 근세 초 유럽에서 벌어진 국가들 사이의 치열한 "지정학적 경쟁"은 사실은 상충하는 "재생산 전략"을 추구하는 왕조들 사이의 충돌이었다. 이러한 주장을 뒷받침하기 위해 테슈케는 특히 이 시기 국가들이 전쟁을 통한 영토의 획득 못지않게 왕조 구성원 사이의 혼인을 통한 팽창을 추구했다는 점을 강조한다. 또한 그는 이 시기에 발발한 전쟁들 중 상당수가 왕위 계승을 둘러싼 분쟁에서 비롯되었다는 점을 강조한다. 무정부 상태, 생존을 위한 권력투쟁, 세력균형 등이 중요한 것이 아니라 비교적 소수의 행위자로 이루어진 '왕조 네트워크'에서 어느 왕조가 유리한 위치를 선점하는지의 문제가 전쟁을 포함한 국가의 대외 정책을 결정했다는 것이다. 테슈케는 이 시기의 유럽 국제정치 체제가 "표면상의 근대성에도 불구하고" 본질적으로 중세와 더 많은 연속성을 지녔다고 결론짓는다.[6]

근세 초 유럽의 국제정치는 오늘날의 시각에서 볼 때 낯선 특징들을 여럿 지녔다. 국제정치의 기본 단위라고 할 국가의 속성도 현대 국가와는 많이 달랐고, 각국이 추구한 국가이익의 내용도 달랐다. 또 국가들이 동맹을 맺거나 서로 적대하는 이유도 오늘날과는 차이가 있었다. 이러한 결과 우리는 근세 초 국제정치의 다차원적이고 복잡다단한 현실과 마주하게 된다. 우리는 이러한

---

5 근세 초 유럽 국가의 이와 같은 성격에 관한 연구를 위해서는 Herbert H. Rowen, *The King's State: Proprietary Dynasticism in Early Modern France*(New Brunswick: Rutgers University Press, 1980).

6 Benno Teschke, *The Myth of 1648: Class, Geopolitics, and the Making of Modern International Relations*(London, New York: Verso, 2003), pp.215~248; Benno Teschke, "Revisiting the 'War-Makes-States' Thesis: War, Taxation and Social Property Relations in Early Modern Europe," in O. Asbach and P. Schröder(eds.), *War, the State and International Law in Seventeenth-Century Europe*(Farnham: Ashgate, 2010).

현실의 복잡성과 복합성을 목적론이나 기능주의에 매몰되지 않고 살펴볼 필요가 있다. 다음에서는 이러한 필요성을 염두에 두고 18세기 초에 발발한 스페인 왕위계승전쟁을 통해 근세 초 유럽 국제정치사의 '이행기'로서의 성격을 검토한다. 스페인 왕위계승전쟁은 테슈케가 지적한 계승 분쟁에서 비롯된 근세 초의 여러 전쟁 중 가장 규모가 큰 동시에 가장 널리 알려진 전쟁이다.[7] 이 전쟁이 어떤 이유에서 발발했으며 어떤 과정을 거쳐 전개되고 막을 내렸는지 살펴보면서 이 시기 국제정치의 복잡하고 복합적인 성격을 보다 구체적으로 이해하는 기회를 얻을 수 있을 것이다.

2 ｜ 스페인 왕위계승전쟁

1) 전쟁의 기원

　1701년부터 1714년까지 이어진 스페인 왕위계승전쟁은 18세기 유럽에서 발발한 전쟁 가운데 가장 오랜 기간 지속되었다. 또한 루이 14세의 재위 기간 프랑스가 벌인 다섯 차례의 전쟁 중 마지막 전쟁이자 가장 큰 규모의 전쟁이었다. 스페인 왕위계승전쟁은 앞선 네 차례의 전쟁에서 승승장구하던 프랑스가 처음으로 패배의 쓴 맛을 경험한 전쟁이기도 하다. 전쟁은 그 명칭에서 잘 드러나듯이 스페인의 왕위 계승을 둘러싼 왕조들 사이의 분쟁에서 비롯되었다. 전쟁의 직접 원인은 1700년 11월 스페인의 카를로스 2세(Carlos II, 1665~1700 재위)가 후사 없이 사망하면서 합스부르크가의 스페인 왕위 계승이 중단되었다

7　18세기에만 '계승전쟁'이라는 이름의 전쟁이 세 번 더 발발했다. 1730년대 발발한 폴란드 왕위계승전쟁, 1740년대 발발한 오스트리아 왕위계승전쟁, 1770년대 발발한 바이에른 계승전쟁이다.

는 데 있었다. 카를로스 2세는 1665년 선친인 펠리페 4세(Felipe IV, 1621~1665)
의 뒤를 이어 불과 다섯 살의 나이로 왕위에 올랐다. 하지만 이 소년왕은 태어
날 때부터 너무나 병약해 오래 생존하지도, 후사를 남기지도 못할 것으로 예상
되었다. 따라서 카를로스 2세가 왕위에 오른 직후부터 그의 사후 어느 왕조의
누가 스페인의 왕위를 계승할지가 거의 모든 유럽 국가들의 관심사가 되었다.

카를로스 2세의 사후에 모두 세 가문이 혈연적 친소 관계를 근거로 왕위 계
승을 주장했다. 먼저 프랑스의 부르봉가는 루이 14세의 왕비이자 펠리페 4세
의 장녀인 마리아 테레사(María Teresa)의 권리를 근거로 왕위 계승을 주장했다.
1659년 두 사람의 혼인에 관한 협정을 체결할 때 프랑스와 스페인 양국은 스
페인이 루이 14세에게 상당한 액수의 혼인 지참금을 지불한다는 조건으로 마
리아 테레사가 스페인 왕위에 대한 모든 권리를 포기한다는 데 합의한 바 있었
다. 하지만 스페인은 약속한 지참금을 지불하지 않았으며, 루이 14세는 이를
이유로 마리아 테레사의 왕위 포기 서약은 무효화되었다고 주장했다. 또한 루
이 14세는 스페인이 설령 지참금을 지불했다고 해도 자신의 왕비가 협정 체결
당시 아직 태어나지 않은 자식의 계승권까지 대신 포기한 것으로 볼 수는 없다
고 주장했다.

부르봉가와 함께 스페인 왕위 계승을 주장할 수 있는 가문은 바이에른의 비
텔스바흐(Wittelsbach)가였다. 펠리페 4세의 차녀 마르가리타 테레사(Margarita
Teresa)는 오스트리아 합스부르크가의 레오폴트 1세(Leopold I, 1658~1705 재위)
와 혼인했다. 두 사람 사이에서 태어난 마리아 안토니아(Maria Antonia)가 바이
에른의 막시밀리안 에마누엘(Maximilian Emanuel) 선제후와 혼인했는데, 두 사
람 사이에서 요제프 페르드난트(Josef Ferdinand)가 태어났다. 마리아 안토니아
는 선제후와 결혼할 때 마리아 테레사와 마찬가지로 스페인의 왕위 계승과 관
련된 모든 권리를 포기한다고 서약했다. 하지만 마리아 테레사와 마찬가지로
그녀가 태어나지 않은 자식의 계승권까지 포기할 수 있는지에 관해서는 논란
의 여지가 있었다.

만약 마리아 테레사와 마리아 안토니아의 계승권 포기가 유효하다면 스페인 왕위는 그다음 계승 서열인 레오폴트 1세와 그 자손들에 넘겨져야 했다. 펠리페 4세에게는 여자 형제가 둘 있었는데, 이 중 안 도트리슈(Anne d'Autriche)는 프랑스의 루이 13세(Louis XIII, 1610~1643 재위)와 혼인해 루이 14세를 낳았고, 마리아 안나(Maria Anna)는 오스트리아의 페르디난트 3세(Ferdinand III, 1637~1657 재위)와 혼인해 레오폴트 1세를 낳았다. 안 도트리슈 역시 프랑스 왕비가 될 때 계승권을 포기했으므로 레오폴트 1세는 펠리페 3세의 손자인 자신과 자신의 두 아들인 요제프[훗날 요제프 1세(Joseph I), 1705~1711 재위]와 카를(훗날 카를 6세)이 스페인 왕위를 계승해야 한다고 주장했다.[8]

펠리페 4세가 남긴 유언 역시 계승권을 둘러싼 논쟁을 복잡하게 만들었다. 이 유언에서 펠리페 4세는 만일 자신이 후사를 남기지 못한 채 죽으면 스페인 합스부르크가가 통치하는 모든 영토는 자신의 차녀 마르가리타 테레사와 그 자손들이 계승해야 한다고 밝혔다. 이 유언이 유효하다면 카를로스 2세가 만약 후사 없이 죽는다면 스페인의 왕위는 마르가리타 테레사의 유일한 자식인 마리아 안토니아를 거쳐 역시 그녀의 유일한 자식인 비텔스바흐의 요제프 페르디난트에게 넘어가야 했다. 하지만 국왕이 아무리 생전에 절대적인 권한을 행사했다고 해도 그의 사후에 적용될 왕위 계승의 기본 규칙을 변경할 수 있는지에 관해서는 역시 논란의 여지가 있었다. 즉, 루이 14세와 레오폴트 1세는 펠리페 4세가 남긴 유언의 정당성을 문제 삼을 수 있었다.[9]

이와 같이 세 가문의 주장이 엇갈리는 가운데 스페인 왕위 계승에 직접적인 이해관계를 가진 프랑스, 오스트리아, 바이에른뿐만 아니라 여타 유럽의 주요

---

8   John B. Wolf, *Louis XIV*(New York: W.W. Norton, 1967), p.463.

9   George Clark, "From the Nine Years War to the War of the Spanish Succession," in J. S. Bromley(ed.), *The New Cambridge Modern History, Volume VI: The Rise of Great Britain and Russia, 1688~1715/25*(Cambridge: Cambridge University Press, 1970), p.386.

국가들은 문제의 폭발력을 감안해 카를로스 2세가 세상을 떠나기 전에 협상과 타협을 통해 해결책을 찾고자 시도했다. 특히 프랑스, 영국, 네덜란드 연방이 적극적으로 나섰다. 프랑스의 루이 14세는 9년전쟁(1689~1697)을 치른 뒤에 스페인 왕위가 부르봉가의 차지가 되는 것은 현실적으로 가능하지 않다고 결론 지었다. 다른 국가들이 같은 왕조가 유럽의 두 강대국을 통치하는 것을 잠자코 지켜보지 않을 것이고, 이들을 상대로 또 한 번의 전쟁을 치른다면 프랑스는 승패 여부에 관계없이 심각한 위험에 처하리라는 것이 분명했기 때문이다. 물론 프랑스에게 스페인의 영토 중 남부 네덜란드와 이탈리아의 밀라노, 나폴리, 시칠리아 등은 매우 욕심나는 지역이었다. 하지만 프랑스가 남부 네덜란드를 손에 넣으려고 할 경우 영국과 네덜란드 연방이 이를 용인할 리 만무했다. 밀라노의 경우 북부 이탈리아를 자신의 세력권으로 간주해 온 오스트리아가 이를 저지하려고 들 것이 확실했다. 끝으로 나폴리와 시칠리아 역시 프랑스가 이를 장악하려고 든다면 영국과 네덜란드 연방이 자신들의 지중해 무역에 걸림돌이 될 것을 우려해 반대할 것이 분명했다.[10]

영국과 네덜란드 연방은 스페인 왕위 계승과 관련해 직접적인 이해관계가 있지는 않았다. 하지만 이 문제 탓에 유럽에서 또 한 번의 전쟁이 발발하는 것은 원하지 않았다. 만약 전쟁이 발발한다면 그것이 어떤 형태를 취하든 두 나라가 중립을 지키는 것은 사실상 불가능했다. 새로운 전쟁은 아마도 9년전쟁 이상의 규모로 치러질 것이고, 그러한 전쟁을 감당하기에 두 나라 역시 프랑스와 마찬가지로 이미 너무 많은 국력을 소진했다. 다른 한편으로 영국과 네덜란드 연방의 상인들이 스페인령 아메리카 식민지와 무역으로 막대한 이익을 올리고 있었다는 사실도 두 나라가 스페인의 왕위 계승 문제에 적극적으로 개입할 동기를 제공했다. 당시 두 나라 상인들은 스페인 정부의 식민지 통제력이 약화된 틈을 타서 정식으로 허용된 한계치를 훨씬 초과해 큰 이득을 거두고 있

---

10 Wolf, *Louis XIV*, p.494.

던 터였다. 두 나라는 부르봉가가 되었든 오스트리아 합스부르크가 되었든 새로운 왕조가 들어서면 이러한 상황을 바로잡으려는 시도가 어떤 식으로든 이루어지리라 예상했다. 두 나라는 그러한 일이 실제 벌어지기 전에 선제적으로 자신들의 이익을 보호하기 위한 조치가 필요함을 절감했다.[11]

1698년 10월 프랑스, 네덜란드 연방, 영국의 세 나라는 네덜란드 헤이그에서 스페인 영토를 관련 국가들 사이에 분할하는 방안에 합의했다. 이 합의에서 세 나라는 루이 14세의 아들에게 나폴리와 시칠리아, 토스카나의 몇몇 항구들, 이베리아반도 북부의 기푸스코아(Guipúzcoa)를 할양하고, 오스트리아의 카를 대공(훗날 카를 6세)에게 밀라노를 할양한 뒤에 아메리카 식민지를 포함해 스페인의 나머지 영토 전부를 스페인 왕위와 함께 바이에른의 요제프 페르디난트에 넘기기로 했다. 나폴리와 시칠리아 획득에 합의한 데서 알 수 있듯이 루이 14세는 협상 과정에서 큰 자제력을 발휘했다. 루이 14세는 프랑스가 지나치게 많은 영토를 획득할 경우 9년전쟁과 같은 대프랑스 동맹이 부활할 수 있음을 경계했다. 그는 또한 반프랑스적 성향을 가진 것으로 알려진 카를로스 2세가 부르봉가에 왕위를 넘길 가능성이 거의 없다고 보았다. 그는 오스트리아 합스부르크가나 비텔스바흐가가 스페인의 영토를 모두 차지하느니 영국과 네덜란드 연방의 합의하에 프랑스의 몫을 일정 정도 미리 챙겨두는 편이 낫다고 생각했다.[12]

하지만 1699년 2월 바이에른의 요제프 페르디난트가 갑작스럽게 세상을 떠났다. 이로써 스페인 왕위 계승 후보는 프랑스 부르봉가와 오스트리아 합스부르크가로 좁혀졌고, 스페인 영토의 분할에 관한 재협상이 필요하게 되었다. 1700년 3월 영국 런던에서 체결된 2차 분할 협정에서 영국, 네덜란드 연방, 프랑스는 스페인 본토와 식민지, 남부 네덜란드는 스페인 왕위와 함께 합스부르

---

11 Clark, "From the Nine Years War to the War of the Spanish Succession," pp.384~385.

12 Wolf, *Louis XIV*, pp.497~498.

크가의 카를 대공이 갖고, 루이 14세의 장남 프랑스의 루이(Louis de France)는 1698년에 합의된 나폴리, 시칠리아 외에 밀라노를 차지하기로 했다. 다만 영국의 윌리엄 3세(William III, 1689~1702 재위)는 프랑스가 이탈리아에서 지배적인 지위를 누릴 것을 우려해 프랑스가 로렌 공국이나 사부아 공국의 통치자에게 이탈리아에서 스페인으로부터 획득한 영토를 넘기고 두 공국 중 하나를 합병하도록 하는 조항을 추가할 것을 주장했다. 프랑스는 프랑스 본토로부터 멀리 떨어진 이탈리아 영토보다 인접한 로렌이나 사부아를 얻는 것이 낫다고 판단했기 때문에 윌리엄 3세의 주장에 동의했다.[13]

1700년 11월 카를로스 2세가 마침내 세상을 떠났다. 레오폴트 1세가 두 번에 걸친 분할 협정을 수용하기를 거부하고 오스트리아 합스부르크가가 스페인 영토 전체에 대한 권리가 있음을 주장했기 때문에 프랑스, 영국, 네덜란드 연방이 합의안을 실행에 옮기려고 할 경우 군사 충돌을 피하기 어려웠을 것이다. 하지만 여기서 모두의 예상을 뒤엎는 변수가 발생함으로써 상황이 더욱 복잡해졌다. 카를로스 2세가 유언장에서 스페인의 왕위와 스페인의 모든 영토를 루이 14세의 손자 필리프 당주에게 넘긴다는 의사를 밝혔기 때문이다. 또한 카를로스 2세는 만약 필리프 당주가 스페인의 모든 영토에 대한 통치자가 되기를 거부한다면, 즉 영토의 일부를 분할해 다른 나라에 넘기고자 한다면 왕위와 모든 영토는 카를 대공의 차지가 되어야 한다고 명시했다. 이러한 결정을 내리면서 카를로스 2세와 스페인 정부는 프랑스와 오스트리아 중 어느 쪽이 스페인의 영토를 최대한 잘 보존할 수 있을지를 최우선적으로 고려했다. 카를로스 2세의 선택은 프랑스의 부르봉가였다. 오스트리아는 스페인 본토로부터 상대적으로 멀리 떨어져 있었고, 식민지를 유지하는 데 필요한 해군을 보유하

---

13 같은 책, p.499; John A. Lynn, *The Wars of Louis XIV, 1667~1774*(London and New York: Longman, 1999), p.267; Andrew Lossky, *Louis XIV and the French Monarchy*(New Brunswick: Rutgers University Press, 1994), p.259.

지 않았기 때문이다. 그래서 루이 14세의 아들 대신에 둘째 손자인 필리프 당 주가 왕위 계승자로 지목되었다. 필리프 당주에게는 손위 형제로, 루이 14세의 첫째 손자인 부르고뉴 공작 루이가 있어 그가 프랑스의 왕위까지 계승할 확률 은 상대적으로 낮았다. 즉, 프랑스와 스페인이 같은 국왕의 통치를 받는 일은 최대한 피할 수 있을 것으로 판단했다.[14]

카를로스 2세의 유언장 내용을 알게 된 루이 14세는 심각한 딜레마에 빠졌 다. 카를로스 2세의 제안을 받아들여 자신의 손자가 스페인 왕위에 오르는 것 을 오스트리아는 물론 여타 주변 국가들이 그대로 보고 있지 않을 것이 분명했 다. 특히 영국과 네덜란드 연방은 합의 위반을 이유로, 그리고 세력균형의 붕 괴를 이유로 오스트리아와 함께 프랑스를 상대로 전쟁을 시작할 가능성이 다 분했다. 제안을 거부하고 영국, 네덜란드와 분할 협정을 준수하려고 하는 경우 에도 전쟁은 불가피했다. 오스트리아와 카를 대공이 통치하는 스페인이 프랑 스가 협정에서 할당된 영토를 손에 넣는 것을 그대로 지켜보지 않을 것이기 때 문이다. 즉, 프랑스가 카를로스 2세의 제안을 수용하든 거부하든 전쟁은 사실 상 불가피했다. 두 선택지 사이의 차이는 전자의 경우 프랑스는 스페인과 동맹 을 맺고 영국, 네덜란드 연방, 오스트리아를 상대로 전쟁을 벌일 것이고, 후자 의 경우 영국, 네덜란드 연방과 동맹을 맺고 오스트리아와 스페인을 상대로 전 쟁을 벌일 것이라는 데 있었다. 루이 14세와 프랑스 정부는 전자를 선택했다. 즉, 스페인을 동맹국으로 삼아 여타 국가들을 상대로 전쟁을 벌이는 편이 더 낫다고 판단했다. 여기에는 나름대로 합리적인 이유가 존재했다. 루이 14세는 오스트리아와 스페인을 상대로 하는 전쟁에서 영국과 네덜란드 연방이 프랑스 를 전폭적으로 지지하지 않을 것으로 판단했다. 특히 영국 의회가 영국과 프랑 스의 동맹을 적극적으로 반대하리라고 보았다.[15]

---

14 Wolf, *Louis XIV*, p.503; Lynn, *The Wars of Louis XIV, 1667~1774*, p.268.
15 Wolf, *Louis XIV*, pp.506~507; Lossky, *Louis XIV and the French Monarchy*, pp.261~262.

프랑스가 카를로스 2세의 유언을 받아들이기로 결정했다는 소식이 전해지자 유럽 각국은 큰 충격에 빠졌다. 특히 루이 14세와 두 차례에 걸쳐 분할 협정을 체결한 영국과 네덜란드 연방이 큰 충격을 받았다. 필리프 당주가 스페인의 모든 영토를 통치하는 국왕의 자리에 오른다는 것은 단순히 부르봉가에 의한 왕위 계승에 그치지 않고 프랑스와 스페인이 사실상 하나의 나라처럼 긴밀하게 협력할 가능성이 농후해짐을 의미했다. 스페인의 국력이 현저하게 쇠약해진 까닭에 두 나라 간의 관계에서 프랑스가 주도권을 행사하리라는 것 역시 분명해 보였다. 영국과 네덜란드 연방의 입장에서 프랑스가 장악한 남부 네덜란드, 이탈리아, 스페인의 아메리카 식민지는 도저히 용인될 수 없는 '악몽'이었다. 9년전쟁이 마무리된 지 5년도 채 지나지 않은 시점에서 전쟁의 암운이 다시 한번 짙어지기 시작했다. 영국의 일부 정치인들은 필리프 당주의 왕위 계승이 프랑스와 스페인 두 나라 사이의 관계를 긴밀하게 만들 필연적인 이유는 없다고 주장하기도 했다. 예컨대 나중에 20여 년에 걸쳐 영국 총리로 재임하게 될 로버트 월폴(Robert Walpole)은 "스페인에서 새 왕이 즉위해도 적어도 3년간 섭정이 통치할 것이고, 이 기간 동안 새 국왕은 스페인인으로 만들어질 것이다. 그 결과 그는 그의 부친이나 조부에 반대해 자신의 이익을 주장할 수 있게 될 것이다"라고 희망 섞인 예측을 내놓기도 했다.[16]

하지만 루이 14세의 조심성 없는 행동 탓에 온건론은 힘을 잃고 말았다. 루이 14세는 자신의 손자를 스페인으로 떠나보내며 프랑스 왕위가 공석이 될 경우 필리프 당주가 왕위 계승권을 갖는다고 선언했다. 이는 주변 국가들에게 그가 프랑스와 스페인이 통합되는 상황을 고려하는 중인 것으로 비쳤다. 사실 루이 14세의 의도는 만에 하나 그러한 상황이 발생할 경우 필리프 당주가 스페인 왕위에서 퇴위한 뒤에 프랑스 왕위에 오를 수 있다는 것이었다. 그는 프랑스에

---

16 Craig Rose, *England in the 1690s: Revolution, Religion and War*(Oxford: Blackwell, 1999), pp. 145~146.

서 왕위 계승이 단절될 경우에 대비해 안전장치를 마련해 놓고자 한 것이다. 하지만 그는 이러한 입장을 밝히면서 주변 국가들의 이해를 구하려는 노력을 소홀히 했다.[17] 또한 루이 14세는 스페인 정부가 프랑스군이 남부 네덜란드의 여러 요새에 주둔하고 있던 네덜란드 연방의 군대를 철수시켜 달라고 요청했을 때 이를 기꺼이 수락하고 지체 없이 실행에 옮김으로써 영국과 네덜란드 연방을 다시 한번 충격에 빠뜨렸다. 두 나라의 충격은 스페인 정부가 자국 식민지에서 프랑스 상인들에게 특별한 혜택을 제공하기로 결정했음을 알았을 때 절정에 달했다.[18]

1701년 9월 네덜란드 헤이그에서 영국, 네덜란드 연방, 오스트리아는 대동맹 결성을 위한 협약을 체결했다. 협약문에서 세 나라는 "유럽의 자유와 무역을 짓밟으려는" 프랑스와 스페인에 맞서 싸우겠다고 선언했다.[19] 레오폴트 1세는 자신의 차남이 스페인 왕위의 유일한 합법 계승자이며, 따라서 스페인의 모든 영토의 통치자가 되어야 한다는 믿음을 버리지 않았다. 하지만 프랑스를 상대로 한 전쟁에서 승리하려면 영국과 네덜란드 연방의 도움이 반드시 필요했고, 일단은 두 나라의 주장에 동의했다. 영국과 네덜란드 연방은 유럽의 '세력균형'을 위해 스페인 영토를 어떤 식으로든 분할해야 한다는 입장을 고수했다. 두 나라는 프랑스로부터는 필리프 당주를 스페인 왕위에 그대로 두는 대가로 스페인과 통합하지 않겠다는 약속을 받아내고, 오스트리아는 왕위를 포기하는 대가로 남부 네덜란드, 이탈리아와 지중해에서 "정당하고 합리적인 보상"을 받는 수준에서 만족하는 것이 가장 바람직하다고 보았다. 영국과 네덜란드는 자신들을 위해서는 스페인의 아메리카 식민지 중 일부를 획득하고, 두 나라가 기

---

17 Lossky, *Louis XIV and the French Monarchy*, p.262; Clark, "From the Nine Years War to the War of the Spanish Succession," p.397.

18 Lynn, *The Wars of Louis XIV, 1667~1774*, pp.202~203; Wolf, *Louis XIV*, pp.510~513.

19 Lossky, *Louis XIV and the French Monarchy*, p.264.

존에 스페인 영토에서 누리던 상업적 특혜를 계속 보장받을 수 있기를 희망했다. 프랑스와의 전쟁을 위해 오스트리아는 8만 2000명, 네덜란드 연방은 10만명, 영국은 4만 명의 병력을 동원하기로 했다. 또한 네덜란드 연방과 영국은 각자의 해군을 동원하고 전쟁에 참여하는 독일 제후국들에 보조금을 지급하기로 했다. 1701년과 1702년 사이의 겨울에 브란덴부르크-프로이센, 하노버, 팔츠, 뮌스터, 헤세-카셀, 바덴과 같은 몇몇 신성로마제국의 제후국들이 동맹에 참여하겠다는 의사를 밝혀왔다.[20]

2) 전쟁의 전개 과정

전쟁은 영국, 네덜란드 연방과의 동맹이 정식으로 체결되기 몇 개월 전에 오스트리아가 정식 선전포고 없이 스페인령 밀라노를 공격함으로써 시작되었다. 프랑스 역시 이 지역에 상당 규모의 병력을 투입했다. 프랑스는 사부아 공국이 대프랑스 동맹에 가담하는 것을 막기 위해 공국을 강하게 밀어붙였다. 1706년 봄까지 프랑스는 토리노와 주변 지역을 제외한 공국의 거의 모든 영토를 장악하는 데 성공했다.[21] 전쟁은 남부 네덜란드와 독일에서도 진행되었다. 두 전선에서 네덜란드 연방과 영국은 각각 10만 명, 4만 명의 병력을 동원했다. 양국의 전쟁 노력은 1702년 3월 윌리엄 3세의 죽음으로 잠시 타격을 입는 듯했지만 말보로 공작 존 처칠(John Churchill, The Duke of Marlborough)이 영국-네덜란드 연합군의 지휘를 맡으면서 다시 활력을 찾았다. 말보로 공작은 특히

---

20 A. J. Veenendaal, "The War of the Spanish Succession in Europe," in J. S. Bromley(ed.), *The New Cambridge Modern History, Volume VI: The Rise of Great Britain and Russia, 1688~1715/25*(Cambridge: Cambridge University Press, 1970), pp.410~411; Linda Frey and Marsha Frey, "A Question of Empire: Leopold I and the War of Spanish Succession, 1701~1705," *Austrian History Yearbook*, Vol.14(1978), p.60.

21 Lossky, *Louis XIV and the French Monarchy*, pp.264~265.

1704년 8월 독일 남부의 회흐슈테트-블린트하임[(Höchstädt-Blindheim, 영어화된 명칭으로는 블레넘(Blenheim)]에서 벌어진 전투에서 프랑스-바이에른 연합군에게 대승을 거두었다.[22]

1703년 5월에는 영국의 부추김을 받은 포르투갈이 대프랑스 동맹에 참여했다. 이제 영국 해군은 포르투갈의 항구를 이용해 보다 수월하게 바르셀로나, 지브롤터, 미노르카, 툴롱 등지에 대한 공세를 펼 수 있었다. 포르투갈의 참전과 회흐슈테트-블린트하임 전투의 승리로 전쟁 양상에 일정한 변화가 일어났다. 독일 전선에서의 전쟁은 사실상 종결되었고 남부 네덜란드 전선은 부차적인 중요성만을 갖게 되었다. 그 대신에 기존 이탈리아 전선에 이베리아반도가 주전장으로 추가되었다. 전황은 점차 프랑스와 스페인에 불리한 방향으로 흐르기 시작했다. 1704년 8월 영국군이 이베리아반도 남단의 전략 요충지인 지브롤터 요새를 점령했다. 1705년 8월에는 카탈루냐에 도착한 카를 대공이 바르셀로나에서 국왕으로 선포되었다. 카탈루냐의 반란에 아라곤과 발렌시아도 참여했다. 이베리아반도에서의 전쟁은 필리프 당주(펠리페 5세)를 지지하는 카스티야와 카를 대공을 지지하는 나머지 지역 사이의 '내전'을 닮아갔다.[23]

1706년을 계기로 전세는 대프랑스 동맹 편으로 현저하게 기울었다. 같은 해 5월 남부 네덜란드의 라미예 부근에서 벌어진 전투에서 영국의 말보로 공작은 프랑스군에 다시 한번 대승을 거두었고, 동맹군은 브뤼셀, 안트베르펜, 겐트를 점령했다. 이베리아반도에서는 카를 대공이 이끄는 군대가 마드리드와 사라고사를 일시적으로 점령하기도 했다.[24] 이탈리아 전선에서도 프랑수아 외젠(François-Eugène)의 오스트리아군과 비토리오 아메데오 2세(Vittorio Amedeo II)

---

22 John B. Hattendorf, "English Grand Strategy and the Blenheim Campaign of 1704," *International History Review*, Vol. 5, No. 1(1983).

23 Lossky, *Louis XIV and the French Monarchy*, p. 268.

24 Veenendaal, "The War of the Spanish Succession in Europe," p. 426; Lossky, *Louis XIV and the French Monarchy*, p. 269~270.

의 사부아군이 토리노를 포위하고 있던 프랑스군을 격퇴하는 데 성공했다. 프랑스는 북부 이탈리아의 거점을 거의 완전히 상실했다.[25]

1706년 말이 되면 영국과 네덜란드 연방은 1701년 전쟁을 시작하면서 목표로 했던 바를 거의 이룬 것처럼 보였다. 양국 군대가 남부 네덜란드 대부분을 장악했다. 이탈리아에서는 오스트리아가 승승장구했으며, 이베리아반도에서도 카를 대공이 마드리드를 잠시나마 점령하는 등 우세를 보이기 시작했다.[26] 하지만 대프랑스 동맹의 위세가 절정에 달한 듯 보이던 바로 그때 그동안 잠재되어 있던 동맹국들 사이의 균열이 전쟁의 목적과 전략에 관한 상이한 견해와 이해관계를 둘러싸고 터지기 시작했다. 앞서 언급했듯이 애초에 영국, 네덜란드 연방과 오스트리아는 서로 다른 목적에서 프랑스와의 전쟁을 위해 힘을 합치기로 결정했다. 레오폴트 1세의 가장 중요한 전쟁 목표는 왕조의 이익을 지키는 데 있었다. 그는 오직 합스부르크가만이 스페인 왕위를 계승해야 한다고 믿었다. 오스트리아와 인접한 북부 이탈리아가 프랑스의 수중에 떨어지는 것을 막는 것도 중요한 고려 사항이었다. 오스트리아는 바로 이러한 이유에서 전쟁 초반부터 이탈리아 전선에 전력을 집중했다. 이에 반해 영국과 네덜란드 연방의 가장 중요한 전쟁 목표는 남부 네덜란드, 나폴리, 시칠리아, 스페인의 아메리카 식민지 등 두 나라에게 안보·경제적으로 중요한 지역에서 프랑스의 영향력이 확대되는 것을 막는 데 있었다. 네덜란드 연방은 특히 남부 네덜란드에 위치한 이른바 네덜란드 방벽(Dutch Barrier)을 안전하게 확보하기를 원했다. 영국은 1701년 제임스 2세(James II, 1685~1688 재위) 사후 스스로를 제임스 3세라고 칭하며 영국 왕위에 대한 권리를 주장해 온 제임스 프랜시스 에드워드 스튜어트(James Francis Edward Stuart)의 보호자를 자처하는 루이 14세의 프랑스로부터 프로테스탄트 왕위 계승 원칙을 수호하고자 했다.[27]

---

25 Veenendaal, "The War of the Spanish Succession in Europe," pp.428~429.

26 Wolf, Louis XIV, p.546.

이처럼 상이한 목표를 추구하는 가운데 영국과 네덜란드 연방은 오스트리아가 동맹 의무를 제대로 이행하지 않는다는 이유로, 오스트리아는 두 나라가 막강한 자금력을 바탕으로 자국에 부당한 압력을 행사하려고 한다는 이유로 서로를 비난하기 시작했다. 영국과 네덜란드 연방의 입장에서는 오스트리아가 약속한 병력을 동원하는 데 번번이 실패한 데 따른 불만이 컸다. 특히 영국 안에서는 "동맹국의 이익에 반하지 않는 생각은 전혀 하지 않는" 오스트리아, "모든 것을 기대하지만 아무것도 하지 않으려고 하는" 오스트리아에 대한 불만이 갈수록 커져갔다. 반면에 오스트리아는 영국과 네덜란드가 해군 지원을 거부함으로써 나폴리와 시칠리아를 점령하려는 계획을 좌초시킨 것에 대해서, 독일제국 내에서 프로테스탄트 교도에 대한 탄압을 중지할 것을 촉구하는 등 전쟁 외적인 문제에 간섭하기 시작한 것에 대해서, 그리고 다른 무엇보다 헝가리에서 발발한 반란의 주도 세력과 오스트리아 정부 사이의 협상을 중재하겠다고 나선 것에 대해서 불만을 표시했다.[28]

한편 영국과 네덜란드 연방 사이의 전쟁 목표를 둘러싼 갈등도 조금씩 불거지기 시작했다. 영국은 포르투갈의 참전을 계기로 부르봉가의 필리프 당주가 스페인 왕위를 유지하는 대신 스페인 영토를 분할한다는 이전의 입장을 포기하고, 카를 대공의 스페인 왕위 및 스페인 전 영토의 계승을 지지하기 시작했다. 영국 내부에서 이러한 정책 변화를 주도한 것은 1705년 선거에서 압승을 거둔 휘그(Whig)파 각료와 정치인들이었다. 네덜란드 연방은 영국의 이러한 목표 변경에 동의하지 않았다. 네덜란드 연방은 여전히 스페인 영토의 분할을 지지했으며, 영국의 주장대로 스페인 왕위가 카를 대공에게 돌아가야 한다면 필리프 당주에게는 적어도 나폴리와 시칠리아가 보상으로 주어져야 한다고 주장했다. 영국은 프랑스가 이 두 지역을 장악할 경우 자국의 레반트 무역에 위

---

27 Frey and Frey, "A Question of Empire," pp.60~61.
28 같은 글, pp.64~71.

협이 될 수 있다는 이유로 네덜란드 연방의 제안을 거부했다. 네덜란드 연방은 핵심 요구 사항인 '장벽'의 확보와 관련해서도 영국으로부터 확실한 답을 얻어 내지 못했다. 영국이 확답을 미룬 표면적인 이유는 남부 네덜란드에서 가장 중요한 항구인 오스탕드와 덴더몽드를 장벽에 포함시킬 수 없다는 것이었다. 하지만 영국은 내심 장벽을 볼모로 네덜란드 연방을 전쟁에 묶어두고자 했다. 결국 네덜란드 연방은 점차 자국의 이해관계와 무관해지는 전쟁을 6년이나 더 수행해야 했다.[29]

1708년과 1709년 유례없이 추운 날씨와 이로 인한 흉작과 기근으로 프랑스의 전쟁 노력은 큰 어려움에 직면했다. 이미 8년간 계속된 전쟁으로 국가 재정이 피폐해질 대로 피폐해진 상황에서 루이 14세의 오랜 재위 기간을 통틀어 가장 가혹한 것으로 기록될 자연재해까지 덮치자 프랑스 정부는 전세를 뒤엎고 전쟁에서 승리하는 것은 사실상 불가능하다고 결론 내렸다. 이에 외무장관 토르시 후작(Jean-Baptiste Colbert, Marquess of Torcy)을 네덜란드 헤이그로 보내 동맹 측과 평화협정 체결을 위한 협상을 벌이도록 했다. 협상에서 동맹 측은 프랑스에 모두 40개에 달하는 평화협정 체결을 위한 '예비 조항'을 제시하고, 두 달의 휴전 기간 안에 이 조항들을 모두 실행에 옮길 것을 요구했다. 동맹 측은 프랑스가 이 40개의 조항 중 어느 하나라도 거부하면 전쟁을 재개하겠다고 통보했다. 예비 조항의 핵심은 이베리아반도에 주둔한 프랑스군을 철수시키고, 카를 대공을 스페인의 유일한 통치자로 인정하라는 것이었다. 동맹은 이를 위해 루이 14세가 자신의 손자에게 왕위 포기를 설득하고, 만일 필요하다면 군사력을 동원해서라도 압박할 것을 요구했다. 동맹은 루이 14세가 필리프 당주를

---

29 Veenendaal, "The War of the Spanish Succession in Europe," pp.430~431; H. G. Pitt, "The Peace of Utrecht," in J. S. Bromley(ed.), *The New Cambridge Modern History, Volume VI: The Rise of Great Britain and Russia, 1688~1715/25*(Cambridge: Cambridge University Press, 1970), p.448.

완벽하게 통제하고 있기 때문에 실제로 프랑스가 군사력을 사용해야만 하는 상황이 발생할 가능성은 그리 크지 않다고 믿었다. 하지만 이는 동맹 측의 오해였다. 이즈음이면 루이 14세가 군사력을 쓰지 않고서는 자신의 손자가 스페인 왕위를 포기하게 할 수 없을 정도로 둘 사이의 관계가 소원해진 상태였다. 또한 아무리 동맹 측이 루이 14세와 필리프 당주의 관계를 오해하고 있었다고 해도 손자를 향해 군사력의 사용을 종용한 것은 누가 보기에도 과도하고 심각한 모욕에 가까운 요구였다. 협상에 참여한 동맹 측 인사들 중 일부도 이러한 요구의 문제점을 인식했다. 말보로 공작은 "내가 만일 프랑스의 왕이라면 나의 손자를 쫓아내기 위한 전쟁에 군대를 동원하느니 나의 나라를 조금 더 일찍 잃어버리는 편을 택할 것이다"라고 말하기도 했다.[30]

루이 14세는 동맹의 요구를 거부하기로 결정했다. 거부 의사를 통보하면서 그는 프랑스 각지의 주지사에게 명령을 내려 일반 국민들에게 동맹의 요구 사항을 자세히 알리고, 자신은 요구 사항 중 단 하나를 제외한 나머지 모두를 수용하려고 했지만, 동맹은 필리프 당주를 왕위에서 쫓아내는 데 힘을 보태기를 요구했고 이 요구만은 차마 들어줄 수 없었기에 불가피하게 전쟁을 재개할 수밖에 없다는 점을 이해시키라고 지시했다. 예전의 루이 14세였다면 상상하기 어려운 조치였다. 이는 그와 프랑스 정부가 장기간 지속된 전쟁의 결과 얼마나 절박한 상황에 처하게 되었는지를 잘 보여준다.[31]

루이 14세는 '헤이그 예비 조항'을 거부하면서도 이베리아반도에서 프랑스군을 철수시킴으로써 협상을 지속할 의사를 간접적으로 드러냈다. 하지만 프랑스는 1710년 3월 네덜란드 연방의 헤이르트라위덴베르크(Geertruidenberg)에서 재개된 협상에서 동맹의 한층 더 강화된 요구에 직면해야 했다. 동맹은 프

---

30 Pitt, "The Peace of Utrecht," pp.451~455.

31 Veenendaal, "The War of the Spanish Succession in Europe," p.437; Lossky, *Louis XIV and the French Monarchy*, pp.272~273.

랑스 단독으로 필요하다면 무력을 사용해서라도 필리프 당주를 왕위에서 물러나게 하라고 요구했다. 토르시 후작의 표현에 따르면 동맹은 "조부와 손자의 싸움에서 구경꾼"이 되겠다는 것이었다.[32] 동맹은 군사력을 사용하지 않는 대신 보조금을 내겠다는 루이 14세 제안 역시 거부할 만큼 강경한 입장을 고수했고, 결국 협상은 실패로 돌아갔다. 루이 14세로서는 굴욕의 순간이 아닐 수 없었다. 이것은 지난 수십 년간 쌓여온 루이 14세의 프랑스에 대한 유럽 국가들의 '증오'가 얼마나 컸는지 여실히 드러냈다.[33]

3) 전쟁 종결과 평화조약의 체결

루이 14세로서는 다행스럽게도 헤이르트라위덴베르크 협상이 실패로 돌아간 뒤 프랑스는 평화조약의 체결을 위한 협상에서 반전의 기회를 얻었다. 이는 세 가지 상황 변화에 기인했다. 첫째, 스페인에서 펠리페 5세(필리프 당주)가 카를 대공에 최종적으로 승리를 거두었다. 펠리페 5세는 동맹군의 거센 공세에 다시 한번 마드리드를 빼앗기는 등 어려움을 겪었지만 네덜란드에서 협상이 실패로 끝난 뒤에 루이 14세가 보낸 프랑스군의 도움을 받아 마드리드를 되찾고 카탈루냐를 제외한 스페인 전역을 장악했다. 카를 대공이 바르셀로나에 머물면서 반격의 기회를 노렸지만 이제 그가 카를로스 3세로서 스페인 왕위를 계승하는 것은 사실상 불가능하다는 것이 명백해졌다. 전쟁이 무한정 지속되기를 원하지 않는 이상 동맹 측도 보다 현실적인 타협책을 모색하지 않을 수 없었다.

둘째, 영국에서 시드니 고돌핀(Sidney Godolphin)이 이끄는 휘그 정권이 붕

---

32 Pitt, "The Peace of Utrecht," p.456.

33 Veenendaal, "The War of the Spanish Succession in Europe," pp.439~440; Lossky, *Louis XIV and the French Monarchy*, pp.273~274.

괴되고 옥스퍼드 백작 로버트 할리(Robert Harley, Earl of Oxford)와 볼링브로크 자작 헨리 세인트-존(Henry Saint-John, Viscount of Bolingbroke)의 토리(Tory) 정권이 들어섰다. 영국 내부적으로 전쟁에 대한 염증이 확산되는 가운데 헤이그와 헤이르트라위덴베르크에서의 협상 실패가 휘그 정권에 대한 불신을 부추기며 토리 집권에 유리한 환경이 조성되었다. 시종일관 강경 노선을 추구하는 말보로 공작을 비롯한 휘그 각료와 정치인들에 대한 앤 여왕(Anne, 1702~1714 재위)의 '환멸'도 토리 집권에 한몫을 했다. 옥스퍼드 백작은 "만일 영국인들이 정당이 아니라 여왕이 우두머리임을 다시 깨닫게 된다면 모든 일이 잘 풀릴 것입니다"라고 말함으로써 여왕의 반휘그 감정을 자극했다.[34]

옥스퍼드 백작과 볼링브로크 자작 등은 오랜 기간 영국 대외 정책의 가장 중요한 목표는 해외무역의 팽창과 이를 위해 필요한 식민지의 개척이어야 한다는 신념을 고수해 왔다. 따라서 이들은 휘그 정권이 주도한 유럽 대륙에서의 값비싼 전쟁을 비판적인 시각에서 바라보았다. 이들은 또한 프랑스 못지않게 해외무역에서 영국과 경쟁 관계에 있는 네덜란드 연방 역시 경계해야 함을 강조했다. 볼링브로크 자작은 네덜란드 상인들이 전쟁 중에도 프랑스와의 교역을 완전히 중단하지 않았음을 지적하면서 "우리의 무역은 계속 가라앉고 있고 조만간 완전히 사라질 것이다. …… 이에 반해 네덜란드인들의 상업 활동은 계속 확대되고 있으며 그 어느 때보다 번창하고 있다"라고 다소 과장 섞인 주장을 펼치기도 했다.[35] 특히 옥스퍼드 백작과 볼링브로크 자작은 1709년 네덜란드 연방과 체결한 장벽 조약(Barrier Treaty)에서 휘그 정권이 네덜란드 연방의 동맹 이탈을 막기 위해 영국이 카를 대공으로부터 획득한 서인도제도에서의

---

34 Mark Kishlansky, *A Monarchy Transformed: Britain, 1603~1714*(London and New York: Penguin Books, 1996), p.332.

35 A. D. MacLachlan, "The Road to Peace, 1710~13," in Geoffrey S. Homles(ed.), *Britain after the Glorious Revolution: 1689~1714*(London: MacMillan Press, 1969), p.199.

상업적 특권을 네덜란드 연방과 공유하고, 네덜란드 연방이 '장벽'을 구축하고 유지하는 데 소요되는 비용을 인근 도시들뿐만 아니라 남부 네덜란드 전역에서 징수해 충당하도록 한 것을 날카롭게 비판했다. 이들의 이러한 반네덜란드 정서는 영국이 네덜란드 연방을 배제한 채 프랑스와 단독으로 종전 협상을 진행하기로 결정한 이유 중 하나가 되었다.[36]

셋째, 레오폴트 1세의 뒤를 이어 1705년 오스트리아 합스부르크가의 수장 자리에 오른 요제프 1세가 1711년 4월 즉위 6년 만에 세상을 떠났다. 이로써 당시 바르셀로나에 머물고 있던 카를 대공이 형의 뒤를 잇게 되었다. 카를 대공은 요제프 1세의 사망 소식이 전해지자 대공비를 섭정으로 지명하고 지체 없이 빈으로 떠났고, 그해 10월 카를 대공은 신성로마제국 황제로 선출되었다. 이제 유럽 각국은 독일제국 황제 카를 6세가 스페인 왕위까지 계승할 경우 오스트리아, 보헤미아, 헝가리, 남부 네덜란드, 밀라노와 나폴리, 시칠리아, 포르투갈을 제외한 이베리아반도 전역, 스페인의 아메리카 식민지를 통치하게 되는 상황을 걱정해야 했다. 그러한 상황이 실현된다면 이는 가히 카를 5세(Karl V) 대제국의 부활로 불릴 만했다. 이는 프랑스뿐만 아니라 영국과 네덜란드 연방을 비롯해 유럽의 어느 나라도 원하지 않는 상황이었다.

영국의 토리 정권은 요제프 1세가 사망했을 당시 이미 수개월째 프랑스와 비밀리에 평화조약을 위한 협상을 진행하던 중이었다. 이들은 애초부터 카를 대공에게 스페인 왕위와 모든 영토를 넘겨주기 위한 전쟁을 계속할 생각이 없었다. 요제프 1세의 죽음은 반드시 타결시키겠다는 이들의 결의를 더욱 강화시켰을 뿐이다. 1711년 10월 영국과 프랑스는 '런던 예비 조항'에 합의했다. 이 합의에서 영국은 부르봉가에 의한 스페인 왕위 계승을 지지한다는 입장을 밝혔다. 그 대신 프랑스는 영국에게 지브롤터와 미노르카 및 북아메리카의 아카

---

36 B. W. Hill, "Oxford, Bolingbroke, and the Peace of Utrecht," *Historical Journal*, Vol.16, No2.
 (1973), pp.246~247; Pitt, "The Peace of Utrecht," p.458.

디아와 뉴펀들랜드를 양보하고, 스페인에서 영국 상품과 영국 상인에 대한 상업적 특혜와 아시엔토(asiento, 스페인의 아메리카 식민지에서 노예무역에 종사할 수 있는 권한)를 부여하고, 덩케르크의 항만·방어 시설을 파괴하기로 했다. 두 나라는 모든 참전국들이 참여하는 평화조약 체결을 위한 국제회의를 개최하기로 합의했다.[37]

1712년 1월 29일부터 네덜란드 위트레흐트에서 약 15개월 동안 진행된 평화 회담 기간 내내 영국이 주도권을 행사했다. 적국인 프랑스와 스페인뿐만 아니라 같은 동맹인 네덜란드 연방과 오스트리아도 영국이 제시한 평화안을 사실상 일방적으로 받아들여야 했다. 볼링브로크 자작이 큰 틀을 마련한 영국 평화안의 대원칙은 프랑스가 다시는 패권을 장악하지 못하도록 세력균형의 원칙에 따라 스페인 왕위 계승과 영토 분배 문제를 결정해야 한다는 것이었다. 이는 스페인의 영토가 분할되어야 함을 의미했다. 그러면서도 그는 영국의 특수한 이익, 특히 상업적 이익을 확보하는 데 많은 노력을 기울였다. 이와 관련해 볼링브로크 자작의 가장 중요한 타깃은 네덜란드 연방이었다. 그는 네덜란드 연방이 서인도제도에서 영국과 동등한 상업적 특권을 누리고 '장벽'과 관련해 남부 네덜란드에서 경제적 특혜를 부여받도록 한 1709년의 양국 간 협정을 무효화하고 네덜란드 연방에 압력을 행사해 새로운 '장벽 조약'을 체결하는 데 성공했다. 1713년 1월 체결된 새 조약에서 네덜란드 연방은 1709년에 약속받은 것보다 훨씬 축소된 장벽을 받아들여야 했다. 네덜란드 연방은 또한 남부 네덜란드에서 누리던 경제적 특권을 영국과 나누는 데도 합의했다. 서인도제도에서도 네덜란드 연방은 영국에 비해 훨씬 적은 상업적 특권만을 갖는 데 만족해야 했다. 앞서 지적했듯이 인구가 채 200만 명이 되지 않는 네덜란드 연방은 프랑스와의 전쟁을 위해 10만 명 이상 병력을 동원하는 등 노력을 아끼지 않았다. 하지만 10년 넘게 전쟁을 지속했는데도 네덜란드 연방은 영국의 '배신'으

---

37 Veenendaal, "The War of the Spanish Succession in Europe," p. 442.

로 프랑스로부터의 안보 위협이 현저하게 감소했다는 것과 '장벽'이 이전에 비해 '약간' 강화되었다는 것을 제외하고는 얻은 것이 거의 없었다. 장기간의 전쟁으로 국력을 크게 소진한 네덜란드 연방은 위트레흐트 조약 이후 유럽 국제 정치 무대에서 절반은 의도적으로 또 절반은 불가피하게 역할을 줄여나가기 시작했다.[38]

영국은 위트레흐트에서 프랑스와의 런던 예비 조항에서 미리 합의되었던 바를 거의 그대로 얻어낼 수 있었다. 위트레흐트 조약의 가장 큰 승자는 영국이었다. 조약의 체결로 영국은 유럽 최강의 해양 대국으로 발돋움할 기반을 확보할 수 있었다. 스페인으로부터 지중해의 지브롤터와 미노르카를 획득함으로써 자국 상인들의 레반트 무역을 지원할 수 있는 천혜의 해군기지를 확보했고, 프랑스로부터 뉴펀들랜드를 획득함으로써 북아메리카에서의 식민지 경쟁에서 우위를 점할 수 있었으며, 남아메리카에서는 네덜란드 연방을 배제하고 수익성 좋은 사업들을 독점할 수 있었다.[39] 이외에도 영국은 프랑스로부터 영국 왕위의 프로테스탄트 계승 원칙을 인정받았다. 앤 여왕의 영국 군주로서의 정당성을 마침내 인정한 루이 14세는 제임스 2세의 아들을 프랑스에서 추방할 것을 약속했다.[40]

한편 위트레흐트에서 회의가 개최되고 얼마 지나지 않아 예상치 못한 상황이 발생했다. 프랑스의 왕위 계승 서열 1위인 루이 14세의 장자 루이가 1711년 4월에 사망한데 이어 1712년 2월에는 왕위 계승 서열 2위인 같은 이름의 장손마저 29세의 젊은 나이에 세상을 떠났다. 이제 루이 14세가 사망한다면 프랑스 왕위는 1710년에 태어난 그의 증손자 루이가 계승해야 했다. 만약 이 두 살짜리 갓난아이마저 일찍 세상을 떠난다면 프랑스의 왕위는 지금은 스페인에서

---

38 Hill, "Oxford, Bolingbroke, and the Peace of Utrecht," p.261.

39 Kishlansky, *A Monarchy Transformed: Britain, 1603~1714*, p.334.

40 Lossky, *Louis XIV and the French Monarchy*, pp.276~277.

펠리페 5세로 불리는 아이의 삼촌이 계승해야 했다. 그런 경우 유럽 국가들은 다시 전쟁을 거치지 않고서는 해결하기 어려운 문제에 봉착할 수 있었다. 영국과 프랑스는 즉시 이 문제에 관한 협상을 시작했고 해결책에 합의했다. 이에 따르면 펠리페 5세는 프랑스의 왕위 계승을 영구적으로 포기하고 스페인의 국왕으로 남아 있든지 아니면 스페인 왕위에 지분을 가진 사부아 공작에게 국왕 자리, 스페인 본토, 아메리카 식민지를 넘기고, 자신은 사부아-피에몬테, 만토바, 몬페라토, 시칠리아를 통치하면서 프랑스 왕위 계승권을 계속 보유하든지 둘 중의 하나를 즉각 선택해야 했다. 두 번째 선택지의 경우 루이 14세의 병약한 증손자가 사망한다면 펠리페 5세가 프랑스 왕위를 계승하되, 시칠리아는 오스트리아에 할양하고 사부아-피에몬테는 프랑스에 합병하기로 했다. 루이 14세는 펠리페 5세가 스페인 왕위를 포기하기를 원했다. 그는 펠리페 5세에게 "네가 너의 백성들에 대한 애정과 감사의 마음 때문에 그들과 함께하고자 한다면 너는 같은 마음을 스페인에 앞서서 나와 너의 가족과 너의 조국에게 가져야 한다"라고 말하며 왕위 포기를 종용했다. 하지만 펠리페 5세는 전자를 선택했고, 이로써 프랑스 왕위 계승에 관한 문제는 최종적으로 해결되었다.[41]

루이 14세는 펠리페 5세의 선택에 실망감을 감추지 못했다. 프랑스 왕위 계승의 불확실성이 크게 증가했기 때문이다. 하지만 루이 14세가 걱정하던 일은 벌어지지 않았다. 1715년 그의 뒤를 이어 다섯 살의 나이에 왕위에 오른 루이 15세는 이후 1774년까지 프랑스의 왕위를 지켰다. 오히려 펠리페 5세가 스페인 왕위를 선택함으로써 부르봉가는 유럽의 두 강대국을 동시에 통치하게 되었다. 이로써 16세기 초 이래 프랑스를 괴롭혀 온 합스부르크가의 프랑스 포위가 마침내 종식되었다. 위트레흐트에서 남부 네덜란드가 오스트리아 합스

---

41 Hill, "Oxford, Bolingbroke, and the Peace of Utrecht," pp.254~255; Pitt, "The Peace of Utrecht," p.463; Andreas Osiander, *The State System of Europe, 1640~1990: Peacemaking and the Consolidation of International Stability*(Oxford: Oxford University Press, 1994), pp.127~133.

부르크가의 차지가 된 것은 분명 신경 쓰이는 일이기는 했지만 점점 그 무게중심이 동쪽으로 쏠리고 있던 오스트리아 빈 정부가 이 지역을 효과적으로 통치할 가능성은 그리 커 보이지 않았다.[42] 전쟁에서 군사적으로 사실상 패배했을 뿐만 아니라 심각한 재정적·경제적 어려움을 겪었다는 점을 고려하면 프랑스는 위트레흐트에서 상당히 괜찮은 성과를 올렸다고 할 수 있다.

영국, 프랑스, 네덜란드 연방을 비롯해 사부아-피에몬테, 포르투갈, 브란덴부르크-프로이센 등 전쟁에 약간이라도 힘을 보탰던 모든 국가들이 위트레흐트에서 최종 조약안에 합의한 뒤에도 오스트리아의 카를 6세는 이에 서명하기를 거부했다. 결국 프랑스군이 가용한 병력을 총동원해 독일 남서부의 합스부르크가 영토를 점령하자 더 이상 동맹국의 도움을 기대할 수 없게 된 카를 6세는 프랑스와 평화조약 체결에 동의했다. 1714년 3월 독일 라슈타트에서 체결된 조약에서 프랑스는 스트라스부르와 란다우를 보유하는 대신 프랑스가 점령한 영토 가운데 라인강 오른쪽의 브라이자흐, 켈, 프라이부르크 등 모든 도시와 요새를 반환할 것을 약속했다. 또한 오스트리아는 이탈리아에서 스페인에 속했던 거의 모든 영토를 획득했다. 밀라노, 만토바, 미란돌라, 파르마, 피아첸차 등 주변의 작은 공국들, 나폴리, 사르데냐가 모두 오스트리아의 소유가 되었다. 오스트리아는 문자 그대로 이탈리아의 지배자가 되었다. 남부 네덜란드역시 오스트리아의 통치를 받게 되었다. 스페인 왕위와 모든 영토의 계승이라는 원래의 목표를 이루는 데는 실패했기 때문에 평화조약에 가장 큰 불만을 가졌던 오스트리아는 역설적이게도 스페인 왕위계승전쟁의 참전국들 중 유럽 대륙에서 가장 큰 규모로 영토를 확장하는 데 성공했다. 주관적으로는 아닐지 모르지만 적어도 객관적으로 오스트리아는 영국과 더불어 전쟁의 가장 큰 수혜자였다.[43]

---

42   Lynn, *The Wars of Louis XIV, 1667~1774*, p.359.
43   Pitt, "The Peace of Utrecht," pp.473~474.

4) 전쟁의 '전근대성'과 '근대성'

스페인 왕위계승전쟁은 어떤 종류의 전쟁이었는가? 일단 전쟁의 '전근대적'인 성격이 두드러져 보이는 것은 어쩔 수 없다. 무엇보다 오늘날의 시각에서 볼 때 군주 개인이 속한 가문의 이익을 위해 유럽의 주요 국가들이 12~13년간 엄청난 규모의 인력과 재원을 동원해 전쟁을 치렀다는 것은 쉽게 이해하기 어렵다. 예컨대 루이 14세의 프랑스의 경우 국왕의 손자를 이웃 국가의 왕좌에 앉히기 위해 프랑스인들이 치른 그 모든 희생을 어떻게 정당화할 수 있을까? 하지만 여기서 우리는 당대 유럽인들이 국왕을 정점으로 하는 위계적인 정치질서를 가장 기본적이고 정당한 질서로 인식했음을 기억할 필요가 있다. 물론 몇몇 공화국이 존재하기는 했지만 공화정은 군주정에 비해 열등한 정치체제로 간주되었다. 또한 당대 유럽인들은 군주정에서 왕위는 혈연의 친소에 따라 세습하는 것이 가장 자연스럽다고 믿었다. 즉, 군주가 사망할 경우 그의 장자가 왕위를 이어받는 것이 가장 바람직하며, 만약 그에게 후사가 없는 경우 혈연적으로 가장 가까운 친족이 왕위를 계승해야 한다고 보았다. 이러한 세습 방식은 단순한 관행에 불과한 것이 아니었다. 이는 인간이 마음대로 바꾸거나 포기할 수 없는 신성한 전통에 근거를 두고 있다고 여겨졌다. 유럽 국가들 중 이러한 전통에서 비교적 자유로웠던 영국조차 명예혁명 이후 스튜어트(Stuart) 왕조의 군주들과 1714년 이후 하노버(Hanover) 왕조의 군주들이 오랜 기간 정통성 시비에 시달렸다는 사실은 당대인들이 이러한 세습 방식에 얼마나 큰 의미를 부여했는지를 잘 보여준다. 따라서 당대인들이 전쟁 목적 자체의 정당성에 심각한 의문을 제기했을 것 같지는 않다.

스페인 왕위계승전쟁의 '전근대성'은 각국의 영토가 마치 군주와 왕조의 '소유물'처럼 다루어진 것에서도 잘 확인된다. 전쟁은 왕조들 사이의 '재산 다툼'과 다를 바 없었다. 각국은 카를로스 2세가 사망하기 한참 전부터 그가 남길 '재산'을 차지하기 위해 호시탐탐 기회를 엿보았다. 이로 인한 갈등이 전면전으로 비화할 가능성이 커지자 프랑스, 영국, 네덜란드 연방은 두 차례에 걸쳐 분할 협정을 체결하고 스페인의 영토를 최대한 '공평하게' 나누기 위한 방안에 합의했다. 하지만 카를로스 2세가 사망하면 어떤 일이 있어도 재산을 나누지 않겠다는 조건으로 프랑스 국왕의 손자 혹은 오스트리아 황제의 아들에게 왕위를 넘기겠다는 유언을 남기면서 전쟁이 불가피해졌다. 전쟁이 발발했고, 오랜 기간 지속된 전쟁에도 불구하고 어느 한편이 일방적으로 승리를 거두는 것이 가능하다는 사실이 자명해지자 참전국들은 재산 분할을 통해 분쟁을 마무리 짓기로 했다. 오스트리아는 마지막 순간까지도 남겨진 재산을 모두 차지하겠다고 고집을 부렸지만 종국에는 다른 국가들의 압력에 굴복할 수밖에 없었다. 종전 협상이 진행되던 와중에 프랑스에서 왕위 계승 후보자들이 잇따라 세상을 떠나면서 스페인의 펠리페 5세가 프랑스 왕위마저 차지할 가능성이 증가하자 이를 막기 위해 영국과 프랑스가 협상을 통해 내놓은 해결책은 국가를 군주와 왕조의 '소유물'로 간주하는 관행의 '절정'이었다. 이 해결책에서 영국과 프랑스 양국은 펠리페 5세에게 스페인 왕위를 위해 프랑스 왕위에 대한 소유권 주장을 포기하든지 아니면 사부아 공작에게 왕위를 넘기고 사부아를 비롯한 몇몇 이탈리아 국가들을 통치하다가 프랑스 왕위가 공석이 되면 이를 차지하든지 둘 중의 하나를 선택하라고 요구했다.

하지만 이와 같은 '전근대적'인 특징과 함께 스페인 왕위계승전쟁은 '근대적'인 성격이 두드러진 전쟁이기도 했다. 18세기 초의 유럽인들은 혈연의 친소에 따른 왕위 계승과 국가와 영토를 군주와 왕조의 '소유물'로 간주하는 바탕 위에서 국제 관계를 이해했다. 그런데 그 이해 방식에 다분히 '근대적'이라고 할 만한 측면들이 포함되었다. 예컨대 루이 14세가 전쟁을 불사하고 자신의 손자가 스페인 왕위를 계승하도록 했을 때 그가 단순히 부르봉가의 재산 증식과 위신 제고만을 염두에 두었던 것은 아니다. 오히려 앞선 영국과 네덜란드 연방과의 2차 분할 협정에서 이탈리아에서 일정한 보상을 받는 대가로 스페인의 왕위를 포기하기로 합의한 것에서 알 수 있듯이 루이 14세는 다른 국가와 분쟁의 여지를 최소화하는 선에서 문제를 해결하기 위해 나름대로 노력을 기울였다. 루이 14세는 스페인의 왕위를 필리프 당주가 차지하는 경우 유럽 국가들 간 세력균형이 깨져 프랑스 편으로 기울어지리라는 것을, 적어도 다른 국가들은 그렇게 인식하리라는 것을 잘 알고 있었다. 그런 경우 균형을 다시 복원하거나 프랑스를 아예 결정적으로 약화시킬 목적으로 프랑스를 상대로 하는 동맹이 결성되리라는 것 역시 어렵지 않게 예상할 수 있는 바였다. 이미 여러 차례에 걸친 전쟁으로 프랑스의 재정적·경제적 어려움이 가중된 상태에서 또 한 번의 전쟁은 파멸적인 결과를 초래할 수 있었기에 루이 14세는 어떻게든 협상을 통해 상황을 마무리하려고 했다.

하지만 앞서 지적했듯이 카를로스 2세가 남긴 유언장의 내용을 루이 14세가 알았을 때 그에게는 선택의 여지가 그리 많지 않았다. 오스트리아의 레오폴트 1세는 이미 오래전부터 분할을 거부하고 스페인의 모든 영토를 상속받을 것을 고집하고 있었다. 전쟁을 피하기 위해 레오폴트 1세의 아들 카를 대공이 스페인의 왕위를 차지하고 모든 영토를 차지하도록 내버려 둘 수는 없었다. 그것은 프랑스의 안보에 치명적인 위험을 부를 것이었다. 루이 14세에게 주어진 선택지는 카를로스 2세의 유언장을 인정하고 스페인과 연합해 영국, 네덜란드 연방, 오스트리아와 전쟁을 치르느냐 아니면 제안을 거절하고 영국, 네덜란드와 연합해 오스트리아, 스페인과 전쟁을 치르느냐의 두 가지뿐이었다.

결국 문제는 부르봉가가 왕위를 계승하든 오스트리아 합스부르크가가 왕위를 계승하든 어느 한편의 스페인 왕위 계승으로 유럽 국가들 사이의 힘의 균형이 스페인의 왕위를 차지하는 국가에게로 급격히 기울어질 것이 분명했다는 것이다. 국가와 영토를 '소유물'로 간주하는 유력 왕조들 사이의 왕위 계승을 둘러싼 갈등이라는 그야말로 '전근대적'인 문제가 도화선 역할을 했지만 유럽 국가들이 최종적으로 전쟁을 결심하게 만든 것은 왕위 계승이 초래할 국가들 간의 힘의 배분 변화였다. 스페인 왕위계승전쟁은 특정 가문의 왕위 계승에 따른 세력균형의 붕괴를 막기 위한 '세력균형 전쟁'이자 '예방전쟁'이었다.

스페인 왕위 계승에 직접적인 이해관계를 갖지 않았는데도 영국과 네덜란드 연방이 전쟁이 발발하기 훨씬 전부터 이 문제에 적극적으로 관여한 것도, 프랑스가 카를로스 2세의 제안을 수용하기로 결정하자 오스트리아와 함께 대프랑스 동맹을 주도한 것도 바로 이러한 이유에서였다. 스페인 왕위계승전쟁은 단순한 '재산 싸움'이 아니었다. 근세 초 유럽 군주들이 왕위 계승권을 두고 치열하게 경쟁한 것은 이 싸움에서 패배할 경우 국제정치 체제 내에서 다른 국가에 대해 열세에 처할 것이고, 이는 궁극적으로 자신이 통치하는 국가의 안전을 위협할 것이기 때문이었다. 근세 초 유럽 국제정치 체제의 '근대성'을 정면으로 부인하는 테슈케의 견해는 이러한 점에서 재고될 필요가 있다. 그 대신에 '전근대성'과 '근대성'의 끊임없는 교차와 교직에 관해 이야기하는 것이 보다 적절해 보인다.

3 | 결론

지금까지 스페인 왕위계승전쟁 사례를 통해 근세 초 유럽 국제정치 체제가 실제로 어떤 방식으로 작동했는지 살펴보았다. 전쟁은 왕위 계승을 둘러싼 분쟁이라는 오늘날의 관점에서 쉽게 설명되지 않는 이유에서 비롯되었다. 최종적으로 이 문제를 해결한 방식도 정서적으로 수긍하기 어렵다. 스페인 영토는 여러 조각으로 분할되었다. 물론 스페인이 애초에 네덜란드나 이탈리아에서 영토를 획득한 방식이 지리적인 요인이나 민족적·인종적인 요인을 따르지 않았기 때문에 이를 다시 분리하는 데 대한 저항감이 그리 크지 않았던 것도 사실이다. 하지만 이들 지역에 대한 스페인의 통치가 두 세기 가까이 이어져 왔다는 점을 고려하면 국가들 사이의 합의에 따라 하루아침에 통치자가 교체되는 것에 대한 저항감이 없지도 않았을 것이다.

하지만 이와 같이 우리에게 익숙하지 않은 이유에서 전쟁이 발발했지만 이를 통해 유럽 각국이 이루고자 한 목표는 다분히 '근대적'이었다. 다른 무엇보다 이들은 힘의 균형이 붕괴되어 어느 한 나라가 지나치게 강대해지는 것을 막고자 했다. 더 나아가 이들은 세력균형이 제도화되고 공고화되어 이를 바탕으로 여러 국가가 안정적으로 공존하는 체제가 확립되기를 기대했다. 위트레흐트 조약에서 세력균형이 유럽 국제정치 체제의 작동 방식 및 운용 원칙으로 지위를 공식적으로 획득된 것은 이러한 바람이 반영된 결과라 할 수 있다. 영국과 프랑스의 합의에 따라 펠리페 5세와 그 밖의 부르봉가 왕족들이 서명한 스페인 왕위 포기 각서 중 하나에서는 세력균형의 필요성에 관해 다음과 같이 말하고 있다.

유럽의 모든 국가들이 현 전쟁으로 심각하게 파괴되었다. 또한 전쟁은 국경 지대뿐만 아니라 부유한 왕국들과 그 밖의 다른 국가들에 속한 여러 지역을 황폐하게 만들었다. 이에 영국과 회담과 협상을 거쳐 피비린내 나는 이해관계의 갈등을 겪은 왕국들 사이에 균형을 유지하고 정치적 한계를 설정하기로 합의되었다. 또한 이 왕국들의 힘이 두려움과 시기를 불러일으키지 않도록 하는 것이 이 평화를 유지하기 위한 기본 원칙이 되어야 한다는 데 대해서도 합의가 이루어졌다. 이와 함께 이러한 목표를 달성할 수 있는 가장 확실한 방법은 약소국이 그들보다 강한 국가로부터 스스로를 지키기 위해 연합하고, 그들과 동등한 힘을 지닌 국가에 대해서는 서로 도울 수 있도록 국가의 팽창을 막고 일정한 비율을 유지하도록 하는 것이라는 데 대해서도 합의가 이루어졌다.[44]

---

44 Osiander, *The State System of Europe, 1640~1990*, p.132에서 재인용.

참고문헌

엘리엇, 존 H.(John H. Elliott). 2000(1960). 『스페인 제국사 1469~1716(Imperial Spain 1468~
1716)』. 김원중 옮김. 까치.

전재성. 2009. 「유럽의 국제정치적 근대 출현에 관한 이론적 연구」. ≪국제정치논총≫, 제49집 5호,
7~31쪽.

Anderson, M. S. 1998. *The Origins of the Modern European State System, 1494~1618.* London
and New York: Longman.

Black, Jeremy. 1991. *A System of Ambition?: British Foreign Policy 1660~1793.* London and
New York: Longman.

_____. 2005. "Hanover and British Foreign Policy 1714~60." *English Historical Review,* Vol.120,
No.486, pp.303~339.

Blanning, Tim. 2007. *The Pursuit of Glory: The Five Revolutions that Made Modern Europe
1648~1815.* New York: Penguin Books.

Brewer, John. 1988. *The Sinews of Power: War, Money and the English State, 1688~1783.*
Cambridge, MA: Harvard University Press.

Collins, James B. 1995. *The State in Early Modern France.* Cambridge: Cambridge University
Press.

Duindam, Jeroen. 2010. "Early Modern Europe: Beyond the Strictures of Modernization and
National Historiography." *European History Quarterly,* Vol.40, No.4, pp.606~623.

Elliott, John H. 1992. "A Europe of Composite Monarchies." *Past & Present,* Vol.137, No.1, pp.
48~71.

Ertman, Thomas. 1997. *Building States and Regimes in Medieval and Early Modern Europe.*
Cambridge: Cambridge University Press.

Glete, Jan. 2002. *War and the State in Early Modern Europe: Spain, the Dutch Republic and
Sweden as fiscal-military states, 1500~1660.* New York and London: Routledge.

Hochedlinger, Michael. 2003. *Austria's Wars of Emergence: War, State and Society in the
Habsburg Monarchy, 1683~1797.* London and New York: Longman.

Hoppit, Julian. 2000. *A Land of Liberty?: England 1689~1727.* Oxford: Oxford University Press.

Israel, Jonathan. 1995. *The Dutch Republic: Its Rise, Greatness, and Fall 1477~1806.* Oxford:
Oxford University Press.

Jones, J. R. 1996. *The Anglo-Dutch Wars of the Seventeenth Century.* London and New York:
Longman.

Kamen, Henry. 1969. *The War of Succession in Spain 1700~15.* Bloomington and London:
Indiana University Press.

_____. 2001. *Philip V of Spain: The King who Reigned Twice.* New Haven and London: Yale

University Press.

Kishlansky, Mark. 1996. *A Monarchy Transformed: Britain 1603~1714.* London and New York: Penguin Books.

Livet, Georges. 1976. "Louis XVI and the Germanies." in R. Hatton(ed.). *Louis XIV and Europe.* Columbus: Ohio State University, pp.60~81.

Lossky, Andrew. 1994. *Louis XIV and the French Monarchy.* New Brunswick: Rutgers University Press.

Luard, Evan. 1992. *The Balance of Power: The System of International Relations, 1648~1815.* Basingstoke and London: MacMillan.

Lynch, John. 1969. *The Hispanic World in Crisis and Change 1598~1700.* Oxford and Cambridge, MA: Basil Blackwell.

Lynn, John A. 1997. *Giant of the Grand Siècle: The French Army, 1610~1715.* Cambridge: Cambridge University Press.

_____. 1999. *The Wars of Louis XIV 1667~1774.* London and New York: Longman.

Mortimer, Geoff(ed.). 2004. *Early Modern Military History, 1450~1815.* Basingstoke: Palgrave MacMillan.

Nexon, Daniel. 2009. *The Struggle for Power in Early Modern Europe: Religious Conflict, Dynastic Empires & International Change.* Princeton: Princeton University Press.

Nordmann, Claude. "Louis XIV and the Jacobites." in R. Hatton(ed.). *Louis XIV and Europe.* Columbus: Ohio State University, pp.82~111.

Osiander, Andreas. 1994. *The State System of Europe, 1640~1990: Peacemaking and the Consolidation of International Stability.* Oxford: Oxford University Press.

_____. 2007. *Before the State: Systemic Political Change in the West from the Greeks to the French Revolution.* Oxford: Oxford University Press.

Rose, Craig. 1999. *England in the 1690s: Revolution, Religion and War.* Oxford: Blackwell.

Rowen, Herbert H. 1980. *The King's State: Proprietary Dynasticism in Early Modern France.* New Brunswick: Rutgers University Press.

Rowlands, Guy. 2012. *The Financial Decline of a Great Power: War, Influence, and Money in Louis XIV's France.* Oxford: Oxford University Press.

Simms, Brendan. 2008. *Three Victories and a Defeat: The Rise and Fall of the First British Empire, 1714~1783.* London and New York: Penguin Books.

_____. 2013. *Europe: The Struggle for Supremacy from 1453 to the Present.* New York: Basic Books.

Storrs, Christopher. 2009. *The Fiscal-Military State in Eighteenth-Century Europe.* Farnham: Ashgate.

Stradling, R. A. 1981. *Europe and the Decline of Spain: A Study of the Spanish System, 1580~1720.* London: George Allen & Unwin.

Sutherland, N. M. 1992. "The Origins of the Thirty Years War and the Structure of European Politics." *English Historical Review*, Vol. 107, Issue 424, pp. 587~625.

Teschke, Benno. 2003. *The Myth of 1648: Class, Geopolitics, and the Making of Modern International Relations*. London and New York: Verso.

Thompson, Andrew C. 2009. "After Westphalia: Remodelling a Religious Foreign Policy." in D. Onnekink(ed.). *War and Religion after Westphalia, 1648~1713*. Farnham: Ashgate, pp. 47~67.

Wolf, John B. *Louis XIV*. New York: W. W. Norton.

제 5 장

근대 유럽의 전쟁과 평화

'부드러운 상업'의 등장과 평화의 구축

홍태영(국방대학교 안전보장대학원 교수)

1 ı 서론: 전쟁과 근대국가의 형성

근대국가 건설에서 주요한 축으로 작용하는 것은 군사적 독점이라는 폭력의 독점과 관료제를 통한 조세권의 독점 및 재정의 확립이다. 이 두 가지 축이 확립되는 과정에서 주요하게 작용했던 요인은 전쟁이다. 예컨대 10세기 전후에 유럽에서는 도시(city), 제국(empire), 국가(state) 등 다양한 형태의 정치 공동체 양식이 발견되었다. 찰스 틸리(Charles Tilly)에 따르면 1490년 무렵 이슬람 세력이 이베리아반도에서 물러가면서 유럽은 인구는 8000만 명밖에 되지 않았지만 500여 개의 다양한 정치적 공동체로 분할되어 있었다.[1] 틸리는 1500년경 유럽에는 분산적인 봉건적 지배의 지속, 새로운 분산적인 도시 사이의 네트워크, 기독교에 의한 신성한 연방제, 정치적 제국, 국가 간 시스템이라는 장래에 실현될 수 있는 다섯 가지 가능성이 있었다고 보았다.[2] 하지만 19세기의 지

---

[1] 찰스 틸리(Charles Tilly), 『국민국가의 형성과 계보』, 이향순 옮김(학문과 사상사, 1994), 69쪽.
[2] Charles Tilly, "Reflections on the History of European state-making," in Charles Tilly(ed.), *The*

도에서는 그것과는 전혀 다른 모습의 유럽을 발견할 수 있다. 1806년 신성로마제국은 없어졌고, 제노바와 베네치아와 같은 오래된 공화국들도 1797년에 사라졌다. 쾰른, 마인츠, 잘츠부르크 등과 같은 자유도시도 거의 사라졌다. 제1차 세계대전이 끝난 시점에서 유럽에서는 국가, 좀 더 구체적으로 말한다면 국민국가 형태만이 존재하게 된다. 거의 1000년이라는 시간이 소요되면서 국민국가라는 정치 공동체의 형태가 우월적 지위를, 더 나아가 지구상에 자신의 형태를 부과하는 지배적인 위치를 갖게 된다. 물론 여기서 국민국가 형태가 일종의 목적론적 과정을 거치며 자신의 지위를 확보했다는 것을 말하는 것은 아니다. 근대의 과정에서 상업 및 자본주의의 발달, 전쟁을 통한 강압의 집중 등의 역사가 진행되면서 불균등하지만 국민국가 형태로 수렴하는 경향을 보인 것이다. 즉, 자본과 강압에 대한 국가의 통제가 이루어지면서, 19세기에 이르러 국가는 군사력과 재정을 모두 장악하게 되었다. 국가는 징세업자, 군사 청부업자, 여타 독립적인 중재인으로서의 정부 역할을 확대했다.[3]

근대 국민국가의 형성 과정에서 중심적 역할을 수행했던 것은 분명 군사적 측면, 특히 전쟁이다. 전쟁을 수행하기 위한 재정을 확보하기 위해 조세권의 확립, 무기 개발을 위한 과학기술의 발전, 국가적 수준의 동원 체제 확보 등은 다양한 측면에서 근대국가 체제의 확립 과정을 말하고 있다. 시민권이 병역과 밀접한 관련이 있었던 것은 이미 고대 그리스 시기부터였고, 19세기 시민권의 발달은 민주주의의 전개와도 결합되어 있다.[4] 막스 베버(Max Weber)는 "관료제적 추세는 권력정치에 따라 규정된 상비군 창설의 필요성과 군사 기구와 관련된 공동 재정의 발전에 주로 영향받았다"라고 정확히 지적하고 있다.[5] 틸리 역

formation of nation state in Western Europe(Princeton University Press, 1975).

3   틸리,『국민국가의 형성과 계보』, 86쪽.
4   홍태영,『국민국가의 정치학: 프랑스 민주주의의 정치철학과 역사』(후마니타스, 2008); 앤서니 기든스(Anthony Giddens),『민족국가와 폭력』, 진덕규 옮김(삼지원, 1991), 274쪽.
5   박상섭,『근대국가와 전쟁: 근대국가의 군사적 기초, 1500~1900』(나남, 1996), 22쪽에서 재인용.

시 유럽 국가들을 자본과 강압의 조합 방식에 따라 강압 집약적인 방식, 자본 집약적인 방식, 자본과 강압의 혼합, 즉 자본화된 강압 양식 등으로 유형화하면서 국민국가 형성의 과정을 설명하고 있다. 하지만 기본적으로는 '전쟁이 국가를 형성하고 국가가 전쟁을 수행한다'는 테제를 통해 근대 유럽의 역사를 파악한다.

중세에서 근대로의 이행 과정에서 기사, 용병, 상인, 전쟁 전문가 등 전쟁의 주요한 혹은 중심적인 행위자가 변화되어 왔다. 이것은 한편으로 군사적 폭력을 누가 소유했는지에 따른 권력의 변화를 말하는 것이었다.[6] 예컨대 봉건제 시기 기마군은 전투의 전문가일 뿐만 아니라 사회의 지배 세력이었다. 기마병이 되기 위해서는 기마 전투술이라는 특수한 기술을 소유해야 하는 것은 물론 그 무장에 상당한 경제적 부담이 들었기에 누구든 기마병이 될 수 있는 것은 아니었다.[7] 이미 고대 아테네에서도 공동체의 방위와 관련한 일에 참여하는 것은 시민의 권리이자 의무였고, 그것은 중장 보병의 장비를 갖출 수 있는 남자에 한정되었다는 점에서 군사적 폭력에서 소유의 문제는 권력의 문제와 결합되었음을 알 수 있다.[8] 그러기에 하워드가 기사, 용병, 상인, 전쟁 전문가 등이 주요한 전쟁의 행위자로 변화되는 과정을 추적하는 것은 결국 권력 소유자의 변환을 파악하는 것임을 알 수 있다. 그리고 그러한 변동 과정을 통해 근대적 국가의 군사적 폭력의 독점이 발생하고 결국 근대적 국민국가로 집중되는 권력 현상을 이해할 수 있다. 전쟁을 수행하기 위해서는 군사적 폭력과 그것을 운용할 수 있게 하는 자본이 필요하기 때문에 이 두 가지 요인의 작동과 흐름이 그것을 말해준다. 절대왕정이 성립할 수 있었던 것은 상비군을 유지할 수

6 　마이클 하워드(Michael Howard), 『유럽사 속의 전쟁』, 안두환 옮김(글항아리, 2014).

7 　박상섭, 『근대국가와 전쟁』, 41쪽.

8 　Claude Mossé, *L'Antiquité dans la Révolution française*(Paris: Albin Michel, 2002); George Q. Flynn, *Conscription and Democracy: the Draft in France, Great Britain and the United States*(Greenwood Press, 2002).

있을 정도의 자본을 소유하든지 아니면 그 정도의 자본을 동원(조세 형태로 그리고 그것을 위한 관료제의 확립을 통해)할 수 있는 힘(강압)을 소유할 수 있어야 했다. 그렇게 본다면 자본과 강압은 일종의 원환처럼 서로를 보증하는 관계가 될 수밖에 없다. 그 과정에서 30년전쟁과 그 결과로 체결된 베스트팔렌 조약은 주권국가의 개념을 정립했고, 유럽에서 국민국가들의 체계를 공고하는 역할을 수행했다.[9] 주권은 일정한 영토적 경계 내에서 배타적 권력을 행사할 수 있게 했고, 그러한 주권국가들의 체계로서 국제 관계가 성립되었다. 또한 중요한 것은 베스트팔렌 조약 이후 국가들 간의 관계를 통해 상업의 자유를 복구시키고 재산과 상업을 보호하는 규칙들이 형성되었다는 점이다. 이것은 자본축적의 이해관계를 반영해 정치 공간을 재조직한다는 점에서 근대국가 간 체계의 탄생만이 아니라 세계 체제로서 자본주의의 탄생을 알리는 것이었다.[10]

이러한 무수한 크고 작은 전쟁들의 결과물이 근대국가들이고, 또한 자본의 힘이 서서히 강해지면서 근대국가들 간의 체계로서 국제 질서가 자본주의 체제의 형성과 맞물려 작동한 것이다. 오랜 전쟁의 결과물인 근대국가들에게 이제 절실히 평화가 요구되었고 그것은 서서히 가능하다고 생각되었다. 라인하르트 코젤렉(Reinhart Koselleck)이 지적한 것처럼 상대 나라의 국력에 대한 평가와 전쟁 예측의 가능성이 등장하며 서서히 국제 질서 체계가 출현한 것이다. 평화로운 국제 질서 체계의 확립과 그것을 통한 국민의 안정적 삶이 가능해지

---

9   최근 베스트팔렌 조약을 기점으로 주권에 기초한 근대적 국제 관계가 성립되었다는 견해에 대한 비판이 주류를 이루고 있다. 이에 대한 논의는 이 글의 범위를 벗어난다. 다만 필자 역시 근대 국민국가 형성의 과정 자체가 장기적인 역사라는 점을 염두에 둔다면, 그것들의 체계로서 국제 관계 역시 하나의 획기적 사건을 통해 성립되었다고 보는 것은 무리가 따르리라 생각한다. 이에 대한 자세한 논의는 김준석, 「17세기 중반 유럽 국제관계의 변화에 따른 연구」, ≪국제정치논총≫, 제52집 3호(2012); 전재성, 「유럽의 국제정치적 근대 출현에 관한 이론적 연구」, ≪국제정치논총≫, 제49집 5호(2009) 등을 참조.

10 지오바니 아리기(Giovanni Arrighi)·비버리 J. 실버(Beverly J. Silver), 『체계론으로 보는 세계사』, 최홍주 옮김(모티브북, 2008), 98~99쪽.

기 위한 구체적인 작업이 진행되었다. 이제 서서히 자리 잡기 시작한 국제 관계의 질서를 어떠한 방식으로 구성해 낼 때 평화로운 질서가 확립될지의 고민이 시작되었다. 물론 그들이 한 고민의 출발점은 자국 내부의 안정적인 질서 확립이었고, 그에 기반해 안정적인 국제 관계, 즉 평화적 국제 관계 혹은 국제적 지배 질서를 확립하고자 한 것이다. 이 글에서는 주요하게 프랑스 계몽주의 사상가들의 고민, 우선은 어떻게 프랑스라는 군주국이 국부(國富) ― 전쟁과 상업의 두 개념을 포괄하려는 개념으로서 ― 를 증대하면서 동시에 전제정으로 흐르지 않을지, 그리고 이후 어떻게 안정적인 국제 질서를 확립할 것인지에 대한 고민들을 추적해 보고, 나아가 근대 유럽에서 전쟁과 평화가 어떻게 이해되고 추구되었는지를 살펴보고자 한다. 특히 근대적 국가들 간의 질서에서 어떻게 '상업'이 중심적 위치를 차지하기 시작하면서 전쟁과 평화를 결정하는 데 결정적인 요인으로 부각되었으며, 18세기 이래 사상가들의 사유 속에 어떠한 방식으로 자리 잡게 되는지를 살펴본다.

2 ǀ 18세기 유럽/프랑스에서 상업과 공화국 그리고 제국

영국은 이미 1688년 명예혁명을 계기로 정치적으로 안정적인 제도를 확립하기 시작했다. '안정적'이라는 의미는 자국 내부의 다양한 세력들의 타협을 통한 정치 질서('commonwealth'라고 불리는 이른바 '혼합정'으로서 공화정)[11]를 확립하면서 내부의 대립을 완화시킬 수 있는 장치를 마련했다는 것이다. 신흥 부

---

11 물론 군주가 아직은 주권자로서 존재하지만 절대적인 권력을 행사하는 것이 아니라, 명예혁명 이후 의회를 통한 일정한 견제와 균형이 가능했다. 몽테스키외가 『법의 정신(De l'Esprit des lois)』(1748)에서 말한 것처럼 영국은 비록 군주정이지만 군주정의 얼굴을 가진 공화정이었다. 고대 로마 이후 르네상스에서 부활되었던 공화주의 전통의 구현이었다.

르주아지 세력과 전통적인 귀족 세력과 왕과의 타협점을 마련함으로써 정치적으로 안정화되었고 그에 기반해 18세기 초반 재정 혁명을 통해 자본주의 발전의 제도적 장치를 마련했다. 재정 혁명은 잉글랜드 은행, 증권거래소, 네덜란드로부터 도입된 동인도회사 등이었다. 정치적으로나 경제적으로 제도적 장치가 마련되자 영국으로 이제 서서히 해외로 눈을 돌리기 시작했고, 네덜란드로부터 영국으로의 헤게모니 이동이 시작되었다.

전쟁 및 군과 관련해 특히 영국은 산업혁명 이후 서서히 '영구적인 전쟁 국가(permanent war state)'의 모습을 띠기 시작했다.[12] 1700년과 1815년의 군비 지출을 비교하면 물가지수를 고려해 15배(물가지수를 고려하지 않는다면 30배 이상) 증가했다. '영구적인 전쟁 국가'란 국가의 전쟁 관련 예산이 일단 증가하고 나면 전쟁이 끝난 뒤에도 이전 수준으로 떨어지지 않는다는 것을 의미한다. 이 시기 국가 재정은 대부분 외국과의 전쟁에 좌우되었다. 전쟁이 직업군인과 상비군을 증가시켰으며, 이에 따라 군사비 지출은 전쟁 중에는 전비 지출로, 전후에는 전비에 대한 빚 때문에 줄어들지 않았다. 사실 이러한 국가의 군사비 지출은 단순히 군사적인 이유가 아니라 그러한 군사적 모험이 필요했던 18세기 이후 유럽 자본주의의 발전과 결합되어 있다. 즉, 원료와 상품 시장을 찾으려는 유럽 자본주의국가들의 해양 진출과 맞물려 있다. 해외 진출이 국가적 사업으로 체계화되기 시작한 첫 사례는 근대 이후 최초의 체계적인 헤게모니 국가를 이루었던 네덜란드다.[13] 네덜란드의 헤게모니가 정점에 이른 이후 하락하기 시작한 시점은 유럽에 근대국가 체제가 성립하기 시작한 시점과 맞물린다. 즉, 종교전쟁의 종결 이후 베스트팔렌 조약이 체결된 시점은 유럽에서 새로운 헤게모니 장악을 둘러싸고 영국과 프랑스가 경쟁하는 시점이며, 세계적

12 Michael Mann, *States, War and Capitalism: Studies in Political Sociology*(Oxford: Basil Black-well. 1988), p.108.
13 아리기·실버, 『체계론으로 보는 세계사』.

차원에서 경쟁이 이루어지기 시작한 시점이다. 따라서 국제 관계의 요인에 따른 군사력 증대는 결정적이다. 즉, 근대국가의 영토적 경계가 설정되기 시작하면서 '국민경제'라는 경제적 경계 및 군사적 경계가 함께 형성되기 시작했다.

네덜란드에서 영국으로의 헤게모니 이전 과정은 영국이 프랑스와의 경쟁에서 승리한 산물이기도 했다.[14] 또한 영국은 새롭게 형성된 국가들 간의 체계 속에서 새로운 종류의 헤게모니, 즉 자유무역 제국주의를 수립시켰다.[15] 영국은 자유무역의 이데올로기와 실천을 통해 세계 체제를 지배한다는 점을 강조했고, 그것은 유럽 강국 사이의 균형 관계를 확립시키는 방식이기도 했다. 그렇게 형성된 것이 19세기 초에 이르러 유럽 협조 체계(concert of Europe)다. 이것은 아리기의 표현을 빌자면, 헤게모니 형성에 주요한 동인으로 작동하는 영토주의 논리와 자본주의적 논리(틸리의 논리에 따른다면 강압과 자본의 논리)가 서로를 지탱하고 보완하며 작동한 결과물이다. 하지만 좀 더 정확히 들여다본다면 19세기에 들어서 주도적인 힘은 자본주의적 논리에 있었다고 할 수 있다.

프랑스혁명은 18세기 동안 세계경제의 헤게모니를 놓고 영국과 프랑스가 투쟁한 결과로서 프랑스의 패배에 기인한 것도 하나의 요인이라고 할 수 있다. 그리고 영국이 거둔 승리의 물결을 뒤집어엎으리라고 기대했던 프랑스혁명은 반대로 지속적인 영국의 승리를 확인시켜 주는 데 결정적이었다.[16] 에릭 홉스봄(Eric Hobsbawm)의 말처럼 18세기 내내 영국과 프랑스는 경쟁했고, 프랑스

---

14 영국과 프랑스의 경쟁에서 영국이 승리하게 된 결정적인 계기는 7년전쟁이다. 슐레지엔 영토를 놓고 오스트리아와 프로이센 사이에 벌어진 대립이 유럽 전체로 번져 프랑스, 오스트리아, 작센, 스웨덴, 러시아가 동맹을 맺어 프로이센, 하노버, 영국에 맞서 '세계 전쟁'으로 확대된 전쟁이다 이 전쟁에서 패배한 프랑스는 유럽의 주도권을 상실하고 아메리카 대륙의 식민지 대부분과 인도에 대한 영향력을 상실했다. 그런 반면에 영국은 세계적인 식민지 지배 권력으로 등장했다. 아리기·실버, 『체계론으로 보는 세계사』, 110~111쪽.

15 같은 책, 111쪽.

16 이매뉴얼 월러스틴(Immanuel Wallerstein), 『근대세계체제』 III, 김인중·이동기 옮김(까치, 1999), 145쪽.

가 무역과 식민지 제국을 급속히 확장시키며 영국과 적대했지만, 프랑스는 한마디로 고전적이고 귀족적인 절대주의 국가였다.[17] 반면에 영국은 명예혁명 이후 정치적으로 그리고 재정 혁명을 통해 경제적으로 근대적인 제도와 체제를 정비하면서 근대적 국가로 탈바꿈했고 또한 18세기 후반의 산업혁명을 통해 자본주의적 발전의 획기적인 계기를 만들었다. 따라서 두 나라의 경쟁은 신구 체제의 경쟁이었고 영국의 승리는 당연한 결과다. 19세기에 들어 영국은 자본주의적 발전 조건, 즉 공업화된 경제, 특히 면공업을 기반으로 삼아 식민지 팽창을 이어갔고, 강력한 해군력을 바탕으로 전 세계 거의 모든 지역에서 우위를 점할 수 있었다.

　18세기에 영국은 떠오르는 태양 같은 존재였다. 경쟁국이었던 프랑스는 영국이 어떻게 부강한 나라가 되었는지를 탐구하기 시작했다. 부강한 나라가 된다는 것은 곧 국제 질서의 중심이 되는 것이었고, 그것은 강대국이 지배하는 국제 질서를 확립한다는 것을 의미했다. 그리고 그러한 부강한 나라의 문제의 중심에 서서히 상업이 등장했다. 물론 이미 중상주의는 17세기 이래 강한 영향력을 미친 것이 사실이지만, 이제 상업은 단지 교역과 그것에 대한 과세를 통한 수입의 증대만이 아니라 무엇을 생산하고 그것을 어떻게 교역할지 보다 근본적인 문제까지 고민하기 시작했다. 따라서 18세기는 그러한 의미에서 새롭게 부상하는 '상업'이라는 현상에 대해 어떻게 그것을 이해하고 사회 속에서 어떠한 위상과 역할을 부여할지를 둘러싼 논의가 진행되었다. 상업에 대한 사유를 전개하는 것을 통해 18세기 유럽인들, 좀 더 구체적으로 계몽주의자들은 상업에 의한 평화를 추구하고자 했다. 그 대표적인 예가 생-피에르(Saint-Pierre) 신부나 이마누엘 칸트(Immanuel Kant)의 사유에서 드러났다.

　18세기 프랑스에서 가장 쟁점이 되었던 문제는 군주정의 새로운 전환을 모색하는 것이었다. 영국이 17세기 동안 혁명을 거치며 입헌군주정으로 자리 잡

17　에릭 홉스봄(Eric Hobsbawm), 『자본의 시대』, 정도영 옮김(한길사, 1990), 42쪽.

았다면, 프랑스의 군주정은 전제정이나 폭정으로 변질되고 타락할 가능성이 우려되었다. 따라서 전제정으로의 길이 아닌 프랑스의 부흥을 가져올 새로운 길에 대한 모색이 이루어진 시기가 18세기였다. 그 과정에서 공화국과 덕성, 상업과 제국, 사치 등의 쟁점을 둘러싼 사유와 논쟁이 전개되었다. 17세기 말 루이 14세(Louis XIV) 시기 절정에 이른 프랑스의 절대왕정 이래 전제정에 대한 견제는 계몽주의의 중요한 과제였다. 전제정에 대한 견제로서 등장한 개념이 '공화국'이었다. 공화국은 왕정에 대립하는 개념이 아니라 프랑스의 절대왕정을 완화시킬 수 있는 개념으로서, 로마 이래의 혼합정, 즉 '공공의 것(res publica)'의 의미로서 제시되었다. 18세기 프랑스의 선택지가 무엇이 될 수 있는지에 대해 다양한 세력이 다양한 입장을 전개했다.

당시 애국심(patriotism)은 군주정이 전제정으로 전화되려는 경향에 대해 맞설 수 있는 무기로 받아들여졌다.[18] 많은 이들이 제시한 공화정은 군주정에 대한 대립적인 개념만은 아니었다. 공화정의 내용으로서 혼합정, 가령 몽테스키외(Montesquieu)는 영국을 군주정의 형태이지만 공화정이라고 했고,[19] 프랑수아 페늘롱(François Fénelon)은 공화주의적 군주주의이나[20] 애국적인 왕(patriotic king)이라는 개념을 통해 절대왕정이 폭정이나 전제정으로 흐르는 것을 막고자 했다. 따라서 공화주의의 내용은 다양한 스펙트럼을 지니고 있었다. 애국심은 영국과의 7년전쟁(1756~1763)과 이후 패배에 따른 후유증을 극복하고 프랑스 정치의 새로운 정당성의 범주로 등장했다. 당시 애국파들은 시민들이 사적인 이익을 공적인 덕목에 종속시키는 시민적 덕목의 향상이 프랑스가 새롭게 도약하는 계기가 될 수 있다고 기대했다. 이 과정에서 사치(luxury)는 습속

---

18 John Shovlin, *The political economy of virtue: Luxury, patriotism, and the origins of the French Revolution*(Ithaca and London: Cornell University Press, 2006), p.5.

19 Montesquieu, *De l'Esprit des lois. dans Les Oeuvres complètes*, II(Paris: Gallimard, 1951).

20 안두환, 「폭정과 전쟁에 반하여: 프랑수아 드 페늘롱의 덕성군주론」, ≪평화연구≫, 제24권 1호(2016).

(moeurs)을 타락시키면서 공적 덕성과 애국심의 발전을 저해하는 것으로 경계의 대상이 되었다. 하지만 이미 페늘롱, 그리고 주요하게는 몽테스키외가 지적했듯이 상업(commerce)의 역할에 대해서는 사치와 구별되면서 상업과 덕성의 화해가 시작되었다. 상업과 덕성이 양립할 수 있지만 사치와 덕성은 불가능한 것으로 보았다. 사치는 습속을 파괴하는 것으로 간주되었다면 상업은 사회의 습속을 부드럽게 하는 것이었다. 건전한 상업과 해로운 투기가 구별된 것이다. 농업을 부활시키는 것만으로 충분치 않다고 평가하면서 상업의 새로운 가능성을 제기한 것이다. 18세기 유럽에서 상업이라는 개념은 단지 시장 무역과 경제적 배열만이 아니라 소통, 교환, 상호작용 등 보다 일반적인 것까지 포괄했다.[21] 따라서 많은 18세기의 계몽주의자들에게 상업은 사회성과 인간성을 성숙시키고, 예술과 문학을 자극하고, 빈자에게는 일자리를 주며, 부의 재분배 효과를 통한 평등한 사회질서를 가져올 것으로 기대되었다.[22]

귀족들의 고등법원에 힘을 실어주려고 했다는 점에서 과거에 대한 미련을 가졌던 것으로 평가되기도 했던 몽테스키외는 상업에 대해서는 훨씬 더 근대적인 시각을 제시했다. 그는 상업적 공화국, 나아가 제국적 공화국으로의 경향까지 보였으며, 상업이 충분히 시민의 덕성을 가져오리라고 기대했다. 몽테스키외는 『로마인의 흥망성쇠 원인론(Considérations sur les causes de la grandeur des Romains et de leur décadence)』(1734)에서 로마의 제국으로의 발전 과정을 면밀히 살펴보았다. 결국 전통적인 공화주의자들이 주장했듯이 로마공화국은 제국으로 전환되면서 로마인의 자유의 상실을 가져왔다. 몽테스키외는 그리스의 알렉산더(Alexander) 대왕에 대해 높이 평가했다. 특히 알렉산더가 정복

---

21 Sankar Muthu, "Conquest, commerce and cosmopolitanism in Enlightenment Political Thought," in Sankar Muthu(ed.), *Empire and Modern Political Thought*(Cambridge: Cambridge University Press, 2012).

22 Shovlin, *The political economy of virtue*, p.23.

지에서 행한 방식을 로마와 비교하고 있다. "로마가 모든 것을 파괴하기 위해 정복했다면 알렉산더는 모든 것을 보존하기 위해 정복하기를 원했다." 이러한 점에서 알렉산더는 다문화주의였다. 다만 아리스토텔레스(Aristoteles)의 영향으로 알렉산더는 편견도 가지고 있었다. 즉, 그리스인은 야만인들보다 우위에 있다고 확신했고, 그것은 그대로 몽테스키외에게서도 옮겨와 아시아인들은 정치적 자유를 실행하지 못한다고 믿었다. 따라서 정치적 자유를 실천하는 사람들이 아시아인들을 정복해야 한다. 그것이 계몽의 의무다.[23] 몽테스키외가 보기에 알렉산더는 근대에 고대적 모델을 제공하고 있다. 식민 지역의 다양성을 인정한 상호 인정의 정치라는 차원에서 그러하고, 전사들과 상인 사이의 동맹의 잠재력을 보여주었기에 그러하다. 알렉산더의 정복은 전사와 상인이 결합한 것이었고, 상업은 야만적 습속을 부드럽게 했다. 상업은 제국적 정복의 대안으로 작동했다. 몽테스키외가 중심적 개념으로 삼고 있는 "부드러운 상업"이 그것이다. 영국과 네덜란드가 보여주고 있는 동인도회사와 같이 국가의 보증을 받으면서 개척과 무역을 실행하는 사적인 무역 회사의 활동은 몽테스키외에게 제국에 대한 새로운 시야를 제공했다.

사실 많은 프랑스인이 오스트리아 왕위계승전쟁에서 얻은 교훈은 상업(중상주의자들의 상업)이 지속적인 국제적 우위의 토대가 되지 못한다는 사실이었다. ○○○ ○○ ○ ○○ 국가를 부강하게 할 수 있지만, 결국 농업만이 덕성의 기초가 될 수 있으며, 농업적 번 ○ ○이 정치체의 부를 가져다줄 수 있다고 보았다. 그것이 바로 중상주의였던 콜베 ○ 주의(Colbertism)에 대한 비판이었다. 그와 함께 농업에 기반한 일종의 '덕 ○ 의 정치경제학(political economy of virtue)'이 탄생했다.[24] 즉, 이러한 관점 ○ 저술가들은 부가 국력의 토대가 된다는 점을 받아

---

23 Michael Mosher, "Montesquieu on Empire and Enlightenment," in Sankar Muthu(ed.), *Empire and Modern Political Thought*(Cambridge: Cambridge University Press, 2012).

24 Shovlin, *The political economy of virtue*, p.48.

들였지만 동시에 시민적 관여와 그것을 유지시키는 습속 없이는 국가 역시 안정적이고 강력하게 유지될 수 없다는 점을 강조했다. 이러한 덕성의 정치경제학의 토대가 되는 부를 창출하기 위해 우선적으로 농업이 강조되었다. 이전의 중상주의에서 강조되었던 국제적인 상업은 일시적인 부의 성장을 가져올 수 있지만 중요한 역할을 수행하는 것은 결국 농업에서의 부였다. 이러한 입장을 대표하는 흐름은 중상주의를 비판하며 등장한 중농주의(physiocratie)였다. 미라보 후작(Marquis de Mirabeau)은 정치경제학과 애국심을 결합하며 새로운 국가적 부흥의 프로그램을 제시하고자 했다.[25] 이러한 중농주의자들의 정치적 목적은 국왕 및 국왕을 둘러싼 파리의 궁정 귀족들(이들은 토지보다 무역을 통해 부를 축적한다고 간주되었다)에 대항해 봉건영주들의 권력을 옹호하는 것으로 볼 수 있으며, 지방의 영주들에 의한 권력 분점을 요구하는 것이라고 할 수 있었다.[26] 미라보 후작은 자신의 『조세이론(Théorie de l'impôt)』(1760)을 통해 왕의 동의 없이 세금을 올릴 수 있는 권리를 갖지 않으며, 농업 투자에 손해가 되는 현존 제도는 폐지하거나 적어도 지방 영주들이 총합하는 단일한 조세제도로 대체해야 한다고 제안했다.[27]

---

25 중농주의로 번역되는 'physiocratie'는 물론 이전의 중상주의(mercantilisme)에 대비되어 농업을 중시했다는 점에서 '중농'주의일 수 있다. 하지만 중농주의자(physiocrate)들 중의 한 명이었던 듀퐁 드 느무르(Dupont de Nemours)는 1767년 『중농주의(Physiocratie)』라는 글 모음집을 출간하며 첫 번째 글로 "자연법(Droit naturel)"을 두었으며, 같은 해 르 메르시에 드 라 리비에르(Le Mercier de la Rivière) 역시 『정치사회의 자연적이고 본질적인 질서(L'Ordre naturel et essentiel des Sociétés politiques)』를 발간했다. 케네 역시 'physiocratie'를 자연법에 근거해 설명하고자 했다(Jean Cartelier, "L'économie politique de François Quesnay ou l'Utopie de Royaume agricole," in François Quesnay, *Physiocratie*(Paris: GF-Flammarion, 1991). 결국에 'physiocratie'의 의미는 'gouvernement de la nature(gouvernement=cratie, nature=physics)', 즉 '자연의 통치'라고 할 수 있다.

26 Shovlin, *The political economy of virtue*, pp.67~68. 그러한 의미에서 루이 알튀세르(Louis Althusser)가 지적했듯이 몽테스키외 등 군주정에 대항해 봉건영주들의 권력을 옹호하는 입장이 시대의 흐름을 파악하지 못한 것으로 볼 수도 있다.

18세기에 유일하게 단일한 학파를 형성했다고 간주되는 중농주의자들도 농업에 자신들의 시야를 한정하지는 않았으며 서서히 상업의 의미를 이해하기 시작했다. 그에 따라 상업적 농업, 즉 자본 투자로 형성된 농업 경영의 가능성을 평가하기 시작했다.[28] 1760년대 곡물 수입의 자유화 정책이 전개된 것은 이들의 영향이었다고 할 수 있다. 본격적으로 프랑수아 케네(François Quesnay)와 함께 중농주의자들의 언어는 권리와 이윤(interest)으로 옮겨가기 시작했다. 결국 중농주의자들은 덕성의 추구와 부의 추구가 결합하는 것을 인정하기 시작했고, 그것이 이루어지는 정치·사회적 질서로서 계몽군주 혹은 '합법적 전제군주정(legal despotism)'을 추구했다. 합법적인 전제군주는 자의적이지 않으며, 자연적 질서로부터 유추된 확정된 법에 따라 통치하는 군주다. 결국 이것이 중농주의의 원래의 함의라고 할 수 있는 '자연에 따르는 통치'다. 이후 애덤 스미스(Adam Smith)가 『국부론(An Inquiry into the Nature and Causes of the Wealth of Nations)』(1776)을 케네에게 헌정한 것에서 알 수 있듯이 경제학적 언어의 선구적 구성이라고 할 수 있다. 1770년 후반 중농주의자 안 로베르 자크 튀르고 (Anne Robert Jacques Turgot)와 재무총감 자크 네케르(Jacques Necker)의 경쟁은 18세기 오랫동안 지속되었던 논의를 집약하고 있다. 튀르고는 토지 소유와 결합된 시민에 대한 개념을 통해 프랑스의 부흥과 애국심을 자극하려고 했고, 네케르는 농업에 근거한 프랑스의 부흥이 아니라 공적 재정을 활용한 새로운 콜베르주의, 즉 중상주의를 통한 프랑스의 부흥을 주장했다.[29] 네케르는 사치가 부의 불가피한 결과이며 사치가 결코 국력을 손상시키지 않을 것이라고 확신했다.

1770년대에 이르러 궁정과 궁정 귀족들에 대한 비판이 높아지기 시작했다.

---

27 같은 책, p.95.
28 같은 책, p.103.
29 같은 책, pp.142~143.

비판의 지점은 궁정 귀족들의 사치와 그것을 위한 투기적인 상업에 대한 것이었다. 이러한 궁정 귀족들에 대한 비판은 동시에 전제군주에 대한 비판과 결합되었다. 1771년 르네 니콜라 드 모푸(René Nicolas de Maupeou)의 쿠데타는 국왕의 권위가 파리 고등법원이라는 귀족들의 견제 기능 속에서 존재할 수 있음을 보이려고 했던 것으로 프랑스 왕정의 전제정화에 대항하는 귀족들의 애국적인 반란이기를 바라는 것이었다. 모푸의 쿠데타의 실패로 프랑스의 절대왕정이 영국적 입헌군주제로의 길로 들어설 수 있었을 것이라는 몽테스키외 이래의 오랜 바람이 좌절되었다.

사치는 새로운 공화국에서 배제되어야 할 것이었다. 이러한 흐름들에 비추어 가장 완고한 입장을 제시했던 것은 장자크 루소(Jean-Jacques Rousseau)였다. 전통적 공화주의의 흐름을 고수했던 루소는 덕성스러운 공화국을 위한 제안을 지속했고, 상업에 대한 우려와 함께 당연히 제국(주의)적 경향에 대해서도 거부했다. 19세기 초 뱅자맹 콩스탕(Benjamin Constant)이 루소 이전에 자코뱅주의의 원조로서 지목한 이는 가브리엘 보노 드 마블리(Gabriel Bonnot de Mably)였다. 그는 영국 모델이 프랑스 군주정 개혁의 열쇠가 될 것이라고 생각했다. 하지만 앙리 드 불랭비이에(Henri de Boulainvilliers)가 영국 귀족의 역할에 주목했다면, 그는 평민과 제3신분의 역할에 주목한 반군주주의자이자 평등주의자였다.[30] 마블리는 영국 공화주의자(commonwealthmen)의 사상을 가장 잘 적용시킨 사상가로 알려졌지만, 그가 '애국적 왕'의 모델로 생각했던 사람은 바로 프랑스의 샤를마뉴(Charlemagne) 대제였다.[31] 마블리가 염두에 두었던 것은 일

---

30 Rachel Hammersley, *The English republican tradition and eighteenth-century France: Between the ancients and the moderns*(Manchester and New York: Manchester University press, 2010), pp.86~90.

31 Michael Sonenscher, "Republicanism, State finance and the emergence of commercial society in eighteenth-century France: or from royal to ancient republicanism and back," in M. van Gelderen and Q. Skinner(ed.), *Republicanism, A shared European heritage: Vol. I, The values*

122 제2부 국제평화체제의 흥망과 평화의 조건

종의 연방제 공화국으로 샤를마뉴 대제의 경우 100여 개의 다른 지방을 정복하고 지배하에 두었지만, 각자 지역에 의회를 두고 모든 계급의 시민들에게 개방적이었다는 점이 주목받았다. 이러한 연방주의적 체제는 넓은 영토의 국가에서 공화주의 정부를 유지할 수 있는 방식이었다.

중농주의자가 '공공의 이익'을 사적 개인들의 이익의 총합으로 사유했다면, 루소는 공론장과 심의 등을 통한 일반 이익의 형성을 강조했다. 루소는 분명 『사회계약론(Du contrat social)』(1762)에서 바람직하고 이상적인 정부의 구성에 대해 고민했지만, 또 다른 한편으로는 구체적인 정부의 통치 문제에 대한 기술적이고 현실적인 고민을 분명히 드러내고 있다. 예컨대 "미라보에게 보낸 편지(Lettre à M. le Marquis de Mirabeau)"(1767)에서 루소는 중농주의자의 정치가 자연법을 따르는 정치를 강조하는 것은 경제로부터 직접적으로 정치를 유추하는 오류를 범하는 것이라고 비판했고, 정부/통치는 구체적인 상황 속에서 법의 적용의 문제를 고민하는 것이라고 주장했다.[32] 또한 생피에르 신부가 제안한 영구평화론에 대한 논평에서도 마찬가지로 이상적인 공화국과 그들 간의 국제관계에 대한 고민과는 다른 현실적인 군주들의 행태와 문제점들을 제시하고 있다.[33] 루소는 그러한 의미에서 생피에르 신부의 영구평화론에 대해 "의미 있고 유용한 기획"이라고 평가했지만, 그것의 실현 가능성에 대해서는 회의적인, 즉 "불합리한 기획"이라고 보았다. 생피에르 신부가 이성을 너무나 맹신해 군주들이 열정에 따라 어리석은 행위를 한다는 점을 인지하지 못했기 때문이라

---

of republicanism in early modern Europe(Cambridge: Cambridge University Press, 2002).

32 Théophile Pénigaud, "The political opposition of Rousseau to Physiocracy: government, interest, citizenship," History of Economic Thought, Vol.22, No.3(2015).

33 생피에르 신부는 왕조들 사이의 세력균형으로 이루어지는 평화체제는 오래 지속될 수 없다고 주장하며 군주정보다 공화정들 사이의 연방을 영원한 평화가 가능할 수 있는 체제로 보았다. 또한 그는 상업을 통한 부의 안전한 확보가 국가 간의 관계를 평화롭게 바꿀 수 있으리라고 기대했다. 안두환, 「홉스를 넘어서 홉스로: 생-피에르 신부의 사중 영구평화론」, ≪국제정치논총≫, 제56집 3호(2016).

고 루소는 말하고 있다. 즉, 군주들은 영구적인 평화보다 눈앞의 직접적인 이익을 선호한다는 것이다.[34] 그러한 의미에서 결국 루소의 회의(懷疑)는 칸트와 같은 해결책, 즉 민주공화국들 간의 평화, 민주공화국들 간의 소극적인 연맹을 통한 전쟁의 부재라는 평화로 갈 수밖에 없을 것이었다.

18세기 말 칸트는 국제사회에서 전쟁이 없는 평화를 이루기 위한 첫 단계로 '공화주의적' 형태의 국가 건설을 주장했다. 그리고 궁극적으로 이러한 공화국들 간의 '국가연합'을 통한 안전 문제의 집단적 해결이 영구적인 평화를 가능하게 할 것이라고 기대했다. 칸트가 국가들 간의 평화를 갈구하는 것은 '일종의 도덕적 명령'이기도 했다. 또한 그의 『영구평화론(Zum ewigen Frieden)』(1795)의 추가 조항에서 양립할 수 없는 "상업적 정신"에 대해 논하고 있다. 상업적 정신은 "조만간 각 민족을 지배"할 것이며, "금력이야말로 국가권력 안에 포함되는 모든 권력 중에 가장 믿을 만한 것이기 때문"에 전쟁을 막고 평화를 추구할 것이라고 칸트는 내다보았다.[35] 칸트 역시 근대의 중요한 요소로 등장하고 있는 '상업'의 힘을 인식했다고 보인다. 그 상업이 국가들 간의 평화를 가져올 것이라는 예견은 19세기에 뚜렷하게 실현된다. 하지만 그에 앞서 프랑스혁명이라는 높은 파도를 넘어야 했다.

18세기 영국이나 프랑스의 사상가들은 정복을 통해 영토를 확장해 온 제국에 대항해 무역에 기반한 해양제국을 높이 평가했다.[36] 그럼에도 아테네의 해양제국이 로마의 영토제국보다 선호되었다고 보기 어렵다. 몽테스키외의 경우 로마가 비상업적이며 따라서 무역보다 덕성에 기반한 공화국이라는 점 때문에 선호했다. 하지만 18세기 상업의 발달과 무역의 확장에 따라 팽창의 욕

---

34 Jean-Jacques Rousseau, "Jugement sur le projet de paix perpétuelle," *Les Oeuvres complètes*, III(Paris: Pléiade, 1964), p.594.

35 이마누엘 칸트(Immanuel Kant), 『영원한 평화를 위하여』, 이한구 옮김(서광사, 1992), 54쪽.

36 Edward G. Andrew, *Imperial Republics: Revolution war and territorial expansion from the English civil war to the French Revolution*(Toronto: University of Toronto Press, 2011), p.10.

구는 확대되고 있었다. 특히 상업과 무역에 기반한 확장은 단순히 정복이나 영토 확장의 욕망을 넘어 그것들을 통한 재정수입의 확대와 그에 따른 왕국의 재정적 안정화를 추구하고자 했기 때문이다. 그러한 의미에서 드니 디드로(Denis Diderot)나 기욤 레날(Guillaume Raynal) 등 많은 계몽주의자들은 프랑스가 새로운 로마이거나 영국과 같은 무역 제국, 즉 상업적이고 공화주의적 제국, 혹은 제국적 공화국이기 되기를 바랐다.[37]

18세기 후반에 상업은 거의 모든 논의의 중심에 놓여 있었다. 중농주의자들은 농업에 기반해 경제가 활성화되지만 그것을 실현하기 위한 도구로 상업의 필요성을 인식하기 시작했다. 전통적인 중농주의자들은 농업에 기반한 덕성스러운 공화국에 대한 기대를 갖는다는 점에서 전통적 공화주의자였지만, 서서히 상업과 시장에 대한 필요성을 인식하면서 '제국적 공화국'에 대한 가능성을 열어두었다. 몽테스키외와 같은 공화주의자들 역시 상업은 공화국의 덕성이 실현되기 위한 중요한 장치로 간주했다.

공화국과 상업, 제국의 형태 등에서 상이한 사유들을 보인 이러한 다양한 경향들은 프랑스혁명의 과정에서 당시의 구체적인 문제와 상황 속에서 상이한 흐름들을 만들어내며 수차례 굴곡을 거치고 부침했다. 이러한 각각의 흐름은 프랑스혁명이라는 사건을 만나면서 특정한 상황 속에서 상이하게 부각되면서 각기 주도적인 역할을 맡기도 했다. 주요하게는 프랑스혁명의 전개 속에서, 즉 군주제 유럽과의 전쟁, 공포정치, 테르미도르, 총재정부, 나폴레옹 제국 등 일련의 사건 발생과 정세 변화 속에서 18세기의 다양한 사유들은 새로운 문제의식과 함께 재등장한다. 동일한 사유와 모습은 아니지만 그 사유의 뿌리와 전개들을 인지할 수 있다.

---

37 같은 책, pp.137~139.

3 | 프랑스혁명과 유럽에서의 제국적 공화국

1789년 프랑스혁명은 근대적인 정치체로의 전환과 근대적인 국제 질서를 만들어내는 결정적인 계기였지만, 동시에 고대적인 것이 마지막으로 강하게 영향력을 발휘했던 시간이기도 했다. 내부의 갈등 문제로 시작된 프랑스혁명은 프랑스에서 공화국 건설과 이후 유럽 군주국들과의 전쟁으로 이어졌다. 그것은 새로운 국제 질서의 창출인지 아니면 과거의 전통적 질서의 유지인지라는 갈림길에서 선택의 문제를 제기했다. 프랑스혁명 전쟁과 나폴레옹 전쟁으로 유럽은 수십 년간 전쟁의 물결 속에 있었지만, 이것들은 그 어느 전쟁보다 강하게 새로운 사회질서 및 새로운 국제 질서를 만들어냈다.

1790년 5월 22일 프랑스 제헌의회는 '정복권(le droit de conquête)'을 공식적으로 포기했다. 자유롭게 표명된 인간의 의지만이 국가를 형성할 수 있다는 것이다.[38] 이러한 제헌의회의 입장은 1791년 6월 21일 루이 16세(Louis XVI) 일가의 바렌 탈주 사건을 거치며 군주정하에서 각국의 군주들 사이에 결탁이 있음이 드러나고 군주정에 대한 전반적인 불신과 공화정에 대한 욕망을 불러일으키며 변화하기 시작했다. 더구나 같은 해 8월 27일에 오스트리아의 레오폴트 2세(Leopold II)와 프로이센의 프리드리히 빌헬름 2세(Friedrich Wilhelm II)가 공동으로 '필니츠 선언'을 발표하면서 유럽이 프랑스의 혁명에 간섭할 수 있음을 선언했다. 프랑스 국민은 이러한 외국의 간섭 가능성에 격앙될 수밖에 없었다. 결국 프랑스 의회는 막시밀리앙 드 로베스피에르(Maximilien de Robespierre)의 반대에도 다음 해 4월 20일에 압도적 다수로 전쟁을 선포했다. 전쟁이라는 상황은 조국의 위기를 의미했으며, 자국 국왕과 외국 군주들의 음모에 대한 우려, 특권계급들에 대한 두려움 속에서 프랑스 국민을 자극했고, 나아가 민주주의적 운동을 추동했다. 지롱드(Gironde)파조차 '수동적 시민'의 무장을 요구했

---

38 알베르 소불(Albert Soboul), 『프랑스대혁명사』 上, 최갑수 옮김(두레, 1984), 213쪽.

고, 전쟁을 통한 외국의 음모에 대한 대항과 혁명적 열정이 결합했다. 이러한 프랑스 인민의 혁명적 열정은 결국 1792년 8월 10일 봉기로 이어졌고, 왕정 폐지와 공화정 선포로 이어졌다.

1792년 11월 19일 국민공회는 프랑스가 전쟁을 통해 이웃 나라들을 공화국으로 전환시킬 것을 인정하는 법령을 채택했다. "국민공회는 자신들의 자유를 회복하기 원하는 모든 인민에게 우애와 도움을 줄 것임을 프랑스 국민의 이름으로 선언하며 그러한 인민을 도와주기 위해 그리고 자유의 대의를 위해 살아왔고 고통받아 온 시민들을 보호하기 위해 필요한 명령을 장군들에게 내릴 책임을 행정권에 위임하는 바다."[39] 공화국 프랑스는 군주제적인 유럽에 선전포고를 했다. 당시 외교위원회 위원장이었던 자크 피에르 브리소(Jacques Pierre Brissot)는 "모든 유럽이 불타고 있을 때만이 우리는 평온할 수 있을 것"이라며 프랑스를 둘러싼 주변국들의 공화국으로의 전환을 구상했다.[40] 즉, 프랑스를 독립적인 '자매 공화국'으로 둘러싸이게 할 생각이었고, 나아가 앙리 그레구아르(Henri Grégoire) 신부는 요새도 국경도 없는 유럽이 도래할 것이라고 전망했다. 결국 이러한 야망은 전쟁을 통해 이웃 나라들을 공화국으로 전환시키기 위한 합병전으로 변모할 것을 의미했다.

특히 테르미도르 이후에 프랑스공화국은 스파르타나 아테네가 아닌 로마를 닮은 제국적 공화국이 되어갔다. 1798년 샤를 모리스 드 탈레랑(Charles Maurice de Talleyrand) 외무장관은 "이집트는 로마 공화국의 변방이었고 이제 프랑스공화국의 변방이 되어야 한다"라고 주장했다.[41] 프랑스혁명은 야만인은 문명화되어야 한다는 계몽주의의 믿음을, 프랑스가 헐벗은 모든 인민을 문명화해야 한다는 제국주의적 원리로 전환시키도록 했다. 나폴레옹 제국 시기에 꽃피우

---

39 같은 책 上, 278~279쪽에서 재인용.
40 같은 책 上.
41 Andrew, *Imperial Republics*, p.153.

게 될 제국적 공화국, 그리고 제국주의는 1795년 테르미도르 이후 확립되었고, 더 멀리는 18세기 상업적 공화국과 공화주의적 제국 속에서 이미 배태하고 있었다. 하지만 제국적 공화국이 되어가면서 공화국에 대한 무게는 사라지고 제국의 성격이 압도하게 되었다.

또한 테르미도르 이후 서서히 국민군과 인민 사이의 공화주의적 연대는 무너지기 시작했다. 1797년 자코뱅(Jacobin)파와 상퀼로트(sans-culotte)의 몰락, 왕당파의 세력화 속에서 공화주의적 부르주아지들은 일정한 정치적 한계를 드러낸다. 장군들은 서서히 자신들의 고유한 독자적인 힘을 얻기 시작했다. 그들은 국가에 대해 압력을 가하기 시작했고, 군을 자신의 충실한 부하들로 만들었다. 1796년 나폴레옹 보나파르트(Napoléon Bonaparte)의 이탈리아 정책은 하나의 명백한 분기점을 형성한다. 개인적 야심이 정책 결정의 주된 동기가 되면서 국민적 요구를 대신하기에 이르렀던 것이다.[42] 이러한 변화는 그것이 군사적 승리에 뒤따르는 위광으로 장식되었던 만큼 더 위험했다. 애국주의는 공화주의적이고 휴머니즘적 속성을 상실해 갔으며 민족주의의 배타적 속성으로 전환되기 시작했다. 이렇게 공민 정신과 혁명적 열정은 외국에 대한 경멸감, 군사적 영광, 국민적 허영심 등으로 바뀌어갔다. 위대한 민족(Grande Nation)이라는 민족적 자만감을 불어넣은 말이 총재정부 말기부터 유행했다. 시민군은 자신의 운명을 조국(la Patrie)과 자신을 일치시키는 전능한 지도자의 손에 맡기게 되었다.

나폴레옹은 이탈리아 원정에 오르기에 앞서 1796년 3월 26일 다음과 같은 성명을 발표한다.

장병 여러분, 여러분은 헐벗었고 시원치 못합니다. 본인은 여러분이 이 지구상에서 가장 풍요로운 평원에 이르기를 희망합니다. 비옥한 지방과 대도시들이

---

42 소불, 『프랑스대혁명사』 下, 168쪽.

여러분의 지배하에 놓일 것입니다. 그곳에서 여러분은 명예와 영광 그리고 부를 발견할 것입니다.[43]

공화주의는 이제 의미를 상실했고 지배를 위한 제국적 야망이 그 자리를 차지했다. 특권계급과 전제정에 속박된 유럽의 인민들에게 자유를 가져다주어야 한다고 출발한 혁명전쟁은 정복을 통해 자매 공화국들로 둘러싸이게 되었다. 하지만 자매 공화국은 프랑스에게 정치적으로 종속되고 경제적으로 착취당하는 식민지와 유사했다. 공화국 프랑스는 제국적 공화국(Imperial Republic)이 된 것이다. 나폴레옹은 이탈리아를 정복하고 롬바르디아, 발텔리나, 베네치아, 치스파다나 공화국 일부를 통합해 '치살피나 공화국(Repubblica Cisalpina)'을 만든 뒤에 헌법을 제정했다. 치살피나 공화국에는 2만 5000명의 점령군이 주둔했고 그 비용은 치살피나 공화국이 부담했다. 총재정부는 동맹조약과 통상협정을 강요하기 위해 치살피나 공화국의 양원에 개입해 반대파를 제거했다. 치살피나 공화국은 "프랑스공화국의 배타적인 이익에 봉사하고 이탈리아 반도에서 프랑스공화국이 모든 정치적 분쟁의 조정자가 되는 데 이바지해야 할" 뿐이었다.[44]

1798년에 시작된 이집트 원정은 서인도제도의 상실을 이집트로 메꾸자는 생각과 새로운 식민지를 통해 얻을 이익이라는 관점에서 이루어졌다. 이러한 이집트 원정은 이탈리아 개입 못지않게 프랑스혁명의 역사에서 전환점이 된다. 1796년 남아프리카 희망봉을 장악한 뒤 인도 항로의 지배자라고 믿어왔던 영국은 이집트 수에즈 항로의 중요성을 깨닫고 있었고, 터키와 러시아 역시 프랑스의 진출에 놀라고 있었다. 총재정부의 팽창주의 정책에 기인한 이집트 원정은 러시아와 터키를 영국에 결합시키면서 2차 대프랑스 동맹을 불러왔다.

---

43 같은 책 下, 171쪽에서 재인용.
44 같은 책 下, 203쪽.

거기에 오스트리아와 스웨덴이 곧 합류하면서 완전한 모습을 갖추었다.

1799년 11월 9일 이른바 브뤼메르 18일의 쿠데타(Coup d'État du 18 Brumaire)
가 발생했다. 브뤼메르 쿠데타가 쉽게 성공할 수 있었던 요인 가운데 하나는
당시의 사회적 요구에 부합했다는 점이다. 프랑스혁명에서 비롯된 새로운 사
회의 주요 계급인 토지 소유 농민과 부르주아지가 사회 평화와 안정을 요구했
다.[45] 그러한 의미에서 나폴레옹의 등장은 프랑스혁명에서 없어서는 안 될 후
주였다고 소불은 평가한다. 브뤼메르 쿠데타 이후 나폴레옹은 프랑스 군대에
다음과 같이 포고한다. "문제는 더 이상 제군들의 국토 방어가 아니라 적국의
침공이다." 1800년 6월 14일 알프스산맥을 넘어 공세에 나선 나폴레옹은 우세
한 오스트리아 군대에 맞선 마렝고 전투에서 승리를 거두며 뤼네빌 조약(Peace
of Lunéville)을 맺었다. 이 조약을 통해 나폴레옹은 이탈리아의 치살피나와 리
구리아 공화국을 프랑스 보호령으로 만들고 라인강 왼쪽과 벨기에, 북셈부르
크 등을 할양받아 영토를 확장했다. 그리고 1802년 영국과 프랑스가 맺은 아
미앵 조약(Treaty of Amiens)으로 프랑스혁명 전쟁의 총성이 멎었다. 이 조약으
로 프랑스는 1794년 이후 유럽에서 얻은 영토의 전부를 인정받았으며, 프랑스
내부에서는 나폴레옹이 종신통령으로 선출될 수 있는 체제를 준비할 수 있게
되었다. 그리고 1804년 12월 2일 나폴레옹은 국민투표를 거쳐 황제, 나폴레옹
1세(Napoléon I)가 되었다. 나폴레옹 1세가 이룩한 제국은 프랑스혁명에서 시
작된 전쟁이 목표했던 '제국적 공화국'도 '공화주의적 제국'도 아닌 황제의 야
망과 군사적 힘에 따라 전쟁이 만들어낸 제국이었고, '평화'는 단지 전쟁의 휴
지 상태일 뿐이었다. 근대 초반에 가장 고대적인 공화주의적 제국의 꿈을 꾸었
던 프랑스혁명 초기의 공화주의자들의 바람은 근대 민족주의라는 거대한 흐름
과도 충돌했다. 고대적인 공화주의적 제국은 결국 불가능한 바람이었다.

---

45 같은 책 下, 223~224쪽.

4 | 제국주의 이전의 제국적 공화국, 그리고 제국주의

유럽 안에서 제국이 무너져 가는 것과 동시에 강대국들은 유럽 밖의 대륙에서 식민지 개척을 통한 자신들의 제국 건설을 시작했다. 18세기 초엽부터는 유럽 강대국들 간의 전쟁이 해외 전투장에서 본격적으로 전개되기 시작했다. 인도와 아메리카 대륙에서 영국, 프랑스, 스페인 등 유럽 강대국들이 벌인 전쟁은 식민지 쟁탈전이었다. 그러한 전쟁들의 결과는 당연히 유럽 본국의 정치와 권력관계에 영향을 미쳤다. 앞서 보았듯이 아메리카 대륙에서 영국에 패하고 미국 독립전쟁에 참여했던 프랑스는 본국에서 대혁명을 통한 급변을 맞았고 그 여파는 유럽 전역으로 확산되었다. 프랑스혁명과 이후의 혁명전쟁, 나폴레옹 전쟁을 거친 이후에 유럽 지도는 새롭게 바뀌었다. 프랑스는 병합, 강화조약, 국제회의 등의 방법으로 계획적으로 독일 정치 지도의 개편을 기도했다 (1797~98년/1803년). 그 결과 신성로마제국의 234개의 영토는 40개로 줄어들었다.[46] 그리고 프랑스혁명과 이후의 혁명전쟁이 가져온 중요한 영향 가운데 하나는 유럽 전역에서 잠자고 있던 국민(nation)의 탄생을 가져왔고, 국민에 기반한 국가의 건설이 시작되었다는 것이다. 오랫동안 불균등하게 발전해 왔던 국가 건설의 과정과 국민 형성의 과정이 결합해 국민국가라는 틀을 통해 유럽 지도가 재편되었다.

국민국가의 건설 과정은 '국민경제'라는 틀을 통한 자본주의적 경제 발전의 길을 동반한 것이었다. '국민'의 구성원으로서 확립 과정은 자본주의적 경제의 주요한 행위자인 부르주아지와 프롤레타리아의 형성 과정과 결합되어 있다.[47] 근대적 정치체로서 국민국가의 형성 과정의 중심에 국가권력이 자리 잡으면서

---

46 에릭 홉스봄(Eric Hobsbawm), 『혁명의 시대』, 박현채 외 옮김(한길사, 1992), 131쪽.

47 Linda Colley, "Whose Nation? Class and National Consciousness in Britain 1750~1830," *Past & Present*, Vol. 113, No. 1(1986).

또한 자본주의적 발전을 통해 통치의 중심으로 부각된 '사회적인 것'의 문제를 해결하는 틀을 마련한다. 이제 경제·정치·사회적인 것이라는 삼중적인 체계가 국민국가라는 틀을 통해 작동할 수 있는 계기를 이루어진 것이다. 이런 근대성의 구성 요소들이 체계화되고 제도화되는 과정이 19세기에 이루어졌고, 그것은 경제·정치·사회 부문에서 유럽적 근대(성)가 완성되는 방식이었다. 19세기 후반에 유럽의 주요 국가들은 내적 정비를 일정하게 마무리 짓고 제3세계로 본격적인 제국주의적 진출에 나섰다.

하지만 1830년에 시작된 프랑스의 알제리 정복 전쟁을 보면 아직도 고전적 공화주의와 제국적 공화국의 흔적이 남아 있었다. 프랑스는 복고왕정의 마지막 해인 1830년 오스만제국으로부터 알제리의 일부를 빼앗아 오며 알제리 정복을 시작했다. 그래서 1847년에 이르면 과거 오스만제국이 지배했던 지역을 모두 장악할 수 있었다. 당시 정부 총리였던 프랑수아 기조(François Guizot)는 토마 로베르 뷔조(Thomas Robert Bugeaud) 장군의 폭력적 방식을 비난했지만, 그의 정복 전쟁이 프랑스의 지배를 확장한다는 점에서 전적으로 지지했다. 또한 좌파 루이 블랑(Louis Blanc)이나 생시몽주의자 프로스페르 앙팡탱(Prosper Enfantin) 역시 프랑스 내부의 혼란을 극복하기 위한 좋은 장치로서 식민지 정복을 찬성했다.[48] 사실 강력한 영국의 팽창 속에서 프랑스는 알제리에 한정된 진출이 가능했다. 당시 정치 일간지 《르콩스티튀쇼넬(Le Constitutionnel)》은 알제리 정복이 "세계 문명의 신기원을 여는 출발점"이라고 주장하며 의미를 부여했다.[49] 1830년대는 프랑스 역사에서 분명 다양한 차원에서 전환이 발생한 것은 분명하다. 카를 마르크스(Karl Marx)가 "금융가들의 시대"라고 부를 만큼

---

48 Jennifer Pitts, *A Turn to Empire: The Rise of Imperial Liberalism in Britain and France* (Princeton: Princeton University Press, 2005), p.167.

49 심재중, 「아프리카와 흑인의 이미지: 18~19세기 프랑스를 중심으로」, 《불어문화권연구》, 제18권(2010), 121쪽에서 재인용.

자본축적과 그에 따른 산업 발달이 본격화되는 시점이기도 했으며, 에드워드 사이드(Edward Said)가 말하듯이 오리엔트(Orient)라는 개념이 등장하는 시점이기도 하다.[50] 1830년대는 프랑스의 해외 진출에 대해 관심이 집중되고 증가하며 그와 관련한 다양한 살롱들이 증가했고, 학문적으로도 지리학회(société de géographie)가 성립되면서 제국주의의 학문으로서 지리학의 위상이 확립되는 시기이기도 했다.[51] 이러한 지리적 팽창과 식민지 개척이 이전 시기부터 존재한 것은 분명하고, 대표적으로 나폴레옹의 이집트 원정과 같이 체계적인(군사적인 점령에 그치지 않고 이집트에 대한 본격적인 연구로서 '이집트학'의 형성이라는 측면에서) 정복이 있었던 것도 사실이다. 하지만 프랑스혁명 전후 18세기 동안의 논의에서 보이듯 제국과 공화국은 고전적 공화주의 논의의 연장선상과 그것의 문제의식의 변형이었다고 볼 수 있다.

고전적 공화주의의 흔적이 적지 않게 남아 있던 알렉시스 드 토크빌(Alexis de Tocqueville)의 경우 군사주의를 통한 영토적 팽창이 현재 프랑스의 난관을 해결하기 위한 방책이 될 수 있으리라고 기대했다.[52] 토크빌은 제국주의적 기획은 집단적 노력을 요구하고 국민적 영광을 약속하리라고 본 것이다.[53] 알제

---

50 카를 마르크스(Karl Marx)·프리드리히 엥겔스(Friedrich Engels), 「공산주의당 선언」, 『칼 맑스 프리드리히 엥겔스 저작 선집』 1, 최인호 옮김, 김세균 감수(박종철출판사, 1990); 에드워드 사이드, 『오리엔탈리즘』, 박홍규 옮김(교보문고, 2015).

51 Nicolas Bancel, Pascal Blanchard and Françoise Vergès, *La République coloniale: Essai sur une utopie*(Paris: Albin Michel, 2003), pp.58~59.

52 Pitts, *A Turn to Empire*, p.193.

53 토크빌에 앞서 대표적인 프랑스의 근대적 자유주의자인 콩스탕은 인민이나 정복자는 정복을 통해 얻어지는 "기이한 영광"의 유혹에 굴복해 "모두가 기이해지는 통일성"을 추구하면서 국민적 다양성을 훼손하게 될 것이고 그것은 인민적 정부도 전제군주적인 지배를 행하게 될 것이라고 보았다. Benjamin Constant, *De l'Esprit de conquête et de l'usurpation*(1814). in *De la liberté chez les Modernes*, présenté par M. Gauchet(Paris: Hachette, 1980), pp.147~153. 콩스탕은 아이티공화국을 두고 "충분히 이성적인 입법자, 충분히 규율된 군대, 능력 있는 정치가, 프랑스와 같은 정도의 예의를 갖춘 외교관"을 가진 흑인 공화국으로서 그들의 헌법은

리 정복은 프랑스에서 국민적 자존심과 공적 덕목을 활성화시키기 위한 정치적 노력의 측면으로 간주되었다. 이러한 토크빌의 사유에 대해 존 스튜어트 밀 (John Stuart Mill)은 "저급하고 천박한 생각"이라고 표현하며 토크빌과 프랑스의 처신을 비난했다.[54] 밀의 경우 영국의 제국주의적 진출에 대해 철저하게 "문명화"의 시각에서 접근하고자 했다.[55] 반면에 프랑스에서 문명화에 대한 시각은 19세기 말 제3공화국의 공화주의자들에게 뚜렷하게 나타나기 시작했고, 19세기 전반기에 문명화의 사명은 훨씬 약한 상태였다. 예컨대 밀은 문명화된 사회만이 국민권에 대한 배타적 권리를 인정하는 반면에 "야만인들의 경우 국민으로서의 권리를 갖지 못한다"라고 주장했다. 하지만 토크빌은 반(半)문명화된 사회의 경우도 국민의 권리를 인정하고자 했으며, 유목 종족의 경우 정치적 조직의 부재를 강조하는 로크적 전통의 주장에 반대해 그들 역시 그들 나름의 토지 이용 방식과 소유권을 인정해야 한다고 주장했다.[56] 토크빌은 영국의 자유주의자들이 갖고 있던 문명화의 사명에는 무관심했고, 그에게 정복에 대한 정당화는 위대함과 정치적 힘의 표현이라는 것만으로 충분했다. 토크빌이 주장한 프랑스제국의 유지와 팽창의 이유는 두 가지인데, 하나는 프랑스 국민의 정치적 연대를 만들기 위해서였고, 다른 하나는 확장하고 있는 영국과 비교해 프랑스의 국제적 명성과 지위를 잃지 않을까 하는 두려움 때문이었다.[57] 그것은

"대부분의 유럽 나라들의 헌법보다 낫다"라고 평가했다. Pitts, *A Turn to Empire*, p.181. 콩스탕의 죽음 직전에 알제리 정복의 시작이 있었고, 그에 따라 알제리 정복 전쟁에 대한 그의 견해는 거의 없다. 다만 샤를 10세(Charles X) 치세 막바지의 이 점령 전쟁에 대한 강한 비난의 글을 ≪르땅(Le Temps)≫에 기고했다. 콩스탕은 유권자들에게 "환상과 유혹"으로부터 1814년 차트 체제를 구원할 것을 호소했다.

54 서병훈, 「'유치한 제국주의': 토크빌을 위한 변명」, ≪정치사상연구≫, 제17권 2호(2011), 129쪽.
55 서병훈, 「'제국주의자'의 우정: 토크빌과 존 스튜어트 밀」, ≪한국정치학회보≫, 제46집 5호(2012).
56 Pitts, *A Turn to Empire*, pp.200~201.
57 같은 책, p.220.

특히 영국과의 지속적인 경쟁 관계 속에서 팽창하는 영국에 대한 견제의 필요성이 있다는 판단에서 비롯된 것이었다. 그러한 의미에서 토크빌은 영국의 위선, 즉 문명화의 사명이나 온정적 제국주의관을 주장했던 영국의 자유주의자들의 위선을 비판했다.[58] 밀과 토크빌이 '자본주의적' 제국주의 진출에 관한 사유는 극히 대비된다. 밀은 철저하게 계몽주의적 관점에서 제국주의적 진출을 바라보며 "나라들 간의 비즈니스, 무역, 상업은 번영과 진보를 가져오고 전쟁을 예방할" 것이라고 본 반면에 토크빌은 "상업과 무역이 가져오는 것은 과거 귀족정의 선조나 1789년의 혁명가들, 그리고 나폴레옹이 만들어낸 위대함과 영광에 비한다면 단지 상인들의 천국일 뿐"이라고 폄하했다.[59]

알제리 정복 초기에 토크빌은 알제리와 프랑스의 적절한 통합을 통한 "새로운 문명"에 대한 희망을 가졌다. 하지만 이후 알제리를 직접 방문하고 경험하며 그러한 통합이 불가능함을 깨달았고, 통합보다는 군사적 지배의 필요성, 알제리를 통한 프랑스의 국제적 명성의 확장 등에 더 관심을 갖게 되었다.[60] 그러다 보니 초기에 알제리 지도자 에미르 압델카데르(Emir Abdelkader)에 대한 경의와 "민족적 지도자"로서의 높은 평가는 사라지고 나중에는 중세 유럽의 왕처

---

58 영국은 이미 19세기에 들어 자유주의적 제국주의관을 분명히 하고 있었다. 시기적으로 영국
    이 가장 먼저 자본주의 발전을 이룩하며 해외 식민지 개척에 나섰던 것과도 관련된다. 반면에
    19세기 전반까지 프랑스에는 프랑스혁명과 고전적 공화주의의 영향이 남아 있었다.

59 Roger Boesche, "Tocqueville and *Le Commerce*: A Newspaper expressing his unusual liberalism,"
    Journal of the History of Ideas, Vol. 44, No. 2. (1983). 토크빌은 이미 아메리카 대륙이라는 광
    활한 영토 속에서 다양한 인종과 종족, 여러 개의 주를 통치하고 유지할 수 있는 것은 공화국
    과 상업이라는 요소라는 데 주목했다. 공화주의를 통해 공화국의 항구성을 보장하고 상업적
    유대는 연방의 주들을 결합시키는 역할을 한다. 알렉시스 드 토크빌, 『미국의 민주주의』 1,
    임효선·박지동 옮김(한길사, 1997), 509~516쪽. 토크빌은 영국계 아메리카인들이 상업에 대
    한 열정을 통해 "세계에서 가장 앞선 해양 세력"이 될 것을 예언했다(같은 책, 524쪽). 미국의
    이러한 '제국' 건설에 대한 토크빌의 평가에 비추어 보면 그는 '제국적 공화국'의 틀 속에서 프
    랑스의 알제리 정복을 보고 있다고 할 수 있다.

60 Pitts, *A Turn to Empire*, pp. 211~212.

럼 자신의 권력을 독점하려는 사람으로 묘사했다. 여전히 토크빌은 프랑스의 영광이라는 제국적 프랑스에 대한 기대감 속에서 알제리와 식민지 정복을 바라보고 있었다. 영국과 프랑스의 차이, 즉 자본주의적 발달과 그에 따른 제국(주의)에 대한 전망 차이가 밀과 토크빌에게서도 유사하게 반영되었다고 할 수 있다. 그것은 밀이 청년 시절에 동인도회사의 경험을 통해 자본주의를 가까이서 볼 수 있었던 것에 비해, 토크빌은 미국의 민주주의를 돌아보며 느낀 상업의 발달에 대한 우려를 갖고 있었던 탓일 수도 있다.

1860년대 영국의 리처드 코브던(Richard Cobden)과 프랑스의 생시몽주의자 미셸 슈발리에(Michel Chevalier) 간에 맺어진 영국-프랑스 자유무역협정, 프랑스와 프로이센의 자유무역협정 등은 비록 짧은 시간이었지만 유럽의 선진 자본주의국가들 간에 상업을 통한 자유로운 공간이 만들어진 시기였다. 칸트가 말한 상업적 정신, 그리고 애덤 스미스가 희망한 시장에 의한 자유로운 질서라는 이상에 부합하는 결실이기도 했다. 18세기 이래 꿈꾸었던 '제국적 공화국', 즉 '부드러운 상업'을 통한 공화국들의 연합이라는 이상의 실현이자 평화의 구현 시도였다. 적어도 유럽 안에서는 영구평화가 가능한 듯했다. 하지만 이러한 평화의 시간은 잠시였고 선진 자본주의국가들 간의 경쟁, 나아가 전쟁은 유럽 밖에서 진행되었다. 자본주의의 발달과 확장은 식민지 쟁탈전을 격화시켰다.

19세기 유럽 국가들은 제국주의적 진출을 행하면서 동시의 자기 모습과 닮은 형태를 식민지에 이식했다. 영국은 식민지 각 지역에 영국의 헌정 체제를 수출했다. 예컨대 캐나다의 각 주는 1791년 헌정체제법을 기안해 총독과 행정참사회, 입법참사회, 선출된 의회를 갖게 되었다. 그것은 영국의 군주와 행정부, 상원, 하원에 상응하는 것이었다. 특히 1846년 영국 자체 내에서 책임정부제(내각을 해임할 수 있는 주체는 군주가 아니라 하원이라는 원칙)가 확립되자 성숙한 식민지에 대해서도 그러한 원칙을 그대로 적용시킨다. 1856년에 오스트레일리아 식민지와 뉴질랜드가, 1867년에는 캐나다 연방이 책임정부제의 권리를 획득했다. 영국과 프랑스를 중심으로 서구 제국주의의 식민지 진출 과정은

'문명화 과정'이었다. 서구 유럽 국가에 의한 제국주의적 침략이 본격적으로 이루어진 것은 그들이 내부적으로 국민국가 체계를 확립하고 난 뒤부터다. 이후 식민지 개척의 방식은 자신과 동일한 모습의 자본주의와 그에 맞는 상부구조를 형성시키는 것을 통해서다. 마르크스의 말대로 "부르주아지는 자신의 이미지대로 세계를 창조"하고자 했던 것이다.[61] 이러한 유럽 중심주의는 근대성의 맥락, 즉 유럽에서 근대성의 확립이라는 맥락 속에서 이해될 수 있다. 19세기 유럽의 형성은 근대성의 형태를 확정짓고 결정짓는다는 측면에서 장기 역사 과정의 끝마무리였다. 근대국가와 자본주의 양 측면에서 19세기에는 16세기에 이미 시작된 자본주의 발달, 그리고 영토 국가에서 시작된 근대국가의 모습이 완벽하게 드러났다. 근대국가와 자본주의 체제를 구성하는 인간 구성원들의 사회라는 것이 새롭게 조직된다. 이렇게 구성된 유럽의 근대는 제국주의의 진출을 통해 자신의 모습을 제3세계에 이식했다. 동일한 정치체로서 국민국가와 경제적인 것을 구성하는 자본주의가 그 근간을 형성했다. 유럽 제국주의의 제3세계 진출은 유럽적 가치 체계의 보편화 과정이었으며, 유럽의 전 지구화였다. 사실상 그 기저에는 유럽 자본주의가 동력을 맡았고 세계적 수준에서 국제적 노동 분업을 통한 전 지구적 자본주의화에의 욕망이 있었다.

유럽 열강들이 제3세계로 제국주의적 진출을 활발히 했던 1871~1914년에 그들 사이의 대규모 전쟁은 부재했다. 좀 더 길게 보자면 나폴레옹 전쟁 이후 대규모 전쟁은 적어도 유럽 내부에서는 부재했기에 평화의 시대라고 부를 수 있다. 하지만 19세기가 민족주의의 시대였던 것처럼 시민들의 국가에 대한 충성심, 이른바 애국심을 고취시키며 그들을 민족의 구성원으로 만들어내는 데 초등학교와 군대만큼 유용한 것은 없었다. 그에 맞추어 거대한 군수산업이 발달했고 전쟁과 자본주의의 집중이 함께 진행되었다. 1914년 이전에 유럽 열강들 가운데 어떤 정부도 유럽에서 전면전을 원하지 않았으며 심지어 제한된 전

---

61 마르크스·엥겔스, 「공산주의당 선언」, 440쪽.

쟁조차 원하지 않았던 것은 분명하지만, 그럼에도 열강들은 전쟁을 준비하고 있었다.[62] 즉, 전면전을 시도할 의사는 없었지만 문제 해결을 위한 적절한 수단으로 통제된 수준에서의 전쟁을 사용할 의지는 있었다. 자본주의적 제국주의의 발달 속에서 패권국이던 영국의 세계적 수준의 지배에 대항하는 통일 독일의 등장, 러시아의 팽창, 미국과 일본의 태평양 지역에서의 팽창 등이 세계적 수준에서의 세력 다툼 양상으로 등장하고 있었다. 끝을 모르는 국제적 수준에서의 경쟁과 외교적 위기들(가령 오스트리아-헝가리제국처럼)이 겹치면서 전쟁은 불가피하게 되었다.

5 | 결론: 근대 국민국가들의 국제 체제

카를 폴라니(Karl Polanyi)는 19세기 문명이 네 가지 제도에 바탕을 두고 있다고 설명한다.[63] 첫째는 세력균형 체제, 둘째는 세계경제라는 독특한 조직을 상징하는 국제 금본위제, 셋째는 전대미문의 물질적 풍요를 가져온 자기 조정적 시장, 넷째는 자유주의국가다. 이 네 제도 중 19세기 문명 체계의 원천과 기반이 되는 것은 자기 조정적 시장이며, 금본위제는 이 시장 체계를 국제적으로 확장시키려는 시도이고, 세력균형 체제와 자유주의국가는 그 상부구조에 해당한다고 본다. 이러한 19세기 문명은 물론 유럽에서 형성되어 전 세계적으로 확산했다. 결국 제국주의는 문명이라는 이름으로 자신의 침략을 정당화했고, 그것을 통해 세계적 수준의 평화도 가능하리라고 보았다. 폴라니는 19세기 내내 과거 왕조와 교회가 담당했던 평화 유지에의 관심과 역할을 수행한 것이 바로 큰손 금융(haute finance)이었다고 보았다. 결국 근대 초 상업이 서서히 삶의

---

62 에릭 홉스봄(Eric Hobsbawm), 『제국의 시대』, 김동택 옮김(한길사, 1998), 541쪽.
63 카를 폴라니(Karl Polanyi), 『거대한 전환』, 박현수 옮김(민음사, 1997).

중심에 들어오면서 시작한 거대한 변화는 19세기에 전 세계적 수준에서 중심적 동학이 되었고 전쟁과 평화를 만들어내는 중심적 역할을 수행했다.

전쟁과 평화의 문제가 전적으로 상업으로 결정되지는 않는다. 하지만 상업이라는 요인을 이해하지 않고서는 전쟁과 평화의 문제에 접근할 수 없음은 분명해졌다. 버나드 맨더빌(Bernard Mandeville)의 『꿀벌의 우화(The Fable of the Bees)』(1714)에서 시작되었던 인간의 '이익 추구'에 대한 정당화 작업은 19세기에 이르면 가장 우선되는 것이 되었고 인간 행위의 기저가 되었다. 아담 스미스와 마르크스는 가장 반대되는 사회의 꿈을 그렸지만, 그들은 동일한 토대, 즉 시장 혹은 이익의 추구라는 동기가 인간과 사회의 기저임을 공유했다. 그러한 의미에서 상업이 적절하게 발달된 국제사회를 통한 평화의 추구는 자연스러운 희망이자 추론이었다. 상업 발달이 인간의 이익 추구 욕망을 실현하는 것이고 또한 많은 이들이 희망한 것처럼 적절하게 인간의 습속을 순화시키고 공동선까지도 자연스럽게 형성시켜 줄 것으로 기대한 것이다. 하지만 19세기 말에 이러한 이익 추구의 극단화 혹은 이익 추구의 좌절은 전쟁으로 이어졌다.

18세기에 상업은 단순히 물질적 교역만을 의미하지 않고 다양한 형태의 교류라는 의미에서 인간 생활에 필요한 소통 양식으로 이해되었다. 그것이 인민의 습속을 부드럽게 하고 결국은 이해관계가 서로 얽히는 상호 의존 관계를 발생시키면서 서로가 서로를 필요로 하는 평화가 이루어질 것으로 기대되었다. 아마도 20세기 말에 유럽에 만들어진 유럽연합(EU: European Union)은 그러한 희망의 실현일 수 있으며, 적어도 유럽이라는 지리적 공간 내에서 칸트가 기대했던 영구적 평화의 방식일 수 있다. 하지만 근간이 되는 것은 민주공화국의 성립과 그들 간의 평화체제라기보다는 경제적 이해관계의 일치에 근거한 평화체제의 확립이다. 그런 뒤에 자신들의 삶의 방식과 공존의 방식이 유럽연합의 규범적 기준이 되기를 바라기도 한다. 선후관계가 바뀐 듯하지만 어찌 되었든 그것은 상업이라는 소통의 확장이 가져온 민주주의와 사회적 유럽, 그리고 이 방인에게 자기 자리의 일부를 내어줄 수 있는 관용과 배려의 노력을 통해서다.

참고문헌

기든스, 앤서니(Anthony Giddens). 1991.『민족국가와 폭력』. 진덕규 옮김. 삼지원.

김준석. 2012.「17세기 중반 유럽 국제관계의 변화에 따른 연구」.《국제정치논총》, 제52집 3호.

로베스피에르, 막시밀리앙(Maximilien Robespierre). 2009.『로베스피에르: 덕치와 공포정치』, 배기현 옮김. 프레시안북.

마르크스, 카를(Karl Marx)·프리드리히 엥겔스(Friedrich Engels). 1990.「공산주의당 선언」.『칼 맑스 프리드리히 엥겔스 저작 선집』 1. 최인호 옮김·김세균 감수. 박종철출판사.

박상섭. 1996.『근대국가와 전쟁: 근대국가의 군사적 기초, 1500~1900』. 나남.

사이드, 에드워드(Edward Said). 2015.『오리엔탈리즘』. 박홍규 옮김. 교보문고.

서병훈. 2011.「'유치한 제국주의': 토크빌을 위한 변명」.《정치사상연구》, 제17권 2호.

_____. 2012.「'제국주의자'의 우정: 토크빌과 존 스튜어트 밀」.《한국정치학회보》, 제46집 5호.

소불, 알베르(Albert Soboul). 1984.『프랑스대혁명사』 上·下. 최갑수 옮김. 두레.

심재중. 2010.「아프리카와 흑인의 이미지: 18~19세기 프랑스를 중심으로」.《불어문화권연구》, 제18권.

아리기, 지오바니(Giovanni Arrighi)·비버리 J. 실버(Beverly J. Silver). 2008.『체계론으로 보는 세계사』. 최흥주 옮김. 모티브북.

안두환. 2016a.「폭정과 전쟁에 반하여: 프랑수아 드 페늘롱의 덕성군주론」.《평화연구》, 제24권 1호.

_____. 2016b.「홉스를 넘어서 홉스로: 생-피에르 신부의 사중 영구평화론」.《국제정치논총》, 제56집 3호.

월러스틴, 이매뉴얼(Immanuel Wallerstein). 1999.『근대세계체제』 III. 김인중·이동기 옮김. 까치.

이용재. 2016.「나폴레옹 전쟁: 총력전 시대의 서막인가」,《프랑스사연구》. 제34권.

전재성. 2009.「유럽의 국제정치적 근대 출현에 관한 이론적 연구」.《국제정치논총》. 제49집 5호.

제임스, 시 엘 아르(C. L. R. James). 2001.『블랙 자코뱅: 투생 루베르튀르와 아이티혁명』. 우태정 옮김. 필맥.

칸트, 이마누엘[임마누엘 칸트(Immanuel Kant)]. 1992.『영원한 평화를 위하여』. 이한구 옮김. 서광사.

토크빌, 알렉시스 드(Alexis de Tocqueville). 1997.『미국의 민주주의』 1. 임효선·박지동 옮김. 한길사.

틸리, 찰스(Charles Tilly). 1994.『국민국가의 형성과 계보』. 이향순 옮김. 학문과 사상사.

폴라니, 카를(Karl Polanyi). 1997.『거대한 전환』. 박현수 옮김. 민음사.

하워드, 마이클(Michael Howard). 2014.『유럽사 속의 전쟁』. 안두환 옮김. 글항아리.

홉스봄, 에릭(Eric Hobsbawm). 1990.『자본의 시대』. 정도영 옮김. 한길사.

_____. 1992.『혁명의 시대』. 박현채 외 옮김. 한길사.

_____. 1998.『제국의 시대』. 김동택 옮김. 한길사.

홍태영. 2008.『국민국가의 정치학: 프랑스 민주주의의 정치철학과 역사』. 후마니타스.

Andrew, Edward G. 2011. *Imperial Republics: Revolution war and territorial expansion from the English civil war to the French Revolution*. Toronto: University of Toronto Press.

Armitage, David. 2002. "Empire and Liberty: A Republican Dilemma." in M. van Gelderen and Q. Skinner(ed.). *Republicanism, A shared European heritage: Vol. II. The values of republicanism in early modern Europe*. Cambridge: Cambridge University Press.

Bancel, Nicolas, Pascal Blanchard and Françoise Vergès. 2003. *La République coloniale: Essai sur une utopie*. Paris: Albin Michel.

Boesche, Roger. 1983. "Tocqueville and *Le Commerce*: A Newspaper expressing his unusual liberalism." *Journal of the History of Ideas*, Vol.44, No.2.

Boyd, Richard and Ewa Atanassow(ed.). 2013. *Tocqueville and the frontiers of democracy*. Cambridge: Cambridge University Press.

Campbell, Peter R. 2010. "The politics of patriotism in France(1770~1788)." *French History*, Vol. 24, No.4.

Cartelier, Jean. 1991. "L'économie politique de François Quesnay ou l'Utopie de Royaume agricole." in François Quesnay. *Physiocratie*. Paris: GF-Flammarion.

Claeys, Gregory. 1989. "Republicanism versus commercial society: Paine, Burke and the French Revolution debate." *History of European Ideas*, Vol.11.

Colley, Linda. 1986. "Whose Nation? Class and National Consciousness in Britain 1750~1830." *Past & Present*, Vol.113, No.1.

Constant, Benjamin. 1814(1980). "De l'Esprit de conquête et de l'usurpation." in *De la liberté chez les Modernes*. présenté par M. Gauchet. Paris: Hachette.

Flynn, George Q. 2002. *Conscription and Democracy: The Draft in France, Great Britain and the United States*. Greenwood Press.

Hammersley, Rachel. 2010. *The English republican tradition and eighteenth-century France: Between the ancients and the moderns*. Manchester and New York: Manchester University press.

Kemilainen, Aira. 1989. "The idea of patriotism during the first years of the French Revolution." *History of European Ideas*, Vol.11.

Livesey, James. 2009. "The limits of Terror: the French Revolution, rights and democratic transition." *Thesis Eleven*, Vol.97, No.1.

Mann, Michael. 1988. *States, War and Capitalism: Studies in Political Sociology*. Oxford: Basil Blackwell.

Montesquieu. 1951. *De l'Esprit des lois*. dans *Les Oeuvres complètes*, II. Paris: Gallimard.

Mosher, Michael. 2012. "Montesquieu on Empire and Enlightenment." in Sankar Muthu(ed.). *Empire and Modern Political Thought*. Cambridge: Cambridge University Press.

Mossé, Claude. 2002. *L'Antiquité dans la Révolution française*. Paris: Albin Michel.

Muthu, Sankar. 2012. "Conquest, commerce and cosmopolitanism in Enlightenment Political

Thought." in Sankar Muthu(ed.). *Empire and Modern Political Thought.* Cambridge: Cambridge University Press.

Pénigaud, Théophile. 2015. "The political opposition of Rousseau to Physiocracy: government, interest, citizenship." *History of Economic Thought*, Vol.22, No.3.

Pitts, Jennifer. 2005. *A Turn to Empire: The Rise of Imperial Liberalism in Britain and France.* Princeton: Princeton University Press.

Platon, Mircea. 2012. "Physiocracy, patriotism and reform catholicism in Jean-Baptiste-Louis Gresset's anti-Philosophe enlightenment." *French History*, Vol.26, No.2.

Rousseau, Jean-Jacques. 1964. "Jugement sur le projet de paix perpétuelle." *Les Oeuvres complètes*, III. Paris: Pléiade.

Scott, William. 1989. "Commerce, capitalism and the political culture of the French Revolution." *History of European Ideas*, Vol.11.

Scurr, Ruth. 2000. "Social equality in Pierre-Louis Roederer's interpretation of the modern republic, 1793." *History of European Ideas*, Vol.26.

_____. 2004. "Pierre-Louis Roederer and the debate on forms of government in Revolutionary France." *Political Studies*, Vol.52.

Sepinwall, Alyssa G. 2005. *The Abbé Grégoire and the French Revolution.* Berkeley: The University of Califonia Press.

Shovlin, John. 2006. *The political economy of virtue: Luxury, patriotism, and the origins of the French Revolution.* Ithaca and London: Cornell University Press.

Sonenscher, Michael. 2002. "Republicanism, State finance and the emergence of commercial society in eighteenth-century France: or from royal to ancient republicanism and back." in M. van Gelderen and Q. Skinner(ed.). *Republicanism, A shared European heritage: Vol. I. The values of republicanism in early modern Europe.* Cambridge: Cambridge University Press.

Tilly, Charles 1975. "Reflections on the history of European state-making." in Charles Tilly(ed.). *The formation of nation state in Western Europe.* Princeton University Press.

Whiteman, Jeremy J. 2001. "Trade and the regeneration of France, 1789~91: Liberalism, protectionism and the commercial policy of National Constituent Assembly." *European History Quarterly*, Vol.31, No.2.

Wright, Johnson K. 2002. "The idea of a republican constitution in Old Regime France." in M. van Gelderen and Q. Skinner(ed.). *Republicanism, A shared European heritage: Vol. II. The values of republicanism in early modern Europe.* Cambridge: Cambridge University Press.

제3부

21세기 동아시아 질서의 쟁점과 전망

제 6 장

동아시아 국가들의 군비경쟁[*]

이동선(고려대학교 정치외교학과 교수), **백선우**(고려대학교 국제대학원 연구교수)

1 ı 서론

동아시아의 군비경쟁은 국제정치학계의 주요 관심사 중 하나다. 군비경쟁이 전쟁의 원인이나 전조라는 생각과 국제 관계를 악화시키는 요인이라는 인식이 만연하기 때문이다.[1] 동아시아의 국제정치적 중요성이 나날이 커지고 있기에 동아시아의 군비경쟁은 각별한 관심의 대상이 되고 있다.

이 주제와 관련해 가장 크게 주목받아 온 문제는 동아시아 군비경쟁의 존재 유무다. 동아시아 국가들이 군비경쟁을 벌이고 있는지와 군비경쟁이 어떤 추세를 보이고 있는지 등을 둘러싸고 여러 학설이 제기되어 왔다. 그리고 그들의 경합은 활발한 논쟁의 모습을 보인다.

이 글에서는 동아시아의 군비경쟁에 관한 기존 논쟁을 평가해 보고자 한다.

---

* 이 글의 일부는 ≪국제관계연구≫, 제22권 2호(2017년 겨울)에 출판되었다.

1 Charles L. Glaser, "The Causes and Consequences of Arms Races," *Annual Review of Political Science*, Vol. 3(2000).

이 작업을 통해 겉모습과는 달리 기존 논쟁이 공전하고 있다는 진단을 내놓을 것이다. 또한 이는 학자들이 군비경쟁 개념을 각양각색으로 상이하게 정의하기 때문임을 보일 것이다.

그리고 단순한 비평에 그치지 않고 평가에 기초해 보다 건설적인 논쟁을 위한 새로운 접근법을 제시하고자 한다. 군비경쟁의 유형화가 새 접근법의 핵심이다. 각 개념 정의를 개별 유형으로 전환하고 통합해 유형 분류 체계(typology)를 구축하는 것이다.

그리고 한 걸음 더 나아가 이를 현재 동아시아에 적용해 이 지역에 어떤 유형의 군비경쟁이 존재하는지를 구명함으로써 유형 분류 체계의 분석적 유용성을 시험해 볼 것이다. 분석 결과를 간단히 요약하자면, 동아시아 국가들 간에 군사비를 빠른 속도로 증액하는 경쟁은 나타나지 않았다. 그러나 느린 속도로 군사비를 증액하는 저속경쟁은 발견된다. 이들 군사비경쟁은 참여국들이 온 힘을 쏟지 않는 제한적 경쟁에 불과하다. 동아시아 국가들이 군사력을 다투어 증강하는 경쟁으로는 해군력과 공군력 부문에서 양과 질 모든 측면의 경쟁이 현저하며, 중국 근방을 장악하기 위한 전력 부문의 경쟁도 두드러진다. 하지만 전반적 차원에서는 빠른 속도의 군사력경쟁은 찾아볼 수 없다.

2 ǀ 군비경쟁의 존재 유무: 기존 논쟁의 한계

동아시아에서 군비경쟁이 벌어지고 있는가? 이 문제를 두고 국제정치학계는 열띤 논쟁을 벌여왔다. 동아시아에는 본격적인 군비경쟁이 없다는 주장과 군비경쟁이 있다는 반대 주장이 팽팽히 맞서고 있다.[2] 이에 더해 군비경쟁이

---

2 군비경쟁이 있다고 주장하는 저술로는 Chung Min Lee, *Fault Lines in a Rising Asia*(Washington, D.C.: Carnegie Endowment for International Peace, 2016), ch.4; William Boot, "What's Behind

당장은 없지만 생겨나는 중이라거나, 부문별 또는 하위 지역별로 군비경쟁의 존재 유무가 달리 나타난다는 등의 절충적인 주장들도 제기되고 있다.[3] 이렇 듯 다양한 학설의 경합을 보고 있노라면, 진정 건설적인 학술 논쟁이 진행되고 학문이 진보하고 있다는 인상을 받기 쉽다.

하지만 이는 피상적 관찰에서 비롯된 착시 현상이다. 동아시아 군비경쟁의 유무에 관한 지금까지의 논의는 대체로 공허한 논쟁에 그쳤다. 학문적 대화 속 에서 더 나은 주장들이 속속 등장하며 지식의 진일보를 이루는 것이 아니라, 각자 주장만을 되풀이하며 제자리걸음만 해왔다.

논쟁이 공전한 데에는 여러 이유가 있다. 첫째, 쟁점이 모호하다는 것이 그 중 하나다. 많은 논쟁 참여자들이 명확한 개념 정의 없이 군비경쟁이란 단어를 사용했다.[4] 따라서 동아시아에 무엇이 있고 없다고 주장하는 것인지조차 종종

ASEAN's Arms Race?," *The Irrawaddy*, Vol.18, No.2(2010). 군비경쟁이 없다고 주장하는 저술 로는 David Kang, *American Grand Strategy and East Asian Security in the Twenty-First Century*(Cambridge: Cambridge University Press, 2017), pp.16~30; Adam P. Liff and G. John Ikenberry, "Racing toward Tragedy?: China's Rise, Military Competition in the Asia Pacific, and the Security Dilemma," *International Security*, Vol.39, No.2(2014), pp.52~91; Richard A. Bitzinger, "A New Arms Race? Explaining Recent Southeast Asian Military Acquisitions," *Contemporary Southeast Asia*, Vol.32, No.1(2010).

3   군비경쟁이 생겨나고 있다고 주장하는 연구로는 John J. Mearsheimer, *The Tragedy of Great Power Politics*, updated edition(New York: W.W. Norton, 2014), ch.10; Tai Ming Cheung, "Racing from Behind: China and the Dynamics of Arms Chases and Races in East Asia in the Twenty-First Century," in Thomas Mahnken, Joseph Maiolo and David Stevenson(eds.), *Arms Races in International Politics: From the Nineteenth to the Twenty-First Century*(Oxford: Oxford University Press, 2016). 특정 부문 또는 하위 지역에 국한되어 군비경쟁이 나타난다고 주장하는 연구로는 Geoffrey Till, *Asia's Naval Expansion: An Arms Race in the Making?* (London: International Institute for Strategic Studies, 2012); Desmond Ball, "Arms Modernization in Asia: An Emerging Complex Arms Race," in Andrew T. H. Tan(ed.), *The Global Arms Trade: A Handbook*(London: Routledge, 2010).

4   Grant T. Hammond, *Plowshares into Swords: Arms Races in International Politics, 1840~ 1991*(Columbia, SC: University of South Carolina Press, 1993), p.37.

불분명했다. 둘째, 군비경쟁 개념을 분명히 정의한 학자들도 공유된 쟁점을 형성하지 못했다. 군비경쟁이 있다는 갑의 주장과 군비경쟁이 없다는 을의 주장이 표면적으로 대립했지만 내용적으로는 양립할 수 있었다. 갑과 을의 군비경쟁 개념 정의가 제각각이었기 때문이다. 엄격한 개념 정의를 적용한 학자들은 군비경쟁이 없다고 판정하기 쉬웠고, 반대로 느슨한 개념 정의를 사용한 학자들은 (동일한 관찰에 기초해서도) 군비경쟁이 있다고 판단하는 경향을 보였다. 셋째, 군비경쟁을 동일하게 정의하는 연구자들도 개념을 다른 척도로 측정하고는 했다. 예컨대 몇 년간 몇 퍼센트의 연평균 군사비 증액이 있어야 군비경쟁으로 간주할지를 서로 달리 정했다. 넷째, 동일한 척도를 사용해도 측정에 활용하는 데이터가 학자마다 달랐다. 어떤 이는 COW 군사비 데이터를, 다른 이는 SIPRI 자료를 사용한다.[5]

이 중 가장 큰 문제점은 논쟁에 참여하는 학자들이 군비경쟁의 의미를 상이하게 규정한다는 것이다. 수많은 개념 정의를 살펴보면 군비경쟁을 군사력 증강으로 정의하는 학파와 군사비 증액으로 정의하는 학파가 존재하는 것을 알수 있다. 전자에 따르면 국가들이 경쟁적으로 군사력을 키울 때 군비경쟁이 존재하며, 후자에 따르면 국가들이 앞다투어 군사비를 늘리는 현상이 군비경쟁이다. 이렇듯 상이한 개념 정의를 적용하면 동일한 상황을 관찰하고도 다른 판단에 이를 수 있다. 예컨대 두 국가가 군사비 증액 없이 사용 효율만을 높여 군사력을 경쟁적으로 증강하고 있는 상황은 전자에게는 군비경쟁이지만 후자에게는 군비경쟁이 아니다. 군비경쟁이 있다는 전자의 주장이 군비경쟁이 없다는 후자의 주장과 대립하는 듯 보이지만, 실제로는 양립한다. 군비경쟁이라는 말의 의미가 상이하기 때문이다. 문제는 여기서 그치지 않는다. 각 학파 내에도 다양한 개념 정의들이 존재하는 현실이 설상가상으로 문제를 증폭시킨다.

---

5   COW는 Correlates of War 프로젝트를, SIPRI는 Stockholm International Peace Research Institute를 지칭한다.

1) 군사력 증강으로 정의된 군비경쟁

군비경쟁을 군사력 증강으로 정의하는 학파의 대표적 학자인 새뮤얼 헌팅턴(Samuel Huntington)은 두 국가(또는 연합)가 상충하는 목적 또는 서로에 대한 두려움 때문에 평시에 경쟁적으로 군비(armament)를 계속 늘려가는 것을 군비경쟁으로 규정했다.[6] 군사력 증강에는 무기 체계 등 군사 자원의 질을 높이는 작업과 군사 자원의 양을 늘리는 일을 아울러 포함했다. 이와 달리 한스 모겐소(Hans Morgenthau)는 한 국가가 다른 국가의 군사력을 따라잡고 더 나아가 능가하려는 시도를 군비경쟁으로 보았다.[7] 헌팅턴의 정의에 군사적 우위 달성이라는 군사력 증강의 목표를 추가한 셈이다. 배리 부잔(Barry Buzan)과 에릭 헤링(Eric Herring)은 이 정의에 한 가지 요소를 더하고 다른 한 요소를 뺐다.[8] 국가들이 온 힘을 다해 군사력 증강에 매진해야 군비경쟁이며, 반면에 자국의 우위 달성은 추구하지 않고 타국의 우위 달성을 방지하고자 군사력을 늘려도 군비경쟁이라고 칭할 수 있다는 것이다.

콜린 그레이(Colin Gray)는 적대 관계를 의식한 채 상대와의 대결에 대비해 군사력을 양적·질적으로 급속히 늘려야 한다는 점을 군비경쟁의 요건으로 적시했다.[9] 그랜트 해먼드(Grant Hammond)는 무려 여덟 개의 요건을 갖추어야 군사력 증강을 군비경쟁으로 규정할 수 있다고 주장했다.[10] 군비경쟁을 벌이

---

6   Samuel P. Huntington, "Arms Races: Prerequisites and Results," *Public Policy*, Vol.8, No.1 (1958).

7   Hans J. Morgenthau, *Politics among Nations: The Struggle for Power and Peace*, brief edition(New York: McGraw-Hill, 1993).

8   Barry Buzan and Eric Herring, *The Arms Dynamic in World Politics*(Boulder, CO: Lynne Rienner, 1998).

9   Colin S. Gray, "The Arms Race Phenomenon," *World Politics*, Vol.24, No.1(1971); Andrew T. H. Tan, "The Global Arms Trace," in Andrew T. H. Tan(ed.), *The Global Arms Trade: A Handbook*(London: Routledge, 2010), p.9.

는 두 국가가 서로를 (잠재적) 적대국으로 간주하고, 상대를 의식해 군사·외교적인 계획을 세우며, 공공연한 적개심을 드러낸다. 또한 이들은 행동을 서로 연계하며, 군사력을 연평균 8퍼센트 이상 지속적으로 늘리며, 군사력의 상대적 비율에 관한 목표를 설정하고, 군사적 우위를 점하려고 한다.

여기서 주목할 점은 군비경쟁 개념을 구성하는 요소를 학자마다 달리 규정한다는 것이다. 군비경쟁이 갖추어야 할 요건의 숫자도 다르고 요건의 성격도 상이하다. 다시 말해 군비경쟁 개념의 내포가 각양각색이다. 이렇듯 개념들의 내포가 다르면 그들의 외연도 달라지기 마련이다.[11] 해먼드의 정의처럼 구성요건이 많아서 군비경쟁 개념의 내포가 크면 반대로 외연이 작아진다.[12] 그리고 외연이 작게 정의된 군비경쟁의 사례는 현실에서 찾아보기 어렵다. 따라서 해먼드의 정의를 적용한 연구자가 동아시아에 군비경쟁이 존재하지 않는다는 결론을 내리는 것은 자연스럽다.[13] 반대로 그레이 등의 정의처럼 군비경쟁의 구성요건이 적어서 군비경쟁 개념의 내포가 작으면 외연이 커진다. 외연이 크게 정의된 군비경쟁의 실례는 비교적 흔히 찾아볼 수 있다. 따라서 그레이와 유사하게 군비경쟁을 정의한 학자가 동아시아 일부 지역과 특정 군사력 부문에서 군비경쟁이 발생하고 있다고 보고한 것은 놀랍지 않다.[14]

---

10 Hammond, *Plowshares into Swords*.

11 Gary Goertz, *Social Science Concepts: A User's Guide*(Princeton, NJ: Princeton University Press, 2005); Giovanni Sartori, "Concept Misformation in Comparative Politics," *American Political Science Review*, Vol.6, No.4(1970).

12 개념이 'necessary and sufficient condition structure'를 지닌 경우에만 이처럼 내포와 외연 간에 역의 관계가 성립하는데, 학계에서 통용되는 군비경쟁 개념은 모두 이러한 구조를 갖고 있다. Goertz, *Social Science Concepts*.

13 Bitzinger, "A New Arms Race? Explaining Recent Southeast Asian Military Acquisitions."

14 Ball, "Arms Modernization in Asia."

2) 군사비 증액으로 정의된 군비경쟁

군비경쟁을 군사비 증액으로 정의하는 방식도 다양하다.[15] 이 학파의 선구자인 마이클 월리스(Michael Wallace)에 따르면, 군비경쟁은 엇비슷한 군사력을 지닌 국가들의 군사적 경쟁 관계에서 비롯된 가속적·비정상적 군사비 증액을 지칭한다.[16] 군사비 총액이 최소 10년에 걸쳐 연평균 10퍼센트 이상 증가해야 비정상적 증액에 해당한다고 본다. 이와 달리 폴 딜(Paul Diehl)은 두 국가가 각각 3년 넘게 연평균 8퍼센트 이상 군사비를 늘릴 때 군비경쟁이 일어났다고 판정한다.[17] 또한 딜은 월리스처럼 두 국가 중 하나만 비정상적 군사비 증액을 한 경우를 군비경쟁에 포함해서는 안 된다고 역설한다. 양방 군사비 증액만이 진정한 군비경쟁이라는 것이다.[18] 더글러스 지블러(Douglas Gibler)는 경쟁 관계에 있는 국가들이 서로를 의식하며 군사비를 늘려야만 군비경쟁이라는 점을

---

15 군비경쟁을 군사비 증액과 동일시하는 개념 정의는 문제점을 안고 있다. 군비(arms)를 늘리는 경쟁(race)이라는 군비경쟁 본래의 사전적 의미와 동떨어져서다. 콜린스(Collins), 옥스퍼드(Oxford), 메리엄 웹스터(Merriam-Webster) 등 권위 있는 영어사전은 'arms race'의 뜻을 무기(weapons)를 개발·축적하는 경쟁으로 풀이한다. 그런데 무기의 개발·축적은 군사비 증액 없이 이루어질 수 있다. 군사비 총액을 늘리지 않고 군사비 배분만 변경해 특정 상대를 겨냥한 특정 무기만 개발·축적하는 것이 가능하다. 또한 헌팅턴의 주장대로 질적 군비경쟁은 군사비 총액을 오히려 낮출 수도 있다. 이처럼 군사비 총액의 증가가 무기의 개발·축적과 밀접한 연관성을 갖지 않으므로, 군비경쟁을 군사비 증액과 동일시하는 것에는 무리가 따른다.

16 Michael D. Wallace, "Arms Races and Escalation: Some New Evidence," *Journal of Conflict Resolution*, Vol.23, No.1(1979); Michael D. Wallace, "Some Persisting Findings," *Journal of Conflict Resolution*, Vol.24, No.2(1980); Michael D. Wallace, "Armaments and Escalation: Two Competing Hypotheses," *International Studies Quarterly*, Vol.26, No.1(1982). 월리스는 이런 군비경쟁을 'runaway arms race'로 명명하고 정상적 군사비 증액 경쟁(normal arms competition)과 구별했다.

17 Paul F. Diehl, "Arms Races and Escalation: A Closer Look," *Journal of Peace Research*, Vol.20, No.3(1983), p.208.

18 딜은 양방 군사비 증액을 'mutual military buildup'으로, 일방 군사비 증액을 'unilateral buildup'으로 명명했다.

강조한다. 경쟁 관계에서 비롯되지 않은 두 국가의 동시적인 군사비 증액은 딜과 달리 군비경쟁으로 간주할 수 없다는 입장이다.[19] 또한 지블러는 두 국가가 각기 매년 8퍼센트 이상씩 최소 3년간 군사비를 증액해야 한다는 군비경쟁의 요건도 추가한다.[20] 여기서 소개한 개념 정의 외에도 군비경쟁을 군사비 증액으로 규정하는 여러 방식들이 존재한다.[21]

이처럼 상이하게 군비경쟁을 규정하다 보니, 학자들이 파악한 군비경쟁의 역사적 사례들도 각기 다르다. 예컨대 한 국가만의 군사비 증액도 군비경쟁으로 간주한 월리스가 군비경쟁으로 지목한 사례는 28개인 반면, 두 국가 모두의 군사비 증액만 군비경쟁으로 규정한 딜은 거의 동일한 데이터에서 12개 군비경쟁 사례를 찾아내는 데 그쳤다.[22] 작은 내포를 가진 월리스의 군비경쟁 개념은 큰 외연을 갖고, 따라서 많은 사례를 포함할 수 있다. 반대로 큰 내포를 지닌 딜의 개념은 작은 외연을 가지므로, 보다 적은 수의 사례만을 담을 수 있다. 지블러의 군비경쟁 개념이 지닌 내포는 딜의 경우보다도 크기에, 그 개념 정의에 따라 군비경쟁이라고 칭할 수 있는 사례들의 수가 더욱 적을 것이다.

3 ǀ 군비경쟁의 유형화: 새 접근법

군비경쟁의 개념 정의가 앞서 기술했듯 제각각이기 때문에, 동아시아에 군

---

19 Douglas M. Gibler, Toby J. Rider and Marc L. Hutchison, "Taking Arms against a Sea of Troubles: Conventional Arms Races during Periods of Rivalry," *Journal of Peace Research*, Vol.42, No.2(2005), pp.134~136.

20 같은 글, pp.137~138.

21 M. D. Horn, "Arms Races and the International System"(Ph.D. Thesis, University of Rochester, 1987).

22 월리스는 COW 데이터의 1816~1965년 기간을, 딜은 1816~1970년 기간을 분석했다.

비경쟁이 존재하는지의 논제는 공허한 논쟁으로 귀결되기 십상이다. 그렇다고 학계에서 통용되는 군비경쟁의 정의를 통일할 방도도 없다. 어떤 개념 정의가 가장 좋은지에 관해 합의를 이룰 수 없기 때문이다. 사회과학적 개념이란 본질적으로 연구를 위한 도구이기 때문에, 무엇이 좋은 개념 정의인지는 연구 목적이 무엇인가에 달려 있다.[23] 그런데 연구들의 목적이 동일하지 않으므로, 가장 적합한 개념 정의도 다 같지 않다. 그러므로 동아시아의 군비경쟁 연구는 군비경쟁의 유무라는 해묵은 논제에서 벗어나 건설적인 논쟁의 중심이 될 수 있는 새 문제를 모색할 필요가 있다. 동아시아에 어떤 군비경쟁이 존재하는지가 그러한 새 논제가 될 수 있다. 다양한 군비경쟁의 정의들 중 하나를 택해 군비경쟁의 유무를 따질 것이 아니라, 각 정의를 군비경쟁의 유형으로 설정하고 다른 명칭을 붙이는 편이 낫다.[24]

예컨대 윌리스가 군비경쟁으로 규정한 'runaway arms race'는 '고속 군사비(증액)경쟁'이라고 칭하고, 딜이 진정한 군비경쟁이라고 간주한 'mutual military buildup'은 '양방 군사비(증액)경쟁'이라고 명명하는 것이다. 또 부잔과 헤링이 말한 온 힘을 쏟는 군비경쟁을 '총력 군사력(증강)경쟁'이라고 부르고, 모겐소가 말한 타국을 능가하려는 목적의 군비경쟁은 '군사력우위경쟁'이라고 칭한다. 이렇듯 군비경쟁을 군사력경쟁과 군사비경쟁으로 크게 구분하고, 각각에 수식어를 첨가함으로써 군비경쟁을 유형화할 수 있다.[25]

이처럼 유형화하고 나면 어떤 군비경쟁이 동아시아에 있고 없는지를 탐구할 수 있다. 그리고 '동아시아에는 A유형은 없지만, B유형은 있고, C유형은 생겨나는 중이다'와 같은 주장을 펼 수 있다. 이는 '동아시아에 군비경쟁이 있다'

---

23 Goertz, *Social Science Concepts*.

24 Huntington, "Arms Races." 해먼드가 군비경쟁 세분화에 선구자적 역할을 수행했다. Hammond, *Plowshares into Swords*, p.51.

25 수식어를 붙여 유형을 만드는 방법을 제시해 주는 유용한 연구들이 존재한다. Goertz, *Social Science Concepts*.

와 같은 단순한 주장과 달리 현실에 관한 풍성한 정보를 담고 있는 정교한 주장이다. 그러므로 각 유형의 유무를 논제로 설정함으로써 군비경쟁 연구가 진보의 기틀을 마련할 수 있다.

1) 군비경쟁 유형화

이 글에서는 군비경쟁을 하나 이상의 국가가 경쟁의식을 품고 군사력 또는 군사비를 늘리는 현상으로 정의한다.[26] 이처럼 포괄적으로 정의한 군비경쟁 개념을 다시 군사력을 다투어 증강하는 군사력경쟁과 군사비를 증액하는 군사비경쟁으로 나눈다.[27] 그리고 군사력경쟁과 군사비경쟁이라는 두 기본 유형에 각기 수식어를 붙여 세분화한다.

(1) 일방경쟁 및 양방경쟁

두 경쟁국 모두가 군사력을 증강하면 양방 군사력경쟁이라고 부른다. 그리고 한 국가만 군사력을 증강할 경우 일방 군사력경쟁이라고 명명한다. 마찬가지로 군사비경쟁도 군사비 증액에 나선 국가의 수에 따라 양방 군사비경쟁과 일방 군사비경쟁으로 나눈다.

이 유형화에 대해 한 국가만이 군사력/군사비를 늘리는데 어떻게 '경쟁'이라고 부를 수 있는지 반문할 수 있다.[28] 군비경쟁은 본질적으로 경주(race)와 같

---

26 Sam Perlo-Freeman, "Arms Race," *Encyclopaedia Britannica*, https://www.britannica.com/topic/arms-race (검색일: 2017년 10월 7일).

27 이것이 해먼드의 유형 분류 체계에 견주었을 때 이 연구의 가장 큰 차이점이자 장점이다. 해먼드는 군사력경쟁만을 세분하는 데 그쳤다. 이 글의 다음 부분에서 설명하는 세부 유형들 중에 일방경쟁, 총력경쟁/제한경쟁, 고속경쟁/저속경쟁, 전반적 경쟁, 국지경쟁은 해먼드의 분류 체계에는 명시적으로 포함되지 않은 독창적인 군비경쟁 유형들이다.

28 일방적인 노력은 군비경쟁으로 보지 말아야 한다는 견해는 다음을 참조. Buzan and Herring, *The Arms Dynamic in World Politics*, pp.78, 80; Hammond, *Plowshares into Swords*, pp.

은데 상대는 멈추어 있고 혼자만 달리는 상황이 어찌 경주에 해당하는지의 지적이다. 모두 달려야 경주가 될 수 있다는 논리다. 그러나 이러한 지적은 경주에 관한 단면적인 이해에서 비롯되었다. 경주 도중에는 여러 상황이 펼쳐질 수 있다. 갑이 재빨리 출발해서 달리는 동안 을은 머뭇거리며 출발하지 못하고 있는 상황이 생길 수 있다. 또한 을이 갑을 따라잡기 위해 가속하는 중에도 이미 많이 앞서 있는 갑이 숨을 고르기 위해 잠시 멈추어 설 수도 있다. 이처럼 한 주자만 달리고 있는 상황들도 모두 경주의 일부다. 마찬가지 논리로 한 국가만 군사력 또는 군사비를 늘리는 현상도 군비경쟁으로 간주할 수 있다.[29]

(2) 우위경쟁, 균형경쟁, 만회경쟁

군비경쟁 참여국들의 목표도 분류 기준으로 삼을 수 있다.[30] 군사력에서 상대를 앞서려고 하는 경우를 군사력우위경쟁으로, 상대에 뒤처지지 않으려고 하는 경우를 군사력균형경쟁으로, 단시간에 동등해지는 것이 당면 목표가 아닐지라도 열세를 가급적 줄여보고자 하는 경우는 군사력만회경쟁으로 명명한다.[31] 마찬가지 기준에 따라 군사비경쟁도 군사비우위경쟁, 군사비균형경쟁, 군사비만회경쟁으로 분류한다.

39~43; Diehl, "Arms Races and Escalation."

29 이런 일방 군사비경쟁의 실례를 들면, 군비경쟁이 성행했던 냉전기에 미국과 소련은 상대의 군사비 증액에 일일이 맞대응하지 않고 군사력 균형을 살피며 대응 여부와 정도를 정했다. 상대가 군사비를 늘리더라도 그에 따라 상대에게 군사력 우위를 내주지 않는다면 굳이 동일한 대응 조치를 취하지 않았다. Michael Don Ward, "Differential Paths to Parity: A Study of the Contemporary Arms Race," *American Political Science Review*, Vol. 78, No. 2(1984).

30 Hammond, *Plowshares into Swords*, p. 46.

31 군사력만회경쟁은 'arms chasing' 또는 'rearmament race' 등 개념과 유사하다. Cheung, "Racing from Behind"; Hammond, *Plowshares into Swords*, pp. 9~10.

(3) 총력경쟁 및 제한경쟁

참여국이 가용 자원의 얼마만큼을 경쟁에 투입하는지도 군비경쟁의 분류 기준이 될 수 있다. 온 힘을 다해 군사력을 증강하는 총력 군사력경쟁과 온 힘을 다하지 않는 제한적 군사력경쟁으로 나눈다. 마찬가지로 군사비경쟁도 총력 군사비경쟁과 제한적 군사비경쟁으로 분류한다.

(4) 고속 군사비경쟁 및 저속 군사비경쟁

경쟁국들이 군사비를 늘려가는 속도를 기준으로 군사비경쟁을 세분할 수 있다. 10년간 연평균 10퍼센트 이상 또는 3년간 연평균 8퍼센트의 군사비 증액이 지속되는 경우를 고속 군사비경쟁으로 간주한다. 10년간 연평균 10퍼센트 증액은 장기고속경쟁으로, 3년간 연평균 8퍼센트 증액은 단기고속경쟁으로 다시 나눈다.[32] 증액 수준이 이에 못 미치는 경우는 저속 군사비경쟁으로 명명한다.

(5) 부문별 군사력경쟁 및 전반적 군사력경쟁

몇몇 특정 부문에 국한된 경쟁적 군사력 증강을 부문별 군사력경쟁이라고 칭한다. 부문별 군사력경쟁은 다시 경쟁 부문을 밝혀 세분화할 수 있다. 육군력 경쟁, 해군력 경쟁, 공군력 경쟁 등 군종별로 나눌 수도 있고, 공격력 경쟁 또는 방어력 경쟁처럼 기능별로 구분할 수도 있다. 임무에 따라 지상전력 경쟁, 해전력 경쟁, 항공전력 경쟁, 핵전력 경쟁 등으로 분류할 수도 있다.[33] 경쟁

---

32 10년간 연평균 10퍼센트 증액은 월리스가 세운 기준이고, 3년간 연평균 8퍼센트 증액은 딜이 정한 기준이다. Wallace, "Arms Races and Escalation"; Diehl, "Arms Races and Escalation."

33 해전력은 해전(海戰)에 투입할 수 있는 군사 자원을 통칭하며 해군과 육군-공군 지원부대를 아우른다. 항공전력은 항공전(航空戰)을 수행할 수 있는 군사 자원을 의미하며 공군과 육군-해군 지원부대를 포함한다. 지상전력은 지상전(地上戰) 수행에 투입할 수 있는 군사 자원을 일컬으며 지상군과 해군-공군 지원부대를 포함한다. 지상전력은 존 미어샤이머가 정의한 'land

종목인 무기 체계에 따라 탄도미사일 경쟁, 잠수함 경쟁 등으로 구분할 수 있다. 몇몇 부문에 한정되지 않고 거의 모든 부문에 걸쳐 진행되는 군사력 증강은 전반적 군사력경쟁이라고 칭해 구별한다.[34]

(6) 질적 군사력경쟁 및 양적 군사력경쟁

질적 군사력경쟁에 참여하는 국가들은 군사 자원의 질적 향상을 다투어 추구한다. 예컨대 기존 무기를 얼마나 신속히 신종·신형 무기로 교체하는지를 겨룬다.[35] 반면에 양적 군사력경쟁에서는 군사 자원의 수량만을 경쟁적으로 늘린다. 예를 들면 보유하고 있는 무기를 더 많이 갖추려고 노력하는 것이다.

(7) 국지 군사력경쟁, 지역 군사력경쟁, 세계 군사력경쟁

군사력경쟁이 벌어지는 지리적 범위가 분류 기준이 될 수도 있다.[36] 전 세계를 무대로 한 세계 군사력경쟁, 동아시아 등 특정 지역에 한정된 지역 군사력경쟁, 한반도를 비롯한 지역의 일부에 국한된 국지 군사력경쟁으로 나눌 수 있다. 일례로 두 국가가 특정 지역에 군대를 다투어 배치한다면 지역 군사력경쟁이 벌어지는 것으로 간주한다.

(8) 대칭 군사력경쟁 및 비대칭 군사력경쟁

경쟁국들이 증강하는 군사력의 종류가 같은지 다른지를 기준으로 군사력경

---

power'에 해당한다. 지상전력은 적 지상군 격파와 영토 점령을, 해전력은 적 해군 격파와 해상봉쇄를, 항공전력은 적 공군 격파와 전략폭격을 각각 주 임무로 한다. 핵전력은 핵전쟁에 사용할 수 있는 군사 자원을 의미하며 보복 타격과 적 핵전력 무력화를 임무로 한다. 핵무기와 운반 수단이 핵전력의 근간을 이루며 재래식 정밀 타격 능력과 미사일 방어 체계 등이 보조한다. Mearsheimer, *The Tragedy of Great Power Politics*, updated edition.

34 Hammond, *Plowshares into Swords*, p.46.

35 Huntington, "Arms Races," p.76; Hammond, *Plowshares into Swords*, p.48.

36 Cheung, "Racing from Behind," p.249; Hammond, *Plowshares into Swords*, p.46.

쟁을 구분할 수 있다.[37] 경쟁적으로 동일한 군사 자원을 늘리는 현상을 대칭 군사력경쟁이라고 부른다.[38] 갑과 을이 항공모함 숫자를 늘리는 것이 일례다. 이와 구별해 상이한 군사 자원을 다투어 늘리는 일을 비대칭 군사력경쟁이라고 칭한다. 잠수함을 건조하는 갑에 대항해 을이 대잠전에 사용할 구축함을 구매하는 것이 이 유형에 해당한다.

4 ㅣ 동아시아에 어떤 군비경쟁이 존재하는가?

1) 군사비경쟁

〈표 6-1〉에서 알 수 있듯이, 2010년부터 2019년까지 10년간 연평균 10퍼센트를 상회하는 장기고속 군사비 증액을 해온 국가는 없다. 중국의 군사비가 연평균 약 7퍼센트 증가했으나, 장기고속 군사비 증액에 해당하는 연평균 10퍼센트 증가에는 미치지 못했다. 동아시아 주요 국가들 가운데 미국의 군사비가 유일하게 감소했다.

장기고속 군사비경쟁은 없으나 장기저속 군사비경쟁이 존재한다고 판정할 간접 증거는 존재한다. 지난 10년간 중국, 러시아, 한국의 군사비 증액 수준은 전 세계 군사비 평균(0.77퍼센트 증가)을 상회했다. 중국과 러시아의 군사비 증액은 미국을 겨냥했다고 볼 수 있으며, 한국의 군사비 증액은 북한을 겨냥한 것으로 볼 수 있다.

2017년부터 2019년까지 3년간 연평균 8퍼센트를 넘는 단기고속 군사비 증액도 동아시아에는 존재하지 않았다. 대만을 제외한 모든 국가가 군사비를 증

---

37 Huntington, "Arms Races," p.52.
38 Hammond, *Plowshares into Swords*, p.46, 48, 51.

표 6-1 **동아시아 주요 국가의 군사비 증가율**

표 6-1 **동아시아 주요 국가의 군사비 증가율**　　　　　　　　　　　　(단위: %)

	미국	중국	러시아	일본	한국	대만
10년간 군사비 증가율	-1.85	7.08	2.99	0.23	3.50	0.20
3년간 군사비 증가율	4.15	5.70	0.39	0.02	6.26	-0.55

주: 군사비 증가율은 연평균 복합 성장률로 해당 기간 매년 군사비 증가율을 기하평균으로 환산한 수치다.
　　10년간 군사비 증가율은 2010~2019년 연평균 복합 성장률이고, 3년간 군사비 증가율은 2017~2019
　　년 연평균 복합 성장률이다.
자료: SIPRI Military Expenditure Database.

액했으나, 8퍼센트에는 미치지 못했다. 지난 3년간 미국, 중국, 한국이 전 세계 군사비 평균(3.13퍼센트)보다 더 큰 비율로 군사비를 증액했기 때문에 단기저속 군사비경쟁이 존재한다고 해석할 수 있다.

이 기간 가장 큰 비율로 군사비를 증액한 국가는 한국이다. 한국은 해당 기간 6.26퍼센트의 군사비를 증액했는데, 방위력 개선 분야의 증가가 눈에 띈다.[39] 첨단 무기 도입을 통해 북한의 핵 위협에 대응하려는 의도가 엿보인다. 또 2019년부터 F-35A 전투기를 도입하는 데 큰 비용을 지출하고 있다. 2021년까지 40대를 확보하는 것이 목표다.

또 한 가지 흥미로운 점은 장기적 관점에서는 감소 추세였던 미국의 군사비가 단기적으로 보았을 때는 증가하고 있다는 것이다. 미국은 2017~2019년 연평균 4.15퍼센트 군사비를 증액했다. 2017년 도널드 트럼프(Donald Trump) 대통령이 취임한 이후 '힘을 통한 평화(peace through strength)'를 강조하며 국방예산을 늘렸기 때문이다. 2002년 9·11 테러 이후 미국 국방비는 대부분 중동 지역에서 전쟁을 수행하는 데 사용되었기 때문에 주요 군사 장비에 대한 현대

39　군사비는 크게 현존 전력에 대한 유지·운영 비용에 해당하는 전력 운영비와 신규 전력 확보
　　를 위한 무기 구입과 개발 비용에 해당하는 방위력 개선비로 나뉜다. 2017년 전체 국방 예산
　　가운데 방위력 개선비의 비율은 30.2퍼센트였으나, 2019년에는 2017년 대비 8.9퍼센트 상승
　　해 32.9퍼센트를 나타냈다.

표 6-2 **동아시아 주요 국가의 국내총생산(GDP) 대비 군사비**   (단위: %)

	미국	중국	러시아	일본	한국	대만	북한
2019년 GDP 대비 군사비	3.40	1.90	3.90	0.90	2.70	1.70	모름
10년간 GDP 대비 군사비	3.89	1.89	4.08	0.95	2.50	1.90	모름
3년간 GDP 대비 군사비	3.35	1.89	3.95	0.93	2.53	1.76	모름

주: 10년간 GDP 대비 군사비 비율은 2010~2019년 GDP 대비 군사비 비율에 대한 평균이고, 3년간 GDP
   대비 군사비 비율은 2017~2019년 GDP 대비 군사비 비율에 대한 평균이다.
자료: SIPRI Military Expenditure Database.

화가 이루어지지 못했다. 트럼프 대통령 재임 시기 미국은 군 현대화 작업에
본격적으로 착수하며 국방비를 급격히 증액했다.

〈표 6-2〉에서 알 수 있듯이 동아시아에서 군사비와 관련한 총력 경쟁은 일
어나지 않았다. 동아시아 주요 국가들을 보면 2019년 국내총생산(GDP) 대비
군사비 비율은 0.9~3.9퍼센트로 낮은 수준에 머무르고 있기 때문이다. 지난
10년간과 3년간 GDP 대비 군사비 비율의 평균을 보아도 2019년과 비슷한 수
준에 머무르고 있다. 북한은 GDP 대비 군사비 비중이 다른 국가들보다 현저
히 크다고 알려졌지만 정확한 통계를 입수할 수 없어 총력 경쟁에 해당하는지
판단할 수 없다.

2) 군사력경쟁

(1) 전반적 군사력경쟁

전반적 군사력 증강을 탐지하는 일은 어렵다. 군사비 총액은 SIPRI, IISS 등
여러 공신력 있는 기관이 제공하는 수치를 활용해 쉽게 파악할 수 있다.[40] 일국
의 군사비를 구성하는 요소들은 모두 동일 화폐 단위로 환산할 수 있기 때문에
합산해서 총액을 산출하기 용이하다. 반면에 군사력을 구성하는 요소는 매우

---

40 IISS는 International Institute for Strategic Studies를 일컫는다.

표 6-3 동아시아 주요 국가의 병력 총수 변동 (단위: %)

	미국	중국	러시아	일본	한국	대만	북한
10년간 병력 총수 변동	-1.58	-1.28	-0.67	-0.03	-0.52	-6.20	0.81
3년간 병력 총수 변동	0.45	-3.45	4.07	0.00	-0.40	-12.93	3.71

주: 병력 총수 변동은 연평균 복합 성장률로 해당 기간 매년 병력 증가율을 기하평균으로 환산한 수치다.
　　10년간 병력 총수 변동은 2010~2019년 연평균 복합 성장률이고, 3년간 병력 총수 변동은 2017~2019
　　년 연평균 복합 성장률이다.
자료: *The Military Balance*, London: IISS(International Institute for Strategic Studies).

다양해서 하나의 단위로 환산하기 어렵다. 예컨대 주력 전차 한 대를 '1'로 놓
았을 때 항공모함 한 척에는 어떤 값을 부여해야 하는지 판단하기 어렵다. 따
라서 총체적 군사력을 하나의 수치로 표기한 신뢰할 만한 데이터는 없다. 글로
벌 파이어파워(Global Firepower)가 그러한 지수를 제공하고 있지만, 학술적 가
치는 미미하다. 이처럼 총체적 군사력을 측정하기 어려우므로 전반적 군사력
증강이 일어났는지도 파악하기 어렵다.

　COW 프로젝트에서 활용하는 군사력 척도인 병력 총수는 인적자원이라는
군사력의 한 요소만을 측정하게 해줄 뿐이다.[41] 그러나 병력 총수는 양적 군사
력 전반을 가늠하는 척도로서는 어느 정도 유용성을 갖는다. 무기 체계를 비롯
한 군사 자산의 수량이 늘면 대개 그것을 운용하는 병력도 따라서 늘어나기 때
문이다.[42]

　〈표 6-3〉에서 병력의 변동을 기준으로 살펴볼 때 2019년에 이르기까지 지
난 10년간 동아시아에는 양적 장기고속 군사력경쟁은 발생하지 않았다. 북한
을 제외한 모든 국가가 병력을 감소시켰으며, 북한의 병력 증가율도 미미한 수

41　국력 지수인 CINC(Composite Index of National Capability)에는 인구, 도시 거주 인구, 철강
　　생산량, 에너지 소비량, 군사비, 병력 숫자가 포함된다.
42　반면에 군사 자산의 질이 높아지면 운용 병력이 줄어들기도 한다. 첨단 무기의 자동화 및 무
　　인화 추세에 따른 병력 소요의 감소가 일례다.

준이다. 2017~2019년에 연평균 8퍼센트가 넘는 단기고속 병력 증강을 단행한 국가도 존재하지 않는다. 그러나 앞서 언급했듯이 병력 총수만으로 군사력 전반을 측정하는 데는 분명한 한계가 존재하므로 군사력 전반에서 양적 군사력 경쟁이 없었다고 단정하기 어렵다.

병력 총수와 관련해 주목할 만한 점은 대만의 병력이 급감하고 있다는 점이다. 대만은 2010~2019년에 병력의 수가 29만 명에서 16만 3000명으로 연평균 6.2퍼센트 감소했다. 이러한 감소세는 단기적으로 보았을 때 더 극명하게 나타나는데, 2017~2019년의 감소세가 무려 연평균 12.93퍼센트에 달한다. 이러한 가파른 감소세는 대만이 병력 충원의 방식을 징병제에서 모병제로 전환했기 때문이다. 대만은 첨단 무기를 운용할 소수 정예의 병력만을 유지한다는 계획하에 2016년부터 모병제를 단기적으로 도입했고, 2018년에는 완전히 모병제로 전환했다.

최근 3년간 가장 큰 비율로 병력을 증가시킨 국가는 러시아다. 러시아의 병력은 2017년 83만 1000명이었으나 2019년 90만 명으로 증가했다. 이러한 증가의 원인은 최근 러시아의 경기 불황 탓에 취업이 어려워진 젊은 인구가 상대적으로 처우가 좋은 군대에 지원했기 때문으로 추정된다.[43]

(2) 부문별 군사력경쟁

동아시아에서는 전반적 군사력경쟁보다 부문별 경쟁이 더 현저하다. 특히 해군력 경쟁이 두드러진다. 동아시아 해군들이 단순히 노후 장비를 동급의 새 장비로 교체하는 현대화 작업에 머물지 않고 서로를 의식한 경쟁에 뛰어들고

---

43 Keith Crane, Olga Oliker and Brian Nichiporuk, *Trends in Russia's Armed Forces: An Overview of Budgets and Capabilities*(Santa Monica, CA: RAND Corporation, 2019), pp.59~60. 러시아는 모병제 도입 이후 군의 전문성 강화를 위해 계약병에 해당하는 부사관 제도를 신설해 운영하고 있으며, 최근 부사관으로 자원입대하는 비율이 증가하고 있다.

있다.[44] 가장 활발히 해군력 증강에 앞장서는 나라는 중국이다. 중국은 인도-태평양 지역에서 미국의 영향력을 감소시키고 대만과의 군사 충돌에 대비하기 위해 항공모함, 구축함, 호위함 등을 대량 건조하는 방식으로 해군력을 증강하고 있다.[45] 미국도 중국을 현상 타파 세력으로 규제하며 견제하고 있다.[46] 미국은 군함 보유 숫자에서 중국에 대한 양적 열세를 극복하기 위해 신형 토마호크 미사일, 합동타격미사일(NSM), 장거리 스텔스 미사일인 AGM-158C 등 대함미사일을 확충하는 정책을 펼치고 있다. 일본은 항공모함 도입을 결정하고, 헬기 수송 호위함이었던 이즈모함과 가가함을 항공모함으로 개조하는 작업에 착수했다. 한국 역시 항공모함 건조 계획을 발표했고, 자체 기술로 독자 개발한 도산안창호급 잠수함의 실전 배치를 앞두고 있다. 대만은 중국군의 대만 해협 진공을 막기 위한 가장 효과적인 무기가 잠수함이라는 판단하에 디젤 전자식 잠수함을 최대 여덟 척 건조하기로 했다.

미국과 중국 간 해군력 경쟁은 양방경쟁이나 두 국가의 경쟁 목표는 다르다. 중국은 미국이 우위를 차지하고 있는 해군력 부문에서의 미국에 대한 열세를 줄이기 위해 해군력을 증강시키고 있으므로 군사력만회경쟁을 하고 있다. 미국은 해군력 부문에서의 선두를 빼앗기지 않기 위해 노력하고 있으므로 군사력우위경쟁을 하고 있다고 볼 수 있다.

미·중 해군력 경쟁은 지리적 범위에서 아직 세계경쟁에 이르지는 못하고 있다. 미·중 경쟁은 거의 전적으로 아시아 지역에 한정된다. 아시아에서도 동중

---

44 Till, *Asia's Naval Expansion*; Ball, "Arms Modernization in Asia," pp. 42, 49.

45 Ronald O'Rourke, *China Naval Modernization: Implications for U.S. Navy Capabilities: Background and Issues for Congress*(Washington, D.C.: Congressional Research Service, 2020), p. 7. 보고서에 의하면 2020년경 중국이 전함 보유 대수에서 미국을 앞지를 것으로 예상된다.

46 "Indo-Pacific Strategy Report: Preparedness, Partnetships, and Promoting a Networked Region" (Washington, D.C.: U.S. Department of Defense, 2019).

국해와 서태평양 등지에서 벌이는 국지경쟁이 각별히 치열하다.

일본과 한국의 항공모함 도입은 대칭적 경쟁이라고 볼 수 있다. 그동안 미국, 러시아, 중국만이 보유하고 있던 항공모함 사업에 일본과 한국이 뛰어들면서 동아시아 주요 국가 가운데 북한과 대만을 제외한 모든 국가가 항공모함 경쟁에 뛰어들었다.

동아시아에서 벌어지고 있는 또 다른 부문별 군사력경쟁으로는 공군력 경쟁을 들 수 있다. 우선 6세대 전투기 개발을 둘러싼 경쟁이 치열하다.[47] 동아시아 주요 국가 중에 미국, 중국, 러시아, 일본이 이미 개발을 시작했다. 또 스텔스 기능을 갖춘 전략폭격기 개발 경쟁도 현저하게 나타나고 있다. 미국은 현존하는 유일한 스텔스 전략폭격기인 B-2를 잇는 B-21 스텔스 폭격기를 개발하고 있으며, 중국과 러시아도 스텔스 전략폭격기를 자체 개발하고 있다.

전투기 확충 경쟁도 현저하게 나타나고 있다. 대만은 2019년 8월 중국의 군비 증강에 대항하기 위한 방편으로 미국으로부터 F-16 전투기 66대를 구입하기로 결정했다. 일본 역시 미국의 F-35 전투기를 105대를 추가 확충했다. 그에 따라 일본은 미국 다음으로 F-35 전투기를 많이 보유하는 국가가 되었다. 한국도 F-35 전투기를 2021년까지 총 40대 확보할 계획이다.

동아시아 내 공군력 경쟁은 복합적인 요소를 포함하고 있다. 미국이 중국과 러시아에 대항해, 그리고 중국과 러시아가 미국에 대항해 공군력을 증강하고 있다는 점에서 양방경쟁이라고 볼 수 있다. 또한 중국, 러시아가 미국만이 보유하고 있던 스텔스 폭격기를 개발한다는 점에서 대칭 경쟁의 요소를 포함하고 있다. 아울러 첨단 전투기 개발에 박차를 가하고 있는 미국, 중국, 러시아를 중심으로는 질적 경쟁이 발생하고 있으며, 전투기 구입에 열을 올리고 있는 대만, 일본, 한국을 중심으로 양적 경쟁이 발생하고 있다.

---

47 6세대 전투기는 통상 극초음속 비행이 가능하고, 인공지능과 레이더 무기 체계가 탑재된 전투기를 일컫는다.

마지막으로 살펴볼 동아시아 내 부문별 군비경쟁으로는 미사일 전력과 미사일 방어 능력 간 경합이다. 그동안 동아시아에서는 중국과 북한이 주도하는 미사일 전력 증강과 한·미·일 주도의 미사일 방어 능력 간 경합이 이어져 왔다. 중국은 기존의 미사일 전력에 더해 꾸준히 새로운 미사일 기술을 개발하며 미국의 미사일 방어 능력을 위협하고 있다. 대표적인 신형 미사일 전력으로는 지상 발사형 이동식 핵미사일인 DF-41과 극초음속 탄도미사일인 DF-17을 들 수 있다. 북한 역시 신형 미사일 전력 개발에 박차를 가하고 있다. 한국을 겨냥해 신형 전술 지대지 단거리 미사일과 단거리 탄도미사일(SRBM)인 KN-23, 신형 대구경 조종 방사포 등을 개발했으며, 미국을 겨냥해 잠수함 발사 탄도미사일(SLBM)과 다탄두 ICBM 등을 개발하는 것으로 알려져 있다. 이에 한·미·일은 정밀 타격 능력 확보에 더해 미사일 방어 능력 강화로 맞서고 있다. 미국은 한국과 일본에 사드(THAAD: Terminal High Altitude Area Defense)를 배치했으며, 다탄두 ICBM의 위협에 맞서 다중 목표 요격체 미사일(MOKV: Multiple-Object Kill Vehicle) 체계 개발을 서두르고 있다. 일본은 지상배치 PAC-3, 이지스함 탑재 SM-3, 첨단 레이더 및 위성 등으로 이루어진 미사일 방어 시스템을 구축하고 있다.[48] 한국도 PAC-2 배치와 지대공미사일 등이 주축을 이루는 한국형 미사일 방어 체계(KAMD: Korea Air and Missile Defense) 구축에 나서고 있다. 여기에 탄도탄 조기경보 레이더 두 대 및 이지스 구축함 레이더(SPY-1D)를 추가 도입해 북한으로부터 날아오는 미사일에 대한 탐지 능력을 향상시킬 예정이다.

　향후 동아시아에서 미·중 간 미사일 전력 경쟁은 비대칭 경쟁에서 대칭적 경쟁으로 변화할 것으로 보인다. 2019년 8월 미국이 중거리 핵전력 조약(INF: Intermediate-Range Nuclear Forces Treaty)에서 탈퇴를 공식화함으로써 향후 미국이 동아시아 내 중거리 미사일 전력을 증강할 것이라는 전망이 제기되고 있기

48　Brad Williams, "Japan's Arms Procurement after the Cold War," in Andrew T. H. Tan(ed.), *The Global Arms Trade: A Handbook*(London: Routledge, 2010), p.85.

때문이다. INF 조약 탈퇴 직후 마크 에스퍼(Mark Esper) 미국 국방부 장관은 중국의 미사일 전력에 대응하기 위해 아시아 지역에 지상 발사형 중거리 미사일을 배치하려는 뜻을 내비친 바 있다.[49]

미국과 중국의 군사력경쟁은 특정 군종이나 무기 체계에 국한되지 않은 합동 전력(임무 수행 능력) 경쟁의 성격을 지니고 있다. 크게 미·중 군사력경쟁을 보면 공-해전(Air-Sea Battle)을 수행하는 미국의 전력과 반접근/지역거부(A2AD: Anti-Access/Area-Denial) 임무를 치르는 중국 전력의 경합이 두드러진다.[50] 중국은 주변 지역에 미군이 진입해 활동하지 못하도록 하는 반접근/지역거부 전력을 확충해 가고 있다.[51] 미국의 해·공군이 중국 근방에서 작전을 벌이기 어렵도록 고속 공격정, 기뢰, 대공미사일·레이더, 전투기 등을 늘리고 있다. 보다 먼 지역에서 미군의 작전을 방해하기 위해서는 대함미사일, 잠수함, 위성 파괴 무기, 항공모함 등을 확충하고 있다. 이에 맞서는 미국의 공-해전 전력은 대잠 전력, 미사일 방어 체계, 비행장 등 적 기지에 대한 원거리 타격 능력, 기뢰 제거 능력 등으로 구성되어 있다.[52]

5 | 결론

이 글에서는 동아시아 군비경쟁의 존재 유무를 둘러싼 학계의 기존 논쟁을 평가해 보았다. 학자들이 군비경쟁의 의미를 제각기 규정하면서 논쟁이 제자리걸음에 그치고 있다는 것이 진단 결과다. 이 판단에 착안해 진일보한 논쟁을

---

49 "Chapter Six: Asia," IISS, *The Military Balance*, Vol. 120, No. 1(2020), p. 222.

50 Geunwook Lee, "A Spear and a Shield: Dilemmas of the American Strategy in East Asia," *The Korean Journal of Defense Analysis*, Vol. 25, No. 2(2013).

51 Till, *Asia's Naval Expansion*, p. 68.

52 같은 책, p. 82.

이끌어내기 위한 새 접근법을 제시했다. 우선 각각의 개념 정의를 군비경쟁의 개별 유형으로 만들어 유형 분류 체계를 구축했다. 그리고 이를 현재 동아시아에 적용해 어떤 유형의 군비경쟁이 이 지역에 존재하는지를 규명했다. 동아시아의 군사비경쟁과 관련해서는 장기적으로나 단기적으로 고속경쟁은 일어나지 않는다. 다만 장기적으로는 중국과 러시아가 미국에 대해 일방 장기저속 군사비경쟁을 벌이고 있고, 단기적으로는 미국과 중국이 서로를 향한 양방 단기저속 군사비경쟁을 벌이고 있다. 북한을 대상으로 하는 한국의 저속 군사비경쟁은 장·단기 모두 나타나고 있다. 이들 군사비경쟁은 제한경쟁에 머물고 있다. 전반적 군사력경쟁은 동아시아에 뚜렷이 나타나지 않는다. 반면에 부문별 군사력경쟁은 두드러진다. 해군력 부문에서 양적·질적 경쟁이 나타나고 있으며, 미·중간 양방경쟁의 양상이 지속되고 있다. 공군력 부문에서는 미국·중국·러시아를 중심으로 하는 질적 경쟁과 대만·한국·일본을 중심으로 하는 양적 경쟁이 모두 나타나고 있다. 마지막으로 미사일 전력 부문은 현재 미사일 전력과 미사일 방어 전력 간 비대칭 경쟁에서 미사일 전력 간 대칭 경쟁으로의 전환이 예상된다.

상기한 군비경쟁 패턴이 동아시아에 나타나는 이유를 체계적으로 설명하는 작업은 지면 제약 때문에 후속 연구로 미룰 수밖에 없다. 여기서는 연구 수행 중에 얻은 정보와 아이디어에 기초해 간단한 시론(試論)만 제시하고자 한다. 유형 분류 체계를 적용해 파악한 패턴을 설명하는 작업이 군비경쟁 연구의 새 지평을 열 수 있음을 보이기 위해서다.

미국이 최근 군사비를 증액시킨 이유는 지속적으로 군사비를 증액하고 있는 중국을 경계하기 위해서다. 그러나 군사력 및 군사비 부문에서 현저한 우위를 점하고 있는 미국은 군사비를 빨리 늘리지 않아도 중국과의 경쟁에서 오랫동안 우위를 유지할 수 있다. 중국보다 약한 일본과 대만도 군사비를 급하게 늘릴 필요가 없다. 중국보다 강한 미국의 군사 지원을 기대할 수 있기 때문이다. 특히 미국에 비해 해·공군력이 크게 열세인 중국은 해양국인 미국, 일본,

대만에게 아직 치명적 위협이 되지 못하고 있다.

군사비경쟁이 제한적 성격을 띠는 것도 군사적 비대칭성과 지리적 조건으로 설명할 수 있다. 미·중 군사력은 특히 해·공군력 격차가 크기 때문에 중국이 단시일 내에 미국을 따라잡을 수는 없다. 따라서 중국은 장거리경주를 계획할 수밖에 없으며, 이를 위한 필수 요건인 경제력 배양에 중점을 두어야 한다. 그러므로 경제성장을 저해할 수 있는 전면적 군사비 증액을 마다하는 것이다. 마찬가지로 미·중이 장거리경주를 벌이고 있음을 알고 있는 미국도 경제 발전을 지속하기 위해 GDP 대비 군사비 비중을 낮은 수준으로 유지한다. 중국을 주축으로 한 전반적 군사력경쟁이 저속경쟁에 그치는 것도 동일한 이유 때문이라고 볼 수 있다.

동아시아 군사력경쟁이 중국 근방의 하늘과 바다를 무대로 펼쳐지는 것도 군사적 비대칭성과 지리적 조건 때문이다. 연안국인 중국과 해양국인 미국이 양국 사이에 놓인 연해 지역을 두고 경합을 벌이는 일은 자연스럽다. 또한 연안국 중국이 지역 최강국이자 해양국인 미국을 견제하기 위해 해군력 증강에 집중하고 있다고 설명할 수 있다.[53]

---

53 러시아가 미국보다 강하다면 중국은 내륙국인 러시아를 견제하기 위해 육군력 증강에 집중할 것이다.

참고문헌

이동률. 2017. 「중국 국방비 증가의 현황과 함의」. 『EAI 국가안보패널 연구보고서』. 동아시아연구원.

Ball, Desmond. 2010. "Arms Modernization in Asia: An Emerging Complex Arms Race." in Andrew T. H. Tan(ed.). *The Global Arms Trade: A Handbook.* London: Routledge.

Bitzinger, Richard A. 2010. "A New Arms Race? Explaining Recent Southeast Asian Military Acquisitions." *Contemporary Southeast Asia*, Vol.32, No.1.

Boot, William. 2010. "What's Behind ASEAN's Arms Race?" *The Irrawaddy*, Vol.18, No.2.

Buzan, Barry and Eric Herring. 1998. *The Arms Dynamic in World Politics.* Boulder, CO: Lynne Rienner.

Cheung, Tai Ming. 2016. "Racing from Behind: China and the Dynamics of Arms Chases and Races in East Asia in the Twenty-First Century." in Thomas Mahnken, Joseph Maiolo and David Stevenson(eds.). *Arms Races in International Politics: From the Nineteenth to the Twenty-First Century.* Oxford: Oxford University Press.

Crane, Keith, Olga Oliker and Brian Nichiporuk. 2019. *Trends in Russia's Armed Forces: An Overview of Budgets and Capabilities.* Santa Monica, CA: RAND Corporation.

Diehl, Paul F. 1983. "Arms Races and Escalation: A Closer Look." *Journal of Peace Research*, Vol.20, No.3.

Gibler, Douglas M., Toby J. Rider and Marc L. Hutchison. 2005. "Taking Arms against a Sea of Troubles: Conventional Arms Races during Periods of Rivalry." *Journal of Peace Research*, Vol.42, No.2.

Glaser, Charles L. 2000. "The Causes and Consequences of Arms Races." *Annual Review of Political Science*, Vol.3.

Goertz, Gary. 2005. *Social Science Concepts: A User's Guide.* Princeton, NJ: Princeton University Press.

Gray, Colin S. 1971. "The Arms Race Phenomenon." *World Politics*, Vol.24, No.1.

Hammond, Grant T. 1993. *Plowshares into Swords: Arms Races in International Politics, 1840~1991.* Columbia, SC: University of South Carolina Press.

Hofbauer, Joachim. 2012.11.7. "Not an Arms Race: Parsing Asia's Defense Spending." *World Politics Review.*

Horn, M. D. 1987. "Arms Races and the International System." Ph.D. Thesis, University of Rochester.

Huntington, Samuel P. 1958. "Arms Races: Prerequisites and Results." *Public Policy*, Vol.8, No.1.

IISS. 2010, 2017, 2019, 2020. *The Military Balance.* London: International Institute for Strategic Studies.

Kang, David. 2017. *American Grand Strategy and East Asian Security in the Twenty-First Century.* Cambridge: Cambridge University Press.

Lee, Chung Min. 2016. *Fault Lines in a Rising Asia.* Washington, D.C.: Carnegie Endowment for International Peace.

Lee, Geunwook. 2013. "A Spear and a Shield: Dilemmas of the American Strategy in East Asia." *The Korean Journal of Defense Analysis*, Vol.25, No.2.

Liff, Adam P. and G. John Ikenberry. 2014. "Racing toward Tragedy?: China's Rise, Military Competition in the Asia Pacific, and the Security Dilemma." *International Security*, Vol.39, No.2.

Mearsheimer, John J. 2014. *The Tragedy of Great Power Politics*, updated edition. New York: W.W. Norton.

Morgenthau, Hans J. 1993. *Politics among Nations: The Struggle for Power and Peace*, brief edition. New York: McGraw-Hill.

O'Rourke, Ronald. 2020. *China Naval Modernization: Implications for U.S. Navy Capabilities: Background and Issues for Congress.* Washington, D.C.: Congressional Research Service.

Perlo-Freeman, Sam. "Arms Race." *Encyclopedia Britannica.* https://www.britannica.com/topic/arms-race (검색일: 2020년 7월 10일).

Pikayev, Alexander A. 2010. "Defense Spending and Procurement in Post-Communist Russia." in Andrew T. H. Tan(ed.). *The Global Arms Trade: A Handbook.* London: Routledge.

Sartori, Giovanni. 1970. "Concept Misformation in Comparative Politics." *American Political Science Review*, Vol.6, No.4.

SIPRI Military Expenditure Database. https://www.sipri.org/databases/milex (검색일: 2020년 7월 10일).

Tan, Andrew T. H. 2010. "The Global Arms Trace." in Andrew T. H. Tan(ed.). *The Global Arms Trade: A Handbook.* London: Routledge.

Till, Geoffrey. 2012. *Asia's Naval Expansion: An Arms Race in the Making?.* London: International Institute for Strategic Studies.

U.S. Department of Defense. 2019. "Indo-Pacific Strategy Report: Preparedness, Partnetships, and Promoting a Networked Region."

Wallace, Michael D. 1979. "Arms Races and Escalation: Some New Evidence." *Journal of Conflict Resolution*, Vol.23, No.1.

_____. 1980. "Some Persisting Findings." *Journal of Conflict Resolution*, Vol.24, No.2.

_____. 1982. "Armaments and Escalation: Two Competing Hypotheses." *International Studies Quarterly*, Vol.26, No.1.

Ward, Michael Don. 1984. "Differential Paths to Parity: A Study of the Contemporary Arms Race." *American Political Science Review*, Vol.78, No.2.

Williams, Brad. 2010. "Japan's Arms Procurement after the Cold War." in Andrew T. H. Tan(ed.).

The Global Arms Trade: A Handbook. London: Routledge.

You, Ji. 2010. "Friends in Need or Comrades in Arms: The Dilemma in the Sino-Russian Weapons Business." in Andrew T. H. Tan(ed.). *The Global Arms Trade: A Handbook.* London: Routledge.

제 7 장

동아시아 각국 간 해양 영유권 분쟁과 전망

고봉준(충남대학교 정치외교학과 교수)

1 ı 서론

최근 국제 안보의 이슈는 매우 다양하게 정의되고 있다. 냉전기에는 미국과 소련을 중심으로 전통적 강대국들의 패권 경쟁이 무력 충돌로 비화될 가능성, 그 과정에서 핵무기 사용의 가능성에 대한 공포의 극복 등이 국제 안보연구의 주요 관심사였다. 하지만 냉전의 종식으로 그동안 잠재되었던 많은 문제들이 안보연구에서 중요성을 점차 획득하면서 인간 안보 또는 포괄 안보의 측면에서 여러 이슈가 안보 문제화(securitization)했다.[1] 이런 관점에서는 개발, 경제, 환경, 보건 등 인간(또는 자연)과 관련된 거의 모든 이슈가 안보연구의 영역에 포함되는 것으로 이해될 수 있다. 따라서 군사력의 위협, 사용, 통제 등과 관련된 전통적인 이슈의 중요성은 탈냉전기에 비해 상대적으로 축소된 것이 사실이다.

---

[1] 이런 논의는 주로 배리 부잔(Barry Buzan)과 올리 웨버(Ole Weaver)를 중심으로 한 코펜하겐학파(Copenhagen School)가 중심이 되어 제기했다.

하지만 최근 동아시아에서 관찰되는 전통적인 의미에서의 국가 간 갈등은 아직 군사적 충돌을 직접적으로 전망하기에는 시기상조이지만 그런 갈등이 지속되고 있다는 점에서 문제가 있다.[2] 그중에서도 해양 영유권(또는 관할권)을 둘러싼 갈등 또한 점차적으로 중요성을 획득하고 있는 실정이다. 즉, 동아시아는 다른 지역과는 달리 전통적인 권력정치적 요인들에 따른 무력 충돌의 가능성에 대한 존 미어샤이머(John Mearsheimer)의 비관적 전망을 부정하기 힘든 조건들이 만들어지거나 재생산되고 있다.[3]

따라서 최근 동아시아 국제정치와 관련해 소위 "지정학"의 귀환에 대한 논의가 부활하고 있다.[4] 역사상 많은 전쟁의 이유가 물질적 이익이나 안보보다 지위나 복수라는 동기에서 비롯되었다는 경험적 연구 결과와는[5] 다르게, 현재 동아시아에서는 전자의 두 요인이 물리적 충돌의 가능성을 점증시키고 있다고 할 수 있다. 여기에 해양의 경계 획정과 관련한 분쟁의 해결 원칙을 제공하고자 마련되어 1994년에 발효된 '유엔 해양법 협약'은 아직까지 주권, 자원, 항행 안전 등 복합적인 이해관계를 갖는 관련국들 사이에 명확한 해결책을 제시하지 못하고 있다.

이 글은 이런 논의의 연장선에서 동아시아의 해양 영유권과 관련된 문제들의 현황을 정리하고 전망에 대해 이론적으로 논의하려고 한다. 이를 위해 2절

---

2 북한 문제를 포함해 중국과 일본, 또는 미국과 중국의 대립, 그리고 이 글에서 주로 다루는 해양에서의 대립과 갈등이 여기에 포함될 수 있다.

3 John J. Mearsheimer, *The Tragedy of Great Power Politics*(New York: W.W. Norton and Company, 2001); John J. Mearsheimer, "The Gathering Storm: China's Challenge to US Power in Asia," *The Chinese Journal of International Politics*, Vol.3, Issue4(2010), pp.381~396.

4 최근 지정학의 귀환에 관련된 논의는 김태현, 「중국의 부상, 세계질서의 위기, 그리고 동아시아: 한국의 전략」, ≪한국과 국제정치≫, 제33권 1호(2017), 1~38쪽; 이호철, 「중국의 부상과 지정학의 귀환」, ≪한국과 국제정치≫, 제33권 제1호(2017), 39~61쪽 참조.

5 이에 대해서는 Richard Ned Lebow, *Why Nations Fight: Past and Future Motives for War*(Cambridge, UK: Cambridge University Press, 2010) 참조.

에서는 동아시아의 해양 영유권과 관련된 갈등을 간략히 검토하고, 주요 내용을 간략히 유형화한다. 3절에서는 전쟁의 원인을 설명하는 이론을 여러 수준에서 논의하고 향후 갈등이 비관적인 결과로 이어질 전망에 대해 토론한다. 마지막 결론에서는 논의의 정책적·이론적 함의와 한계를 정리한다.

2 | 동아시아 해양 갈등과 유형

동아시아의 해양과 관련된 갈등은 몇 개 유형으로 나누어 살펴볼 수 있다. 우선 직접적인 해양 영유권과 관할권에 관한 갈등이 있는데, 이는 우선 갈등 주체의 측면에서 양자적 갈등과 다자적 갈등으로 구분할 수 있다. 양자적 이슈로는 소위 서사군도[西沙群島, 영어명 파라셀제도(Paracel Islands)]로 명명되는 해역을 둘러싼 중국과 베트남의 갈등, 일본명 센카쿠열도[尖閣諸島, 중국명 댜오위다오(釣魚島)]를 둘러싼 일본과 중국의 갈등, 남쿠릴열도[일본명 북방영토(北方領土)]를 둘러싼 러시아와 일본의 갈등이 지속되고 있다고 할 수 있다.[6]

다자적 이슈 중에서 대표적인 것은 남사군도[南沙群島, 영어명 스프래틀리군도(Spratly Islands)]로 일컬어지는 해역에 대해 다수의 국가가 주권적 주장을 내놓는 사례를 들 수 있다. 남중국해의 중심인 남사군도는 영역 내의 5개국과 대만 등 모든 주체가 관련되어 있어 중국, 베트남, 대만은 남사군도 전체에 대한 영

---

6   일본은 남쿠릴열도, 센카쿠열도 외에 독도에 대해서도 지속적으로 문제를 제기하고 있으나, 우리 정부는 독도와 관련해 분쟁이 존재하지 않는다는 입장을 견지하고 있다. 일본 정부도 센카쿠열도에 대해서는 영토 분쟁 자체가 존재하지 않는다는 입장이고, 실질적으로 외교적 노력을 통해 문제를 해결하려는 적극성을 띠는 것은 남쿠릴열도 정도라고 할 수 있다. 이에 대해서는 남상구, 「남쿠릴열도 영토분쟁의 역사적 경위와 현황: 일본 정부의 대응을 중심으로」, 고봉준·이명찬·하도형 외 지음, 『동아시아 영토문제와 독도』(동북아역사재단, 2013), 224쪽 참조.

유권과 관할권에 대해 "논쟁의 여지가 없는 주권(indisputable sovereignty)"의 문제라고 주장하고 있으며,[7] 필리핀, 말레이시아, 브루나이는 부분적 영유권과 해양 관할권을 주장하는 상태다.[8] 특히 남사군도는 수백 개의 크고 작은 섬으로 구성되어 있으며, 이미 필리핀은 9개, 중국은 7개, 말레이시아는 5개, 대만은 1개의 장소를 점령하고 있다.[9] 이런 복잡성과 해양자원에 대한 이해관계 충돌 탓에 이미 이곳에서는 1974년과 1988년에 중국과 베트남 간에 해전 및 교전이 발생한 적이 있고, 스카버러 암초(Scarborough Shoal) 인근 해역에서 필리핀이 중국 어선을 공격한 적이 있으며, 2002년에는 테넌트 암초(Tennent Reef) 해상에서 중국군이 필리핀 정찰기를 공격한 적이 있다.[10]

여기에 해양 권익(maritime rights) 및 관할권(jurisdiction)과 관련된 주장들이 대립한다. 특히 이 문제는 배타적경제수역(EEZ: Exclusive Economic Zones)과 대륙붕에 대한 권리의 문제로 집약된다. 즉, 해양 관할권과 관련된 문제는 관련 당사국들이 지역 내에서 석유, 어족 및 다른 자원에 대한 이용권을 가질 수 있는지의 질문과 관련되는 것이다.

'유엔 해양법 협약'은 배타적경제수역 내에서 연안국이 각종 자원의 탐사 개발과 수역 내의 경제적 개발에 대한 주권적 권리를 실질적으로 행사하고 해상 구축물 설치 및 해양에 대한 조사에 대해서도 관할권을 행사하도록 허용하고 있다.[11] 현재 특히 남중국해에서 해양 관할권이 중요한 문제가 된 것은 관련 당

---

7   Taylor Fravel, "Maritime Security in the South China Sea and the Competition over Maritime Rights," in Patrick M. Cronin(ed.), *Cooperation from Strength: The United States, China and the South China Sea*(Center for a New American Security, 2012), p.34.

8   김동욱, 「남사군도 문제와 관련국들의 대응」, 고봉준·이명찬·하도형 외 지음, 『동아시아 영토문제와 독도』(동북아역사재단, 2013), 255쪽.

9   Fravel, "Maritime Security in the South China Sea and the Competition over Maritime Rights," p.34.

10 김동욱, 「남사군도 문제와 관련국들의 대응」, 255~256쪽.

11 '유엔 해양법 협약' 제55조 내용을 참조.

사국 중 베트남, 말레이시아, 브루나이가 자국 해안선을 기점으로 관할권을 주장하는 데 반해, 중국은 자국이 영유권을 지닌다고 주장하는 남사군도 관할권 획정 기준으로 사용하고 있기 때문이다. 그러나 '유엔 해양법 협약' 제121조에 따르면 남사군도는 "인간의 거주지 및 거주민들 스스로의 능력으로 경제생활을 지탱"할 수 없는 암석에 해당해 배타적경제수역 및 대륙붕을 확장하는 기점이 될 수 없다. 따라서 중국의 최근 남중국해 관할권에 대한 주장은 주변 국가들이 중국을 팽창주의적 국가로 인식하게 하는 중요한 요인으로 작용하고 있다고 할 수 있다.

상기 문제 외에 최근에 중요한 이슈는 소위 '항행의 자유' 문제다. 특히 남중국해는 세계적으로 가장 활발한 움직임을 보이고 있는 해상 교통로(SLOCs: Sea Lines of Communication)를 포함하고 있어 이 지역 내에서 항행의 문제는 전 세계적인 관심사가 될 수 있는 중요한 문제다. 그 때문에 동아시아 해양 문제에서 직접적인 당사자가 아닌 미국도 이 지역 내에서 항행의 자유 문제를 지속적으로 제기하고 있다. 특히 중국이 1990년대 중반 미스치프 암초(Mischief Reef)를 점령하자 미국 국무부는 동아시아 해양 영토 분쟁에 대한 미국의 입장을 발표했다. 여기에는 분쟁의 평화적 해결, 평화와 안정, 분쟁에서 중립성, 국제적 원칙의 존중이라는 미국의 입장에 추가해 항행의 자유라는 조항이 포함되었고, 이는 이후 미국이 이 지역 내에서 중국의 주장을 견제하는 데 가장 중요한 역할을 하고 있다.

물론 중국은 이러한 항행의 자유 주장에 대해 연안 국가가 배타적경제수역 내에서 제3국의 군사행동을 제한할 수 있는 권리를 가진다고 주장하고 있다. 물론 중국의 주장은 아직까지 자국이 주장하는 배타적경제수역 전역에서 행해지고 있지는 않고, 실질적인 권한의 행사는 중국 해안선에 보다 가까운 지역에서 행사되고 있다.[12]

---

12 Fravel, "Maritime Security in the South China Sea and the Competition over Maritime Rights,"

정리하자면 앞서 언급한 해양주권과 관련된, 즉 지역 내의 도서를 둘러싼 논쟁은 과거로부터 존재해 오던 문제다. 반면에 해양 관할권과 항행의 자유 문제는 이전까지 잠복하던 문제에 새로운 갈등 요인을 추가하는 방향으로 작용하고 있다고 할 수 있다. 여기에는 국제정치의 구조적인 변화 가능성과 개별 국가들의 전통적 국익 추구 행위가 복합적으로 작용하고 있다.

이미 1968년에 남중국해에 거대한 지하자원이 매장되어 있다는 보고서가 제출된 바 있다. 하지만 이 지역 내에 풍부한 어족 자원과 양질의 천연자원이 매장된 사실이 본격적으로 보고되면서 남중국해 주변국들은 자원 확보와 해상 교통로를 관련된 주장을 거듭 강화하고 있다. 그리고 미국이 2012년 1월에 공식적으로 세계의 권력 축이 동쪽으로 이동하고 있으며 미국이 이에 대해 재균형을 취해야 한다는 입장을 밝히면서[13] 미국, 중국, 관련 주변국들의 행동에 과거에 존재하지 않던 새로운 동력이 작용했다고 할 수 있다.[14] 즉, 주변국들에게 공격적으로 인식되는 중국의 주장과 지역 내에서 상대적 영향력의 감소를 우려한 미국의 입장 표명이 구조적 배경으로 작용하는 중에 미국의 그러한 주장이 남중국해의 다른 당사국들이 이슈에 대해 보다 적극적으로 주장하고 중국과의 분쟁에서 미국이 지원을 할 의도가 있다고 믿도록 하게끔 영향을 발휘했다고 볼 수 있다.[15]

---

p.35.

13 U.S. Department of Defense, *Sustaining U.S. Global Leadership: Priorities for the 21st Century Defense*(January 2012).

14 미국과 중국 외의 당사국들, 예컨대 일본과 필리핀은 미국과 상호방위조약을 유지하고 있다. 이들은 해양 영토 문제에 대해 미국이 보다 확고하게 지지를 표명해 달라고 주장할 수 있으며, 미국 역시 그러한 경우에 발생할 문제를 고민할 수밖에 없는 상황이다.

15 이미 2011년에 힐러리 클린턴(Hillary Clinton) 미국 국무부 장관이 아시아로의 회귀(pivot to Asia)를 언급한 바 있고, 같은 해 11월에 버락 오바마(Barack Obama) 미국 대통령이 미국 대통령으로서는 처음 참석한 제6회 동아시아정상회의에서 남중국해 문제를 언급하고 다른 참여국들도 남중국해 문제의 심각성에 대해 문제를 제기한 바 있다. 여기에 대해서는 Taylor

물론 남중국해에서 중국과 관련 당사국들은 2000년대 초반부터 이 지역 내의 문제를 평화적으로 해결하는 노력을 양자적·다자적으로 진행해 왔다. 예컨대 2003년에는 중국과 필리핀이 '남중국해 해저자원 공동개발 의향서'에 합의했고, 이를 바탕으로 2005년에는 중국, 필리핀, 베트남이 '남중국해 해양지진 공동탐사 협정'을 체결하기도 했다.[16] 아울러 중국과 아세안(ASEAN: Association of Southeast Asian Nations) 국가들은 원칙을 선언한 뒤 오랜 협상 과정을 거쳐 '남중국해 행동준칙(Code of Conduct in the South China Sea)'의 초안 틀에 합의한 바 있다.[17]

아울러 미국 또한 최소한 지역 내에서 중국과의 직접적 마찰을 피하려는 의도를 갖고 있기 때문에 다른 대안을 확보해 동·남중국해에서의 정보·감시 활동을 축소하거나 배타적경제수역 내에서 상호 간 군용기 및 함정의 활동을 보장하고 감시하는 데 합의하는 조약을 체결하는 방안에 대해 고민해 오고 있다. 하지만 그런 제도의 효과성에 대한 비판으로 전향적인 제안을 하지 못하는 상황이다.[18] 그런 가운데 미국과 다른 당사국들 사이에 중국이 동아시아 해양에서 소위 살라미(salami-slicing) 전술을 쓰고 이 와중에 다른 국가들이 강력히 반발할 명분을 찾지 못하다가 결과적으로 현 상태(status quo)가 점차 중국에 유리하게 정착될 것이라는 우려가 증폭되고 있다.[19]

Fravel, "Threading the Needle: The South China Sea Disputes and U.S.-China Relations," *MIT Political Science Department Research Paper*, No. 2016-23(2016), p. 10.

16 김동욱, 「남사군도 문제와 관련국들의 대응」, 257쪽.

17 "중-아세안 '남중국해 행동준칙' 초안틀 합의… '합의 내용은 비밀'", ≪연합뉴스≫, 2017년 5월 19일 자. 이 틀을 토대로 중국과 아세안 국가들은 향후 구체적 조항을 협의할 것으로 전망된다. 물론 그럼에도 여전히 중국이 남사군도에서 군사력을 증강시키고 있음이 같은 기사에서 지적되고 있다.

18 Ronald O'Rourke, "Maritime Territorial and Exclusive Economic Zone(EEZ) Disputes Involving China: Issues for Congress," *CRS Report for Congress*(July 5, 2013), p. 25.

19 Ronald O'Rourke, "Maritime Territorial and Exclusive Economic Zone(EEZ) Disputes Involving

표 7-1 **최근 10년간 관련 국가들의 국방비 추이** [단위: 100만 달러(2015년 실질가치), %]

연도 국가	2007	2008	2009	2010	2011	2012	2013	2014	2015	2016
중국	103,670	113,542	137,512	144,499	156,009	169,382	185,152	200,915	214,093	225,713
	1.9	1.9	2.1	1.9	1.9	1.9	1.9	1.9	1.9	1.9
일본	40,557	40,167	40,919	41,603	41,616	41,114	40,940	41,159	41,103	41,569
	0.9	1.0	1.0	1.0	1.0	1.0	1.0	1.0	1.0	1.0
한국	27,698	29,510	31,365	31,620	32,062	32,876	33,912	34,954	36,433	37,265
	2.5	2.6	2.7	2.6	2.6	2.6	2.6	2.6	2.6	2.7
대만	9,146	9,312	10,030	9,479	9,570	9,907	9,356	9,302	9,803	9,962
	2.0	2.1	2.3	2.0	2.1	2.1	1.9	1.8	1.9	1.9
브루 나이	375	387	380	396	381	373	373	484	424	405
	2.6	2.5	3.3	3.2	2.5	2.4	2.6	3.1	3.3	3.8
말레이 시아	4,252	4,349	4,105	3,586	4,019	3,833	4,177	4,208	4,532	4,295
	2.1	1.9	2.0	1.5	1.6	1.4	1.5	1.5	1.5	1.4
필리핀	2,809	2,810	2,702	2,838	2,886	2,926	3,326	3,071	3,336	3,990
	1.3	1.3	1.3	1.2	1.2	1.2	1.2	1.1	1.1	1.1
베트남	2,753	2,712	2,979	3,322	3,101	3,611	3,776	4,184	4,563	5,005
	2.3	2.2	2.3	2.3	2.0	2.2	2.2	2.3	2.4	2.4

자료: SIPRI Military Expenditure Database, https://www.sipri.org/databases/milex.

이런 가운데 동아시아 해양을 둘러싼 대부분의 나라가 포함된 아시아(및 오세아니아) 지역의 국방비가 최근 10년간 64퍼센트 증가했다.[20] 결과적으로 중국의 국방비는 2016년에 2250억 달러에 이르렀다. 아울러 2016년에도 아시아와 오세아니아 지역의 국방비는 4.6퍼센트 증가했다. 〈표 7-1〉에서 중국을 비롯해 앞서 언급한 나라들의 최근 국방비 흐름을 살펴볼 수 있다.

서론에서 언급한 것처럼 이 지역에 다수의 긴장이 조성되어 있다는 면에서 위와 같은 국방비 추이는 새삼스러운 것이 아닐 수 있다. 예컨대 북한 문제 때

China: Issues for Congress," *CRS Report for Congress*(June 6, 2017), p.i.

20 Nan Tian, Adude Fleurant, Pieter D. Wezeman and Siemon T. Wezeman, "Trends in World Military Expenditure, 2016," *SIPRI Fact Sheet*(April 2017), p.5.

문에 한국과 일본은 국방비를 증액하지 않을 수 없는 상황이다. 또한 전술한 것처럼 중국과 일본 사이, 중국과 다른 국가들 사이에도 남중국해 문제로 인한 갈등이 내재되어 있다. 따라서 합리적 행위자로서의 국가는 최악의 상황에 대한 필수적 대비로서 국방비에 관심을 두지 않을 수 없다. 하지만 그중에서도 주목할 만한 것은 북한으로부터의 실질적 위협에 직면한 한국과 이익의 범위를 지역적으로 확장하고 있다고 보이는 중국 외에도 필리핀과 베트남의 국방비가 상대적으로 급증했다는 점이다. 일본이나 대만의 같은 기간 국방비 증가가 크지 않은 반면에 필리핀의 국방비는 42퍼센트,[21] 베트남의 국방비는 82퍼센트 각각 증가했다.[22] 물론 이들 두 나라의 국방비가 절대적 규모에서는 동아시아의 안정과 평화를 직접적으로 위협할 정도는 아니라고 평가할 수 있다. 하지만 이들이 전통적으로 국가들이 해외 투사력을 강화하는 데 유용하다고 판단해 온 군사적 요소들, 즉 지휘 통제 통신 체제의 개선, 전략 전술 정보 체계의 개선, 다목적 전투기, 초계기, 최신예 전투함, 잠수함, 전자전 체계, 신속 대응군 등의 능력 강화에 주목하게 된다면 지역 전체적으로는 불안정성을 더욱 증대시킬 가능성이 있다.

아울러 주목할 것은 앞의 두 나라 외에 대부분의 국가가 국내총생산(GDP) 대비 국방비를 급격히 증액시키지 않고서도 이런 규모를 결과적으로 달성하고 있다는 점이다. 이는 이들 국가의 경제성장이 뒷받침되기 때문인데 그 의미는 두 가지로 나누어볼 수 있다. 첫째, 만약 필요하다고 판단된다면 이들 국가는

---

21 필리핀의 경우는 보다 면밀한 분석이 필요할 수 있다. 2015년까지 필리핀의 국방비 증액은 주로 미국, 일본과 공조해 중국을 견제하기 위한 것이라는 해석이 지배적이었지만, 최근에는 중국과도 방위 협력을 추진하고 있다는 보도가 있다. 이에 대해서는 "필리핀, 중과 방위협력 가시화… 무기구매 의향서 체결", ≪연합뉴스≫, 2017년 5월 15일 자 참조.

22 베트남의 군비 증강의 경우 남중국해 영유권 분쟁이 악화될 경우에 대비하기 위한 군사력 확충이라는 것이 비교적 일치된 평가다. 이에 대해서는 "베트남, 중국 위협 맞서 전후 최대 군비 증강 착수", ≪연합뉴스≫, 2015년 12월 21일 자 참조.

단기적으로는 보다 많은 비용을 국방비에 투여할 능력이 있다. 둘째, 이들 국가는 이런 경제성장을 저해할 갈등이 촉발되는 것을 회피하려는 성향을 가질 수 있다.[23]

이런 두 가지 가능성을 고려할 때, 향후 동아시아 해양 영유권과 관련된 문제가 전통적인 군사적 갈등으로 비화할지에 대한 명확한 전망은 현재로서는 단정적으로 이야기하기가 힘들다. 왜냐하면 현재로서는 두 가지 가능성이 분명히 모두 존재하기 때문이다. 최근에 동아시아에서 있었던 미국과 중국 간의 공해·공중에서의 여러 충돌 사례(가장 최근의 것으로는 2016년 5월 15일 중국 전투기들이 미국 해군의 EP-3 전자 정찰기에 근접 비행한 사건)에도 불구하고 아직까지 미국과 중국이 군사력을 동원해 갈등을 해결하려는 시도를 할 개연성은 높지 않다.[24] 아울러 설령 동아시아 여러 나라가 영유권과 관련한 현상에 불만을 갖고 있는 것이 사실이라고 해도 갈등의 무력 충돌로의 비화가 관련 당사국들에게 현재보다 더 큰 이익을 안겨줄 것이라는 보장이 없다. 그럼에도 현재와 같은 갈등이 해소되거나 축소되지 않고 지속된다면 다음 절에서 정리하는 여러 이론들의 비관적 전망을 부정하기는 힘든 상황이 된다.

---

23 전망이론(prospect theory)에서는 합리적 행위자들이 일반적으로 이익 국면에서는 신중한 선택을, 손해 국면에서는 보다 모험적인 선택을 할 것이라고 주장한다. 즉, 현상에서 이익을 구현할 수 있다면 비용이 수반되는 모험을 굳이 택할 이유가 없고, 현상에서 손해가 발생할 것 같다면 그 손해를 피하기 위해 도박을 할 가능성이 더 크다는 것이다. 이에 대한 토론은 Jack S. Levy and William R. Thompson, *Causes of War*(Chichester, UK: Wiley-Blackwell, 2010), pp.150~151 참조.

24 보다 구체적인 사례에 대해서는 O'Rourke, "Maritime Territorial and Exclusive Economic Zone (EEZ) Disputes Involving China," June 6, 2017, pp.10~11 참조.

3 ⁞ 동아시아 해양 영유권 갈등 전망을 위한 이론적 논의

이 절에서는 앞서 언급한 불안정 증대 요인들에 대해 이론적 관점에서 논의한다. 동아시아의 해양과 관련된 여러 이슈들에는 촉발력이 내재되어 있다. 그런데 이러한 해양 영유권 갈등이 무력 충돌로 만약 귀결된다면 이는 한 수준이 아니라 여러 수준에서 작동하는 요인들이 복합적으로 작용한 결과라고 볼수 있다. 예컨대 센카쿠열도/댜오위다오를 둘러싼 중국과 일본의 갈등은 후술할 전쟁단계 모델(The Steps to War)의 네 가지 요인 중 최소 두 가지(영토 분쟁, 경쟁 관계) 요인을 갖고 있어 국지전 발발 가능성도 존재한다.[25] 여기에 중국과 미국의 대립이라는 체제적 변수와 양국의 국내적 변수까지 상승작용을 하게 된다면 불행히도 전쟁 수준의 갈등으로 비화될 수가 있는 것이다.

따라서 여기서는 동아시아 해양 문제의 특수성을 고려해 갈등이 전쟁으로의 상승 가능성을 설명하는 이론들을 크게 체제 수준, 양자 관계(interactional) 수준, 국가 및 사회 수준, 정책 결정 과정 수준으로 구분해 비관적 전망의 가능성에 대해 토론한다.

1) 체제 수준

체제 수준에서 동아시아 해양 문제에 대해 함의를 갖는 이론은 주로 현실주의 계열의 이론으로 세력균형, 세력전이, 공격/방어 현실주의로 구분해 논의해볼 수 있다. 세력균형이론과 국제분쟁을 설명하는 이론은 주로 현실주의 계열의 이론이라고 할 수 있다.[26]

---

25 김기주·황병선, 「센카쿠(댜오위다오)열도 영토분쟁을 둘러싼 일·중 간 전쟁 발발 가능성 전망」, ≪국제정치논총≫, 제53집 2호(2013), 39~68쪽.

26 현실주의 이론의 계보에 대해서는 Stephen M. Walt, "The Enduring Relevance of the Realist

(1) 세력균형이론의 전망

케네스 왈츠(Kenneth Waltz)로 대표되는 세력균형이론의 핵심 주장은 국제 무정부 상황에서 국가는 자국의 생존을 위해 끊임없이 강대국의 동향에 관심을 가질 수밖에 없으며 필요한 경우 강대국의 헤게모니를 거부하기 위해 정책적으로 균형을 도모하기도 하며, 이를 위한 수단은 동맹과 자체 구사력 증강이라는 것이다.[27] 세력균형이론의 관점에서 현상의 변경은 국가의 생존과 밀접한 관련이 있을 수밖에 없어 체제 내의 강대국은 이러한 변화에 적극적으로 대응하게 된다. 세력균형이론의 이러한 주장은 최근 미국과 중국의 행동을 잘 요약해 주고 있다.

미국은 이미 중국이 부상하고 있다고 정의하고, 이에 재균형(rebalancing)이라는 개념을 사용한 바 있다. 즉, 미국이 동아시아에서 균형을 취하지 않으면 이 지역에서, 더 나아가서 전 세계적으로 미국의 전략적 이익이 침해될 것을 우려하고 있다는 것이다. 이는 미국이 자국의 국익을 수호하기 위해 추구하는 지역 맞춤형 억지 전략으로 대표된다.[28]

미국은 항공모함 11척 배치를 유지하고 중국의 반접근/지역거부(A2AD: Anti-Access/Area-Denial) 능력을 극복하기 위한 각종 준비를 하고 있다. 또한 미국은 지역 내에서 한국과 일본과의 기존 군사 협력과는 별도로 최종적으로 2500명 수준의 해병대 병력을 호주에 상주시킬 계획이고, 미국 군용기의 호주 공군 시설 활용도와 미국 해군의 호주 군항 활용도를 신장시키는 데 합의한 바 있다. 아울러 싱가포르에는 네 척의 연안 전투함을 배치하고, 필리핀과도 각종 군사

Tradition," in Ira Katznelson and Helen Milner(eds.), *Political Science: State of the Discipline*, III(New York: W.W. Norton, 2002) 참조.

27 세력균형이론에 대한 이해를 위해서는 Kenneth N. Waltz, "Structural Realism after the Cold War," *International Security*, Vol.25, No.1(2000), pp.5~41 참조.

28 U.S. Joint Chiefs of Staff, *The National Military Strategy of the United States of America: Redefining America's Military Leadership*(February 2011).

협력을 강화하는 계획을 이미 추진하고 있다.[29] 미국의 최근 공식적 입장은 군사력을 증강하고 동맹 및 파트너 국가들의 해양 능력 건설을 지원해 해양 자유 및 분쟁과 강압의 억제 수단을 확보하겠다는 것이다. 이를 위해 공-해전(Air-Sea Battle), 합동작전 접근 개념(Joint Operational Access Concept), 근해 통제(Offshore Control) 등의 대응책을 끊임없이 추진하고 있다.[30] 미국의 이러한 노력은 트럼프 행정부에서도 당분간 큰 변화 없이 지속되거나 강화될 것으로 전망된다.[31]

반면에 중국이 지역 내에서 추구하고 있는 것으로 간주되는 반접근/지역거부 능력 또한 미국이 지역 내에서 중국의 행동에 대한 억지력을 강화함으로써 우월적 지위를 확보하려는 노력에 대해 대응하는 것으로 파악할 수 있다. 중국도 2011년 발간한 국방백서에서 이미 원해에서의 작전 능력 강화 필요성을 지적한 바 있고, 2015년 발간한 백서에서는 해양 안보 정세를 심각하게 평가했다. 중국은 이미 아시아 해역에서 가장 많은 300척 이상의 군함을 보유하고 있으며 잠수함과 항공모함 전력도 강화하는 추세다. 여기에 제2포병에 DF-21D 미사일 전력도 구축해 놓은 상태다.[32] 이러한 중국의 노력에 대해 많은 이들이 반접근/지역거부 전략이라고 지칭하고 있는데, 만약 이러한 능력이 실제 구현된다면 미국의 입장에서는 수십 년간 향유해 온 공유 공간에 대한 지배력을 상실하게 되는 중대한 국면에 처한다고 우려하고 있다.[33] 물론 이러한 우려에 대

29 Mark E. Manyin, Stephen Daggett, Ben Dolven, Susan V. Lawrence, Michael F. Martin, Ronald O'Rourke and Bruce Vaughn, "Pivot to the Pacific? The Obama Administration's 'Rebalancing' Toward Asia," *CRS Report for Congress*(March 28, 2012), pp. 4~5.

30 박영준, 「미-중간 해양경쟁과 아태지역 안보질서 전망」, 『EAI 국가안보패널 연구보고서』(2016년 12월), 19~20쪽.

31 백병선, 「트럼프 집권기 주변 4강의 리더십 간 역학관계 전망 및 한국의 해양안보」, ≪국가전략≫, 제23권 2호(2017), 147~178쪽.

32 박영준, 「미-중간 해양경쟁과 아태지역 안보질서 전망」, 9~14쪽.

33 이에 대해서는 Barry Posen, "Command of the Commons: The Military Foundation of U.S. Hegemony," *International Security*, Vol. 28, No. 1(2003), pp. 4~46 참조.

한 비판적 시각, 즉 중국의 반접근/지역거부 능력을 강조하는 것은 다분히 과장된 것이라는 시각도 존재한다.[34]

세력균형이 거의 필연적으로 수반되는 동맹의 문제는 동아시아 지역에 크게 세 가지의 동력을 제공할 것이다. 첫째, 미국이 동아시아 지역에 동맹 및 파트너 국가들을 갖고 있어서 이들은 미국의 대중 억지 또는 봉쇄 노력에 긍정적으로 작용해 미국과 중국을 중심으로 하는 갈등의 촉발을 억제하는 영향을 발휘할 수 있다. 둘째, 역으로 이는 중국의 자국 포위에 대한 위협감을 증폭시켜 중국의 군사력 현대화를 촉진시키고 강대국 간의 전략적 불신을 강화하는 계기로 작용할 수 있다. 셋째, 미국은 지역 내 동맹 및 파트너 국가들과의 관계에서 동맹의 딜레마를 갖게 되어 결과적으로 중국의 직접적 대응을 초래할 자극적 행동을 자제할 가능성이 있다.[35]

(2) 세력전이론의 전망

앞서 언급한 세력균형의 모습은 사실상 세력전이의 모습일 수도 있다. 왜냐하면 왈츠의 세력균형은 일반적으로 패권국의 지위를 노릴 만큼 강력한 국가의 출현에 대해 일종의 반동맹이 형성된다는 논의인데, 최근 미국은 패권국에 근접했던 국가가 상대적 국력의 저하를 경험하면서 이를 만회하기 위해 노력하는 모습을 보여주는 측면이 있다. 세력전이론은 부상하는 국가가 기존 패권

---

34 이에 대해서는 Stephen Biddle and Ivan Oelrih, "Future Warfare in the Western Pacific: Chinese Antiaccess/Area Denial, U.S. AirSea Battle, and Command of the Commons in East Asia," *International Security*, Vol.41, No.1(Summer 2016), pp.7~48 참조.

35 미국이 갖게 될 동맹의 딜레마는 동맹국 때문에 원치 않는 갈등에 결부되는 연루(entrapment)와 동맹국에 대한 안보 공약의 신뢰도를 의심받게 되는 상황 사이에 존재한다. 물론 미국으로서는 방기의 비용이 아주 크다고 할 수는 없지만 미국의 전 세계적 리더십을 위한 평판 유지는 필요하다. 그러한 평판을 유지하기 위한 노력이 결국에는 연루의 위험성을 높일 가능성이 있다. 동맹의 안보 딜레마에 대해서는 Glenn H. Snyder, "The Security Dilemma in Alliance Politics," *World Politics*, Vol.36, No.4(1984), pp.461~495 참조.

국 주도의 세계 질서에 만족하지 못하는 상황에서 발생하는 체제적 불안정성에 대해 경고한다.[36]

세력전이론에 따르면 체제 내에서 부상하는 국가가 기존 질서에 불만족하고 선두 주자의 국력에 근접하면서 이를 추월할 가능성을 갖고 있을 때 가장 위험한 상황에 직면해 무력 충돌 가능성이 상당히 높아진다. 여기서 권력의 상대적 부침의 흐름은 국가 간 상이한 성장률에서 기인하는 것이어서 되돌릴 수가 없어 세력전이 자체는 불가피하다고 전제된다. 따라서 문제는 전이가 어느 정도 발생하는지(선두 주자의 80퍼센트 초과, 또는 20퍼센트 초과)와 부상 국가가 기존 질서에 어느 정도 불만족스러운지로 귀결된다.[37] 물론 이론에서 평화적 세력전이의 가능성을 완전히 부정하는 것은 아니다. 다만 그 가능성이 높아지기 위해서는 부상 국가가 기존 질서를 군사력을 동원해서 변경하려는 시도를 하지 않아야 한다.

이런 관점에서 보면 중국의 부상은 부인할 수 없는 사실이고, 실제로 미국과 중국 사이의 국력 격차도 줄어들고 있어서 중국이 미국 주도의 현존 질서를 어느 정도 감내할지가 중요한 문제가 될 수 있다. 이론의 비관적 전망처럼 미국이 중국의 핵심 이익과 관련된 불만을 고조시킨다면 문제가 보다 심각해질 수 있다.[38] 특히 세력전이론의 가장 비관적 전망 가운데 하나는 부상하는 국가 또는 기존 패권국이 세력전이를 촉진시키기 위해서 또는 패권을 유지하기 위해서 예방전쟁에 호소할 가능성이 있다는 것이다. 역사상 많은 전쟁들이 예방

---

36 세력전이론에 대한 개략적 이해를 위해서는 Jacek Kugler and Douglas Lemke, "The Power Transition Research Program: Assessing Theoretical and Empirical Advances," in Manus I. Midlarsky(ed.), *The Handbook of War Studies*, II(Ann Arbor, MI: University of Michigan Press, 2000), pp.129~163 참조.

37 Levy and Thompson, *Causes of War*, p.44.

38 따라서 미국이 조심스럽게 중국의 핵심 이익과 공존하는 방식을 취하리라는 전망도 존재한다. 이에 대해서는 Steve Chan, *China, the U.S. and the Power-Transition Theory: A Critique* (New York: Routledge, 2008) 참조.

전쟁의 일환으로 시작되었다는 평가를 고려한다면 동아시아에서 향후 미국과 중국의 상호 간 행동은 여전히 발화성을 갖고 있다고 볼 수 있다.

(3) 공격현실주의와 방어현실주의

신현실주의 이론의 한 분파인 공격현실주의 이론에 따르면 국가는 가능한 경우 기회주의적으로 더 많은 권력을 추구해 체제 내에서 가장 강한 국가가 되려고 하는 경향을 지닌다. 이는 국제 무정부 상태로부터 비롯된 국가들의 공통된 속성인데, 이러한 행동 때문에 다른 국가에 대해서는 결과적으로 공격적 행동을 하게 된다.

최근의 동아시아 상황이 세력전이적 흐름일 가능성이 있다고 앞서 지적했다. 하지만 아직 미국은 재균형을 동아시아 지역에서 강요할 능력이 있다고 볼 수 있다. 또한 이러한 노력은 미국의 실질적 부담을 줄이는 역외균형(offshore balancing)을 통해 진행될 수 있다. 즉, 아직까지 미국은 이 지역에서 최소한 전략적 선택이 가능한 상황으로 볼 수 있다.

반면에 중국의 최근 움직임도 공격현실주의 관점에서 충분히 예상할 수 있는 일이다. 경제적 성장이 뒷받침되는 상황에서 중국은 핵심 이익 영역이 확장되고 그러한 영역을 보호할 능력을 점차 구비하고 있다. 반면에 미국은 이라크와 아프가니스탄에 집중해야 하고 경제력의 상대적 쇠락을 경험하는 가운데 중국은 자국의 이익을 수호하기 위해 보다 적극적인 행동을 할 수 있다는 판단을 내렸다고 볼 수 있다. 물론 그러한 행동에는 비용이 수반되겠지만 그보다는 이익이 더 크다고 판단한다면 중국도 보다 적극적인 행동을 지속할 가능성이 크다.

따라서 미어샤이머가 주장하는 것처럼 평화적인 중국의 부상은 불가능할 수 있다. 그러한 주장의 이유는 중국의 부상이 주변국들에게 위협을 안겨주기도 하지만, 동시에 미국도 공격적인 방식으로 행동할 것이기 때문이다. 미어샤이머가 판단하기에 현재 중국의 모습은 미국이 서반구의 지역 패권국으로 부상할 때의 모습을 연상시키며 따라서 중국이 그러한 부상을 자발적으로 포기할 것으로 생각하기는 힘들다. 물론 중국이 동아시아의 지역 패권을 장악한다면 그 뒤에 벌어질 상황에 대해 미국이 잘 알고 있기 때문에 미국은 그러한 상황이 발생하는 것을 방기하지 않으려고 할 것이다. 이는 결국 양국 또는 세력 간의 군사적 충돌 가능성까지 예견해야 하는 상황으로 귀결되리라는 것이 미어샤이머의 견해다.[39]

물론 방어현실주의의 관점에서 비극적인 충돌을 방지할 가능성을 찾을 수 있다. 왜냐하면 방어현실주의가 보는 국가는 권력의 상대적 확대보다는 안보를 원하기 때문이다.[40] 즉, 국가가 군사력을 강화하는 이유도 안보를 증대시키기 위한 수단적 의미를 갖기 때문에, 비록 경쟁하는 국가들도 권력의 극대화가 아니라 안보를 추구하는 모습이 드러난다면 나선형으로 고조되는 군비경쟁과 국가 간 안보 딜레마의 영향은 최소화할 수 있는 것이다.[41]

미국의 주장은 지역 안정을 위해 미국 군함의 항행의 자유를 보장받아야 한다는 것이다. 이것은 중국이 자국의 핵심 이익 침해에 대해 피해 의식을 갖고 강경한 대응을 지속할 가능성이 있고, 결과적으로 지역 안정이 저해되어 군사력의 사용 가능성이 높아지는 상황을 미국은 걱정하지 않을 수 없다. 마찬가지로 중국도 경제의 안정적 성장에 주안점을 두는 동시에 미국과의 군사적 충돌을 아직까지 감내할 자신이 없는 상태다. 이렇다면 중국은 미국의 지역 안보와 분쟁에서의 역할 확대를 암묵적으로 받아들이고, 미국은 남중국해에서 중국의

---

39 Mearsheimer, "The Gathering Storm: China's Challenge to US Power in Asia"; Mearsheimer, "Can China Rise Peacefully?," *The National Interest*, Vol. 25, No. 1(October 2014).

40 대표적인 방어현실주의 주장에 대해서는 Robert Jervis, "Cooperation under the Security Dilemma," *World Politics*, Vol. 30, No. 2(January 1978) 참조.

41 그렇다고 해도 갈등 관계에 있는 국가들이 상대방의 의도를 정확히 파악하는 것은 힘들 수 있고, 여기에 후술할 단위 수준의 요인들이 결합하면서 방어현실주의 논의에서 전쟁 가능성이 완전히 배제되는 것은 아니다.

존재감의 증대를 암묵적으로 받아들이는 방어현실주의적 타협이 가능할 수도 있다.[42] 이러한 주장을 강화할 때의 딜레마는 지역 안정을 위해 미국은 자국 군함의 항행의 자유를 보장받아야 하는데, 실제로 미국이 원하는 항행의 자유 때문에 중국이 자국의 핵심적 이익을 침해받는다고 판단해 강경한 대응을 지속한다면 결과적으로 지역 안정이 저해되는 쪽으로 귀결될 가능성이 적지 않게 존재한다는 것이다.

2) 양자 관계 수준

(1) 적수관계 모델

국제정치에서 실제 전쟁으로 이어지는 구체적인 경로를 발견하기 위한 시도 중의 하나가 국제 적수관계(international rivalry) 모델이다.[43]

이 모델은 크게 두 가지 사실에 주목한다. 첫째, 소수의 국가군이 빈번하게 전쟁에 참여하는데 대부분 동일한 적하고 반복한다는 것이다. 둘째, 국가들은 모든 잠재적 적국에 대해 집중하지는 않고, 위협적 국가의 우선순위를 정하게 된다는 것이다.[44]

모델에 따르면 이 두 가지를 결합하면 어떤 국가들이 서로 전쟁 행위에 개입될 가능성이 높은지를 판단할 가능성이 커진다. 적수는 외교정책 결정자들이 '가장 적대적일 것(most likely antagonists)'으로 지목하는 국가가 되고, 일단

---

42 이런 가능성에 대해서는 Fravel, "Threading the Needle: The South China Sea Disputes and U.S.-China Relations," p.26.

43 적수관계 모델에 대해서는 가령 Paul F. Diehl, *The Dynamics of Enduring Rivalries*(Urbana: University of Illinois Press, 1998); Michael Colaresi, Karen Rasler and William R. Thompson, *Strategic Rivalry: Space, Position, and Conflict Escalation in World Politics*(Cambridge: Cambridge University Press, 2007) 참조.

44 Levy and Thompson, *Causes of War*, p.56.

적수관계가 발생하면 수십 년 이상 지속될 수 있다. 이는 그들이 갖고 있는 이해관계의 충돌이 쉽게 해소되지 않기 때문이다.

중요한 점은 이러한 적수관계가 영토 분쟁, 군비경쟁, 관심 전환 등의 국제적 관계의 위험성을 증대시켜서 중요하지 않은 대상이 적수 사이에서 굉장히 중요한 상징적 가치를 부여받기도 하고, 서로 간의 타협 노력도 불신 때문에 교묘한 술책으로 인식되기도 한다. 이러한 관계가 존재하면 정치 지도자는 적수를 어떻게 다루는지에 대한 여론에 민감하게 되기도 하지만, 동시에 적수관계를 이용해서 국방비를 증가시키는 등으로 행동할 수도 있다.[45] 한국과 일본 사이에 독도가 이슈가 되는 것은 양국이 실질적으로 평가하는 독도의 가치보다 한국이(또는 일본도) 독도에 대해 부여한 정치적인 가치가 상대적으로 크기 때문일 수 있다. 일본 또한 다른 해양 영토 분쟁에서 획기적인 전환점을 찾지 못하는 상황에서 독도 문제에서 밀릴 수 없는 정치적인 부담을 지도자들이 가질 수 있다.

(2) 전쟁단계 모델

앞서 언급한 전쟁단계 모델은 전쟁에 대한 단선적인 설명이 아니라 여러 변수가 단계적으로 결합해 무력이 결부된 분쟁을 전쟁으로까지 상승시킨다고 주장하는 설명이다. 여기에 앞의 적수관계 모델에 특정 이슈를 결합시켜 더 구체적인 전망을 할 수 있게 한다. 이 모델은 영토 분쟁의 유무, 분쟁 관계 국가의 동맹 유무, 분쟁의 재발 여부, 상호 간 군비경쟁 여부 등 네 가지 변수가 해당 국가들 사이 전쟁 가능성에 중요한 영향을 미친다고 주장한다.[46] 이 모델에 따르면 영토 분쟁을 경험하고 있는 국가들이 동맹국을 갖고 있고, 전통적으로 경

---

45 같은 책, pp.58~59.

46 Paul D. Senese and John A. Vasquez, "Assessing the Steps to War," *British Journal of Political Science*, Vol.35, Issue 4(October 2005), pp.607~633.

쟁 관계에 있으며, 군비경쟁을 경험한다면 5년 이내에 전쟁을 경험할 확률이 90퍼센트가 된다.[47]

이 모델의 중요한 함의는 소위 '현실주의적' 처방(realpolitik strategies)의 위험성에 대한 경고다. 일련의 현실주의자들은 강압적 처방을 안보를 위한 최선의 수단으로 이해하는 경향이 있지만, 이 모델은 그런 수단들이 전쟁 발발 가능성을 높이는 것으로 이해한다. 즉, 모든 영토 분쟁이 전쟁으로 귀결되지는 않는 것이 사실이지만, 전쟁으로 귀결되는 모든 영토 분쟁은 해당 국가들이 상기 현실주의적 대응을 했음이 관찰된다는 것이다. 따라서 이 모델에서는 이런 관계를 "전쟁으로 가는 현실주의적 경로(realist road to war)"라고 명명한다.[48]

종합한다면 영토 분쟁, 경쟁 관계, 현실주의적 처방이 서로 상승작용을 일으킬 가능성이 높기 때문에 전쟁을 방지하려면 현실주의적 전략 문화의 재생산에서 탈피해 보다 전쟁 회피적인 정책을 펼 수 있어야 한다는 것이다.

3) 국가 및 사회 수준

국가의 내부적 요인이 국제적 분쟁에 영향을 미친다는 설명 중에서 통나무돌리기연합(log-rolled coalition) 모델과 전환이론이 국제 해양 분쟁과 관련한 함의를 가질 수 있다.

(1) 통나무돌리기연합 모델

잭 스나이더(Jack Snyder)가 제시한 통나무돌리기연합 모델은 국가의 과대 팽창을 설명하기 위한 것이다.[49] 설명에 따르면 개념적으로 과대 팽창은 기본

---

47 같은 글, pp.631~632.

48 Levy and Thompson, *Causes of War*, p.61.

49 Jack Snyder, *Myths of Empire: Domestic Politics and International Ambition*(Ithaca: Cornell

적으로 사회에 손해가 되는 일인데도 불구하고 가능한 이유가 이것이 권력을 장악한 엘리트에게 이득이 되기 때문이다. 그런데 그렇게 되는 유일한 경우는 엘리트의 사이즈가 상대적으로 작아서 팽창의 이익은 상당하고 비용은 사회에 전가할 수 있을 때다. 그런데 특정 엘리트 집단이 그런 상황을 만들기는 현실적으로 불가능하고 따라서 그에 대한 효과적인 해결책이 통나무돌리기연합이 된다.[50]

이 연합은 한 국가 내의 주요 엘리트들이 겹치지 않는 제한적인 이익을 갖고 있을 때 가능해진다. 즉, 단독으로 이들이 권력을 차지하기는 힘들지만 합치게 되면 정치적 영향력이 충분해지면서도 굳이 이익은 나누지 않아도 되는 상황이다. 여전히 비용은 사회에 전가할 수가 있다. 이러한 연합이 결성되어 추진하는 정책은 상이한 이해를 실현시키는 방향으로 작용해 개별적 이해만 결부되어 있을 때보다 더욱 팽창적이게 되고 가용 자원의 범위를 넘어서는 성격을 띨 가능성이 있다.[51] 그것이 바로 과대 팽창이다.[52]

그러는 과정에서 대중은 엘리트들이 만드는 소위 전략적 신화(strategic myths)를 받아들이면서 엘리트들의 권력과 정책에 동조하게 된다는 것이 스나이더의 주장이다. 물론 대중이 그러한 비합리적인 팽창주의적 정책에 반대를 하면 되지만, 주요 엘리트들이 팽창주의적 정책을 정당화하는 전략적 신화를 고취함으로써 자신들의 권력과 정책을 정당화하기 때문에 지속될 수 있다는 것이 스나이더의 주장이다.[53]

University Press, 1991).

50 Levy and Thompson, *Causes of War*, pp.93~94.

51 같은 책, p.94.

52 과대 팽창의 대표적 사례로 제1차 세계대전 이전 독일에서 있었던 철-호밀 연합(iron and rye coalition)을 들 수 있다. 여기에 대해서는 Levy and Thompson, *Causes of War*, p.95 참조.

53 이러한 전략적 신화는 타국의 적대성, 타국의 역사적 부당함, 팽창적 정책의 전략적·경제적인 가치, 타국에 대한 강경책으로 타국이 굴복할 가능성, 적은 비용으로 승전할 가능성에 대한 과장 등으로 구성된다. Levy and Thompson, *Causes of War*, p.94 참조.

(2) 전환이론

국내 정치적 기반의 강화 또는 정당성 확보의 차원에서 정치 지도자가 외부의 위협을 강조하거나 외부의 적에 대한 적대감을 선전할 수 있다는 전환이론은 국가 간의 갈등을 설명하기 위해 자주 활용되어 왔다.

물론 국내 정치적 어려움이 항상 외부의 속죄양 찾기로 연결되지도 않고, 관심 전환을 위한 시도가 항상 전쟁으로 이어지지는 않는다는 지적은 타당하다. 그러나 동아시아 해양 문제와 관련해 더욱 중요한 이론적 질문은 어떤 조건에서 정치 지도자가 전환 전략을 취하는가 하는 점이다. 이에 대해서는 계량적 연구를 통해 과반 이하(low-to-moderate levels)의 정치적 지지도와 경제적 성과가 좋지 않은(poor economic performance) 상황에 처한 정치 지도자가 전환 전략을 채택할 가능성이 높다는 추론이 도출된 바 있다.[54] 또한 민주주의국가의 경우에는 선거 결과가 너무 자명하게 예상될 만큼 가깝지 않은 선거 국면에서 외부의 속죄양을 찾을 가능성이 크다고 지적된다.[55]

이 이론에서는 누가 전환의 대상이 되는지가 중요한데, 이에 대해서는 이길수 있는 상대나 역사적 적수가 좋은 대상이 될 수 있다고 판단된다.[56] 아울러한편으로는 영토적 갈등에 처한 국가가 갈등의 당사국에 의지를 과시하기 위해 무력 사용을 위협할 수도 있지만, 잠재적인 다른 분쟁과 관련된 제3자에게 결연한 의지를 과시하기 위해 강압적 행동을 할 수도 있다.[57] 이는 동아시아 해양 문제와 관련해서도 중요한 함의를 지닐 수 있다.[58]

---

54 Levy and Thompson, *Causes of War*, p.101.

55 Bruce M. Russett, "Economic Decline, Electoral Pressure, and the Initiation of International Conflict," in Charles Gochman and Alan Sabrosky(eds.), *The Prisoners of War: Nation-States in the Modern Era*(Lexington, MA: D.C. Heath, 1990).

56 Levy and Thompson, *Causes of War*, p.102.

57 Krista E. Wiegand, "Militarized Territorial Disputes: States' Attempts to Transfer Reputation for Resolve," *Journal of Peace Research*, Vol.48, No.1(2011).

58 이렇듯 전환이론 중 전환전쟁이론(diversionary war theory)은 국내적으로 위기에 처한 정부

아울러 향후 미국 경제의 회복 여부가 전환이론적 함의를 가질 수 있다. 미국 경제는 최근 완만한 회복세를 보이고 있지만, 이것이 도널드 트럼프(Donald Trump) 대통령의 공약 사항인 양질의 일자리 제공으로 이어질지는 아직 미지수다. 트럼프 경제 공약의 핵심은 제조업에 종사하는 중산층에게 일자리를 돌려주겠다는 것인데, 각종 무인 기술의 진전에 따른 자동화 추세로 이 공약은 결국 달성되지 못할 가능성이 크다.[59] 오히려 제조업 규모는 성장하지만 일자리는 정체되어 양극화가 심화될 가능성도 있다. 만약 상황이 이렇게 된다면 역대 미국의 많은 대통령이 그러했듯이 국제정치적으로 성과를 거두어 낮은 지지도를 상쇄하기 위해 조급하거나 결집 효과를 거둘 만한 행동을 선택할 가능성도 생기게 될 것이다.

4) 정책 결정 과정에서의 전망

국가의 외교정책 결정은 합리성 가정에서 출발하는 것이 일반적이다. 하지만 실제로 구현할 수 있는 합리성은 제한적이고, 그러한 제한적 합리성조차 여러 요인으로 왜곡된다. 이러한 합리성을 왜곡하는 요인 가운데 오인과 신념에 따른 합리성 저해는 제외하고 조직의 측면에서 나타날 수 있는 문제점에 대해 논의한다.[60]

가 입지를 강화하기 위해 외부 위협을 강조하고 갈등을 야기할 수 있음을 지적한다. 반면에 전환평화이론(diversionary peace theory)은 국내적 불안정을 만회하고자 다른 국가와 협력할 수도 있다고 주장한다. 이에 대해서는 Taylor Fravel, "Regime Insecurity and International Cooperation: Explaining China's Compromises in Territorial Disputes," *International Security*, Vol.30, No.2(2005) 참조.

59 2017년 세계경제포럼 보고서.

60 오인은 개념적으로 정의하기 어렵다는 문제와 관찰도 용이하지 않다는 어려움을 기본적으로 갖고 있다. 따라서 그 인과적 중요성에 대해서는 여전히 논란의 여지가 있다.

(1) 관료정치 및 조직과정 모델

관료정치 모델과 조직과정 모델[61]을 결합해 본다면 국가의 외교·안보 정책
은 국가가 단일 행위자가 아니며 정책 결정 과정에 참여하는 다양한 집단들이
서로 다른 목표와 권력을 갖고 서로 다른 절차에 따라 정책 목표를 설정하고
추진하고자 노력하기 때문에, 반드시 국가이익을 최적화하도록 결정되지 않을
수 있다고 주장한다.

관료정치 모델은 정책 결정 과정에 참여하는 주요 행위자들의 정책 선호와
권고가 서로 다를 수 있고, 그렇게 서로 다르게 부여된 임무를 수행하기 위해
가능한 자원을 최대화하려는 성향을 지닌 각 조직이 조직의 목적과 목적 실현
을 위해 미래 자원을 증가시키기 위한 수단으로서 조직 이해의 실현을 위해 노
력하는 성향을 지닐 수 있다고 본다.[62] 이렇게 서로 다른 조직들 간에 다른 정
책 선호가 결정 과정에서 정치적 과정을 거치게 되고 결국 정책은 외부 위협에
대한 국가이익의 합리적 극대화가 아니라 내부적인 정치 타협의 결과가 될 가
능성이 농후해진다.

해양 분쟁과 관련해서 관료정치 모델의 함의는 갈등 상황에서의 정책적 선
택에 대해 각 조직들마다 서로 다른 대안을 제시할 가능성이 있다는 것이다.
더구나 각국에서 같은 역할을 하는 조직이 같은 대안을 도출해도 각국 내에 관
료 조직 간의 권력관계와 최고 정책 결정권자와의 친소 관계에 따라 국가별로
상이한 대안이 도출될 가능성이 존재한다.

조직과정 모델은 정책 결정 과정에 참여하는 조직이 기존에 정해진 절차와
규범에 따르려는 성향 탓에 국가의 전체적인 합리성을 구현하는 데 방해가 될
수 있다는 주장을 한다. 즉, 각각의 조직이 미래 지향적으로 상황에 따른 최선

---

61 이 두 모델에 대한 보다 더 자세한 논의로는 Graham Allison and Philip Zelikow, *Essence of
Decision*(2nd ed.)(New York: Longman, 1999) 참조.

62 Levy and Thompson, *Causes of War*, p.164.

의 결과를 도출하도록 전략을 선택하는 것이 아니라 문제에 맞는 특정 정책을 자동으로 실행하도록 구축된 표준 절차를 이행할 가능성이 크다는 것이다.[63]

이 두 가지 모델을 결합하면 전쟁의 발발 가능성을 높이는 세 가지 경로가 포착된다. 첫째, 국가의 선호도와 전략 형성에 영향을 미치는 지엽적인 조직적 이해의 영향이 있다. 둘째, 첩보의 정치화(politicization of intelligence)를 포함하는 조직화한 정보의 왜곡(organizationally induced distortion of information)이 최고 정책 결정권자에게 이어질 가능성이 있다. 셋째, 조직적 행동에서 경직성이 전략적 선택에 영향을 미칠 가능성이 있다. 일단 해양 분쟁이 발생한 경우에는 각국의 대처가 조직 및 과정 측면에서 반드시 일치하지 않을 수 있고, 각국의 조직이 중앙정부의 공식적 정책과 다른 경로를 따를 가능성도 있다.

4 | 결론

국제분쟁이나 전쟁은 경쟁하는 둘 이상 국가의 상호작용 결과이고, 각국의 행동에 다른 수준의 변수가 영향을 미칠 수 있다. 따라서 동아시아 해양 갈등을 전망하기 위해서는 다른 수준의 변수들이 어떻게 결합해 전쟁 또는 평화의 가능성에 영향을 미치는지를 이론적으로 검토할 필요가 있다. 분명한 것은 갈등이 전쟁으로 이어지는 데 복수의 경로가 존재한다는 것이다. 이것은 논의한

---

63 절차 준수적(routine-driven) 조직의 대표적인 예가 군대다. 실제로 그레이엄 앨리슨(Graham Allison)의 연구 대상이었던 쿠바 미사일 위기 때도 미국 해군은 대통령의 지시보다 정해진 절차에 따른 해상봉쇄를 실행함으로써 자칫 의도하지 않은 전쟁으로 귀결될 가능성을 열어놓기도 했다. 또한 일본의 진주만 공격 때도 미국은 일본의 공격에 대해 상당한 정보를 갖고 있었지만, 육군과 해군 사이의 경쟁 관계, 정보 통제력 확보, 정보 공유에 대한 조직 내의 절차 부재 탓에 정보가 산재되어 결과적으로 공격당하게 되었다는 연구도 있다. 이에 대해서는 Levy and Thompson, *Causes of War*, p.166.

여러 이론이 비관적인 동결과성(equifinality)을 지시할 가능성을 의미한다.

먼저 체제 수준에서 세력균형론과 세력전이론은 미국과 중국 사이에 역내 불안정을 증대시킬 요인이 잠복해 있음을 제시한다. 공격현실주의의 관점에서는 미국과 중국의 역내 패권 다툼은 거의 불가피하고 결과는 비극적일 수 있다. 유일하게 낙관적인 가능성을 시사하는 방어현실주의 전망이 현실화되기 위해서는 지극히 조심스러운 양국의 정책 결정이 선행되어야 한다. 즉, 아직까지 미국과 중국의 직접적 충돌이 발생하지 않은 것은 다행스러운 일이나, 여전히 중국은 미국의 대중국 봉쇄를 우려하고 미국은 중국이 국제 원칙에 어긋나게 자기중심적으로 항행의 자유를 정의한다고 주장하고 있다. 여기에 양자 관계 수준, 국가 및 사회 수준의 이론들, 정책 결정 과정 모델들도 현 시점에서 낙관적 전망에 기여하는 바는 크지 않다. 오히려 체제적 수준의 불안정 요인과 그 하위의 불안정 증대 요인들이 상호 결합해 상황을 악화시킬 가능성을 전망하는 것이 더 합리적일 수 있다.

이러한 가운데 현 상황을 제1차 세계대전 이전의 상황과 비교하려는 시도가 있다. 잠재적 경쟁자의 급부상, 총력전의 가능성에 대한 회의적 태도, 경제적·사회적·정치적 상호 의존의 심화, 영토 문제와 관련된 민족주의의 고양, 사전적 준비 태세의 일환으로 주적에 최적화된 군사작전 개념의 수립, 동맹의 결속력 심화, 권력과 위신을 신속히 신장시키려는 기습적 조치의 유혹 등이 두 시기의 대표적 유사성이라는 것이다.[64] 누구도 대규모의 전쟁을 예상하지 못하던 시기에 앞의 요소들이 상호작용해 세계대전으로 이어졌다는 것이다.

이렇게 고민을 공유한 가운데 로버트 저비스(Robert Jervis)의 안보 협력에 대한 주장에 주목할 필요가 있다. 즉, 안보 협력은 개별 국가의 독자적인 안보 추구가 고비용을 수반할 뿐만 아니라 위협하다는 인식을 통해 시작되고 유지될

---

64 Graham Allison, "Don't Worry, the Next World War is not upon Us… Yet," *Defense One*(July 31, 2014).

가능성도 있다는 것이다.[65] 따라서 안보 협력이 가능한 조건을 구축하는 노력을 기울인다면 협력이 이루어져 동아시아 지역에 더 나은 평화와 안정이 구현될 가능성이 없는 것은 아니다. 물론 저비스가 설명하는 안보 협력 구현의 조건은 간단하지 않다.

첫째, 주변 강대국들이 협력을 위한 안보 레짐의 구축을 원해야 한다. 즉, 강대국들도 일방주의적 행위보다 제한적인 환경을 선호해야 한다는 것이다. 둘째, 참가국들이 타국도 상호 안보와 협력에 대한 가치를 공유하고 있다고 신뢰해야 한다. 셋째, 참가국들이 팽창 의도를 포기함으로써 안보 딜레마의 작동을 멈추어야 한다. 넷째, 전쟁이나 일방주의적 안보 추구가 심각한 비용을 수반한다고 인식되어야 한다.

동아시아에서 그동안 다양하게 진행되어 온 다자적인 협력, 예컨대 아시아-태평양경제협력체(APEC: Asia-Pacific Economic Cooperation), 아세안+3, 동아시아정상회의(EAS: East Asia Summit) 등은 동아시아 국가들의 전향적 협력을 심화시키는 데 실패했고, 유일하게 작동되고 있는 다자 협력 기제인 아세안지역안보포럼(ARF: ASEAN Regional Forum)은 제도화의 정도가 상대적으로 낮고 국가 간 대화의 장려를 통해 점진적으로 안보를 증진시키려는 협력 안보적 모습을 보여주고 있다. 이러한 아세안 방식(ASEAN way)의 의미가 없는 것은 아니지만 동아시아 안보 질서의 변화를 따라가기에 충분하지 않은 것도 사실이다.

아울러 최근 국제정치 상황은 세계사적 대변환의 전조를 보여주는 것이라는 평가도 나오고 있다. 영국의 유럽연합(EU: European Union) 탈퇴라는 충격적인 사건과 트럼프의 미국 대통령 당선으로 대두된 트럼피즘(Trumpism)은 개별 국가적 사안이 아니라 전후 미국과 영국을 중심으로 공고하게 유지되어 온 자유주의적 세계 질서의 한 축의 붕괴를 예고하는 것이라는 평가도 있다. 그런 가운데 경제적으로도 세계적 불확실성이 현저히 증가했다. 우선 미국이 장기

---

65   Robert Jervis, "Security Regimes," *International Organizations*, Vol. 36, No. 2(1982), p. 358.

간의 고민 끝에 금리를 인상하면서 국제 유동성의 축소, 신흥국 통화가치의 하락과 함께 선진국 간 통화정책 비동조화에 따른 국제금융시장 변동성과 혼란이 증대될 가능성이 커졌다. 이에 따라 글로벌 생산·분업 체계의 약화, 세계경제 성장과 교역량 간의 상관관계 약화, 보호무역주의 강화로 전체적인 교역량이 위축될 전망이다. 아울러 그동안 개발도상국의 상징으로 여겨졌던 소득 양극화가 선진국 경제에서도 심화되면서 소득 불평등이 세계 금융 위기 이후 경제 회복을 저해하는 주요 원인으로 자리 잡는 복합적 위기가 동시다발적으로 진행되고 있다.[66]

현재까지 드러난 미국 트럼프 행정부의 대외 전략의 기조와 아시아 정책 기조를 통해 본다면 미국 우선 기조에 따라 미국의 국제적 역할이 부분적으로 축소될 가능성이 있다. 즉, 복합적 위험이 존재하는 세계에서 미국의 안전을 지키는 최상의 방법은 '위대한 미국의 재건(make America great again)'이라는 인식이 트럼프 대통령의 사고 저변에 깔려 있다고 할 수 있다. 이는 해외 군사개입 축소, 동맹과 우방의 방위 분담 확대, 세계 경찰이라는 역할 대신에 미국의 국익에 집중하는 노선으로 표면화하고 있다. 미국은 실질적 국익을 우선시하고 군사력을 불필요하게 역외에 배치하다가 맞는 원치 않는 분쟁을 회피하고 핵심 이익이 침해되는 경우에만 선별적으로 개입을 도모할 가능성이 있다.

그렇다면 트럼프식 신고립주의가 오히려 동아시아에서 타협의 가능성을 제공할 가능성도 존재한다. 중국이 비록 과거보다 동아시아 해양 문제에 대해 발언의 강도를 높이고 있는 것이 사실이지만 세간의 평가만큼 일방주의적 행동을 강화하지는 않았다. 미·중 간의 갈등 격화에 대한 대부분의 이야기는 정확히 검증되지 않은 언론을 통해 확산되고 있는 경향도 존재한다.

한편으로 동아시아 해양 문제와 관련해 미국이 국제 규범 준수의 차원에서

---

66 고봉준·김소영·김종법, 「2017 글로벌 트렌드와 주요 선진국가 비전」, 2017 대전세종비전 워크숍 발표문(2016년 12월 15일), 1~3쪽.

'유엔 해양법 협약'을 비준하고 보다 적극적으로 관련 당사국들과 합의할 수 있는 국제 규범을 도출하는 데 노력하고, 관련 당사국들이 현상 변경으로 인식될 수 있는 행동을 자제하는 것에서 동아시아 해양 문제는 문제를 잠복시키는 동시에 새로운 해결책을 모색하는 쪽으로 진행할 수 있을 것이다.

참고문헌

고봉준·김소영·김종법. 2016. 「2017 글로벌 트렌드와 주요 선진국가 비전」. 2017 대전세종비전 워크숍 발표문(2016.12.15).

김기주·황병선. 2013. 「센카쿠(댜오위댜오)열도 영토분쟁을 둘러싼 일·중 간 전쟁 발발 가능성 전망」. ≪국제정치논총≫, 제53집 2호.

김동욱. 2013. 「남사군도 문제와 관련국들의 대응」. 고봉준·이명찬·하도형 외 지음. 『동아시아 영토문제와 독도』. 동북아역사재단.

김태현. 2017. 「중국의 부상, 세계질서의 위기, 그리고 동아시아: 한국의 전략」. ≪한국과 국제정치≫, 제33권 1호.

남상구. 2013. 「남쿠릴열도 영토분쟁의 역사적 경위와 현황: 일본 정부의 대응을 중심으로」. 고봉준·이명찬·하도형 외 지음. 『동아시아 영토문제와 독도』. 동북아역사재단.

박영준. 2016. 「미-중간 해양경쟁과 아태지역 안보질서 전망」. 『EAI 국가안보패널 연구보고서』 (2016.12).

백병선. 2017. 「트럼프 집권기 주변 4강의 리더십 간 역학관계 전망 및 한국의 해양안보」. ≪국가전략≫, 제23권 2호.

≪연합뉴스≫. 2015.12.21. "베트남, 중국 위협 맞서 전후 최대 군비 증강 착수".

_____. 2017.5.15. "필리핀, 중과 방위협력 가시화… 무기구매 의향서 체결".

_____. 2017.5.19. "중-아세안 '남중국해 행동준칙' 초안틀 합의… '합의 내용은 비밀'".

이호철. 2017. 「중국의 부상과 지정학의 귀환」. ≪한국과 국제정치≫, 제33권 1호.

Allison, Graham. 2014.7.31. "Don't Worry, the Next World War is not upon Us··· Yet." *Defense One*.

Allison, Graham and Philip Zelikow. 1999. *Essence of Decision*(2nd ed.). New York: Longman.

Biddle, Stephen and Ivan Oelrih. 2016. "Future Warfare in the Western Pacific: Chinese Anti access/Area Denial, U.S. AirSea Battle, and Command of the Commons in East Asia." *International Security*, Vol.41, No.1(Summer).

Chan, Steve. 2008. *China, the U.S. and the Power-Transition Theory: A Critique*. New York: Routledge.

Colaresi, Michael, Karen Rasler and William R. Thompson. 2007. *Strategic Rivalry: Space, Position, and Conflict Escalation in World Politics.* Cambridge: Cambridge University Press.

Diehl, Paul F. 1998. *The Dynamics of Enduring Rivalries.* Urbana, Illinois: University of Illinois Press.

Fravel, Taylor. 2005. "Regime Insecurity and International Cooperation: Explaining China's Compromises in Territorial Disputes." *International Security*, Vol.30, No.2.

_____. 2012. "Maritime Security in the South China Sea and the Competition over Maritime Rights." in Patrick M. Cronin(ed.). *Cooperation from Strength: The United States, China and the South China Sea.* Center for a New American Security.

_____. 2016. "Threading the Needle: The South China Sea Disputes and U.S.-China Relations." *MIT Political Science Department Research Paper*, No.2016-23.

Jervis, Robert. 1978. "Cooperation under the Security Dilemma." *World Politics*, Vol.30, No.2 (January).

_____. 1982. "Security Regimes." *International Organizations*, Vol.36, No.2.

Kugler, Jacek and Douglas Lemke. 2000. "The Power Transition Research Program: Assessing Theoretical and Empirical Advances." in Manus I. Midlarsky(ed.). *The Handbook of War Studies*, II. Ann Arbor, MI: University of Michigan Press.

Lebow, Richard Ned. 2010. *Why Nations Fight.* Cambridge, UK: Cambridge University Press.

Levy, Jack S. and William R. Thompson. 2010. *Causes of War.* Chichester, UK: Wiley-Blackwell.

Manyin, Mark E., Stephen Daggett, Ben Dolven, Susan V. Lawrence, Michael F. Martin, Ronald O'Rourke, and Bruce Vaughn. 2012. "Pivot to the Pacific? The Obama Administration's 'Rebalancing' Toward Asia." *CRS Report for Congress*(March 28).

Mearsheimer, John J. 2001. *The Tragedy of Great Power Politics.* New York: W.W. Norton and Company.

_____. 2010. "The Gathering Storm: China's Challenge to US Power in Asia." *The Chinese Journal of International Politics*, Vol.3, Issue4.

_____. 2014. "Can China Rise Peacefully?" *The National Interest*, Vol.25, No.1(October).

O'Rourke, Ronald. 2013. "Maritime Territorial and Exclusive Economic Zone(EEZ) Disputes Involving China: Issues for Congress." *CRS Report for Congress*(July 5).

_____. 2017. "Maritime Territorial and Exclusive Economic Zone(EEZ) Disputes Involving China: Issues for Congress." *CRS Report for Congress*(June 6).

Posen, Barry. 2003. "Command of the Commons: The Military Foundation of U.S. Hegemony." *International Security*, Vol.28, No.1.

Russett, Bruce M. 1990. "Economic Decline, Electoral Pressure, and the Initiation of International Conflict." in Charles Gochman and Alan Sabrosky(eds.). *The Prisoners of War: Nation-States in the Modern Era.* Lexington, MA: D.C. Heath.

Senese, Paul D. and John A. Vasquez. 2005. "Assessing the Steps to War." *British Journal of*

Political Science, Vol.35, Issue4(October).

Snyder, Glenn H. 1984. "The Security Dilemma in Alliance Politics." *World Politics*, Vol.36, No.4.

Snyder, Jack. 1991. *Myths of Empire: Domestic Politics and International Ambition*. Ithaca: Cornell University Press.

Tian, Nan, Adude Fleurant, Pieter D. Wezeman, and Siemon T. Wezeman. 2017. "Trends in World Military Expenditure, 2016." *SIPRI Fact Sheet*(April).

U.S. Department of Defense. 2012. *Sustaining U.S. Global Leadership: Priorities for the 21st Century Defense*(January).

U.S. Joint Chiefs of Staff. 2011. *The National Military Strategy of the United States of America: Redefining America's Military Leadership*(February).

Walt, Stephen M. 2002. "The Enduring Relevance of the Realist Tradition." in Ira Katznelson and Helen Milner(eds.). *Political Science: State of the Discipline*, III. New York: W.W. Norton.

Waltz, Kenneth N. 2000. "Structural Realism after the Cold War." *International Security*, Vol.25, No.1.

Wiegand, Krista E. 2011. "Militarized Territorial Disputes: States' Attempts to Transfer Reputation for Resolve." *Journal of Peace Research*, Vol.48, No.1.

제 8 장

동아시아 평화 질서와 한일 관계 재구축
민주화-역사 화해-평화 구축의 트릴레마[*]

남기정(서울대학교 일본연구소 교수)

1 ┃ 서론

2018년 10월 한국 대법원에서 강제 동원 피해자에 대한 배상 판결이 나오고 이에 일본이 반발하며 한일 관계가 급격히 악화되었다. 악화 일로를 걷던 한일 관계는 급기야 2019년 여름 아베 신조(安倍晉三) 내각이 한국에 대한 수출 금지 조치를 취하면서 냉전적 상황으로 치달았다. 이러한 상황에서 민주주의의 증진이 평화의 기회를 증대시킬 것이라는 민주평화 이론에 입각해 한국의 민주화가 한일 관계 개선에 기여할 것이라는 기대가 지나치게 낙관적이었던 것이 아니냐는 회의론이 들린다.

이러한 회의론이 보통의 일본 국민뿐만 아니라 오랜 세월 한국의 민주화를 도운 양심적 지식인들 사이에서 공유되기 시작했다는 보도가 나오기도 했다. "한국의 민주화를 열심히 도우면 한일 관계가 더 좋아지리라고 기대했는데, 한

---

[*] 이 글은 한국일본학회가 발간하는 ≪일본학보≫ 제127집(2021년 5월)에 게재된 「한일 1965년 체제 극복의 구조: 민주화-역사화해-평화구축의 트릴레마」를 수정한 것이다.

국이 발전할수록 반일(反日) 성향이 강해진다"라며 탄식하는 사람들이 많다는 것이었다. 그러나 이에 대해 이의를 제기하는 사람도 있었다. 대표적인 '전후 지식인' 와다 하루키(和田春樹)가 그렇다. 와다는 "한국에서 민주화가 진행되면 일본에 대한 비판이 더 확연하게 나타날 수밖에 없다"라고 하며, 이런 현실에 실망해서는 안 된다고 요청하고 있다. 와다는 스스로도 한국 운동 단체들의 비판 내용에 불만이 없는 것은 아니라면서도 "(한국)정신대문제대책협의회의 활동이 늘 일본에 보다 깊은 반성을 하도록 촉구한 효과도 있다"라고 지적하고, 한국의 민주화를 계기로 한일 관계는 "서로 발전을 주고받는 관계가 되는 것"이라고 강조했다.[1]

와다 교수의 시선은 여전히 성찰적이다. 그러나 그는 일본의 여론 지형에서 소수파에 속하며 그 입지는 아베 정권 이래 더 협소해진 것 같다. 와다와 같은 성찰적 지식인의 발언이 끊임없이 나오고 있지만 한국의 문제 제기를 수용하는 일본 시민사회는 점점 더 협소해지고 있다. 문재인 정부 탄생 이후로는 어느 때보다도 본질적인 깊이에서 제기되는 한국의 책임 추궁에 일본 사회는 그 어느 때보다도 더욱 신경질적으로 반응하고 있다.

여기서 우리는 두 가지 질문을 던져볼 수 있다. 첫째, 왜 한국에서는 민주화가 진전될 때마다 일본에 대한 과거사 청산 요구가 거세지는가? 둘째, 그렇다면 왜 민주화의 진전이 가장 드라마틱하게 연출된 김대중 정권 시기에 가장 밝은 한일 관계가 연출되었는가? 이 글은 이에 대한 해답을 제공하고자 한다. 그리고 여기서 우리는 또 다른 두 가지 질문과 마주하게 된다. 첫째, 한국에서 민주주의와 민족주의는 어떠한 관계에 있는가? 둘째, 한일 관계를 질적으로 새로운 관계로 발전시켰다고 평가되는 1998년의 김대중-오부치 공동선언은 어떻게 가능했는가?

---

1   서영아, "(서영아 논설위원 파워 인터뷰) 한일 떨어질 수 없는 관계, 서로 성의 있게 설명하는 자세부터", ≪동아일보≫, 2019년 8월 21일 자.

이 글은 한국의 민주화가 한일 관계에서 지니는 의미를 추적해 보고자 하는 것이다. 그럼으로써 '한일 1965년 체제'의 숨은 그림을 드러내보고자 한다. 또한 이는 한일 1965년 체제가 내포했던 변화의 계기를 포착해 보려는 시도이기도 하다. 이때 한국의 민주화 운동에 복잡하게 얽힌 민족주의 문제, 특히 일본에 대한 저항 민족주의 문제에 충분히 주의를 기울이고자 한다. 민주주의의 가치를 공유하는 한일 시민들의 연대가 어떻게 일본에 대한 저항 민족주의를 넘어설 수 있었는지가 설명되어야 하기 때문이다.

한국 민족주의의 완성은 일본제국주의에 의한 민족주의의 왜곡, 즉 저항 민족주의로의 수축과 순화를 극복해야 하는 과제를 안고 있다. 그것은 민주주의와 민족주의를 동시에 완성하는 것을 통해 달성되는 과제였다. 이는 구체적으로는 민주화와 역사 화해의 과제로 나타났다. 민주화와 역사 화해의 상관관계는 1998년에는 정비례로, 2018년에는 반비례로 나타났다. 그 갈림길에 무엇이 있었는지를 밝히는 것이 이 글의 또 다른 목표다. 이 글에서는 민주화와 역사 화해를 매개하는 변수로 평화 구축의 의지에 주목하고자 한다.

한일 관계에서 김대중-오부치 공동선언에 주목한 연구들로는 윤석정(2019), 최은미(2018), 남기정(2017), 문정인-양기호(2016) 등을 열거할 수 있다. 그러나 이러한 연구들은 양국 정부 간의 관계에 치중하는 경향을 보인다. 그 결과 이들 연구는 한일 관계의 경위를 밝히는 데는 성공하고 있으나, 그 동력을 밝히는 데는 한계를 보이고 있다. 이 글은 김대중-오부치 공동선언의 이면에 존재하는 민주주의와 시민 연대의 문제에 관심을 기울여 그 한계를 보완하고자 하는 시도다.

2 ı 한국에서 민주화와 반일 민족주의의 문제

1) 박정희와 '친일'의 문제

민주화와 저항 민족주의의 문제를 다룰 때 그 시기적 기원은 박정희 정권이 등장하는 1961년이다. 한일 사이에 대립과 갈등의 구조를 배태한 1965년 체제의 기원이 1961년에 재개되는 한일 국교 정상화 협상에 있기 때문이다. 현재 한일 관계의 원형이 만들어지는 시기다.

일본에 의한 개항과 식민지 지배를 거쳐 한국 민족주의는 일본 문제와 불가분의 관계를 지니게 되었다. '근대 없는 자주'와 '자주 없는 근대'가 모두 일본을 매개로 한 것이었다는 점이 그 기원에 놓여 있다. 그 결과 일본에 대한 자주화와 일본에 의한 근대화는 한국 민족주의가 운명적으로 껴안게 된 딜레마였다. 해방 후 한국 민족주의의 내용이 '친일-부일-반일-항일' 담론으로 채워져 있는 것은 이러한 역사적 현실을 반영하고 있었다.[2]

친일-부일의 계보를 잇는 박정희가 '자주독립의 자세를 확립'하기 위해 표방한 반일-항일의 민족주의는 결국 민족주의를 배신했다. 전유당한 민족주의를 되찾아 오는 것이 박정희 군사독재에 항거하는 민주주의 운동이면서 민족주의 운동이 되었던 것이다. 박정희에 의한 개발독재에 반대하는 운동 속에서 민족주의와 민주주의의 통일이 이루어졌다.

4·19 혁명은 3·15 부정선거에 대한 항의에서 출발한 민주주의 운동의 결과였다. 그러나 그 에너지는 해방 공간에서 분출했던 일제 잔재 청산을 요구하며 분출했던 민족주의의 열망이었다. 5·16 쿠데타 세력이 '민족적 민주주의'를 명분으로 내세웠던 것은 이러한 시대적 요구에 대응할 수밖에 없었기 때문이다.

---

2   南基正,「韓國民族主義の展開と日韓關係: 分析的研究のための試論」, 현대일본학회, ≪日本研究論叢≫, 제24권, 217~221쪽.

반면 박정희 체제에 반대하는 저항운동 또한 민족 자주 속의 민주주의를 추구했다. 민족의 단결과 통일을 위해서는 민족 구성원 전체를 아우르는 민주주의가 불가결했기 때문이다. 반정부 운동의 중심에서 이끌던 학생들은 식민지 지배의 역사에 눈을 감는 일본을 겨냥했고, 그로부터 지지와 지원을 통해 정권을 유지하고 강화하려는 박정희 정권을 반민족 세력으로 규정하고 반대했다. 그리고 자신들의 운동이 지닌 정통성과 필연성을 3·1 운동 이후 일제강점기 독립운동의 일환으로 전개된 학생운동에서 찾았다.[3]

1960년대는 민족주의의 시대였다. 4·19 혁명 자체는 민주주의 혁명이었으나, 그동안 봉쇄되었던 사회운동의 공간에서 해방 직후에 분출되었다가 이승만 정권 시기에 억압되었던 민족주의 에너지가 다시 분출되어 나왔다. 그것이 분단으로 인해 미완에 그친 민족국가 건설을 위한 통일 운동으로 전개되었다. 5·16 쿠데타 직전인 1961년 5월 3일에는 서울대학교 학생들이 남북 학생 회담을 제안하면서 새 국면을 맞이하고 있었다.[4]

5·16 쿠데타로 등장한 박정희 정권도 이 사회운동의 에너지를 거스를 수 없었다. 이러한 흐름 속에서 민족적 민주주의를 표방했던 박정희가 '굴욕적 한일협정'을 추진하자 대학생들을 중심으로 한 사회운동 세력은 1964년 5월 '민족적 민주주의의 장례식'을 치르고 반정부 운동에 나섰다.

이 시기 한일회담 반대 운동을 주도해 온 학생운동의 중심에는 서울대학교의 '민족주의비교연구회'라는 학생 조직이 존재했다.[5] 이들은 5월의 쿠데타를 '4월의 민족·민주 이념에 대한 전면적인 도전'이었다고 규정하고, 한일 협정 반대를 넘어 박정희 반대 운동으로 나아가고 있었다.[6] 이를 계기로 한국에서

3   유용태·정숭교·최갑수, 『학생들이 만든 한국현대사: 서울대 학생운동 70년 - 제2권 사회문화사』(한울엠플러스, 2020), 25쪽.

4   홍석률·박태균·정창현, 『한국현대사 2: 경제성장과 민주주의, 그리고 통일의 과제』(푸른역사, 2018), 76쪽.

5   유용태·정숭교·최갑수, 『학생들이 만든 한국현대사』, 106~107쪽.

는 권위주의 정권에 대한 반체제 저항 이데올로기로서 민족주의 담론이 형성되었다.

2) 민주주의와 민족주의의 연결 고리로서 일본 문제

박정희 시대 저항의 선봉에 섰던 민주주의자들 가운데는 민족주의자가 적지 않다. 리영희에게는 민족주의와 민주주의를 연결하는 고리에 일본 문제가 얽혀 있고, 이것이 평화의 문제로 다시 연결된다는 의식을 볼 수 있다. 리영희의 저작에는 일본에 관한 언급이 적지 않다. 그것은 '분단 문제의 지반'으로서 한일 관계에 대한 문제의식에서 발단한다. 리영희에게 두 개의 '우상' 타파는 지상 과제로, 이를 위해 일본 문제는 지나칠 수 없는 문제였다. 즉, 두 개의 우상과 일본 문제가 얽혀 있다는 문제의식이었다.

두 개의 우상이란 "반공주의라는 '우상', 그다음에 한미 관계가 혈맹이라고 하는 '우상'이었던 바, 리영희는 이 두 우상을 깨야 한다"라는 문제의식에서 '친일'의 문제를 발견했다.[7] "우리가 반공 노선을 고수하는 한 일본에게 예속된 국가밖에 될 수 없다. 우리가 반공 노선을 고집하면 고집할수록 우리는 한·미·일 시스템 속에서 운신의 폭이 줄어든다"라는 생각이 이를 단적으로 표현하고 있다. 나아가 분단 고착과 친일 문제가 있었다. 리영희는 분단 극복이라는 문제의식의 연장에서 "베트남전쟁에 대해 먼저 다루었고, 이어서 중국의 혁명에 대해 다루고, 그다음에 일본과 친일파 문제를 다루었다".

리영희는 한·미·일 간의 위계적 안보 협력-분담 구조가 "한국동란 발생 직후에 체결된 미·일 강화조약"에서 기원해 한일 국교 정상화로 완성되었다고

---

6   홍석률·박태균·정창현, 『한국현대사 2』, 107쪽.

7   서중석, 「친일파·'친한파', 일본의 과거사 반성」, 고병권 외, 『리영희를 함께 읽다』(창비, 2017), 228쪽.

보았다. '미·일 강화조약'은 한·미·일 안보 협력 체제의 기원이자 역사 문제의 기원이기도 했다. 리영희도 이를 지적하고 있다. "미국이 일본의 배상 방법을 수정함으로써 침략적 식민 국가였던 가해자 일본을 도우려고 했는지, 제국주의의 피해자인 아시아 약소국가 인민을 도우려고 했는지의 질문"을 제기하고 있다.

한편 (광복한 국가로서) 국가 생존의 여러 기본적 토대를 닦는 가장 중요하고 제일 먼저 해야 할 작업은 식민지적 유제와 잔재를 철저하고 말끔히 청소하는 일이었다. 이를 리영희는 "'부정'을 '부정'하는 작업"이라고 불렀다.[8] 그러나 이는 미·일 강화조약으로 미완에 그쳤던 것이며, 한일 국교 정상화에서 미완의 구조가 확정되었던 것이다. 여기에 한일 1965년 체제 극복의 과제가 냉전 극복의 과제인 이유가 있다.

3) 반독재 민주화 운동으로서 한일회담 반대 운동

1965년 2월 20일에는 한일기본조약 등에 가조인이 이루어졌다. 이에 대해서도 반대하는 목소리는 여전히 수그러들지 않았다. 3월 20일에 서울운동장에서 '대일 굴욕 외교 성토대회'가 열렸고, 1965년 4월 1일에는 '학생 평화선 사수 투쟁 위원회'가 결성되어, 가조인 무효와 평화선 사수를 주장했다. 4월 17일과 6월 21일에도 대규모 반대 시위가 열렸지만, 결국 6월 22일 도쿄의 일본 총리 관저에서 한일기본조약 및 협정들이 조인되었다. 이제 한일회담 반대 운동은 비준 반대 운동으로 전개되었다. 그럼에도 결국 8월 14일에는 국회에서 비준안이 통과되었고, 8월 26일에는 위수령이 발동되면서 휴교령이 내려졌다.

한국의 한일회담 반대 운동은 '외세 의존적인 경제개발을 추진하려는 군사

---

8   리영희, 「광복 32주년의 반성」, 『우상과 이성』(리영희 저작집 2, 증보판 6쇄)(한길사, 2016), 28쪽.

정부에 저항하는 한편 자립적 근대화를 지향하는 자주·민주 운동'이었다. 또한 그것은 '군사정부의 반민주적 통치와 반민족적 행태, 일본 정부의 식민주의적 역사 인식과 고압적 자세, 한국과 일본을 동아시아의 반공 보루로 결합시키려는 미국의 압박 등을 폭로하고 비판하는 민족 계몽운동'이기도 했다.[9]

국교 정상화 이후 '유신헌법'하의 테러 통치를 받으며 친일의 문제는 더욱 분명해졌다. 1972년 10월 17일 박정희 대통령은 대통령 특별 선언을 발표하며 국회를 해산하고 전국에 비상계엄령을 선포했다. 11월 21일 정부는 비상계엄령하에서 반대파를 억압하는 가운데 헌법 개정을 위한 국민투표를 실시해 통과시켰다. 그리고 통일주체국민회의라는 어용 기관을 만들어 그에 따라 선출되었다는 근거로 12월 27일 박정희는 제8대 대통령에 취임하고 유신헌법을 공포했다. 헌법의 이름을 '유신(維新)'이라고 붙인 것에서 이미 이러한 움직임들이 일본의 메이지유신을 모델로 한 것이라는 빌미를 주기에 충분했다. 박정희는 스스로 일본군 중위의 모습을 드러내는 데 주저함이 없었다.

4) 유신 반대에서 한일 연대로

유신헌법의 공포로 민주화와 친일 극복이 동일 과제임이 분명해졌다. 그런 의미에서 '반일'은 이데올로기가 아니라 전략이었다. 일본에 대해 실용주의적으로 접근하려고 했던 김대중에게 이 점은 더욱 분명히 인식되었다. 김대중은 1973년 8월 ≪세카이(世界)≫에 실은 기고문에서 한국의 독재가 일본의 지원으로 더욱 강화되고 있다고 비판했다. 미국이 반공을 너무 앞세우는 바람에 민주주의를 탄압하는 독재 정권을 반공이라는 미명하에 원조하고 있으며, 이러한 모순된 정책이 한국에서 독재정치를 키웠다고 하면서, 한국 독재정치의 기원에 미국의 대한 정책이 있음을 지적했다. 그런데 한일 국교가 정상화되자 "일

---

9   정재정, 『그 후의 한일관계: 한일회담·한일협정』(동북아역사재단, 2015), 39쪽.

본이 미국의 그릇된 정책을 따라 하기 시작"하고 일본은 미국보다 노골적으로 독재 정권을 지지하고 있다고 비판했다. 김대중은 이 글에서 박정희가 본격적인 독재에 돌입한 것이 한일 국교 정상화 이후인 1969년에 3선 개헌을 통해서였다는 점을 상기시키고 있다.

김대중은 한국에 민주주의가 뿌리내리지 못한 이유로 세 가지를 들었다. 첫째, 민주주의를 쟁취하고 지키려는 주체적 노력이 부족했던 점, 둘째, 국민의 의사를 존중하는 민주적 지도자를 갖지 못한 점, 셋째, 미국이 반공이라는 미명하에 독재 정권을 지원했고 국교 정상화 이후에는 일본이 이를 따라 했던 점이었다. 그러면서 김대중은 미국과 일본의 차이를 다음과 같이 지적하고 있다. 그는 "정치적으로는 미국이 한 수 위라고 할까, 그래도 미국은 야당을 슬쩍 내세우면서 한국의 민주주의를 옹호하는 태도도 보였는데, 일본은 노골적으로 박정희 정부를 지지했"다고 비판했다.[10]

이에 일본의 시민사회가 반응했다. 특히 일본의 전후 민주주의 세대는 한국의 민주주의가 자력으로 쟁취한 민주주의가 아니라는 김대중의 분석과 진정한 민주주의의 쟁취에 나선 김대중의 실천에 공감했다.[11] 일본의 전후 민주주의자들은 전후 민주주의의 퇴락과 역코스 정책의 전개, 이를 배경으로 한 기시 노부스케(岸信介)의 부활이 다카기 마사오(高木正雄, 박정희)의 등장과 맥을 같이하고 있다는 점을 문제 삼았다. 이른바 '검은 유착' 관계다.[12] 일본의 시민사회가 한국 민주주의 운동을 지원하는 모습을 보인 것은 일본에서의 반동적 움직임이 박정희의 3선 개헌의 기반이 되고, 독재 체제 구축에 기여했다는 데 대한 반성에 입각해 있었다.

---

10 金大中, 『民主救國の道: 講演と論文, 1973~1980』, 和田春樹·東海林勤 編(新教出版社, 1980), 46~48쪽.
11 이토 나리히코, 「김대중 납치사건과 일본정치」, 류상영 외, 『김대중과 한일관계: 민주주의와 평화의 한일현대사』(연세대학교 대학출판문화원, 2012), 128~129쪽.
12 같은 글, 129~134쪽.

김대중 납치 사건은 그가 일본에서 유신 반대 운동을 본격적으로 전개하기 시작한 시점에서 일어났다. 특히 일본인에게 충격을 안겨준 것은 ≪요미우리신문(讀賣新聞)≫ 서울 지국이 이 사건을 보도한 것을 이유로 폐쇄된 사건이다. 이를 계기로 한국의 민주화 운동에 일본 시민사회가 연대하기 시작했다.

3 | 한일 연대 운동의 전개

1) 일본 전후 민주주의자들의 조선 문제 인식

일본 지식인들의 조선 식민지 지배에 대한 반성은 미약했다. 1946년 5월 호 ≪세카이≫에는 마루야마 마사오(丸山眞男)의 「초국가주의의 논리와 심리(超國家主義の論理と心理)」와 함께 경성제국대학 교수 스즈키 다케오(鈴木武雄)의 「조선 통치의 반성(朝鮮統治への反省)」이 실렸다. 이는 조선 식민지 지배 자체에 대한 반성이 아니라 통치 방법에 대한 반성일 뿐이었다. 이러한 논조는 일본의 전후 평화주의를 기초한 평화문제담화회(平和問題談話會)의 주요 지식인에게도 공통으로 나타나는 문제였다. 전후 평화주의자로서 아베 요시시게(安倍能成) 등의 한계가 드러난 지점이었다.[13]

미약하나마 일본 지식인 사회에서 한일 간에 역사 화해의 문제를 인식하기 시작하는 것은 한일기본조약 체결에 이르러서였다. 1965년 9월 11일에 한일 조약 반대 역사가 모임이 결성되었다. 모임에서는 "한국 인민 각층의 선언문, 성명이 일치해서 지적하는 것은 일한 조약의 매국적·굴욕적 성격이다. 그 근원은 무엇보다도 이 조약이 과거 일본제국주의의 조선 지배를 단죄하는 정신

---

13 남기정, 「일본 '전후 평화주의자'들의 조선경험과 아시아인식」, 『전후 일본 그리고 낯선 동아시아』(박문사, 2011), 35~76쪽.

으로 체결되지 않았다는 점에 있다. 이는 심각한 반성을 요구하는 지적이다. …… 일본제국주의의 조선 지배는 20년 전에 끝났지만 일본 국민의 정신의 문제로서는 아직 끝나지 않았다"라는 인식이 피력되었다. 이 시기부터 박경식, 야마베 겐타로(山邊健太郎), 강덕상 등의 연구자들이 한국 병합과 조선 식민지 지배에 대한 기본적 인식을 제공하기 시작했다.[14]

일본 지식인들이 조선의 민족문제에 냉담했던 관계로 일본 정부는 한국의 민주주의에 대해 냉담할 수 있었다. 일본 정부는 박정희 정권과 전두환 정권을 지지하고 한국의 민주화 세력에 무관심했다. 김대중도 미국에서 망명하는 중에 일본을 비판했다. 김대중은 "일본은 한국에서 민주주의 정부가 나오는 것 자체를 바라지 않는다"라고 비판했다. 나아가 그는 일본 민주주의의 정신적 토양에 대해 우려를 표명했다. 이때 김대중은 일본의 정치 세력을 세 가지로 분류하고, 그중 어느 세력도 한국의 민주주의를 제대로 이해하고 연대하려고 하지 않는다고 비판했다. 첫째 그룹은 박정희에 전폭 협력한 자민당 주류와 재계다. 둘째 그룹은 자민당 내 양식 있는 세력으로 중국, 베트남 등에 관심을 가진 자들이다. 셋째 그룹은 사회당과 야당 세력으로 남북한의 평화통일을 지향하는 그룹이었다. 그러나 둘째와 셋째도 평화를 위해 한국의 민주주의가 중요하다는 인식에는 이르지 못하고 있다는 것이 김대중의 관찰이었다.[15]

2) '김대중 씨를 구출하는 모임'의 결성과 활동

1970년대 한국에서 유신의 어둠이 깊어지는 가운데 일본에서는 김대중 구출 운동과 베트남 반전운동의 결합이 이루어지고 있었다.[16] 일본 시민들이 조

---

14 와다 하루키, 『한국병합 110년만의 진실: 조약에 의한 병합이라는 기만』, 남상구·조윤수 옮김(지식산업사, 2020), 138쪽.
15 金大中·安江良介, 「韓國民主化への道」, ≪世界≫, 第334號(1973.9.), 102~122쪽.

직한 '김대중 씨를 구출하는 모임'은 1973년 10월 26일 베트남 반전운동 조직 체인 '베평련[베트남에 평화를! 시민 연합(ベトナムに平和を!市民連合)]'의 활동가이자 작가인 고나카 요타로(小中陽太郎)를 한국에 파견해 김대중의 일본 재입국을 요청하는 성명서를 김종필 국무총리에게 전달했다.

1973년 12월 14일 한일 각료 회의에 반대하는 일본 시민들의 집회에서 와다가 작성한 결의가 채택되었다. 그 내용은 다음과 같다. "대한국 원조에서 단물을 빨아먹으려고 드는 일부 일본 정치인과 기업, 한국에 진출한 300여 개의 일본 회사, 한국 여성들을 욕보이는 일본인 관광객들은 이러한 원조를 바라고 있는지도 모른다. 그러나 민주주의와 자주적 발전을 추구하면서 분연히 떨치고 일어선 한국 민중과 더불어 올바른 한일 관계를 기원하는 일본 국민의 입장에서 보건대, 이는 결단코 용인해서는 안 될 것"이라고 주장했다.

1974년 3월 28일 일본에서 한국의 민주화 운동과 연대하는 운동 조직이 결성되었다. '일본의 대한국 정책을 바로잡고 한국 민주화 투쟁과 연대하는 일본 연락회의[日本の對韓政策をただし韓國民主化鬪爭に連帶する日本連絡會議(日韓連帶連絡會議)]'(이하 연락회의)라는 조직이다. 아오치 신(靑地晨)은 ≪한국통신 뉴스(韓國通信ニュース)≫ 1호에서 그 취지를 다음과 같이 정리했다. 즉, "한국의 자유와 민주화를 위한 투쟁에 연대하는 우리의 활동은 일본의 대한국 정책에 반대하는 운동이 될 수밖에 없다. 이 두 가지는 긴밀히 연결되어 있기에 따로 떼놓고 생각할 수 없다"라는 것이다. 결성 집회는 4월 18일이었다.

민청학련(전국민주청년학생총연맹) 사건이 발생한 것은 4월 3일로, 4월 18일로 예정되었던 '연락회의' 결성 집회 직전이었다. 와다가 작성한 것으로 알려진 결성 선언문은 민청학련이 궐기 선언에서 "한국을 먹잇감으로 삼고 있는 일본인에 대한 비판에 주목"했다. 선언은 기시 노부스케, 야쓰기 가즈오(矢次一夫)

---

16 와다 하루키, 「지식인 및 시민들의 한일연대운동(1974~1978)」, 류상영 외, 『김대중과 한일관계: 민주주의와 평화의 한일현대사』(연세대학교 대학출판문화원, 2012), 212~217쪽.

등의 암약을 비판하며 "일본을 변혁시킴으로써 한국 민중의 중압을 조금이나마 덜어주는 것"을 연락회의 출범의 의의로 삼았다.

7월 9일 민청학련 사건의 피고 일곱 명에게 사형이 구형되자 연락회의는 '김지하 등을 구하는 모임'을 조직해 구명 운동에 나섰다. 10월에는 《동아일보》 기자들의 자유 언론 실천 선언에 연대해 '《동아일보》를 지원하는 모임'을 결성하고 《동아일보》 구독 운동을 전개하는 한편 한글 강좌를 실시했다.

이러한 일본 측 운동에 대한 반응으로 1975년 3월 1일 김지하가 일본 특파원에게 "일본 민중에게 보내는 제안"을 전했다. 제안은 3·1 정신을 상기하고 있다. 김지하는 당시 한국인의 일본 비판이 일본에 보복하자는 것이 아니며 주권과 독립을 비폭력적·평화적 형식으로 선포함으로써, 피해자인 우리 한민족과 가해자인 일본 민족을 동시에 구하고자 했던 것이라고 분석했다. 그는 "한일 양국 민중의 공동 투쟁이 우리와 당신들을 동시에 구하고 인간답게 만드는 유일한 길"이라고 하며 일본에 연대를 호소했다.

이에 호응하듯 1976년 3월 1일에는 연락회의가 "일본인과 3·1 독립운동"이라는 토론 집회를 개최하고 서울에서의 운동과 연대했다. 서울에서는 3·1 민주 구국 선언이 발표된 날이었다. 조직적인 연대는 없었지만 3·1 운동의 정신을 한국과 일본의 시민사회가 공유하면서 자연스럽게 행동이 일치하는 결과를 보인 것이었다. 3월 8일 김대중 부부가 연행되자 일본에서도 민주 구국 선언이 발표되었고 김지하 석방을 요구하는 서명 활동이 전개되었다.

인혁당(인민혁명당) 사건 이후 암흑기에 들어서 있던 1976년에 민주화 운동 진영은 3·1 민주 구국 선언 사건을 통해 다시 한번 존재감을 드러냈다. 거기에는 독재 정권의 쇠사슬이 한일 협정의 결과라는 인식이 담겨 있었다. 박정희 정권하에서 "국가 안보라는 구실 아래 신앙과 양심의 자유는 날로 위축되어 가고 언론의 자유, 학원의 자주성은 압살당하고 말았다. 현 정권 아래서 체결된 한일 협정은 이 나라의 경제를 일본에 완전히 예속시켜 모든 산업과 노동력을 일본 경제 침략의 희생물로 만들어버렸다"라는 것이다.

한편 우쓰노미야 도쿠마(宇都宮德馬)라는 정치가의 존재는 한일 관계의 역사에서 매우 특이한 지점에 서 있다. 그는 시민운동과 정치권력의 접점에서 김대중 구출 운동을 구체적 정책의 영역으로 끌어올리는 역할을 하고 있었다. 그는 김대중에 대한 인상을 다음과 같이 남기고 있다. 그는 "당신을 통해서 한일 양국 간에 한 점 더러움도 없는 진실한 유대 관계가 생겨날 수 있으리라는 생각까지 든다"라고 평가하고 있었다.[17] 또한 그는 김대중이 평화통일의 전제로 한국의 민주화를 내걸었다는 점을 높이 평가했다. 우쓰노미야는 한국이 문민정부로 이행해 통일을 제안하면 북한도 순응할 것으로 전망하고, "뼛속까지 투철한 자유주의자이며 반군국주의자인 동시에 가장 좋은 의미에서 진정한 민족주의자요 애국자"인 김대중이 이를 실현할 수 있을 것으로 기대하고 있었다.[18] 투철한 민주주의자가 진정한 민족주의자라는 인식이 김대중에 대한 높은 평가와 기대로 나타나고 있었다.

　그러한 김대중을 "적극적으로 받아들이는 일본이 될지, 아니면 서울로 끌려간 당신을 그냥 외면하는 일본이 될지, 일본 정치는 지금 중대한 기로에 서 있다. 위안스카이(袁世凱)를 지지하는 일본이 될지, 쑨원(孫文)을 지지하는 일본이 될지, 메이지 40년대 일본을 망설이게 했던 양자택일의 순간이 다시 찾아온 것. 저는 김대중이 쑨원의 입장에 처해 있다고 생각"한다고 하며 일본 정계에 결단을 요구하고 있었다.[19]

17　宇都宮德馬, 『アジアに立つ』(講談社, 1978); 이토 나리히코, 「김대중 납치사건과 일본정치」, 164쪽에서 재인용.

18　宇都宮德馬, 『暴兵損民: なぜ軍擴に狂奔するのか』(德間書店, 1984); 이토 나리히코, 「김대중 납치사건과 일본정치」, 166쪽에서 재인용.

19　宇都宮德馬, 『アジアに立つ』; 이토 나리히코, 「김대중 납치사건과 일본정치」, 167쪽에서 재인용.

3) 신군부의 등장과 한일 유착의 부활

1980년 광주 민중 항쟁이 일어나자 일본에서 다시 한국의 민주화 운동에 연대하려는 움직임이 일어났다. 1980년 7월 4일 일본에서 '군사독재 정권과 전면 대결을 펼치는 한국 민중과 연대해 대한국 정책의 전환을 요구하는 7·4 집회'가 개최되었고, 7월 17일부터는 '김대중 씨 등을 죽이지 마라! 100일간 긴급행동'이 전개되었다. 1981년 5월 22일에는 '자유 광주 민중 궐기를 잊지 않는 한일 연대 데모'가 전개되었으며, 6월 19일에는 '한일 민중 연대를 만드는 행동 연락회'가 발족되었다.[20]

1982년 교과서 문제가 발발하자 일본 시민사회는 한국의 민주화 운동에 연대하며 적극적으로 대응했다. 이러한 모습에서 한국 민주화에 대한 한일 시민사회의 연대는 필연적으로 한일 역사 화해의 주제를 만나게 되는 것임을 확인할 수 있다. 1982년 8월 14일에 와다 등 일본 지식인들은 "지금이야말로 조선 식민지 지배의 청산을"이라는 제목의 성명을 발표했다. 1984년 7월 4일에는 "조선 문제와 일본의 책임"이라는 제언을 발표하고, 일본 정부가 초당파적인 국회 결의를 거쳐 식민지 지배에 대한 사죄를 표명해야 한다고 주장했다.[21]

전두환 정권 출범 후 정통성 없는 권위주의 정권의 경제개발, 이를 지원하는 일본의 구도가 부활하는 과정은 민주화 운동과 민족 자주 운동이 결합해야 할 필연성을 다시 한번 각인시켰다. 레이건-나카소네-전두환의 한·미·일 반공 안보 협력이 전두환 국가 테러 시대를 방치하며 조장하고 있었다. 민주화 운동은 반미·반일 운동으로 전개되기 시작했다.

---

20 이시자카 고이치, 「1970년대부터 80년대까지의 한국 민중운동과 일본」, 류상영 외, 『김대중과 한일관계: 민주주의와 평화의 한일현대사』(연세대학교 대학출판문화원, 2012), 297~305쪽.

21 和田春樹·石坂浩一·戦後50年國會決議を求める會 編, 『日本は植民地支配をどう考えてきたか: 戦後50年國會決議は海外からどう評價されたか』(梨の木社, 1996), 14~23쪽; 이시자카 고이치, 「1970년대부터 80년대까지의 한국 민중운동과 일본」, 304쪽에서 재인용.

한편 1970년부터 1980년대를 거쳐 한국과 일본 사이에서는 한국의 민주화 운동, 일본의 전후 민주주의와 평화주의에 대한 이해가 형성되고 있었다. 이것이 김대중-오부치 공동선언의 배경이 되었다. 우쓰노미야와 김대중의 교류와 상호 이해에서 볼 수 있듯이 아시아의 평화와 민주주의라는 사상적 공통점이 그 기초에 있었다.[22]

일본에서 한국의 민주주의에 대한 평가가 한국 민중의 민주화 투쟁에 대한 존경심에 기초해 이루어지고 있었고, 한국에서 일본의 평화주의에 대한 평가가 평화헌법의 의의를 인정하는 가운데 이루어지고 있었다. 이 점이 양국에서 역사 화해의 기반을 마련하고 있었다. 1973년 10월 '김대중 씨를 구출하는 모임'이 발족하고 25년 동안 진전된 한일 시민의 사상적·조직적 연대가 1998년 김대중-오부치 공동선언의 기초가 되었다.

4) 민주화 이후 1990년대 한일 역사 화해

그러나 한국의 민주화를 위한 시민 연대가 한일 간 역사 화해 진전과 직결되었던 것은 아니라는 점에 주목할 필요가 있다. 한국의 민주주의 진전과 한일 역사 화해는 동아시아 평화 구축의 목표를 한일이 공유하는 가운데 연결되고 있었다. 이를 1990년대 일본의 역사 인식 진전이 어떠한 배경에서 이루어지고 있었는지 검토하는 과정에서 확인할 수 있다. 1965년 체제의 이완과 극복 과정은 사실은 1990년대부터 시작되었던 것이다.[23]

식민지 지배에 기인한 과거사 갈등이 안보 이익의 공유를 매개로 관리되고

---

22 류상영 외, "고노 요헤이 의장 인터뷰", 『김대중과 한일관계: 민주주의와 평화의 한일현대사』 (연세대학교 대학출판문화원, 2012), 373쪽.

23 이하 남기정, 「한일관계에서 역사 문제와 안보의 연동 메커니즘: 투트랙 접근의 조건과 과제」, 현대일본학회, ≪일본연구논총≫, 제45권(2017a), 134~145쪽.

조정되었던 것이 한일 1965년 체제의 기조였다. 탈냉전으로 이 기본 구조가 변화하기 시작했다. 한일 관계에서 역사 문제를 둘러싼 상승 국면은 1993년부터 시작해 1995년까지 2년 동안 이어졌다. 그 배경에는 노태우 정권 시절부터 시작된 북한과의 화해 노선이 있었다. 이 흐름은 김영삼 정권에서도 계속되어 '민족공동체 통일 방안'이 발표되었다. 호소카와 모리히로(細川護熙) 총리가 과거 일본의 전쟁에 대해 이를 '침략 전쟁'으로 인정하는 발언이 나온 것은 이러한 흐름 속에서 일어난 일이었다. 호소카와 총리의 연설에서 무라야마 담화에 이르는 역사 인식의 발전 배경에는 아시아·태평양에서 '다각적 안보 협력'을 주장하는 '히구치 보고서[樋口レポート, 「일본의 안전보장과 방위력 구상: 21세기를 향한 전망(日本の安全保障と防衛力のあり方: 21世紀へ向けての展望)」]'가 있었다.

반면 1994년 후반부터 역사 수정주의적 경향이 조직화된 배경에는 1994년 3월에 시작된 1차 북한 핵 위기 고조와 한반도 정세 유동화에 대응한 1995년 봄 미국 국방부 보고서, 즉 「동아시아 전략 보고서(East Asia Strategic Report)」가 있었다. 이를 바탕으로 '히구치 보고서'의 기조가 수정되었고 1996년 4월 '미·일 안보 공동선언'으로 일본은 미·일 동맹으로 회귀했던 것이다. 이것이 김영삼 정부 시기에 한일 관계 악화의 배경이 되고 있었다.

김대중-오부치 선언은 한국 외교에서 대일 '역사 화해'와 대북 '포용 정책'이 연동되는 새로운 패턴이 보이기 시작한 데 대해 일본 오부치 게이조(小淵惠三) 내각에서 구체화되던 '21세기 일본의 구상'과 그 구상에서 제기된 '인교(隣交)'의 아시아 정책이 호응한 것이었다.

한반도 식민지 지배의 강제성을 처음으로 인정한 간 나오토(菅直人) 총리의 담화(2010.8.10) 배경에도 일본의 새로운 외교 안보 구상이 존재하고 있었다. 2010년 8월 27일 발표된 「새로운 시대의 일본의 안전보장과 방위력의 장래 구상: '평화 창조 국가'를 목표로(新たな時代における日本の安全保障と防衛力の將來構想: '平和創造國家'を目指して)」라는 제목의 안보 구상이다.

그러나 이후 노다 요시히코(野田佳彦) 내각에서 미·일 동맹으로의 경사가 다시 확인되고, 급기야 2012년 12월에 2차 아베 내각이 탄생한 뒤로는 일본의 근린 아시아 외교는 실종되었다. 미·일 동맹이 그 어느 때보다도 강조되었다. 때마침 한국에서도 남북 화해 정책으로부터의 전환이 모색되었다. 동아시아 공동체 구상도 한미 동맹으로 수속(收束)되었다.

한국과 일본은 미국과의 동맹을 중시하는 가운데 '2015년 합의'를 통해 한일 역사 갈등을 봉합하는 방식으로 1965년 체제의 부분적 조정이 이루어졌으나, 이는 결국 실패했다. 1965년 체제는 1990년대 이래 탈냉전과 역사 화해의 전개 속에서 이미 기능을 상실하고 있었기 때문이다. 이 시기 한일 관계는 한미 동맹과 미·일 동맹의 강화가 역사 갈등을 증폭시키는 경향을 보이고 있었다. 한일 관계는 이제 더 이상 동맹을 조정하고 강화하는 것으로 관리될 수 없는 단계에 이르렀던 것이다.

4 ㅣ 지정학의 엇박자와 한일 관계

1) 촛불혁명과 한반도 평화 프로세스, 그리고 일본

2015년 합의는 박근혜 정부가 만들어낸 '적폐' 가운데 하나였고, '촛불혁명'의 원인 가운데 하나였다. 그러한 분위기 속에서 박근혜 탄핵 이후 대통령 선거에 나선 거의 모든 후보들은 2015년 합의를 부정하는 것을 공약으로 내세웠다. '대선 후보 문재인'도 예외가 아니었다. 문재인 후보가 2017년 1월 정리한 비공개 '공약집'에는 '일본 정부의 공식적 사죄'를 요구하는 내용이 들어 있었고, 4월의 '10대 공약'에는 이 문제에 대해 '원칙적으로 대응한다'는 입장이 제시되어 있었다. 그리고 5월에 확정된 공약집 『나라를 나라답게』에서는 "재교섭 등을 통해 피해자들이 납득하고, 국민이 동의할 수 있는 수준의 합의를 이끌어낸다"라는 방침이 포함되어 있었다. 일본 정부와의 충돌을 감수하고라도 재교섭에 나서겠다는 원칙을 밝힌 것이 특징이었다. 거듭 강조하건대 이는 '문재인 후보'만에 특징적인 것이 아니었다. 당시 대통령 선거에 나선 모든 후보가 2015년 합의 파기 또는 재교섭을 공약으로 내걸고 있었다.[24]

그러나 '대통령 문재인'의 대일 정책은 현실 노선에 따른 것이었다. 2017년 7월 19일 발표된 '국정 과제'에서 위안부 문제는 외교부가 아닌 여성가족부 문제로 설정되었다. 그 대신 한반도 평화 프로세스와 관련해 한일 관계는 양호하게 관리되어야 할 양자 관계로 설정되었다. 그리고 역사와 실질 협력을 구분한 투 트랙 원칙을 강조했다. 문재인 정부가 들어선 뒤에 발간된 『외교 백서』에도 일본을 배려하는 내용이 두드러졌다. 이처럼 문재인 정부의 대일 외교는 적어도 일본의 수출 규제 조치 이전에는 일본이 한반도 평화 프로세스에 협력해 줄 것을 기대하며 신중한 기조를 유지하고 있었다.

그러나 일본의 외교 안보 노선 기조는 1990년대와는 판이하게 달라져 있었고, 한반도 평화와 동아시아 공동체 구상을 연계하려는 한국의 평화 구축 노력에 냉담한 태도를 보이고 있었다. 이러한 태도를 단적으로 드러낸 것이 『미·일 동맹을 재구축한다(日米同盟を組み直す)』는 제목으로 2017년 9월 발간된 제언서였다.[25] 일본판 '아미티지 나이 보고서'라고도 할 만한 이 제언서에는 문재인 정부의 한국에 대한 제언으로 다음과 같은 결론이 제시되어 있었다. 첫째, "문재인 정부에 대해 2015년 합의의 이행을 지속적으로 요구할 것이며, 그 때문에 한일 관계가 냉각되더라도 상관없다"라는 것이며, 둘째, "문재인 정부가 지나치게 대북 화해에 나설 경우 미국과 함께 일본이 견제에 나서야 한다"라는 입장을 확인했다. 오사카 G20 정상 회의 직후인 2019년 6월 30일에 판문점에

---

24 남기정, 「문재인 정부의 대일정책: 한국 외교의 '대전략'과 한일관계」, 국가안보전략연구원, 《국가안보와 전략》, 제17권 3호(2017b), 25~34쪽.

25 田中明彦·日本經濟研究センター 編, 『提言日米同盟を組み直す: 東アジアリスクと安全保障改革』 (日本經濟新聞出版, 2017).

서 남북한과 미국 정상이 회동해 한반도 평화 프로세스의 동력을 가까스로 살려놓자마자 일본이 수출 규제 조치에 나선 것은 이 제언서에서 한국과 관련된 부분의 결론을 실천으로 옮긴 것이었다고 할 수 있다.

이미 2018년 3월 8일 정의용 청와대 안보실장이 미국 백악관에서 김정은 위원장과 도널드 트럼프(Donald Trump) 대통령이 정상회담을 갖기로 했다고 발표한 직후부터 미·일 동맹론자들의 견제와 훈수는 시작되고 있었다. 이 사실을 전하는 일본의 보수 신문들, ≪산케이신문(産經新聞)≫, ≪요미우리신문≫, ≪니혼게이자이신문(日本經濟新聞)≫의 사설들은 한·미·일 3국이 주도하는 국제적인 대북 제재 전선을 흩뜨려서는 안 된다고 주장하고 있었다.

싱가포르 북·미 정상회담 이후에도 미·일 동맹론자들은 여전히 비판적 여론의 배후지가 되고 있으며, 세계적 반트럼프 정서에 편승해 한국 외교를 고립시키려 했다. 일본은 한반도 평화 프로세스가 동아시아 정세를 유동시키는 근본 요인으로 보고, 수출 규제 조치를 취함으로써 이에 제동을 거는 방향으로 움직였다.

한반도 평화 프로세스에 대한 일본의 태도에서 일본이 아직 분단과 전쟁을 끝내고 담대한 평화로 나가는 한반도를 마주할 준비가 되어 있지 않다는 사실이 확인되었다. 한반도 평화 프로세스에 제동을 걸고 있던 아베 정부의 배경에는 우익적 종합 교양지 ≪세이론(正論)≫을 중심으로 논단을 형성하고 있는 '세이론' 그룹이 있었다.

2) 아베 시대 일본의 주류: 세이론 그룹의 역사-안보 인식

세이론 그룹의 주장에서 가장 자주 반복해 등장하는 것이 38선이 쓰시마해협으로 내려왔다는 인식이다. 2017년 9월 호의 특집 "아무도 김정은을 제지하지 않는다(誰も金正恩を止めない)"에는 니시오카 쓰토무(西岡力)가 "38도선이 한반도 아래로 내려오는 날(38度線が朝鮮半島の下まで下がる日)"이라는 글을 통해 문재

인 정부 탄생으로 일본은 북한에 의한 통일을 현실로 받아들이고 대비해야 한다고 주장했다.[26]

이들은 북·미 정상회담으로 그 공포가 현실화하고 있다고 보았다. 이를 저지하기 위해서는 존 볼턴(John Bolton) 등 강경파가 미국을 주도할 필요가 있는데, 이들이 보기에 백악관에서 볼턴의 입지가 작아지고 있는 것이 문제였다. 즉, 볼턴은 미국 안에서도 소수파로 북한의 레짐 체인지를 말하는 인사는 그뿐인데다가 공화당에서도 너무 강경하다며 볼턴에 대해 냉담한 기류가 있다는 것이었다. 국제적으로도 중국, 한국, 러시아가 미국 국무부의 유화 노선에 동조하는 상황에서, 이들은 아베 정권이 볼턴의 응원단이 되어야 한다고 강조하고 있다. 결국 미국의 이른바 '강경파'가 마지막으로 기댈 곳은 일본인 상황에서 일본은 납치 문제 해결을 위해 그들과 연계해야 한다는 것이 암묵적인 결론이다. 나아가 이들은 볼턴 등 대북 강경파 그룹이 주도권을 장악하면 한반도 긴장은 다시 격화될 수 있지만, 그 이면에서 일본의 요구는 실현될 가능성이 크다고 분석하고 있다.[27] 결국 사태는 그렇게 진전되었다.

하노이 북·미 정상회담을 전후해 세이론 그룹 안에서 '쓰시마해협의 38선화'에 대한 경각심이 더욱 두드러지게 나타나고 있었다. 2019년 4월 호의 특집 구성에서 이러한 인식을 보다 분명하게 볼 수 있다. "일한 이상사태(日韓異常事態)"라는 '대특집' 아래에 주한미군 철수 위험, 통일 조선이 일본을 습격할 가능성 등에 대해 경계하는 글들이 실려 있었다. 2019년 5월 호에도 한반도발 위기에 대해 경고하며 통일 한국이 일본의 적으로 등장할 가능성에 대비해 '국방'을 강화해야 한다는 주장이 실렸다. 또한 문재인 대통령의 3·1 운동 100주년 기념식 축사가 '반일, 반한, 미국 이탈'을 주장하고 있다고 규정하고 있었다.[28] 문

---

26 西岡力, 「38度線が朝鮮半島の下まで下がる日」, ≪正論≫, 2017年 9月號(2017), 272~281쪽.

27 櫻井よしこ·高村正彦·田久保忠衛·島田洋一, 「在韓米軍撤退の現實味: 對馬が38度線'に」, ≪正論≫, 2018年 8月號(2018), 67쪽.

재인 정부를 '반한'으로 규정하는 것에서 이들이 문재인 정부를 바라보는 인식이 극명하게 드러나 있다. 이들의 인식 속에서 문재인 정부는 '한국의 정상화'를 위해서라도 타도되어야 할 존재다.

3) ≪세이론≫에 집결하는 반문재인 전선의 한국인들과 미국인

문재인 정부가 '반한'이라면 문재인 정부를 타도 대상으로 보는 한국인들이 한국의 정통이 된다. ≪세이론≫은 홍형, 이도형 등 반문재인 전선의 한국인들의 활동을 지원하며 지면을 제공하고 있다. 전 주일 공사 홍형은 박근혜 탄핵이 자유 민주 체제의 약점을 이용한 사회주의혁명이었다고 규정했다. 그는 문재인 정부의 목표가 자유 민주 체제와 자유 시장경제 체제의 파괴이며, 이 '촛불 주사파 정권'이 김정은 체제와 공조해 추진하는 좌익 민중 혁명이 중국 주도의 현상 변경 전략과 공명하고 있다고 주장했다. 나아가 그는 문재인 정부의 탄압으로 한국의 자유민주주의 수호 세력이 자금난에 빠져 있어 해외 지원이 중요하다고 하며 일본의 ≪세이론≫ 독자들에게 손을 벌리고 있다. 재일 한국인들에게도 자각과 행동이 요구된다며 선동하고, 궁극적으로는 일본이 "악의 김정은 체제와의 대화에 기대하지 말고 자유를 지키려는 한국 보수파와 연대해 주기를 바란다"라고 주장했다.[29]

2018년 11월 호에는 ≪조선일보≫ 전 도쿄 특파원 이도형이 문재인 정부를 비난하는 글이 실렸다. 이 글은 우익 언론인 사쿠라이 요시코(櫻井ょしこ)가 운영하는 '국가기본문제연구소'가 7월에 개최한 강연회의 요약문이었다. 이도형은 문재인 대통령이 개인적·심정적으로 친북·반미일 뿐만 아니라 조직의 일

---

28 西岡力, 「文在寅は反日·反韓·離米を宣言した: マスコミが傳えない'3·1'演說の核心」, ≪正論≫, 2019年 5月號(2019), 126~135쪽.

29 洪燉, 「いよいよ韓國の赤化が始まつた」, ≪正論≫, 2018年 7月號(2018), 95, 101쪽.

원으로서도 반한·친공적인 인물이라고 단정하고 있다. 나아가 문재인 정부의 한국은 대륙 문화권에 속해서 해양 문화권을 적대시하기 시작했다고 하며 문재인 정부가 일본을 적대시하고 있다고 주장했다.[30]

여기에 미국의 우익이 가담하고 있다. 미국 언론인 고든 창(Gordon Chang)은 "악당", "공포정치" 등의 용어를 동원해 문재인 개인과 한국 정부를 악마화하고 있다.[31] 이처럼 ≪세이론≫을 중심으로 한·미·일 반공 안보 협력 구도가 재현되고 있었다. 2020년에 들어서 ≪세이론≫의 공격 대상은 중국으로 바뀌었다. 한반도발 위기는 일단락되었다는 인식이 보인다.

5 | 결론: 매개변수로서 '평화 구축'

앞에서의 논의를 기초로 한일 관계에서 민주주의-민족주의-평화주의의 트릴레마를 극복하는 것이 1965년 체제 극복에 긴요한 일이라는 것을 발견할 수 있다. 과거 한국에서 권위주의 정부는 반공을 국시로 북한의 절멸을 목표로 정하고, 이를 위해 한미 동맹을 유일한 외교적 선택지로 삼았다. 그러나 1987년의 민주화와 이와 동시에 전개된 세계적 탈냉전으로 한국의 국내외 환경이 변화했다. 이후 한국의 정치 지형은 남북 관계와 한미 동맹에 대한 태도 여하로 만들어지는 매트릭스 안에서 형성되었다. 즉, 북한에 대한 봉쇄(containment)냐 관여(engagement)냐, 미국과의 동맹이냐 대미 자주냐의 태도가 네 개의 정치적 입장을 만들어냈다.

이론적으로는 반미·반북의 태도가 전통적 국가주의(우익)의 입장으로 있을 수 있으나, 한국에 친미·우익은 있을지언정 반미·우익은 현실적으로 존재하

---

30 李度珩, 「'文在寅'革命'で自由民主主義は麻痺」, ≪正論≫, 2018年 11月號(2018), 222~229쪽.
31 ゴードン チャン, 「惡黨·文在寅: 暗黑時代逆戻りを狙う」, ≪正論≫, 2019年 11月號(2019), 64~67쪽.

지 않는다. 2019년 이후 주말마다 서울 광화문을 뒤덮는 태극기와 성조기의 난립이 이를 증명한다. 한국의 전통적 보수는 친미·반북의 입장이었다. 이승만과 박정희의 공격적 현실주의가 이러한 입장이었다. 이와 다른 대안이 한미 동맹하의 남북 화해 노선이었다. 1980년대 말과 1990년대 초의 북방정책이 그 기원이었다. 1988년 노태우 정부의 7·7 선언(민족자존과 통일 번영을 위한 대통령 특별 선언)이 대표적이다. 남북 화해와 동시에 남북 교차 승인을 추진해 다자주의 평화체제를 구축한다는 것이 목표였다. 이러한 점에서 군사적 현실주의에서 제도주의로의 변화가 나타났다고 할 수 있다.

이후 김영삼 정부 때 잠시 한미 동맹-반북 강경 노선으로의 회귀가 보였으나, 김대중 정부가 들어서면서 개시된 햇볕정책(sunshine policy)은 한미 동맹-남북 화해 조합의 원형이 되었다. 여기에 김대중은 한일 관계에서 화해를 추구하는 것으로 한국과 일본의 제도주의자들이 연대할 수 있는 기초를 마련했다.

이 노선은 노무현 정부까지 이어지다가 이명박·박근혜 정부를 거치며 다시 한미 동맹-대북 강경 노선으로 회귀했으며, 위안부 문제를 둘러싸고 한일 갈등이 더해져 민주화-역사 화해-평화 구축에 대한 반동의 시대가 이어졌다. 촛불혁명으로 등장한 문재인 정부는 다시 한미 동맹-남북 화해 노선으로 돌아가고자 했으며, 적어도 정권 출범 초기에는 한일 간의 역사 갈등에 대해서도 관리하려는 모습을 보였다.

한편 일본의 정치 지형은 미·일 동맹에 대한 태도(자주냐, 동맹이냐)와 헌법에 대한 태도(호헌이냐, 개헌이냐)의 교차 매트릭스로 만들어진다.[32] 전후 일본은 호헌-자주국방을 주장하는 평화주의자들과 호헌-미·일 동맹을 주장하는 제도적 자유주의자들 사이의 경쟁이 나타난다. 이것이 후자가 우세해지면서 '전후사'가 종결되는 1990년대 이후에 이른바 '보통국가' 노선이 등장하고 호헌-

---

32 남기정, 「자위대에서 군대로?: '자주방위의 꿈'과 '미일동맹의 현실'의 변증법」, 현대일본학회, 《일본연구논총》, 제43권(2016), 156~158쪽.

미·일 동맹을 주장하는 제도적 자유주의자들과 개헌-미·일 동맹을 주장하는 정치적 현실주의자들의 경쟁으로 전환된다. 이것이 다시 후자의 승리가 가시화되는 과정을 거쳐 개헌-미·일 동맹을 주장하는 정치적 현실주의자들과 개헌-자주국방을 주장하는 전통적 국가주의자들 사이의 논쟁으로 주류 담론의 전선이 이행하고 있다.

1998년 김대중이 상대했던 일본은 호헌-미·일 동맹의 조합을 일본 외교 안보의 중심축으로 삼는 제도적 자유주의자들이 정치권력을 장악하고 있던 상황이었다. 그리고 이 시기에 한국의 민주화에 공명한 일본의 시민사회는 일본의 주류 정치권력과 가장 가까운 관계를 유지하고 있었다. 그러나 2018년 문재인이 상대해야 했던 일본은 개헌-미·일 동맹의 조합을 이상으로 생각하는 정치적 현실주의자들의 일본이었다. 이들의 배후에는 세이론 그룹의 비호를 받으며 한·미·일의 반공 연대가 재건되어 성장하고 있었다.

한일 1965년 체제는 양국의 군사적·정치적 현실주의자들의 합작품이었다. 1965년 체제에 대한 비판이 제도주의자 연합으로 전개되었던 것이다. 그 고리가 김대중과 우쓰노미야 사이에서 형성된 교류와 신뢰 관계였다. 1998년 한일 공동선언은 그 귀결이었다. 그러나 탈냉전 시기에 만들어진 평화 구축하의 역사 화해 진전은 문재인-아베 조합의 한일 관계에서 정지하고 후퇴하고 있었다. 지정학의 엇갈림이 그 이유였다. 양국에서 평화 구축의 목표를 공유할 수 있는 제도적 자유주의자들의 연대가 깨진 것이 배경이 되었다. 한국의 민주화는 한일의 역사 화해에 직결되지 않는다. 하지만 한국의 민주화가 한일 역사에 직접적인 갈등 요소가 되는 것도 아니다. 한국의 민주화는 한반도와 동북아시아의 평화 구축 의지의 유무를 매개로 한일 역사 화해를 이끌기도 하고, 갈등을 고조시키기도 한다. 민주화-역사 화해-평화 구축의 트릴레마를 이해하고, 이를 극복하는 것이 한일 관계 재구축의 조건이다.

참고문헌

남기정. 2011. 「일본 '전후 평화주의자'들의 조선경험과 아시아인식」. 『전후 일본 그리고 낯선
　　　동아시아』. 박문사.
_____. 2016. 「자위대에서 군대로?: '자주방위의 꿈'과 '미일동맹의 현실'의 변증법」. 현대일본
　　　학회. ≪일본연구논총≫, 제43권, 149~192쪽.
_____. 2017a. 「한일관계에서 역사 문제와 안보의 연동 메커니즘: 투트랙 접근의 조건과 과제」.
　　　현대일본학회. ≪일본연구논총≫, 제45권, 123~152쪽.
_____. 2017b. 「문재인 정부의 대일정책: 한국 외교의 '대전략'과 한일관계」. 국가안보전략연구
　　　원. ≪국가안보와 전략≫, 제17권 3호, 21~65쪽.
류상영 외. 2012. 『김대중과 한일관계: 민주주의와 평화의 한일현대사』. 연세대학교 대학출판문
　　　화원.
리영희. 2016. 「광복 32주년의 반성」. 『우상과 이성』(리영희 저작집 2, 증보판 6쇄). 한길사.
서영아. 2019.8.21. "(서영아 논설위원 파워 인터뷰) 한일 떨어질 수 없는 관계, 서로 성의 있게
　　　설명하는 자세부터". ≪동아일보≫. https://www.donga.com/news/article/all/20190821/
　　　97043524/1 (검색일: 2021년 4월 10일).
서중석. 2017. 「친일파·'친한파', 일본의 과거사 반성」. 고병권 외. 『리영희를 함께 읽다』. 창비.
와다 하루키. 2012. 「지식인 및 시민들의 한일연대운동(1974~1978)」. 류상영 외. 『김대중과 한
　　　일관계: 민주주의와 평화의 한일현대사』. 연세대학교 대학출판문화원.
_____. 2020. 『한국병합 110년만의 진실: 조약에 의한 병합이라는 기만』. 남상구·조윤수 옮김.
　　　지식산업사.
유용태·정숭교·최갑수. 2020. 『학생들이 만든 한국현대사: 서울대 학생운동 70년 - 제2권 사회
　　　문화사』. 한울엠플러스.
이시자카 고이치. 2012. 「1970년대부터 80년대까지의 한국 민중운동과 일본」. 류상영 외. 『김대
　　　중과 한일관계: 민주주의와 평화의 한일현대사』. 연세대학교 대학출판문화원.
이토 나리히코. 2012. 「김대중 납치사건과 일본정치」. 류상영 외. 『김대중과 한일관계: 민주주
　　　의와 평화의 한일현대사』. 연세대학교 대학출판문화원.
정재정. 2015. 『그 후의 한일관계: 한일회담·한일협정』. 동북아역사재단.
홍석률·박태균·정창현. 2018. 『한국현대사 2: 경제성장과 민주주의, 그리고 통일의 과제』. 푸른
　　　역사.

チャン, ゴードン. 2019. 「惡黨·文在寅: 暗黒時代逆戻りを狙う」. ≪正論≫, 2019年 11月號.
金大中. 1980. 『民主救國の道: 講演と論文, 1973~1980』. 和田春樹·東海林勤 編. 新教出版社.
金大中·安江良介. 1973.9. 「韓國民主化への道」. ≪世界≫, 第334號.
南基正. 2006. 「韓國民族主義の展開と日韓關係: 分析的研究のための試論」. 현대일본학회. ≪日本研究論
　　　叢≫, 제24권, 211~239쪽.
李度珩. 2018. 「文在寅'革命'で自由民主主義は麻痺」. ≪正論≫, 2018年 11月號.

西岡力. 2017. 「38度線が朝鮮半島の下まで下がる日」. ≪正論≫, 2017年 9月號.

_____. 2019. 「文在寅は反日・反韓・離米を宣言した: マスコミが傳えない'3・1'演說の核心」. ≪正論≫, 2019年 5月號.

櫻井よしこ・高村正彦・田久保忠衛・島田洋一. 2018. 「在韓米軍撤退の現實味: 對馬が'38度線'に」. ≪正論≫, 2018年 8月號.

宇都宮德馬. 1978. 『アジアに立つ』. 講談社.

_____. 1984. 『暴兵損民: なぜ軍擴に狂奔するのか』. 德間書店.

田中明彦・日本經濟研究センター 編. 2017. 『提言日米同盟を組み直す: 東アジアリスクと安全保障改革』. 日本經濟新聞出版.

洪燊. 2018. 「いよいよ韓國の赤化が始まつた」. ≪正論≫, 2018年 7月號.

和田春樹・石坂浩一・戰後50年國會決議を求める會 編. 1996. 『日本は植民地支配をどう考えてきたか: 戰後50年國會決議は海外からどう評價されたか』. 梨の木社.

제 9 장

경제통합과 이중 전이, 그리고 전략적 선택
동아시아 지역주의 변화의 동학

이승주(중앙대학교 정치국제학과 교수)

1 ┃ 서론

　자유주의적 설명에 따르면 경제적 상호 의존의 증가는 국가 간 경제통합을
제도화하는 핵심적 요소일 뿐 아니라, 지역의 번영과 평화의 초석으로 간주되
어 왔다.[1] 이 글은 동아시아 지역 질서의 변화를 경제적 통합의 질적 변화를 반
영한 제도화에 대한 수요 증가와 제도를 전략적 경쟁의 수단으로 활용하려는
주요 국가들의 동기가 상호작용한 결과로 이해한다. 아시아 지역에서 1980년
대 이후에 경제통합이 지속적으로 증가해 왔으나, 지역 질서의 불확실성이 제
거되지 않은 원인은 경제통합의 질적 변화를 반영한 제도화 노력이 주요 국가
들이 제도를 전략적 경쟁의 수단으로 활용하려는 동기에 따라 변형되었기 때

1　Katherine Barbieri, "Economic Interdependence: A Path to Peace or a Source of Interstate
　Conflict?," *Journal of Peace Research*, Vol.33, No.1(1996), pp.29~49; Erik Gartzke, Quan Li
　and Charles Boehmer, "Investing in the Peace: Economic Interdependence and International
　Conflict," *International Organization*, Vol.55, No.2(2001), pp.391~438.

문이다.

이 글은 이러한 문제의식을 갖고 동아시아 국가들 사이의 경제통합과 주요 국가들 사이의 경쟁이 동아시아 지역주의의 제도화에 미친 영향을 중점적으로 고찰한다. 이 글은 특히 1990년대 후반 이후 아시아 지역의 가치사슬이 구조적 변화를 거치면서 경제통합의 제도화에 대한 요구가 증대되었음에도 불구하고, 지역 질서의 제도화가 경제통합에 상응하는 수준으로 진전하지 못한 점에 주목한다. 아시아에서 경제통합과 제도화 사이의 괴리를 초래하는 구조적 요인으로는 중국의 부상과 미국 및 일본의 상대적 쇠퇴 과정에서 발생한 이중 전이(dual transition)를 지적한다. 이중 전이가 진행되면서 미국, 중국, 일본 등 주요 국가들이 경제통합에 따른 제도화의 요구에 자국의 전략적 동기를 투사함으로써 아시아 지역 질서의 재편 과정에서 불확실성이 증대되었다.

이 글은 다음과 같이 구성된다. 2절에서는 지구적 가치사슬의 형성이 동아시아 경제통합에 초래한 변화를 검토한다. 1990년대 말 이후 중국의 부상이 가시화되며 동아시아 국가들 간의 경제통합에도 상당한 변화가 발생했다. 그 근저에는 지역 차원에서 형성된 지구적 가치사슬의 구조적 변화가 작용했다. 특히 2000년대 이후 중국이 아시아 지역의 가치사슬 허브로 등장하면서 역내 가치사슬에 구조적 변화가 발생했고, 역내 국가들 간의 경제통합에도 큰 변화가 발생했다. 3절에서는 이중 전이가 동아시아 지역 질서에 미친 영향을 검토한다. 여기서는 특히 이중 전이가 미국, 중국, 일본 등 주요 국가들이 동아시아 지역 질서를 재편하는 과정에서 전략적 고려를 적극 투사하는 요인으로 작용하고 있음에 주목한다. 4절에서는 메가 FTA(Free Trade Agreement, 자유무역협정)와 AIIB(The Asian Infrastructure Investment Bank, 아시아인프라투자은행)의 사례를 중심으로 동아시아 지역 질서의 재편 과정에서 나타난 특징을 검토한다. 메가 FTA는 아시아 국가들 간에 형성된 지구적 가치사슬에 기반한 생산과 무역의 변화를 반영해야 하는 현실적 필요성과 미국, 중국, 일본이 전략적 경쟁을 전개하는 수단이라는 점에서 새로운 대안으로 부상했다는 데 초점을 맞춘다. AIIB는 역내 국가들 간의 연결성을 증진시켜 경제적 통합을 촉진한다는 경제적 필요성과 중국이 일대일로(BRI: The Belt and Road Initiative)를 추진하는 데 필요한 대외적 차원의 제도적 프레임 워크라는 전략적 이해관계가 일치한 결과라는 점에 주목한다. 결론에서는 이 글에서 도출되는 시사점을 논의하고 이를 바탕으로 동아시아 지역 질서의 변화에 대응하는 한국의 전략을 제시한다.

2 ı 지구적 가치사슬과 경제통합: 아시아의 사례

아시아 지역의 경우 1980년대 가치사슬에 기반한 경제통합이 진전되면서, 지역주의의 제도화에 대한 수요가 증가하기 시작했다. 구체적으로 1985년 플라자 합의(Plaza Accord) 이후 동북아시아 지역과 동남아시아 지역 사이의 경제통합이 가속화했다. 이 과정에서 일본을 역내 허브로 하는 가치사슬이 아시아 지역에 형성되었다.[2] 이 시기 아시아 지역의 가치사슬이 전자 산업과 자동차 산업 등 일본의 주력 제조업을 중심으로 형성된 것이 일본이 역내 가치사슬의 허브로서 위치를 나타낸다.

이후 아시아 지역의 경제통합이 지속적으로 진전된 결과 아시아 국가 간의 경제 관계에서 네트워크화 현상이 가속화되는 가운데 지역 차원의 가치사슬의 변화가 나타나기 시작했다.[3] 역내 지구적 가치사슬의 구조적 변화가 발생하면

---

2   Walter Hatch and Kozo Yamamura, *Asia in Japan's embrace: Building a regional production alliance*(Asia-Pacific Studies, No.3)(Cambridge University Press, 1996).

3   가치사슬에 기반한 경제통합이 완전히 새로운 현상은 아니다. 아시아 지역 가치사슬은 1960년대 미국 기업들이 위탁 생산을 하면서 형성되기 시작했다. 2000년대 가치사슬은 단순 조립 중심으로 이루어져 가치사슬이 운영되던 과거와 달리 생산단계가 여러 단계로 분할되며 네트워크적 구조를 갖게 되었다는 특징이 있다. Michael Borrus, Ernst Dieter and Stephan Haggard (eds.), *International production networks in Asia: rivalry or riches*(Routledge, 2000).

서 아시아 지역의 경제통합은 1990년대 이후 두 가지 측면에서 질적 변화의 양상을 보이기 시작했다. 우선 1990년대 중반까지 아시아 지역의 지구적 가치사슬에서 허브 역할을 맡았던 일본을 제치고 2000년대 이후 중국이 지역, 더 나아가 세계의 생산 기지(production center)로 부상하는 변화가 발생했다. 이어 2010년대 이후 중국의 산업구조가 고도화되면서 중국이 일본을 대체해 역내 가치사슬의 허브로 부상하는 변화가 발생했다. 이 과정에서 중국이 생산 기지 역할을 여전히 수행하는 가운데 가치사슬 내에서 부가가치가 높은 생산단계로 상향 이동하는 변화가 수반되었다.

이러한 변화는 아시아 지역의 가치사슬의 수평적 확산과 수직적 위계화라는 변화를 초래했다. 수평적 확대는 중국이 상향 이동하는 중에 아시아 개발도상국들이 지역 가치사슬에 참여하는 현상이 발생하면서 아시아 지역의 가치사슬이 지리적으로 확대된 것을 말한다. 한편 수직적 위계성은 중국이 가치사슬에서 허브의 위치를 차지하면서 역내 가치사슬의 위계성이 심화되는 것을 말한다. 지역 가치사슬에 참여하는 국가들이 단순히 수적으로 증가한 것에 그치지 않고, 이들 사이의 관계가 위계적인 구조로 분화하게 된 것이다. 즉, 중국을 역내 허브로 2차, 3차, 4차 노드에 위치한 국가들 사이에 수직적 네트워크가 형성되었다.

이처럼 1990년대 이후 아시아 지역의 경제통합은 그 이전 시기와 비교해 질적인 변화를 겪었다. 이러한 변화는 아시아 국가들 사이의 경제적 상호 의존의 증가로 연결되었다. 맥킨지 글로벌 연구소에 따르면 아시아 국가들 간의 역내 무역 비중은 60퍼센트에 달하는 것으로 추산된다. 이는 유럽연합(EU: European Union)을 제외하면 가장 높은 역내 무역의 비중으로 1990년대 이후 아시아 국가들 간의 무역이 가치사슬의 구조적 변화와 함께 지속적으로 증가한 것이다.[4]

---

4 아시아 국가 간 역내 투자의 비중은 59퍼센트에 달한다. The McKinsey Global Institute, *The future of Asia*(2019). 한편 중국은 아시아 지역의 가치사슬 허브로 부상하는 과정에서 역내

가치사슬 기반의 경제통합과 역내 무역 비율의 증가는 상호 연관된 현상이기도 하다. 가치사슬의 확대와 심화는 최종재 무역에 비해 중간재 무역이 빠른 속도로 증가했음을 의미하며, 가치사슬이 주로 아시아 지역에 형성되어 있었기 때문에 역내 무역의 비중이 증가한 것이다. 2010년대 초 아시아 역내 무역에서 중간재 무역의 비중은 56.9퍼센트로 최종재 무역의 비중 28.2퍼센트에 비해 압도적으로 높았다는 것이 이를 대변한다.[5] 이처럼 아시아 국가 간 경제통합은 가치사슬에 기반해 진행되었다.

2000년대까지 진행된 아시아 국가들 사이의 경제통합은 크게 두 가지 구조적 특징을 보이고 있다. 첫째, 생산 네트워크가 '역내 생산과 역내 소비'의 구조로 연결되지 못하면서, 미국과 유럽 등 역외 국가·지역에 대한 수출이 함께 증가하는 삼각 교역 구조를 형성했다는 점이다.[6] 실제로 아메리카 국가들과의 무역이 여전히 아시아 무역의 약 3분의 1을 차지하고 있는데,[7] 이는 아시아 경제의 네트워크화가 지속적으로 진전되었지만 자기 완결적인 네트워크를 형성하는 수준까지 이르지는 못했다는 것을 의미한다. 2000년대 이후 중국이 역내 국가들의 최대 시장으로 등장하고 있지만 동시에 중국의 최종 생산품이 역외로 수출되는 재삼각화(re-triangulation)가 진행되고 있다는 점에서,[8] 삼각 무역

투자의 최종 기착지가 되었다. 2000년 기준 동아시아 국가들이 유치한 해외투자 중 중국의 비중은 62퍼센트에 달했다. 이러한 해외투자를 바탕으로 중국은 2000년대 아시아 지역을 넘어 지구의 생산 기지로 부상할 수 있었다. WTO, *World Trade Report 2011*(2011).

5   IIT, 2014.

6   Mitchell Bernard and John Ravenhill, "Beyond product cycles and flying geese: regionalization, hierarchy, and the industrialization of East Asia," *World Politics*, Vol.47, No.2(1995), pp.171~209.

7   Peter Petri, Michael G. Plummer and Fan Zhai(eds.), *The Trans-pacific partnership and Asia-pacific integration: a quantitative assessment*(Policy Analyses in International Economics, Vol.98)(Peterson Institute, 2012).

8   Prema-chandra Athukorala, "Production networks and trade patterns in East Asia: Regionalization or globalization?," *Asian Economic Papers*, Vol.10, No.1(2011), pp.65~95.

그림 9-1 **아시아 경제통합 지표** (단위: %)

무역 (상품)		자본 (해외직접투자)		인구 (여행객)		지식 (특허)		운송 (화물)	

세계에서 차지하는 비중

| 27 | 33 | 12 | 26 | 33 | 40 | 52 | 65 | 58 | 64 |
| 2005~2007 | 2015~2017 | 2003~2007 | 2013~2017 | 2009~2011 | 2016~2018 | 2005~2007 | 2015~2017 | 2008 | 2016 |

역내 비중 **60** **59** **74** **71** **55**

자료: The McKinsey Global Institute, *The future of Asia*(2019).

구조의 근본적인 변화가 발생했다고 보기는 어렵다.

　둘째, 앞의 변화와 관련된 아시아 경제통합의 특징은 2000년대 이후 중국에 대한 비대칭적 상호 의존이 증가하고 있다는 점이다. 아시아 경제의 심층적 통합, 특히 2000년대 이후 중국이 아시아 지역의 가치사슬 허브로 부상하면서 아시아 국가들의 중국에 대한 무역 의존도가 일제히 상승했다. 한중 무역 관계를 보면 한국의 대중국 수출 의존도는 2019년 기준 25.1퍼센트인데 중국의 대한국 수출 의존도는 4.3퍼센트에 불과하다.[9] 비대칭적 상호 의존은 양국의 경제 규모 차이뿐 아니라 아시아 지역 내 가치사슬이 중국을 중심으로 형성된 것과 관련이 있다. 또한 비대칭적 상호 의존은 중국이 역내 국가들을 상대로 압박을 가하는 수단으로 작용하는 측면이 있다는 점에서 동아시아 지역주의의 동학에 상당한 변화 요인으로 작용한다.

　〈그림 9-1〉에서 보는 바와 같이 아시아의 역내 무역 비중이 증가한 결과 세계 무역에서 아시아 국가들의 비중이 2005년 27퍼센트에서 2015년 33퍼센트로 증가하고, 해외직접투자(FDI: Foreign Direct Investment) 역시 2003년 12퍼센트에서 2013년에 26퍼센트로 증가했다. 아시아 지역의 경제통합은 무역과 투

9　현대경제연구원, 「2020년 국내 수출의 주요 이슈」, 《경제주평》, 제20-07호(2020).

자에만 국한되지 않는다. 여행객의 역내 비중은 74퍼센트, 운송의 역내 비중도 55퍼센트를 차지하는 등 아시아 국가들 사이의 경제통합은 다양한 방면에서 지속적으로 증가하고 있다.

아시아 경제의 네트워크화는 지역 협력과 지역주의의 발전에 기여한 측면이 있다. 그럼에도 아시아 국가들 사이의 경제통합의 지속적인 증가가 지역주의의 제도화와 지역 질서의 안정에 미친 영향은 제한적이었다. 아시아 지역주의의 제도화는 경제통합의 수준을 반영하는 동시에 역내 주요 국가들이 벌이는 경쟁의 동학에 대한 반응적 성격이 강하다. 그 결과 아시아 지역주의는 가치사슬에 기반한 경제통합의 증가와 주요 국가들의 경쟁의 동학을 함께 반영하게 된다. 따라서 경제통합의 수준을 반영해 제도화의 수준이 점진적으로 발전하기보다는 주요 국가들 사이의 경쟁의 결과로 촉발된 중대 분기점(critical junctures)에 도달할 때 비로소 새로운 제도화를 추구하는 패턴을 보였다.[10] 또한 주요 국가들이 주도하는 제도들 사이의 중복이 발생하면서 지역주의의 추진 과정에서 비효율과 불확실성이 초래되었다.[11] 즉, 아시아의 지역주의는 경제의 네트워크화에 기반해 점진적 확대 과정을 거치기보다 주요 국가들 사이의 경쟁에 대한 반응적 성격에 따라 제도의 불안정성과 불확실성이 해소되지 않고 있다.

또한 아시아 국가들이 경제와 안보를 연계하기 때문에 지역 제도가 다층화되는 결과가 초래되었다. 아시아 국가들이 네트워크화를 촉진하기 위한 기능적 협력의 장으로서 제도를 형성하는 것이 아니라, 지역 질서 또는 새로운 아키텍처 수립의 수단으로 제도를 활용하고 있는 것이다.[12] 그 결과 아시아 국가

10 Kent Calder and Min Ye, "Regionalism and Critical Junctures: Explaining the 'Organization Gap' in Northeast Asia," *Journal of East Asian Studies*, Vol.4, No.2(2004), pp.191~226.
11 동아시아 지역주의의 가변성을 FTA의 사례를 중심으로 검토한 연구는 이승주, 「FTA의 확산과 동아시아 지역주의의 중층화」, ≪한국정치외교사논총≫, 제32권 1호(2010), 133~164쪽을 참조.

들은 협력을 증진시킬 필요가 있는 분야에서 제도의 심화를 추구하는 동시에 제도를 활용해 자국의 전략적 이익을 추구하는 경쟁과 협력의 이중적 모습을 보이고 있다. 아시아에서 제도는 경제적 상호 의존의 증가에 따른 기능적 문제의 해결을 위해 제도를 형성하고 이를 바탕으로 다른 쟁점 영역의 협력을 확대·심화하는 제도화를 추구하기보다는 제도의 형성에서 전략적 고려를 투사하는 장이 되었다. 역내 국가들이 필요에 따라 다양한 층위의 제도들을 형성하고 활용하면서 하나의 제도로 수렴되는 제도화가 이루어지기보다는 다양한 제도들이 서로 경쟁하는 결과가 초래되었다.[13]

3 | 이중 전이의 진행

2010년대 아시아에서는 미국과 일본의 상대적 퇴조와 중국의 부상이 동시에 진행되었다. 지구적 차원에서는 미국과 중국, 지역 차원에서는 일본과 중국 사이의 권력 이동(power shift)이 동시에 진행되는 이중 전이가 발생한 것이다. 우선 중국과 일본 사이에서의 이중 전이는 2010년에 발생했다. 2010년 중국의 국내총생산(GDP)이 6조 900억 달러를 기록하면서 5조 7000억 달러를 기록한 일본의 GDP를 추월했다. 이후 GDP 격차가 더 벌어져 중국과 일본의 GDP는 2018년 13조 6000억 달러, 4조 9000억 달러를 각각 기록했다(〈그림 9-2〉) 참조). 미국과 중국 사이의 GDP 격차도 지속적으로 감소하는 추세다. 중국이 일본

---

12 손열, 「일본의 TPP 교섭참가결정 분석: 지역경제질서 건축전략의 맥락에서」, ≪일본연구논총≫, 제39권(2014), 235~254쪽 참조.

13 T. J. Pempel, "Soft Balancing, Hedging, and Institutional Darwinism: The Economic-Security Nexus and East Asian Regionalism," *Journal of East Asian Studies*, Vol.10, Issue 2(2010), pp. 209~238; Andrew Yeo, "Bilateralism, Multilateralism, and Institutional Change in Northeast Asia's Regional Security Architecture," *East Asia Institute Working Paper Series*, No.30(2011).

그림 9-2 **미국, 중국, 일본의 국내총생산 변화 추이** (단위: 달러)

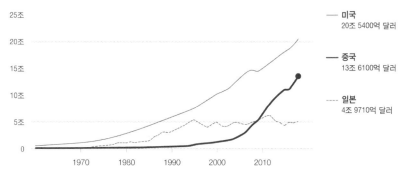

자료: The World Bank, World Development Indicators, http://datatopics.worldbank.org/world-develop ment-indicators.

을 추월한 2010년 미국의 GDP는 14조 9000억 달러를 기록해 중국과 두 배 이상의 격차를 보이고 있었다. 그러나 이후 미국과 중국의 격차는 지속적으로 줄어들어 2015년 18조 2000억 달러 대 11조 달러로 좁혀졌다. 2018년 기준 미국의 GDP는 20조 5000억 달러이고 중국의 GDP는 13조 6000억 달러다(〈그림 9-2〉 참조). 2019년 기준 세계경제에서 미국과 중국이 차지하는 비중은 각각 23.6퍼센트와 15.5퍼센트로 나타났다. 앞으로 미국과 중국 사이의 GDP 격차는 2023년에 24조 8000억 달러와 19조 4000억 달러를 기록할 것으로 전망된다.[14] 한편 GDP PPP를 기준으로 하면 미국과 중국 사이에도 이미 권력 이동이 발생했다. 미국의 GDP PPP가 21조 4000억 달러인 반면 중국의 GDP PPP는 27조 3000억 달러를 기록했다.[15]

이중 전이는 미국, 중국, 일본 3국뿐만 아니라 역내 국가들이 양자 및 다자 관계를 재조정하도록 압박하는 요인으로 대두되었다. 그 결과 21세기 아시아

14 "The Top 20 Economies in the World: Ranking the Richest Countries in the World," *Invest-opedia*, December 24, 2020.

15 IMF, "IMF World Economic Outlook Database"(2019).

에서는 지역 질서의 재편이 불가피하게 되었다. 그 변화의 성격과 과정은 다른 지역 또는 아시아의 과거와 비교하기 어려운 특수성을 띠고 있다. 하드 파워의 측면에서 볼 때 중국의 부상에 따른 세력 전이가 동아시아 지역 질서의 변화를 촉발한 1차적 요인이다. 미국과 중국이 지역 질서의 재편 과정에서 하드 파워를 투사하는 한편, 역내 국가들의 지지를 확보하려는 소프트 파워 경쟁을 함께 전개하는 양상이 대두되고 있다.[16] 이는 미국과 중국이 지역 질서를 재편하는 과정에서 역내 갈등을 증폭시키는 요인으로 작용했다. 21세기 동아시아 지역주의의 재편은 이중 전이의 과정에서 진행되고 있기에 경제통합의 진전에도 불구하고 제도화의 진전에 어려움을 겪고 있다. 미·중 양국이 자신에게 유리한 지역 질서를 형성하려는 동기가 매우 강하기 때문에, 경제통합의 촉진을 위한 제도화가 상대적 우선순위에서 밀리는 결과가 초래되었다.

4 | 경쟁의 동학과 경제·안보 연계

이중 전이의 과정에서 주목할 점은 미국, 중국, 일본 등 주요 국가들이 제도를 경제통합의 수단뿐 아니라 전략적 경쟁의 수단으로 활용했다는 것이다. 지역 제도화가 국가 수준에 미치는 영향으로는 동아시아 각국이 경제와 안보를 연계하는 결과가 초래되었다.[17] 상이한 쟁점 영역인 경제와 안보가 유기적으로 연계되거나, 경제 분야 내에서도 무역과 금융 또는 금융과 개발 등 과거에 독자적인 쟁점으로 인식되었던 쟁점들 간의 연계가 지역 질서 재편 과정에서

---

16 Evelyn Goh, *The Struggle for Order: Hegemony, Hierarchy, and Transition in Post-Cold War East Asia*(Oxford University Press, 2013).

17 Robert D. Blackwell and Jennifer M. Harris, *War by Other Means: Geoeconomics and State-craft*(Harvard University Press, 2016).

나타났다. 제도를 둘러싼 경쟁의 동학은 무역과 금융을 중심으로 진행되었다.

2010년대 후반 이후 동아시아 국가들의 경제와 안보 연계는 중국의 부상으로 촉발된 지역 차원의 세력 전이에 대한 제도적 대응 과정에서 대두되었다. 중국이 군사력을 증강하고 공세적 외교정책을 실행하면서 역내 긴장과 갈등의 수준이 높아지고 주요 국가 간 분쟁 역시 증가했다. 한편 중국이 부상하며 촉발된 세력 분포의 급격한 변화로 미국, 중국, 일본을 포함한 아시아 주요 국가들은 하드 파워 중심의 경쟁에서 제도를 활용하는 전략적 경쟁으로 옮겨갔다.

1) TPP와 RCEP

동아시아 국가들이 메가 FTA를 추진하는 것은 생산의 초국적화가 빠르게 진행되면서 이러한 변화를 효과적으로 반영하는 무역 거버넌스의 필요성이 제기되고 있기 때문이다. 동아시아 국가들은 1990년대 후반부터 양자 FTA를 경쟁적으로 체결했으나 예상과 달리 그 효과는 제한적이었다는 평가가 지배적이었다. 그 원인은 대체로 두 가지로 분석되었다.

첫째, 양자 FTA의 전통적인 문제점인 스파게티 볼(spaghetti bowl) 효과다. 양자 FTA는 기본적으로 협상 당사국들이 국내의 정치적 고려를 반영해 FTA의 내용을 '조각'하기 때문에 FTA 사이의 정합성을 유지하기 어렵다. 국가의 특성에 따라 FTA의 범위와 수준에 전반적인 패턴이 나타난다. 그러나 FTA 협상 당사국들이 상대에 따라 비교 우위를 갖는 분야는 자유화하고 비교 열위에 있는 분야는 보호하려는 방식에서 근본적으로 벗어나기 어렵기 때문에, FTA들 사이에 정합성을 유지하는 것이 현실적으로 용이하지는 않다. 정합성의 결여와 부족 탓에 스파게티 볼 효과를 초래하는 것은 불가피하다. 아시아 국가들은 경제적 효과를 극대화하기보다는 외교·안보적 불이익을 완화하기 위해 양자 FTA를 체결하는 경향이 있었기 때문에 스파게티 볼 효과는 더욱 두드러지게 되었다.[18] 더 나아가 경제적 효과가 클 것으로 예상되는 FTA는 국내의 정치적 부담 때문에 오히려 회피하는 경향마저 나타났다. FTA 간의 정합성이 떨어질 뿐 아니라 이미 체결한 FTA의 활용률도 기대했던 수준에 이르지 못한 것은 어쩌면 예상된 결과였다.[19]

둘째, 양자 FTA는 세계무역기구(WTO: World Trade Organization)의 무역 규칙과 비교할 때 개별적으로는 한층 진전된 내용을 포함하고 있는 것이 사실이다. 그러나 아시아 국가들이 체결한 양자 FTA가 변화하는 생산과 무역의 현실을 적실성 있게 반영했는지에 대해 의문의 여지가 있다. '21세기형 생산·무역과 20세기형 무역 규칙'의 불일치가 아시아 FTA에서도 여전히 해소되지 않았던 것이다.[20] 경제적인 측면에서 아시아 국가들이 TPP(Trans-Pacific Partnership, 환태평양경제동반자협정)를 추진한 것은 지구적 가치사슬에 기반한 무역이 빠르게 증가하는 현실을 반영할 수 있는 21세기형 무역 거버넌스가 필요했기 때문이다.

그러나 아시아 국가들이 체결한 FTA는 지구적 가치사슬 내에서 이루어지는 무역의 비중이 커지는 현실을 반영한 무역 규칙을 포함시키는 데 한계가 있었다. 개별 FTA에 원산지 규정 등과 관련되는 한층 진전된 규정이 포함되어 있더라도, 지구적 가치사슬이 여러 나라에 걸쳐 형성된 현실을 감안할 때 그 효과는 제한적일 수밖에 없었다. 지구적 가치사슬 내에 포함된 국가들이 모두 참여하는 FTA가 체결되지 않는다면 원산지 규정의 효과는 반감될 수밖에 없다. 메가 FTA가 대두된 경제적 배경이다. 그 결과 생산과 무역의 현실과 무역 규칙 사이에 괴리가 발생한 것이다. 메가 FTA는 지구적 가치사슬 내에서 이루어

18 John Ravenhill, "The 'new East Asian regionalism': A political domino effect," *Review of International Political Economy*, Vol.17, No.2(2010), pp.178~208.

19 Masahiro Kawai and Ganeshan Wignaraja, "The Asian 'Noodle Bowl': Is It Serious for Business?," ADB Institute, *ADBI Working Paper Series*, No.136(2009).

20 Richard Baldwin, "21st Century Regionalism: Filling the Gap between 21st Century Trade and 20th Century Trade Rules," *Center for Economic Policy Research Policy Insight*, No.56(2011).

지는 네트워크 무역을 효과적으로 관리하는 21세기형 무역 거버넌스로 부상했다. 이러한 면에서 TPP의 경제적 효과는 단순히 무역 장벽을 완화하는 전통적 무역 자유화뿐 아니라, 21세기 무역 규칙과 경제 질서를 수립한다는 데서도 찾을 수 있다.

한편 경제적 필요성에도 불구하고 미국, 중국, 일본 간 경쟁의 동학 때문에 아시아 지역에서 메가 FTA를 추진하는 데 불확실성이 대두되었다. 2010년 이후 아시아 국가들은 메가 FTA 협상을 진행하면서 지역 질서의 재편 과정에서 경제·안보 연계를 시도했다. 2010년 이후 동아시아 국가들이 메가 FTA를 통해 무역 자유화와 경제통합에 따른 경제적 이익을 실현하려는 것뿐 아니라, 새롭게 설계될 지역 아키텍처 내에서 유리한 위치를 점하려는 전략적 경쟁을 했다. 미국 정부는 TPP를 추진하는 데 경제적 효과 못지않게 중국의 부상에 대응하고 새로운 지역 질서를 재편하는 수단으로서 TPP의 전략적 가치에 주목했다.

아시아 지역에서 TPP와 RCEP(Regional Comprehensive Economic Partnership, 역내포괄적경제동반자협정)라는 상이한 멤버십에 기반한 메가 FTA가 추진된 이유는 이 때문이다. 경제적 효과에만 주목할 경우, TPP와 RCEP가 아시아 지역에서 동시에 추진될 이유는 없었다. 미국과 중국을 포함한 동아시아 국가들이 초국적 생산 네트워크 내의 생산과 무역을 통합하기 위한 무역 거버넌스의 수립을 원한다면 서로 상이한 메가 FTA를 추진할 필요가 없기 때문이다. 주요 국가들이 메가 FTA를 지역 경제 질서를 재편하는 수단으로 활용하려는 전략적 동기 때문에 두 개의 메가 FTA가 경합하는 구도가 형성되었다. 이는 미국과 중국이 메가 FTA를 전략적 경쟁을 하는 수단으로 사용하고 있음을 의미한다.[21] 미국과 중국은 메가 FTA를 통해 자국에 유리한 무역 질서를 수립함으로

---

21 Lee, Seungjoo, "Institutional Balancing and the Politics of Mega FTAs in East Asia," *Asian Survey*, Vol.56, No.6(2016), pp.1055~1077.

써 향후 무역·경제 관계를 형성하는 데 유리한 위치를 차지하려고 시도했다.

오바마 행정부의 재균형(rebalancing) 정책은 미·중 사이의 권력 이동이 동아시아 지역 질서의 재편에 영향을 미치는 직접적 계기를 제공했다. 오바마 행정부는 중국의 부상이 동아시아 지역 질서의 근본적 변화를 초래할 것으로 예상하면서, 이에 대한 제도적·정책적 대응 차원에서 미국을 아시아·태평양 세력(Asia Pacific Power)으로 규정했다.[22] 미국 대외 정책에서 아·태 지역의 상대적 우선순위를 높임으로써 중국의 부상에 본격적으로 대응하겠다는 정책 의지를 피력한 것이었다.

재균형 정책은 중국의 부상에 대한 다면적 대응을 모색하는 것으로 군사·안보적 대응뿐 아니라 경제·제도적 대응을 포함한 것이다. 재균형 정책의 핵심은 미국을 역외 이해관계자(offshore stakeholder)에서 역외 리더(offshore leader)로 미국의 전략적 지위를 전환시킨 것이었다. 이를 통해 오바마 행정부는 미국이 아시아·태평양 지역에 보다 직접적으로 관여할 수 있는 통로를 확보하면서 지역 질서의 재편을 주도할 수 있는 발판을 마련하고자 했다. 오바마 행정부의 재균형 정책이 구체화된 것은 TPP였다. TPP는 미국이 양자 차원을 넘어 다자 차원에서 중국에 대응할 수 있는 주요한 제도적 수단이라는 의미를 갖고 있었다.[23] TPP를 "아시아 회귀의 경제적 날개(economic wing of 'pivot to Asia')"로 묘사하거나,[24] "TPP 통과가 새로운 항공모함을 보유하는 것과 같은 중요성이 있다"[25]라는 발언 등이 TPP의 전략적 중요성에 대한 미국의 인식을 보여주었다.

오바마 행정부가 TPP를 추진하며 고려한 전략적 동기는 지역, 더 나아가 지구적 차원의 경제 질서를 21세기형으로 재편하겠다는 것이었다. 이러한 측면

---

22 Kurt Campbell, *The Pivot: The Future of American Statecraft in Asia* (Twelve, 2016).

23 Lee, "Institutional Balancing and the Politics of Mega FTAs in East Asia."

24 Tom Donilon, "Energy and American power," *Foreign Affairs*, Vol.15, No.6(2013).

25 Ash Carter, "The rebalance and Asia-Pacific security: building a principled security network," *Foreign Affairs*, Vol.95, No.6(2016), pp.65~75.

에서 오바마 행정부는 TPP를 향후 수립될 21세기 무역·경제 질서에서 유리한 위치를 점하는 데 결정적인 도움이 될 제도적 기반으로 이해했다. TPP가 광범위한 지역 통합을 위한 장인 동시에 지구적 차원의 무역 자유화를 진전시키는 촉매제로서 변환적(transformative) 역할을 할 수 있는 잠재력을 가진 것으로 파악한 것이다.[26] 이러한 전략적 의도는 2000년대 동아시아 국가들 사이의 경제 통합이 새로운 단계로 진입한 것과 관련이 있다. 앞서 언급했듯이 중국이 세계의 공장으로 부상하는 과정에서 아시아 지역의 가치사슬에 구조적 변화가 발생한 것이다.[27] 오바마 행정부는 TPP를 '고수준의 포괄적인 21세기형 FTA'로 정의하면서 중국에게 새로운 무역 표준을 제시하고자 했다.[28]

오바마 행정부가 재균형 정책과 TPP를 효과적으로 추진하기 위해서는 역내 국가들의 협력이 필요했다. 재균형 정책에 적극적으로 호응한 나라는 일본이었다. 일본 정부는 농업 단체 등에서 강한 수준의 자유화 반대가 예상되는 데도 불구하고 2013년 TPP 협상 참여를 공식 결정했다. 일본 정부는 TPP 협상 참여가 부상하는 중국에 대한 견제와 미국의 재균형 정책에 대한 협조라는 두 의미를 지닌 것으로 보았다. 2010년 일본과 중국의 GDP가 역전된 것을 계기로 일본 내에서 '중국 충격(China shock)'이 광범위하게 형성되었다.[29] 부상하는 중국에 대한 전략적 견제의 필요성이 획기적으로 증대한 것이다.

일본이 재균형 정책에 동조한 것은 중국의 부상을 견제하는 수단으로 TPP의 전략적 가치를 발견했기 때문이다.[30] 일본 정부가 TPP에 경제적 효과를 넘어

---

26 U.S. Department of State, 2013.

27 WTO, *World Trade Report 2019: The future of services trade*(2019).

28 U.S. Trade Representative, 2014.

29 Yul Sohn, "Japan's New Regionalism: China Shock, Values, and the East Asian Community," *Asian Survey*, Vol.50, No.3(2010), pp.497~519.

30 Takahi Terada, "Japan and TPP/TPP-11: opening black box of domestic political alignment for proactive economic diplomacy in face of 'Trump Shock'," *The Pacific Review*, Vol.32, No.6

전략적 가치를 부여한 것이다. 물론 TPP의 경제적 효과가 중요한 것은 사실이다. 특히 일본이 유럽연합이나 중국 등 거대 경제권과 FTA를 체결하지 않은 상태에서 TPP 협상에도 참여하지 않을 경우, 이미 체결된 FTA만으로는 경제적 효과를 충분히 누리는 데 한계가 있었다. 한편 중국과의 경쟁을 고려하는 지역 전략적 요소가 강하게 반영되는 것은 2000년대 초 이후 일본의 FTA 정책에서 지속적으로 나타나는 특징이지만,[31] TPP는 미국의 재균형 정책에 대한 명시적인 협조라는 측면에서 기존 FTA와는 차별화되는 것이었다.

일본이 협상 의제와 관련해 미국과 입장 차이가 상당했음에도 TPP 협상 참여를 선언한 데 이어 신속하게 협상을 타결한 것은 TPP의 전략적 가치에 주목했기 때문이다. 일본 정부는 미국의 정책에 보조를 맞출 뿐 아니라 새로운 지역 경제 질서를 선도함으로써 역내 영향력을 증대하고 일본 경제의 활력을 제고하는 다목적 카드로 TPP를 활용할 수 있으리라고 판단했다.[32] 일본 정부가 수준 높은 FTA에 대한 국내의 정치적 저항에도 불구하고 TPP 협상에서 적극성을 보인 것은 TPP의 전략적 가치를 인식한 결과다.

2) AIIB와 ADB

2015년 12월 중국이 주도하는 AIIB는 57개국이 참여하면서 성공적으로 출범했다. 중국은 AIIB 창설을 통해 아시아 지역의 경제적·정치적 지형에 변화를 초래했다.[33] 첫째, AIIB 창설은 아시아 국가들뿐 아니라 유럽, 아프리카, 라

(2019), pp.1041~1069.

31 外務省, 2002; 經濟産業省, 2008.

32 Saori Katada, "At the Crossroads: The TPP, AIIB, and Japan's Foreign Economic Strategy," East-West Center. *AsiaPacific Issues*, No.125(2016).

33 Yu, Hong, "Motivation behind China's 'One Belt, One Road' Initiatives and Establishment of the Asian Infrastructure Investment Bank," *Journal of Contemporary China*, Vol.26, No.105

틴아메리카, 오세아니아 국가들의 참여를 포함한다는 점에서 전형적인 지역 기구는 아니다. 그러나 역외 국가들이 회원국으로 참여하는 것을 허용했지만, 중국을 포함한 역내 국가들이 차지하는 대표성의 비중이 훨씬 크다는 점에서 아시아 지역 기구라고 볼 수도 있다.

둘째, 아시아 국가들 중에도 AIIB에 불참하는 경우가 있다는 점에서 아시아 지역주의의 제도화에 상당한 변화가 일었다. 아시아개발은행(Asia Development Bank: ADB)이라는 기존의 다자 개발 기구가 존재하는 가운데 AIIB가 출범했다. 상당수 국가들은 두 기관에 모두 가입했으나 일부 국가는 한 기관에만 가입하는 등 멤버십의 중복과 분화가 발생했다(〈그림 9-3〉 참조). 미국, 캐나다, 일본, 아일랜드 등은 AIIB에 가입하지 않고 ADB에만 가입한 국가들인 반면에 러시아, 브라질, 사우디아라비아, 이란, 남아프리카공화국 등은 AIIB에만 가입한 국가들이다. 아시아 지역 차원의 다자 개발 질서에서 기존의 ADB와 AIIB가 경쟁과 협력의 양면성을 갖게 된 것이다.

중국이 AIIB 설립을 추진한 것은 급증하는 역내 개발 수요에 부응하기 위해 재원을 조달하는 제도 기반을 수립하려는 정책 의도가 작용한 결과다.[34] 중국이 AIIB 창설 과정에서 인프라 건설을 통한 아시아의 경제통합과 기존 국제기구의 취약점을 보완하겠다는 점을 대외적 명분으로 내세웠다. 중국 정부는 기존 기구들의 재정 능력의 한계를 보완함으로써 역내 인프라 격차를 신속하게 메우고 역내 국가들 사이의 연결성과 경제통합을 촉진하는 역할을 자임했다. 중국 정부는 2020년에 아시아 개발도상국의 인프라 수요가 약 8조 달러에 달하리라고 전망되는 반면,[35] 지역 차원의 국제 금융 기구 및 다자 개발 기구들이

(2017), pp.353~368.

34 일대일로와 AIIB를 추진하는 중국의 동기에 대해서는 Yu, "Motivation behind China's 'One Belt, One Road' Initiatives and Establishment of the Asian Infrastructure Investment Bank"를 참조.

35 Asia Development Bank and Asia Development Bank Institute, *Infrastructure for a Seamless*

그림 9-3 AIIB와 ADB 회원국 분포

ADB 회원국이면서
AIIB 예비 창립
회원국임

ADB 회원국이지만
AIIB 예비 창립
회원국은 아님

AIIB 예비 창립
회원국이지만
ADB 회원국은 아님

자료: "How China successfully redrew the global financial map with AIIB," *South China Morning Post*, September 18, 2015, http://www.scmp.com/news/china/policies-politics/article/1859315/how-china-successfully-redrew-global-financial-map-aiib.

역내 인프라 수요를 감당할 만한 재정 능력을 갖추지 못했다는 데 주목했다.

중국은 AIIB를 설립하며 상호 보완적인 두 가지 전략을 취했다. 첫째, AIIB가 선진 공여국들과 다자 개발 은행들이 확립한 규칙을 준수함으로써 기존의 다자 개발 질서를 대체하려는 것이 아니라 보완적 역할을 맡을 것임을 명확히 했다. 기존의 다자 개발 질서를 보완하면서 추가적인 재원 조달을 통해 역내 인프라 수요를 충당하고 경제통합의 효과를 증대하겠다는 점을 강조한 것이었다. 둘째, 기존의 다자 개발 질서를 보완하는 차원에서 중국 정부는 AIIB가 인프라 건설을 위한 재원 조달이라는 영역에 집중할 것임을 명확히 했다.

한편 중국 정부가 기존 다자 개발 질서와의 조화를 강조했다고 해서 AIIB 추진에 전략적 성격을 배제한 것은 아니었다. AIIB가 기존의 다자 금융기관과 협의하며 '모범 관행(best practice)'을 실행할 필요가 있다는 지적에 대해 2015년 3월 중국 재정부장(재무장관) 러우지웨이(樓繼偉)가 "개발금융에서 모범 관행이 별

Asia, A Joint Study of the Asian Development Bank and the Asian Development Bank Institute (2009).

도로 존재하는 것은 아니다"라고 반응한 것은 중국이 기존의 국제 규범과 관행을 무조건적으로 수용하지는 않을 것임을 분명히 한 것이었다.[36] 이러한 점에서 AIIB의 추진 과정에서 발견되는 중국의 전략은 '방어를 위한 공세'였다.[37]

중국 정부가 AIIB 설립을 추진한 실제 동기는 대외적으로 표방한 것보다 훨씬 복합적이다.[38] 일대일로가 순수한 대외 원조도 아니고, 그렇다고 상업성을 유일한 목적으로 하는 투자 사업도 아니기 때문이다.[39] 더욱이 AIIB는 일대일로와 불가분의 관계에 있기 때문에 복잡성이 더욱 커졌다. 요컨대 중국은 일대일로를 추진하는 과정에서 아시아 개발도상국의 인프라 사업에 적극 참여하고, 이에 소요되는 재정을 충당할 수 있는 제도적 플랫폼으로서 AIIB를 활용하고자 했다. AIIB가 일대일로의 제도적 외연이라는 점에서 중국의 전략적 의도가 상당히 반영된 것이다.

일대일로의 추진에는 막대한 재원 조달이 필요하다. 그러나 대외 원조의 방식만으로는 중국 정부가 공언한 급격하게 증대하는 역내 인프라 수요를 감당하는 데는 구조적 한계가 있을 수밖에 없었다. 따라서 중국 정부는 역내 인프라 건설, 특히 일대일로 차원에서 추진되는 인프라 건설을 위한 재원 조달 방안을 다각적으로 모색할 수밖에 없었다. 그런 점에서 일대일로의 효과적 추진을 위해서는 투자와 원조의 연계가 필요했다.[40] 중국 정부가 반복해서 밝혔듯

---

36 *China Spectator*, March 23, 2015.

37 Wang, Yong, "Offensive for defensive: the belt and road initiative and China's new grand strategy," *The Pacific Review*, Vol.29, No.3(2016), pp.455~463.

38 National Development and Reform Commission, Ministry of Foreign Affairs and Ministry of Commerce (People's Republic of China), *Vision and Actions on Jointly Building Silk Road Economic Belt and 21st-Century Maritime Silk Road*, March 28, 2015.

39 왕이웨이, 『중국, 그래도 중국: 중국 런민대학 왕이웨이 교수가 처음으로 국제관계의 각도에서 중국경제를 분석한 책』, 한민화 옮김(서울문화사, 2016).

40 이승주, 「동아시아 지역경제질서의 다차원화: 지정학과 지경학의 상호작용」, ≪한국과 국제정치≫, 제33권 1호(2017), 169~197쪽.

AIIB 사업을 실행하는 과정에서 기존의 다자 개발 은행들에 비해 민간 자금을 적극적으로 투입함으로써 투자와 원조의 성격을 전략적으로 가미하고 있다.

중국은 2014년 이후 일대일로를 야심 차게 출범시키면서 이를 위한 지역 차원의 제도적 프레임 워크로 AIIB를 설립했다. 역내 다자 개발 사업, 특히 일대일로 사업을 위한 재원을 조달하기 위해 중국개발은행(CDB: China Development Bank)이나 중국수출입은행(Exim Bank of China: Export-Import Bank of China) 등 자국의 정책 금융기관들의 재원을 투입하는 데 그치지 않고, AIIB와 같은 다자기구의 재원을 함께 투입하고자 했다. 대외 무역과 투자 촉진을 담당하고 있는 중국수출입은행의 해외 대출 규모는 일대일로가 본격적으로 추진되는 과정에서 빠르게 증가해 2015년 800억 달러가 되었다. 또한 중국수출입은행은 49개국에서 1000개 이상의 프로젝트에 투자 지원을 하고 있으며, 이 가운데 상당수는 일대일로 관련 사업이다.[41] 중국 정부는 국내 정책 금융 기관들의 재원 조달 부담을 감소시키는 차원에서 다자적 재원 조달 창구로 AIIB의 설립을 적극 추진했다.

미국은 AIIB의 설립에 대해 견제 일변도로 대응했다. 여기에는 AIIB가 기존의 다자 개발 질서, 더 나아가 세계경제 질서 재편의 시발점이 되는 잠재력을 갖고 있다는 판단이 작용했다. 미국의 관점에서 볼 때 AIIB는 중국이 새로운 세계경제 질서를 건설하려는 여러 시도 가운데 하나이며, 동아시아 지역 질서의 재편에도 영향을 줄 수 있는 제도적 기획이었다.[42]

AIIB에 대한 일본의 공식적인 입장은 중국이 ADB 등 기존의 국제 개발 금융 기관에 추가적으로 새로운 제도를 만드는 것 자체를 반대하지는 않으나, 중국 중심으로 운영되는 AIIB의 거버넌스에는 문제가 있다는 것이었다. AIIB가

---

41   *Financial Times*, May 10, 2016.

42   Paola Subacchi, "The AIIB Is a Threat to Global Economic Governance," *Foreign Policy*, March 31, 2015.

기존의 다자 개발 질서가 오랜 기간 축적하고 확립해 온 규범이나 규칙과 차별화하려는 것은 원조의 지속가능성에 큰 문제를 초래할 수 있다는 의문을 함께 제기했다.[43] 일본 정부가 이처럼 AIIB 창설에 신중하게 접근하는 것은 ADB 중심으로 형성된 기존의 지역 다자 개발 질서를 유지해야 할 현실적 필요성과 중국의 AIIB 설립 의도에 대한 불신이 복합적으로 작용한 결과다.

이러한 인식에 기반해 일본 정부는 AIIB에 대해 다각적인 대응을 시도했다. 그러한 대응 전략은 ADB 강화, 양자 ODA(Official Development Assistance, 공적 개발 원조)의 확대, 일대일로와 차별화된 인프라 건설 등이다. 첫째, 일본 정부는 ADB의 연간 대출 한도를 130억 달러에서 200억 달러로 늘리기로 하는 등 AIIB에 가입하지 않고 ADB를 강화하는 전략을 추구했다. 둘째, 2015년 5월 아베 신조(安倍晋三) 총리가 "일본은 아시아 지역에 1100억 달러 규모의 인프라 건설비를 제공하겠다(Japan just took a $110 billion shot a China's new infrastructure bank)"라는 방침을 발표한 것에서 나타나듯이,[44] 일본 정부는 ODA의 규모를 대폭 늘리는 원조 전략의 변화를 함께 추진했다. 셋째, 일본 정부는 ODA의 신속한 의사 결정과 집행 등 질적 향상에 초점을 맞춤으로써 원조 전략을 전반적으로 개선하는 한편 일대일로와 차별화되는 높은 품질의 인프라 건설을 표방하는 '양질의 인프라를 위한 파트너십: 아시아의 미래를 위한 투자(Partnership for Quality Infrastructure: Investment for Asia's Future)'를 추진했다.[45]

AIIB의 창설은 인프라 건설을 위한 파이낸싱이라는 의미를 넘어 미국과 일본 중심으로 형성되어 있던 아시아 지역 질서의 재편과 연결되었다. 지구적 차원에서도 AIIB가 중국이 이미 해외 원조의 주요 행위자로 부상하는 시점에 외

---

43 外務省, "岸田外務大臣會見記錄", 2015年 3月 13日.

44 "Japan just took a $110 billion shot a China's new infrastructure bank," *Reuters*, May 21, 2015.

45 Ministry of Foreign Affairs(MOFA), Ministry of Finance(MOF), Ministry of Economy, Trade, and Industry(METI), Ministry of Land, Infrastructure, Transport and Tourism(MLIT) (Japan), *Partnership for Quality Infrastructure: Investment for Asia's Future*(2015).

연의 확장을 공식화할 수 있는 제도적 수단이 될 수 있다는 점에서 기존의 개발 협력 및 금융 질서에 변화를 초래하고,[46] 더 나아가 기존 세계경제 질서의 변화를 추구하는 수단이라는 의미가 있다. AIIB의 설립 과정에서 미국, 중국, 일본 사이의 전략적 경쟁이 고조된 것은 AIIB가 지역적·지구적 차원의 질서에 주는 영향 때문이었다.

5 | 결론 및 시사점

지금까지 아시아 지역에서 국가 간 경제통합이 지속적으로 증가하고 지역 차원의 가치사슬이 확대·심화되면서 지역 제도에 대한 수요가 증가했는데도 불구하고 제도화가 경제통합의 수준에 미치지 못했음을 검토했다. 우선 아시아 국가들 사이의 경제통합이 지속적으로 증가하는 가운데 1990년대 후반 이후부터 지역 차원의 가치사슬에서 구조적 변화가 발생했다. 경제통합의 양적 확대와 질적 변화는 제도화에 대한 수요를 창출했다. 그러나 경제통합의 양적·질적 확대에도 불구하고 제도화가 지체된 원인은 이중 전이의 전개라는 구조적 요인과 주요 국가들이 제도를 전략적 경쟁 수단으로 활용한 미시적 요인에서 찾을 수 있다. 2010년 이후 이중 전이의 급격한 진행은 지역적·지구적 차원의 질서 변화를 촉진하는 요인으로 작용했다. 구조적 변화의 과정에서 미국, 중국, 일본 등 역내 주요 국가들은 경제통합의 성격을 반영하는 제도를 수립해야 할 기능적 필요성과 제도를 활용해 상대국을 견제해야 할 현실적 필요성 사이에서 전략적 선택의 딜레마에 직면했다.

메가 FTA는 전략적 선택의 기로에서 역내 주요 국가들이 대안으로 부상했

---

46 Zhao, Hong, "AIIB Portents Significant Impact on Global Financial Governance," ISEAS, *Perspective*, Issue 2016, No. 41(2016).

다. 메가 FTA는 지구적 가치사슬의 확대와 심화를 반영한 수준 높은 무역 규칙을 포함하고 있을 뿐 아니라 상대국을 견제하는 제도적 수단으로서의 역할도 기대되었다. 아시아 지역에서 TPP와 RCEP가 동시에 추진된 이유는 여기에 있다. 경제적 측면에 국한할 경우, 아시아 지역에 두 개의 메가 FTA가 동시에 추진되어야 할 이유를 찾기 어렵다. 그러나 상대국을 견제해야 하는 제도적 수단이라는 점에 주목한다면 두 개의 메가 FTA가 동시에 추진되는 것은 21세기형 무역 규칙에 대한 요구와 전략적 견제의 필요성을 반영한 결과라고 할 수 있다.

아시아의 다자 개발 질서에서 ADB와 AIIB가 병존하는 이유 역시 유사하다. 경제적 측면에만 초점을 맞춘다면, 중국이 AIIB를 추가로 창설하기보다는 기존의 ADB를 확대하는 것이 더 합리적 선택이었을 수 있다. 그럼에도 중국이 AIIB를 창설한 것은 일대일로의 제도적 외연이 필요했을 뿐 아니라, 기존의 다자 개발 질서에 일정한 변화를 추구할 전략적 동기가 작용했기 때문이다.

이처럼 2000년대 이후 아시아에서는 경제적 필요성, 이중 전이에 수반된 구조적 변화, 주요 국가들의 전략적 동기 등이 복합적으로 상호작용하면서 지역 질서의 불확실성이 높아지는 현상이 발생했다. 이러한 지역 질서의 변화에 한국은 어떻게 대응해야 하는가? 아시아 지역 질서의 변화는 중견국의 가능성과 한계를 동시에 드러내고 있다. 미국과 중국은 지역 질서를 재편하는 과정에서 최상위 층위에서 상호 견제를 위해 역내 국가들과의 양자 관계를 조정하는 한편, 자국에 유리한 지역 질서의 수립을 위해 상대국을 견제하는 제도 설립을 시도하고 있다. 미국과 중국 양국이 단순히 하드 파워에만 기초해 지역 아키텍처를 독자적·일방적으로 설계하기 어렵다는 점을 활용할 경우,[47] 한국은 강대국들이 과도한 경쟁의 역학에 돌입하지 않도록 완충 역할을 수행할 가능성이

47　Richard Stubbs, "ASEAN's Leadership in East Asian Region-Building: Strength in Weakness," *The Pacific Review*, Vol.27, No.4(2014), pp.523~541.

있다.

한국은 또한 중견국 외교의 관점에서 볼 때, 유사한 상황에 있는 국가들과 협력과 연대를 적극 추구할 필요가 있다. 미·중 경쟁이 가속화되는 상황에서 독자적 선택에 수반되는 위험성이 높기 때문이다. 일본이 AIIB 창설 과정에서 효과적으로 대응하지 못하고 한국이 TPP 협상 참여의 적절한 시점을 포착하지 못한 것 등이 미·중 경쟁이 격화되는 가운데 선택의 어려움과 그에 따른 비용이 발생함을 보여주는 사례다. 이를 감안해 유사한 상황에 처한 국가들과의 협력을 통해 미·중 사이에서의 선택을 위한 전략적 공간을 넓혀 나갈 필요가 있다. 이를 위해서는 지역 제도화의 최종 상태(end state)와 거기에 도달하는 로드맵을 제시하고, 이 과정에서 필요한 다양한 제도들의 수렴 방향을 제시할 필요가 있다. 이것이 중요한 이유는 미국과 중국 등 주요 국가들이 지역 제도화의 최종 상태에 대한 의심을 강하게 갖고 있기 때문에 현 시점에서의 협력을 회피하고 안보적 고려를 과도하게 투사하는 경향이 있기 때문이다.

또한 한국은 주요 국가들 사이의 경쟁이 심화됨에 따라 경제·안보 연계가 확대·강화되는 데 대비할 필요가 있다. 경제·안보 연계 현상의 근저에는 미국과 중국의 권력 변화 과정에서 자국에 유리한 지구·지역 질서를 수립하기 위한 경쟁이 작용한 결과다.[48] 메가 FTA와 AIIB의 출범 과정에서 나타나듯이 경제적 쟁점에 대한 과도한 안보화의 위험이 상존한다. 한국 정부는 동아시아 국가들이 추구하는 제도의 평화 효과는 제한적일 수밖에 없음을 인식하고 경제·안보 연계의 상시화에 대비할 필요가 있다.

---

48 William T. Tow and Brendan Taylor, "What Is Asian Security Architecture?," *Review of International Studies*, Vol.36, No.1(2010), pp.95~116.

참고문헌

손열. 2014. 「일본의 TPP 교섭참가결정 분석: 지역경제질서 건축전략의 맥락에서」. ≪일본연구
논총≫, 제39권, 235~254쪽.

왕이웨이. 2016. 『중국, 그래도 중국: 중국 런민대학 왕이웨이 교수가 처음으로 국제관계의 각도
에서 중국경제를 분석한 책』. 한민화 옮김. 서울문화사.

이승주. 2010. 「FTA의 확산과 동아시아 지역주의의 중층화」. ≪한국정치외교사논총≫, 제32권
1호, 133~164쪽.

_____. 2017. 「동아시아 지역경제질서의 다차원화: 지정학과 지경학의 상호작용」. ≪한국과 국
제정치≫, 제33권 1호, 169~197쪽.

이승주 외 10인. 2016. 『일대일로: 중국과 아시아』. 명인문화사.

현대경제연구원. 2020. 「2020년 국내 수출의 주요 이슈」. ≪경제주평≫, 제20-07호.

外務省. 2015.3.13. "岸田外務大臣會見記錄".

Asia Development Bank and Asia Development Bank Institute. 2009. *Infrastructure for a Seamless Asia*. A Joint Study of the Asian Development Bank and the Asian Development Bank Institute.

Baldwin, Richard. 2011. "21st Century Regionalism: Filling the Gap between 21st Century Trade and 20th Century Trade Rules." *Center for Economic Policy Research Policy Insight*, No.56.

Barbieri, Katherine. 1996. "Economic Interdependence: A Path to Peace or a Source of Interstate Conflict?" *Journal of Peace Research*, Vol.33, No.1, pp.29~49.

Bernard, Mitchell and John Ravenhill. 1995. "Beyond product cycles and flying geese: regionalization, hierarchy, and the industrialization of East Asia." *World Politics*, Vol.47, No.2, pp. 171~209.

Blackwell, Robert D. and Jennifer M. Harris. 2016. *War by Other Means: Geoeconomics and Statecraft*. Harvard University Press.

Borrus, Michael, Ernst Dieter and Stephan Haggard(eds.). 2000. *International production networks in Asia: rivalry or riches*. Routledge.

Calder, Kent and Min Ye. 2004. "Regionalism and Critical Junctures: Explaining the 'Organization Gap' in Northeast Asia." *Journal of East Asian Studies*, Vol.4, No.2, pp.191~226.

Campbell, Kurt. 2016. *The Pivot: The Future of American Statecraft in Asia*. Twelve.

Carter, Ash. 2016. "The rebalance and Asia-Pacific security: building a principled security network." *Foreign Affairs*, Vol.95, No.6, pp.65~75.

Copeland, Dale C. 1996. "Economic Interdependence and War: A Theory of Trade Expectations." *International Security*, Vol.20, No.4, pp.5~41.

Donilon, Tom. 2013. "Energy and American power." *Foreign Affairs*, Vol.15, No.6.

Gartzke, Erik, Quan Li and Charles Boehmer. 2001. "Investing in the Peace: Economic Interdependence and International Conflict." *International Organization*, Vol.55, No.2, pp.391~438.

Goh, Evelyn. 2013. *The Struggle for Order: Hegemony, Hierarchy, and Transition in Post-Cold War East Asia*. Oxford University Press.

Hatch, Walter and Kozo Yamamura. 1996. *Asia in Japan's embrace: Building a regional production alliance*(Asia-Pacific Studies, No.3). Cambridge University Press.

IMF. 2019. "IMF World Economic Outlook Database." https://www.imf.org/external/datamapper/NGDPD@WEO/OEMDC/ADVEC/WEOWORLD.

Investopedia. 2020.12.24. "The Top 20 Economies in the World: Ranking the Richest Countries in the World." https://www.investopedia.com/insights/worlds-top-economies.

Katada, Saori. 2016. "At the Crossroads: The TPP, AIIB, and Japan's Foreign Economic Strategy." East-West Center. *AsiaPacific Issues*, No.125.

Kawai, Masahiro and Ganeshan Wignaraja. 2009. "The Asian 'Noodle Bowl': Is It Serious for Business?" ADB Institute. *ADBI Working Paper Series*, No.136.

Lee, Seungjoo. 2016. "Institutional Balancing and the Politics of Mega FTAs in East Asia." *Asian Survey*, Vol.56, No.6, pp.1055~1077.

Ministry of Foreign Affairs(MOFA), Ministry of Finance(MOF), Ministry of Economy, Trade, and Industry(METI), Ministry of Land, Infrastructure, Transport and Tourism(MLIT) (Japan). 2015. *Partnership for Quality Infrastructure: Investment for Asia's Future*.

National Development and Reform Commission, Ministry of Foreign Affairs and Ministry of Commerce (People's Republic of China). 2015.3.28. *Vision and Actions on Jointly Building Silk Road Economic Belt and 21st-Century Maritime Silk Road*.

Pempel, T. J. 2010. "Soft Balancing, Hedging, and Institutional Darwinism: The Economic-Security Nexus and East Asian Regionalism." *Journal of East Asian Studies*, Vol.10, Issue 2, pp. 209~238.

Petri, Peter, Michael G. Plummer and Fan Zhai(eds.). 2012. *The Trans-pacific partnership and Asia-pacific integration: a quantitative assessment*(Policy Analyses in International Economics, Vol.98). Peterson Institute.

Prema-chandra, Athukorala. 2011. "Production networks and trade patterns in East Asia: Regionalization or globalization?" *Asian Economic Papers*, Vol.10, No.1, pp.65~95.

Ravenhill, John. 2010. "The 'new East Asian regionalism': A political domino effect." *Review of International Political Economy*, Vol.17, No.2, pp.178~208.

Reuters. 2015.5.21. "Japan just took a $110 billion shot a China's new infrastructure bank."

Sampson, Michael. 2019. "The evolution of China's regional trade agreements: power dynamics and the future of the Asia-Pacific." *The Pacific Review*, Vol.34, No.2, pp.259~289.

Sohn, Yul. 2010. "Japan's New Regionalism: China Shock, Values, and the East Asian Community."

Asian Survey, Vol.50, No.3, pp.497~519.

Stubbs, Richard. 2014. "ASEAN's Leadership in East Asian Region-Building: Strength in Weakness." *The Pacific Review*, Vol.27, No.4, pp.523~541.

Subacchi, Paola. 2015.3.31. "The AIIB Is a Threat to Global Economic Governance." *Foreign Policy*. http://foreignpolicy.com/2015/03/31/the-aiib-is-a-threat-to-global-economic-governance-china.

Swaine, Michael D. et al. 2015. *Conflict and Cooperation in the Asia-Pacific Region: A Strategic Net Assessment*. Carnegie Endowment for International Peace.

Terada, Takahi. 2019. "Japan and TPP/TPP-11: opening black box of domestic political alignment for proactive economic diplomacy in face of 'Trump Shock'." *The Pacific Review*, Vol.32, No.6, pp.1041~1069.

The McKinsey Global Institute. 2019. *The future of Asia*.

The World Bank. World Development Indicators. http://datatopics.worldbank.org/world-development-indicators.

Tow, William T. and Brendan Taylor. 2010. "What Is Asian Security Architecture?" *Review of International Studies*, Vol.36, No.1, pp.95~116.

Wang, Yong. 2016. "Offensive for defensive: the belt and road initiative and China's new grand strategy." *The Pacific Review*, Vol.29, No.3, pp.455~463.

WTO. 2011. *World Trade Report 2011*.

_____. 2019. *World Trade Report 2019: The future of services trade*.

Yeo, Andrew. 2011. "Bilateralism, Multilateralism, and Institutional Change in Northeast Asia's Regional Security Architecture." *East Asia Institute Working Paper Series*, No.30.

Yu, Hong. 2017. "Motivation behind China's 'One Belt, One Road' Initiatives and Establishment of the Asian Infrastructure Investment Bank." *Journal of Contemporary China*, Vol.26, No.105, pp.353~368.

Zhao, Hong. 2016. "AIIB Portents Significant Impact on Global Financial Governance." ISEAS. *Perspective*, Issue 2016, No.41.

제10장

동아시아 역내 문제 해결 방식의 특수성*

조동준(서울대학교 정치외교학부 교수)

1 | 서론

동아시아의 역내 문제는 다른 지역과 비교해 다르게 해결되는가?[1] 동아시아 역내 문제 해결 방식의 특수성은 대체로 유럽과의 비교 맥락에서 논의되어 왔다. 유럽의 지역 통합과 다자 문제의 해결 방식에 비해 아시아가 뒤떨어져 있다는 진단은 동아시아의 특수성을 논의할 때 항상 언급되고는 한다.[2] 지향하고

---

* 이 글은 ≪세계정치≫, 제21집(2014)에 게재되었다.

1   이 글에서 동아시아는 유엔의 지역 분류에서 동아시아(Eastern Asia)와 동남아시아(South-Eastern Asia)를 포함한다. "Composition of macro geographical (continental) regions, geographical sub-regions, and selected economic and other groupings," United Nations, October 31, 2013. 유엔 분류에서 '동아시아'는 중국, 일본, 한국, 북한, 대만, 몽고를 포함하며, '동남아시아'는 라오스, 캄보디아, 베트남, 필리핀, 인도네시아, 말레이시아, 브루나이, 싱가포르, 미얀마, 동티모르를 포함한다. 두 지역이 지리적으로 구분되어 있지만, 아세안+6의 사례가 보여주듯이 정치적 쟁점과 경제적 쟁점에서 긴밀히 연결되어 있기 때문에, 한 지역으로 구분될 수 있다. 박승우, 「동아시아 공동체 담론 리뷰」, ≪아시아리뷰≫, 제1집 1호(2011), 63쪽.

2   주봉호, 「동아시아공동체의 내용과 방향 모색」, ≪한국시민윤리학회보≫, 제26집 2호(2013),

픈 이상으로 유럽을 염두에 두고, 동아시아의 실상을 언급하는 관행은 학계는 물론 정치계에서도 일상화되었다.[3] 이런 논의는 동아시아의 특수성이나 후진성을 기정사실로 수용하는 결과를 초래했다.

이 글은 동아시아 역내 문제 해결 방식의 특징을 지역 간 비교 연구를 통해 드러내고자 한다. 이 글은 세 부분으로 나뉜다. 첫째, 먼저 지역 문제의 해결이 필요하게 된 상황을 기술한다. 국경을 가로지르는 인류 활동의 증가로 초국가-국제 문제가 발생하자 지구화와 지역화가 진행되었다. 둘째, 역내 초국경 쟁점을 대처하고 해결하는 방식을 검토한다. 인류는 초국경 쟁점을 해결하기 위해 외교, 패권, 거버넌스 등 문제 해결 방식을 마련했다. 셋째, 역내 문제의 해결 방식에서 동아시아를 다른 지역과 비교한다. 지역을 다섯 개 권역으로 나누어 지역 문제의 해결 방식에서 동아시아의 상대적 위치를 가늠해 본다.

2 ｜ 지구화와 지역화

초국경 쟁점이 급속히 증가한 근본적 원인은 과학기술의 발달이다. 과학기술의 발달로 인류는 자연적 경계를 넘어 다양한 인간관계를 맺게 되었고, 과거에는 활용하기 어려웠던 자원과 공간을 활용할 수 있게 되었다. 이러한 변화는 정치 공동체 간의 접촉과 경쟁을 증폭시켰고, 초국가-국제 문제를 운영하는 방식의 필요성을 강화시켰다. 이 절에서는 지구화가 초래한 지역 쟁점의 등장과 이를 해결하기 위한 인류의 대응 방식을 검토한다.

95~96쪽; Robert Z. Lawrence, *Regionalism, Multilateralism, and Deeper Integration*(Washington, D.C.: Brookings Institution, 1996), 79~104쪽.

3 노무현, "고이즈미 일본 총리 주최 만찬 답사", 대통령기록관 연설기록, 2003년 6월 7일 자; 김경일, 「동아시아지역의 다자안보협력 모색과 그 가능성: 유럽지역과의 비교를 중심으로」, ≪대한정치학회보≫, 제10집 2호(2002), 355~358쪽.

1) 19세기 이후의 지구화

지구화는 지리상의 발견으로 본격화되었다. 지리상의 발견 전부터 구대륙은 초원길, 비단길, 해로를 통해 연결되어 있었지만 연결의 강도, 시간, 빈도 측면에서 제한적이었다.[4] 지리상의 발견 전에도 바이킹의 활동으로 신대륙도 간헐적으로 구대륙과 연결되어 있었다. 하지만 지리상의 발견 뒤에야 비로소 신대륙과 구대륙은 촘촘하게 연결되었고, 구대륙에서 신대륙으로 자발적·강제적 이주가 진행되며 지구는 단일 사회체제의 모습을 갖추게 되었다.[5]

〈표 10-1〉에서 보듯이 19세기 이후 운송 능력의 변화는 지구화를 가속시켰다. 1820년대 증기기관의 도입으로 인류가 안전하고 빠르게 해로를 통해 이동할 수 있게 되었다. 이에 따라 인류의 활동을 가로막던 지리적 거리라는 제약이 현저하게 약화되었다. 예컨대 1492년 콜럼버스가 70일에 걸쳐 횡단했던 대서양을 1819년 서배너(Savannah)호는 29일 만에 건널 수 있었다. 1838년 그레이트 웨스턴(Great Western)호는 15일 만에 건넜고, 1881년 세르비아(Servia)호는 7일 만에 횡단했다. 19세기 중엽 철도의 등장은 바다나 강을 경유하지 않고 인류가 빠르게 이동할 수 있게 된 계기였다. 철도의 등장으로 내륙 교통의 제약이 완화되었다. 마지막으로 20세기 들어 민간 항공기의 도입은 인류의 지리적 활동 반경을 급속히 넓혔다. 1976년 콩코드 비행기가 2시간 52분 59초 만에 대서양을 횡단하면서 대서양 정도의 거리는 1일 생활권으로 바뀌었다.

---

4 인류가 단일 사회로 구성된 시점은 기원전 3000년으로 거슬러 올라갈 수 있다. Andre G. Frank, "A Theoretical Introduction to 5000 Years of World-System History," *Review*, Vol.13, No.2 (1990), pp.228~233.

5 1600년부터 1950년까지 영국에서 브라질, 호주, 미국으로 이민을 떠난 사람이 1475만 명에 달했고, 1500년부터 1870년까지 아프리카에서 신대륙으로 강제로 끌려온 흑인이 939만 명에 이르렀다. Angus Maddison, *The World Economy*(Paris, France: Organization for Economic Co-operation and Development, 2006), p.37.

표 10-1 **해운 능력의 변화**　(단위: 1,000톤)

연도	범선		증기선		총해운량	
	영국	세계	영국	세계	영국	세계
1470	n.a.	320	0	0	n.a.	320
1570	51	730	0	0	51	730
1670	260	1,450	0	0	260	1,450
1780	1,000	3,950	0	0	1,000	3,950
1820	2,436	5,800	3	20	2,448	5,880
1850	3,397	11,400	168	800	4,069	14,600
1900	2,096	6,500	7,208	22,400	30,928	96,100
1913	843	4,200	11,273	41,700	45,935	171,000

자료: Angus Maddison, *The World Economy*(Paris, France: Organization for Economic Cooperation and Development, 2006), p.97.

19세기 이후 지구화는 세 단계를 거쳐 진행되었다.[6] 첫 시기는 1870년부터 제1차 세계대전 직전까지로 기술 측면에서 운송 능력의 급격한 증가, 국제 관계 측면에서 자유무역과 교역량의 증가, 사회 측면에서 노동과 자본의 이동을 특징으로 한다. 영국이 금본위제도와 자유무역 제도를 채택하고, 국제사회가 이를 수용하면서 국제 거래의 안정성이 확보되었다. 이는 교역량의 급속한 증가를 가져왔다. 자본과 사람의 이동을 가로막는 정치적 장벽이 약해지면서 인류는 더 나은 기회를 찾아 이동할 수 있었다. 이 시기에 본격적인 지구화가 진행되었다.

19세기 후반에서 20세기 초반 진행된 지구화는 제1차 세계대전을 거치면서 장애를 만났다. 과학기술의 발전이 진행되어 지리적 제약은 점차 약화되었지만, 국가가 사회를 통제하는 능력이 강화되면서 자본과 사람의 이동이 자유롭지 않게 되었다. 사람들의 활동을 주권국가의 영역 안에서 조직하려는 국가의 노력으로 인류 활동은 국가 안에서 촘촘하게 연결되었다. 반면에 국경을 가로

6　World Bank, *Globalization, Growth, and Poverty: Building an Inclusive World Economy* (New York, NY: Oxford University Press, 2002), pp.23~29.

지르는 활동은 상대적으로 더디게 증가했다. 더욱이 세계 대공황이 발생하자 주권국가들은 국제 협조를 통해 문제를 해결하기보다는 남에게 피해를 넘기며 자국의 이해만을 추구했다. 이는 초국경 활동과 이주를 현저하게 약화시켰다. 국가의 의도적 개입으로 비국가 행위자의 초국경 활동은 제약받게 되었다.

두 번째 단계는 제2차 세계대전 직후부터 1970년대 초반까지다. 국가들이 초국경 경제활동을 통제한 것이 세계 대공황을 심화시켰고, 블록 형성을 통한 문제 해결이 결국 제2차 세계대전으로 이어졌다는 반성하에 승전국들은 국가 주권과 초국경 경제활동을 양립시키는 방안을 모색했다. 즉, 국제 관계에서는 국가 개입의 약화로 자유무역을, 국내 관계에서는 국가의 개입으로 복지국가를 달성하려는 조합이 정착되었다. 국제기구가 초국경 경제활동을 규율하면서 인류의 초국경 활동이 서서히 증가했다.

두 번째 단계의 지구화는 1970년대 장애를 만났다. 이 시기 항공 능력의 발전으로 지구화가 촉진될 수 있는 조건이 마련되었지만, 국제정치적 이유로 지구화의 추세가 주춤했다. 구체적으로 국제경제 질서가 미국의 금태환 포기 선언과 석유파동을 겪으면서 흐트러졌다. 국제 거래의 안정성이 떨어져 1973년에는 외환시장이 몇 개월 동안 멈출 정도였다. 또한 중동 산유국이 정치적 목적으로 석유를 국제정치의 자원으로 활용하자 세계경제는 침체기로 접어들었다. 세계 대공황의 악몽 덕분에 국가들이 보호무역으로 회귀하지는 않았지만 인류의 경제활동은 제약을 받았다.

세 번째 시기는 1980년대부터 지금까지다. 1980년대 미국과 영국에서 시작된 신자유주의로 국가의 경제 개입이 현저히 줄어들었다. 최소한 경제문제에서 국가가 초국경 활동을 보장하면서 자본과 노동이 빠르게 이동했다. 더욱이 냉전이 종식되면서 신자유주의는 더욱 추동력을 얻게 되었다. 외부 위협이 상대적으로 약화되자 국가가 인위적으로 쌓았던 장벽도 약화되었다. 2008년 세계 금융 위기가 발생하기 전까지 자유화는 지구화를 급격히 추동했다. 2008년 세계 금융 위기로 자유화에 대한 반성이 있어 국제기구를 통한 초국경 경제활

그림 10-1 세계 무역량

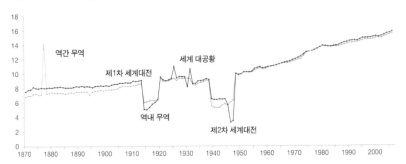

그림 10-1 **세계 무역량**　　　　　　　　　　　　　(단위: 자연로그로 변환한 세계 무역량)

자료: Katherine Barbieri and Omar M. G. Keshk, Correlates of War Project, "Trade Data Set Code book(ver.4.0)"(2016).

그림 10-2 **주권국가의 수**　　　　　　　　　　　　　　　　　　　(단위: 개)

자료: Correlates of War Project, "State System Membership List(ver.2011)"(2011).

동에 대한 통제가 논의되고 있지만, 자유화의 큰 추세는 여전히 진행 중이다.

　지구화는 정치적 측면에서도 진행되었다. 먼저 정치 단위체의 표준화가 이루어졌다. 서유럽에서 처음 등장한 주권국가는 18세기 중엽만 해도 서유럽의 특수한 정치 단위체였다. 주권 개념은 중세 신정 질서가 붕괴하고 절대왕정 국가가 등장하는 시기에 등장했다. 17세기 초반만 해도 주권국가는 다른 정치 단위체와 경쟁하는 개념이었지만 17세기 중엽 이후 국제사회의 표준이 되었다.[7] 영토에 대한 배타적 지배, 외부 위협으로부터 배타적 지배권을 주장하는

그림 10-3 상주 외교사절 파견 비율

자료: Reşat Bayer, Correlates of War Project, "Diplomatic Exchange Data Set(ver.2006.1)"(2006).

영토를 실제로 지켜낼 수 있는 능력, 국제사회의 인정, 주권국가 간의 평등, 타국 내정에 대한 간섭 금지 등을 포함하는 주권 개념은 19세기까지는 여전히 대안적 국제 질서와 경쟁해야만 했다.[8] 19세기에 주권국가는 유럽에서 정착되었고 아메리카로 확대되었다. 19세기 말 일부 아시아 국가가 주권국가 체제에 편입되었지만, 제2차 세계대전 전까지 아시아와 아프리카의 대부분에서 주권국가가 존재하지 않았다. 제2차 세계대전이 끝난 뒤에 신생독립국가가 대규모로 등장하면서 주권국가가 보편화되었다.

초국경 쟁점을 해결하려는 주권국가의 노력은 상주 외교사절의 파견으로 이어졌다. 19세기 초반 유럽에 주권국가가 존재했다고 해도 상주 외교사절 파견은 강대국 간에서만 일어났다. 나폴레옹 전쟁이 끝난 뒤에 주권국가는 23개국이었는데, 이 가운데 조합 가능한 506쌍 가운데 196쌍에서만 상주 외교사절 파견이 있었다. 신생독립국가의 등장으로 상주 외교사절 파견 비율은 떨어지

7   김명섭, 「탈냉전기 세계질서와 국가주권」, ≪세계정치≫, 제25집 1호(2004), 20~23쪽; 박상섭, 「근대 주권 개념의 발전과정」, ≪세계정치≫, 제25집 1호(2004), 101~107쪽.

8   Stephen D. Krasner, "Sharing Sovereignty: New Institutions for Collapsed and Failing States," *International Security*, Vol.29, No.2(2004), pp.87~89.

그림 10-4 19세기 이후 국제 무력 분쟁의 발생 횟수 (단위: 건)

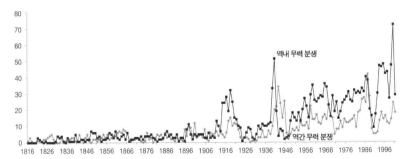

자료: Faten Ghosn, Glenn Palmer and Stuart Bremer, "The MID3 Data Set, 1993~2001: Procedures, Coding Rules, and Description," *Conflict Management and Peace Science*, Vol.21, Issue2(2004), pp.133~154.

지만(ρ=-0.4665, p-value=0.003), 그래도 20퍼센트는 항상 넘었다. 이는 국제사회에서 국가 수의 증가에 맞추어 상주 외교사절의 파견도 증가했다는 뜻이다(ρ=0.9680, p-value=0.000). 냉전이 종식되며 체제 경쟁이 끝나자 강대국들마저 제3세계에 대한 관심을 줄이며 상주 외교사절을 파견하지 않게 되었다. 그러면서 상주 외교사절단의 파견 비율이 일시적으로 떨어지는 현상이 있었지만, 전체적으로 보면 상주 외교사절의 숫자는 꾸준히 증가하고 있다.

인류의 과학기술 발전에 따른 지구화는 인류의 자유로운 이동을 가능하게 했지만 동시에 무력 충돌의 위험도 증가시켰다. 지리적 장벽을 넘을 수 없고 인류의 초국경 활동이 미미할 때 초국경 갈등의 위험도 낮을 수밖에 없다. 반면에 인류가 서서히 지리적 장벽을 넘고 빈번하게 초국경 활동을 전개하게 되면서 갈등의 소지가 커지고 이는 궁극적으로 무력 충돌의 위험을 높인다. 〈그림 10-4〉는 무력 분쟁의 빈도가 점차 증가하고 있음을 나타낸다. 특히 1960년대 이후 무력 갈등의 빈도가 증가하고 있는데, 이는 신생독립국가의 등장도 일부 이유가 되지만 지구화의 심화와 특히 관련되어 있다. 특히 지역을 달리하는 국가 간의 갈등이 증가하는 현상은 지구화의 어두운 측면을 보여준다.

2) 지역화

과학기술의 발전으로 인류의 초국경 활동이 늘면서 지역화도 자연스럽게 진행되었다. 과학기술의 발달에 따라 지리적 장벽이 약화된다고 해도 절대적인 지리적 거리가 주는 장벽은 여전히 존재하기 때문에, 초국경 활동은 역내에 먼저 집중될 수밖에 없다. 지역 외 교역 상대국이 압도적으로 많지만, 20세기 전반기까지 역내 무역량은 역외 무역량을 앞섰다(〈그림 10-1〉 참조). 20세기 중엽 이후에 이르러 역외 무역량이 역내 무역량을 앞서게 되었다.

무력 분쟁에서는 역내 분쟁이 차지하는 비중이 높다. 19세기 제국주의 시대에는 역외 분쟁이 차지하는 비중이 상대적으로 높았지만, 20세기 이후 역내 분쟁이 훨씬 더 많이 발생하고 있음을 알 수 있다. 역외 국가의 숫자가 역내 국가의 숫자에 비해 압도적으로 많기 때문에, 무력 충돌을 경험할 수 있는 잠재적 경우의 수는 역외 국가 쪽이 훨씬 더 많지만, 무력 충돌은 역내 국가에 집중되고 있다.

외교도 역내에 집중되고 있다. 역외 국가의 숫자가 역내 국가의 숫자보다 많음에도 불구하고 국가들은 역내 국가에 상대적으로 더 많은 상주 외교사절을 파견한다. 19세기부터 제1차 세계대전까지 상주 외교사절을 역내·역외로 파견하는 비중이 점차 증가하는데, 이는 전반적인 지구화와 지역화를 반영한다고 추정된다. 제1차 세계대전 종전 직후부터 1950~1960년대까지 상주 사절이 파견된 국가가 차지하는 비중이 줄어드는데, 이는 양차 대전 직후에는 신생독립국가에 상주 외교사절이 파견되지 않았기 때문이다. 이는 냉전 직후에 신생독립국가가 등장할 때도 비슷한 상황을 가져왔다. 이처럼 상주 외교사절 파견에 등락이 있었지만 역내 상주 사절 파견과 역외 상주 사절 파견 간의 차이는 여전히 유지되고 있다. 국가들은 역내 초국경 쟁점의 해결에 먼저 집중하고 있다는 뜻이다.

지역화는 국제기구의 유형에서도 확인된다. 국제기구는 잠재적 회원의 측

그림 10-5 상주 외교사절 파견의 차이: 역내 vs. 역외

그림 10-5 상주 외교사절 파견의 차이: 역내 vs. 역외

자료: Reşat Bayer, Correlates of War Project, "Diplomatic Exchange Data Set(ver.2006.1)"(2006).

면에서 첫째, 모든 국가를 잠재적 회원으로 하는 보편적 국제기구, 둘째, 두 개 이상의 지역에 있는 국가를 잠재적 회원으로 하는 지역 간 국제기구, 셋째, 한 지역 안의 국가만을 잠재적 회원으로 하는 역내 국제기구로 구분할 수 있다. 라인강 자유 항해를 위한 중앙위원회(Central Commission for the Navigation of the Rhine)가 1815년 처음 등장한 이후에 역내 국제기구는 유럽에서 서서히 증가했다. 1960년대 이후 신생독립국가가 유럽의 지역 기구를 모방하면서 역내 국제기구의 숫자는 보편적 국제기구의 숫자를 앞서게 되었다. 또한 지중해 연안 국처럼 복수 지역에 분포하고 있는 국가로 구성되는 지역 간 국제기구도 20세기 이후 지속적으로 증가하고 있다. 〈그림 10-6〉은 지구화와 지역화가 함께 진행되고 있음을 보여준다.

지역화의 정도는 지역에 따라 상이한 수준으로 진행되고 있다. 무역관계로 측정하면 유럽은 경제통합의 정도가 매우 높다. 유럽에서는 역내 무역의 비중이 19세기부터 매우 높았는데, 1950년대 후반 경제통합을 거치면서 더 높아졌다. 2000년대 들어 유럽은 총무역에서 역내 무역이 차지하는 비중이 72퍼센트 정도다. 아메리카에서는 역내 무역의 비중이 점차 줄어들다가 1990년대 들어 다시 증가하는 추세를 보인다. 냉전이 종식되며 브라질과 아르헨티나 간의 전략적 경쟁 관계가 끝났고 경제통합의 장치가 마련된 상황을 반영한다. 동아시

그림 10-6 **유형별 국제기구의 수**   (단위: 개)

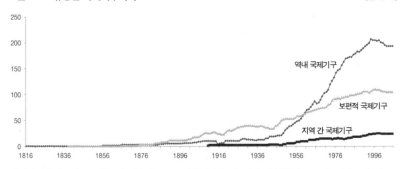

자료: Jon C. Pevehouse, Timothy Nordstrom and Kevin Warnke, "The COW-2 International Organizations
Dataset Version 2.0," *Conflict Management and Peace Science*, Vol.21, No.2(2004), pp.101~119.

아에서 역내 무역의 비중은 전후 20퍼센트 수준이었다. 동아시아는 역내 무역
의 비중이 부침을 거쳤지만, 1980년대 이후 꾸준히 높아지며 이제는 아메리카
의 경제통합 수준에 이르게 되었다. 중국의 경제성장이 이루어지면 동아시아
에서 역내 무역의 비중은 더 높아질 개연성이 크다. 반면에 중동과 아프리카에
서 역내 무역의 비중은 10퍼센트 수준에 머문다. 중동 국가들은 역외로 원유
를 수출하고 역외 국가로부터 다양한 제품을 수입하고 있다. 아프리카 국가들
은 지금도 과거의 식민지 모국과 주요한 경제 관계를 맺고 있다. 아프리카로부
터 1차 산업 제품이 역외로 나가고, 역외 국가로부터 2차 산업 제품이 들어오
는 양상이 독립한 뒤에도 여전히 지속되고 있다.

　지역별 분쟁의 위험도 큰 차이를 보인다. 냉전 후 국가 분리 과정에서 발생
한 무력 분쟁을 제외한다면 유럽에서 역내 분쟁이 가장 적게 일어났다. 그다음
으로 아메리카에서 역내 분쟁이 적게 일어났다. 반면에 아시아에서는 무력 분
쟁의 빈도가 매우 높다. 아프리카와 중동 역시 역내 무력 분쟁의 빈도가 무시
하기 어려운 수준이다.

그림 10-7 **지역별 역내 무역 비율**

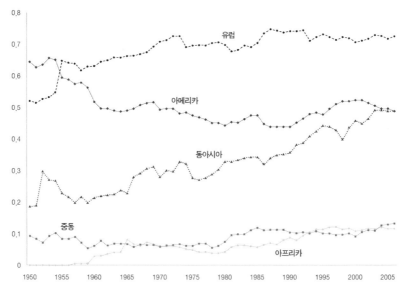

자료: Katherine Barbieri and Omar M. G. Keshk, Correlates of War Project, "Trade Data Set Code book(ver.4.0)"(2016).

표 10-2 **국가 간 무력 분쟁의 발생 빈도**   (단위: 건)

		1950년대	1960년대	1970년대	1980년대	1990년대
아메리카	역외	11	20	16	25	17
	역내	25	22	32	39	33
유럽	역외	22	38	25	23	19
	역내	25	22	10	21	71
아프리카	역외	-	6	9	4	8
	역내	-	33	50	42	47
중동	역외	6	12	24	97	18
	역내	40	47	42	62	38
아시아	역외	27	19	6	6	7
	역내	59	74	42	57	67
대양주	역외	-	-	-	1	1
	역내	-	-	-	-	2

자료: Correlates of War Project, "Militarized Interstate Disputes(ver.4.1)"(2013).

3) 지구화/지역화의 도전

초국경 쟁점의 등장은 기존 주권국가로 이루어진 국제사회에 새로운 도전이 되었다. 주권은 주권국가의 통제하에 있는 영역에 대한 배타적 관할권을 의미하는데, 초국경 쟁점의 등장은 주권국가가 자국에서 발생하는 현상을 배타적으로 통제하지 못한다는 점을 의미하기 때문이다. 초국경 쟁점의 빈도와 강도가 약할 때는 초국경 쟁점과 주권국가 간의 불편한 관계에서 주권국가가 초국경 쟁점을 규율했지만, 초국경 쟁점의 빈도와 강도가 강해지면서 주권국가와의 갈등이 심해졌다. 예를 들면 냉매로 사용되는 염화불화탄소(Chloro fluoro carbons)는 지구상의 어느 지역에서 배출되든지 상관없이 오존의 생성을 방해해 오존층 파괴가 진행될 수 있는데, 오존층 파괴의 피해는 극지방에 위치한 국가에 집중된다. 염화불화탄소를 배출하는 국가는 오존층 파괴의 피해가 자국의 배타적 관할권 밖에서 일어나기 때문에 주권국가 체제에서는 남의 일이라고 치부할 수 있다. 같은 이유로 오존층 파괴로 피해를 입는 국가는 주권국가 체제에서는 염화불화탄소 배출국을 규제할 수 없다. 주권국가 체제와 초국경 쟁점 간에 갈등이 일어나게 되었다.

초국경 쟁점의 등장으로 인류가 직면하게 된 도전은 크게 세 가지로 구분할 수 있다. 첫째, 초국경 쟁점을 규율하는 공통 표준의 제정이다. 여러 주권국가가 관여된 초국경 쟁점을 규율하는 표준은 국가이익에 영향을 미칠 수 있다. 잠재적 표준이 복수로 경쟁할 때 특정 표준의 선택은 다른 표준을 사용하던 국가에게 심각한 구조조정 비용을 치르게 만든다. 예컨대 냉매로 염화불화탄소를 금지하는 빈 협약이 발표되면서 염화불화탄소를 값싸게 냉매로 사용하던 많은 국가들은 대체 냉매를 구해야 하는 불편을 겪었다. 환경이 무역 장벽이 된다는 주장이 나올 만큼 국제사회에서 표준 제정은 국익과 관련되어 있다.

따라서 표준 제정을 둘러싼 갈등은 국제사회의 화두다. 국가들은 자국에 유리한 기준이 국제사회의 표준이 될 수 있도록 국제사회를 압박한다. 특히 강대국들은 규모의 경제를 활용해 자국의 기준을 국제사회에 투영하려는 경향을 보인다. 약소국들도 자국에게 유리한 기준이 국제사회의 표준이 되기를 원한다. 따라서 표준 제정은 국제사회의 갈등 요인이 될 수 있다. 거대 통신망의 표준을 둘러싼 갈등에서 나타나듯이 국제 표준의 제정은 기술적 우위와 함께 힘의 배분을 반영한다.[9]

둘째, 국제 공공재의 창출이다. 국제 공공재는 일단 창출되면 참여하는 모든 행위자의 소비를 막을 수 없는 비배제성, 한 행위자의 소비가 다른 행위자의 소비를 침해하지 않는 비경합성을 지닌다. 국제 공공재의 속성 때문에 합리적 국가 행위자는 국제 공공재의 창출에 기여하지 않으면서 국제 공공재의 이익만을 누리려는 무임승차의 유혹을 갖게 된다.[10] 특히 개별 국가의 기여 정도가 작기 때문에 개별 국가들은 자국의 참여가 공공재 창출에 결정적이지 않다고 판단한다. 즉, 무임승차를 하겠다는 이기적 선택만이 이유가 아니라 자국의 기여에 대한 부정적 평가 때문에 개별 국가들은 공공재 창출에 소극적이다.

대표적 예로 지구온난화를 줄이기 위한 공공 노력을 들 수 있다. 지구온난화를 유발하는 물질의 배출을 줄이면 유발 물질의 배출을 줄인 국가는 물론 지구온난화 문제에 무관심한 나라도 동일한 이익을 얻는다. 즉, 유발 물질을 줄인 국가가 치러야 하는 비용은 해당 국가만이 부담하는 반면에 지구온난화의 해결로부터 얻는 이익은 모든 국가가 공유한다. 따라서 지구온난화 문제를 해결해야 한다는 대의에 동의한다고 해도 이를 해결하기 위한 비용을 지불하지는 않으려고 한다.[11] 지구온난화 문제의 해결은 집단행동의 논리에 전형적으

---

9 Daniel Drazner, "The Global Governance of the Internet: Bringing the State Back In," *Political Science Quarterly*, Vol.119, No.3(2004), pp.477~498; Stephen D. Krasner, "Global Communications and National Power: Life of the Pareto Frontier," *World Politics*, Vol.43, No.3(1991), pp.336~366.

10 Mancur Olson, *The Logic of Collective Action*(Cambridge, MA: Harvard University Press, 1965), pp.20~22.

로 부합된다. 도서 국가들은 지구온난화에 따른 피해를 집중적으로 받기에 이 문제의 해결에 적극적이지만, 이익의 분산 탓에 주요 국가들의 적극적 참여를 이끌어내는 데 한계가 있다.

셋째, 국제 공유재의 관리다. 국제 공유재는 소비자를 배제시킬 수 없지만 한 행위자의 소비가 다른 행위자의 소비와 양립하지 못하는 재화를 의미한다. 과학기술이 발전에 따라 인류의 활동 반경이 넓어지면서 주권국가의 관할권 밖에 있는 재생 불가능한 재화는 선점의 대상이었다. 무주지 선점의 원칙에 따라 각국은 자국의 관할권 밖에 있는 재화를 차지하려고 했다. 주권국가의 관할권 밖에 있는 재생 가능한 재화도 무한 재화에서 공유재로 바뀌었다. 과학기술의 발달에 기반한 채취 능력이 재생속도를 앞서게 되면서 재생 가능한 재화도 사라질 위험에 처했기 때문이다.[12]

3 | 동아시아 역내 문제 해결 방식의 특징

지구화와 지역화가 초래한 초국경 쟁점을 해결하는 방식은 크게 외교 제도, 패권, 거버넌스로 분류할 수 있다. 초국경 쟁점은 선사시대부터 정치 공동체 간의 부정기적 사신 교환, 전투 집단 간의 사자 파견 등 제한된 방식으로 진행되거나 패권국의 개입으로 해결되었지만, 정교한 외교 제도는 근대 이후에 발전했다. 또한 현대에 이르러서는 수평적 관계에서 비국가 행위자까지 참여하는 거버넌스가 등장했다. 이 절에는 세 가지 문제 해결 방식을 간략히 검토한 뒤에 동아시아 역내 문제 해결 방식의 특징을 기술한다.

---

11 Lisa M. Schenckm, "Climate Change 'Crisis': Struggling for Worldwide Collective Action," *Colorado Journal of International Environmental Law and Policy*, Vol.19, No.3(2008), pp.320~330.

12 "The Earth Charter," UNESCO, March 14, 2000.

1) 초국경 쟁점의 해결 방식: 외교, 패권, 거버넌스

외교는 크게 정치 공동체 간의 의사소통 과정, 좁게는 "독립국가의 정부 간 공적인 관계를 운용·경영하는 데 원용되는 지략과 책모"라고 규정된다.[13] 외교는 16세기 이후 서유럽에서 발전한 국가 간의 접촉 양식에서 시작해 17세기 절대왕정 시기에 서유럽에서 보편적 관행이 되었다. 외교는 국가 간의 활동을 규율하는 제도로서 국가 간의 공적인 관계를 규율하는 원칙, 규칙, 관행을 포함하는 골격으로, 국가 간섭이 진행되는 장에서 준수해야 할 포괄적 원칙부터 세부 행동 규칙까지 제공한다.

외교 제도는 제1차 세계대전을 분기점으로 크게 변화했다. 제1차 세계대전 이전의 외교 제도는 두 가지 원칙에 기반했다. 첫째, 외교관의 활동이 주재국의 관할권 밖에 있었다. 외교관은 문제 해결을 위한 사절인 동시에 필요한 경우 주재국의 상황을 본국에 보고하기 때문에 공인된 간첩의 역할을 수행한다. 따라서 주재국은 외교관의 활동을 가능한 제약하려고 한다. 또한 외교관이 본국에서 멀리 떨어져 있어 본국의 보호를 받지 못하기 때문에 외교관의 활동은 물론 신변 안전까지 주재국에 달려 있다. 이런 상황에서 외교관의 활동을 보장하기 위해 면책특권이나 공관 불가침의 관행 등이 마련되었다. 둘째, 외교사절은 파견국 주권자의 대리인으로 인정받았다. 제1차 세계대전 이전에는 영국과 미국 등 일부 예외를 제외하면 모두 왕정 국가였기 때문에, 외교관은 파견국 군주와 동격으로 간주되었다. 전권대표는 파견국 군주의 절대적 위임을 받은 외교관으로서 주재국에서 활동할 수 있었다.

외교 제도는 나폴레옹 전쟁 이후에 등장한 유럽 협조 체제를 통해 다자 외교를 포함하게 되었다. 나폴레옹 전쟁 이후 유럽 강대국들은 회합을 통해 공동 관심사를 논의하고 문제를 해결하는 관행을 발전시켰는데, 이는 양자 간 관계

---

13 Ernest Satow, *A Guide to Diplomatic Practice*(4th ed.)(London: Longman, 1958), p.1.

를 규율하던 외교 제도에 큰 변화를 초래했다. 다자 외교에서 강대국과 약소국의 구별, 공통 관심사를 해결하기 위한 회합과 협약 체결 관행, 다자 외교의 의전 등이 이 시기에 마련되었다. 하지만 제1차 세계대전 이전까지 다자 외교는 여전히 예외적 현상이었고, 양자 외교가 대세였다.

제1차 세계대전 이후 신외교 제도는 개방성, 공적 심사와 통제, 다양한 의제와 다양한 행위자의 등장, 정례적 다자 외교를 특징으로 한다. 첫째, 외교관이 군주의 대리인으로 여겨졌던 시기에 외교는 왕가 간의 사적 영역으로 간주되었다. 반면에 제1차 세계대전 이후에는 외교는 공개되어야 한다는 새로운 규범이 등장한다. 이것은 "국제연맹 가맹국이 연맹에 가입한 뒤에 체결한 모든 국제조약과 협정은 국제연맹 사무국에 등록해야 하며 사무국이 공개해야 한다"라는 베르사유 조약 제18조로 명문화되었다. 둘째, 과학기술의 발달로 본국에서 외교관의 활동을 통제할 수 있게 되면서 외교에 대한 통제가 강화되었고 외교에 대한 본국 의회의 통제 또한 강화되었다. 이에 따라 외교관이 누렸던 자율성이 약화되었다. 셋째, 초국경 쟁점이 증가하면서 외교가 다루어야 할 의제가 확대되었다. 정치, 군사, 통상이 여전히 중요한 자리를 차지하면서도 환경, 인권, 문화 등 다양한 의제가 등장했다. 외교관이 다양한 의제에 관한 전문성을 모두 갖지는 못하기에 행정 부처나 민간 분야의 전문가들도 외교에 참여하게 되었다. 각 행정부가 외교를 담당하는 부서를 두고 외교관과 함께 협업하는 관행이 정착되었다. 넷째, 다자 외교가 정례화되었고 심지어 상설화되었다. 국가들은 복잡한 의전 절차를 생략하고 빠르게 문제를 해결하기 위해 다자 외교를 정례적·상설적으로 진행했다. 다자 외교를 정례화·상설화하는 모습은 연례행사의 개최나 국제기구의 창설 등으로 나타났다.

패권은 압도적 국력에 기반해 패권국이 국제 질서와 규범을 창출하면서 문제를 해결하는 방식이다. 이는 제국이 일방적으로 정치 공동체 간의 질서와 규범을 정하는 운영 방식과 협상을 통해 초국경 쟁점을 해결하는 외교의 중간 지점에 위치한다. 주권 평등의 원칙이 문서상으로도 정착되기 전에는 패권과 제국이 초국경 쟁점을 해결하는 과정이 당연하게 받아들여졌다. 주권 평등의 원칙이 명목상으로 보장된 오늘날에도 압도적 국력을 지닌 국가는 국제사회의 공통 문제를 해결하는 과정에서 중요한 행위자로 활동한다. 패권이 공식적으로 인정받지 못하지만 패권의 역할은 여전히 유효하다고 볼 수 있다.

패권국이 초국경 쟁점의 해결 과정에서 영향력을 행사하는 이유에 대해 세 가지 설명이 병립적으로 존재한다. 첫째, 패권국이 자국의 이익을 위해 자발적으로 국제 공공재를 제공한다는 입장이다.[14] 패권국의 규모가 워낙 크기 때문에 패권국의 참여 여부가 공공재 창출에 결정적이다. 또한 패권국의 참여로 공공재가 창출될 경우 패권국이 향유하는 효용이 패권국이 지불하는 비용보다 크다면 패권국은 자발적으로 공공재 창출에 나서게 된다. 둘째, 패권국이 자국의 이익을 보호하기 위해 국제 질서와 규범을 만들고 이를 현실화하려고 한다는 입장이다.[15] 패권국이 초국경 쟁점의 사안마다 영향력을 행사해 자국의 이익을 투영하는 과정이 비효율적이기 때문에, 패권국은 자국의 이익에 부합하는 국제 질서와 규범을 만들고 이를 실행하게 된다. 셋째, 패권국이 의도하지 않았지만 초국경 쟁점에 관여한다는 입장이다. 패권국이 국제 질서의 형성을 처음부터 의도하지 않았지만, 패권국의 관행이 국제 질서로 자연스럽게 귀결될 수 있다. 19세기 영국의 해운 관행, 20세기 중반 이후 미국의 항공 관행은 양국이 해운과 항공에서 차지하는 비중 덕분에 자연스럽게 국제 표준이 되었다.

거버넌스는 '개별 행위자와 공적·사적 기관들이 공통 문제를 관리하는 여러 방식의 총합'으로 정의되는데, 두 가지 속성을 가진다. 첫째, 거버넌스는 국가 행위자와 비국가 행위자들이 자신들의 필요를 충족하기 위해 활용하는 비정부 기제와 공식적 정부의 제도를 포함한다.[16] 거버넌스는 다양하고 상충적인 이

---

14 Olson, *The Logic of Collective Action*, pp. 23~25.

15 David A. Lake, *Power, Protection, and Free Trade: International Source of U.S. Commercial Strategy, 1887~1939*(Ithaca, NY: Cornell University Press, 1988), pp. 24~29, 40~44.

해를 조정하기 위해 협력하는 과정에서 행위자 간의 상호작용의 양상과 상호작용을 규율하는 공식적 준거와 비공식적 준거로 구성되어 있다. 둘째, 거버넌스는 문제 해결을 위한 과정을 의미한다. 문제 해결의 주체로 특정한 행위자를 한정할 필요가 없고 특정한 문제 해결 방식을 한정지을 필요도 없는 상태에서 거버넌스는 문제 해결의 과정이다. 거버넌스는 문제 해결의 과정에서 정부의 활동, 통치, 지배 등과 유사하지만 행위자 간의 수평적 관계와 협업 등을 포함한다.

거버넌스는 외교나 패권에 따른 문제 해결 방식과 두 가지 점에서 차이를 보인다. 첫째, 거버넌스에서는 여러 형태의 비국가 행위자와 국가가 동시에 주요 행위자로 참여하기에 상대적으로 비국가 행위자들의 참여 정도가 높다. 둘째, 거버넌스에서는 사회규범, 비국가 행위자 간의 합의나 관행도 문제 해결의 준거로 사용되고 있다. 거버넌스에서는 여러 유형의 행위자 간 협의나 토론 등 새로운 형태의 상호작용 방식을 통해 이루어진다.

2) 동아시아 역내 힘의 분포

동아시아는 자연적 경계로 획정된 공간 단위로 동서로는 말레이반도부터 태평양 일부 도서까지, 남북으로는 몽골부터 적도 부근의 도서까지 포함한다. 이 지역은 산맥과 해양 등 자연적 경계로 극동 지역과 인도차이나로 구성되어 있다. 두 지역은 원래 중국의 전통 질서 안에서 한 권역으로 이해되었지만, 서양 열강은 동아시아를 둘로 분절된 지역으로 이해했다. 동아시아 정치 단위체

---

16 Commission on Global Governance, *Our Global Neighborhood: Report of the Commission on Global Governance*(Oxford, UK: Oxford University Press, 1995), p.2.; James N. Rosenau, "Governance, Order and Change in World Politics," in James N. Rosenau and E. O. Czempiel (eds.), *Governance without Government: Order and Change in World Politics*(Cambridge, UK: Cambridge University Press, 1992), p.4.

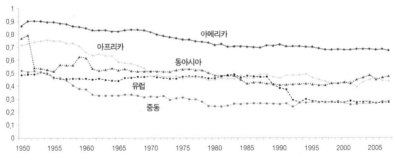

그림 10-8 **권역별 물리적 영향력의 집중도**[18]

자료: Correlates of War Project, "National Material Capabilities(ver.5.0)"(2017).

들이 서양 열국의 영향권으로 편입되며 단일한 지역적 개념은 사라졌다. 20세기 중엽 일본이 아시아의 지역 패권국으로 등장해 대동아공영권을 내세우며 동아시아가 단일 지역으로 인지되기 시작했으나, 일본의 패배 이후 인지적 산물로서 '동아시아'는 부정적 의미를 갖게 되었다.[17]

동아시아 지역 내 힘의 분포는 유럽과 중동에 비해서는 불균등하지만, 아메리카에 비해서는 상대적으로 균등하다. 즉, 아메리카와 서남아시아의 경우 특정 국가가 역내 영향력 자원을 차지하는 비중이 매우 높아 역내 패권국의 존재 상황에 근접한다면, 유럽과 중동의 경우 지역 패권을 주장할 수 있는 국가가 복수로 존재한다. 역내 '극(pole)'이 복수로 존재하기 때문에 다극 체제로 분류할 수 있다.[19] 물리력의 분포로만 보면 아메리카와 서남아시아가 단극 체제에

---

17 특히 중국에서는 여전히 '동아시아'가 제2차 세계대전 시기 일본의 침략과 연결되는 어감이 강하다.

18 역내 물리적 영향력의 집중도는 Correlates of War Project의 척도를 따른다. J. David Singer, Stuart Bremer and John Stuckey, "Capability Distribution, Uncertainty, and Major Power War, 1820~1965," in Bruce Russett(ed.), *War, and Numbers*(Beverly Hills, CA: Sage, 1972), p.27.

19 역내 '극'은 역내 최강국이 가진 물리력 기반의 50퍼센트 이상을 가진 국가를 뜻한다. Randal L. Schweller, *Deadly Imbalances: Tripolarity and Hitler's Strategy of World Conquest*(New York: Columbia University Press, 1998), p.46.

근접하고, 중동과 유럽은 다극 체제에 근접하며, 동아시아와 아프리카는 중간 지점에 위치한다.

동아시아가 단극 체제와 다극 체제의 중간에 위치한다는 지표는 동아시아 역내 문제 해결 방식으로 지역 패권이 존재할 수 없음을 의미한다. 중국이 역내 최강국이지만 중국의 국력은 역내 다른 국가를 압도하지 못했다. 중국 바로 뒤에는 일본이 항상 존재하며 일본의 국력은 중국의 국력에 비해 무시할 수 없을 정도로 크다. 냉전기에 양국은 역내 양극 체제에서 주요한 행위자였고, 냉전이 종식한 뒤에도 양국이 국력 지표상으로 동아시아에서 중요한 역할을 차지해야 하는데도 불구하고 양국 간의 갈등 관계 탓에 조화로운 지역 질서를 기대할 수 없다. 중국과 일본 간의 숙적 관계는 1873년부터 시작해 외형적으로 보면 1958년에 끝난 듯하지만, 양국은 내면적으로 서로를 적수로 보고 있는 듯하다.[20]

동아시아에서는 다양한 숙적 관계가 존재한다. 한국은 제2차 세계대전 이후 역내 강국인 중국과 일본과 동시에 숙적 관계를 가지며, 북한과도 대결을 벌이고 있다. 동남아시아 국가들의 관계도 험악하다. 남북 베트남 간의 숙적 관계(1954~1975), 태국과 베트남 간의 숙적 관계(1954~현재), 라오스와 태국 간의 숙적 관계(1960~현재), 인도네시아와 말레이시아 간의 숙적 관계(1962~1966), 중국과 베트남 간의 숙적 관계(1973~현재), 중국과 태국 간의 숙적 관계(1949~현재), 미얀마와 태국 간의 숙적 관계(1816~1826)가 있다.[21] 숙적 관계에 놓은 국가들은 서로 상대방을 위협 요인으로 인식하기 때문에, 역내 협력보다는 갈등으로 이어질 위험성이 높다.

---

20 William R. Thompson, "Identifying Rivals and Rivalries in World Politics," *International Studies Quarterly*, Vol.45, No.4(2001), p.571.

21 같은 글, 571~573쪽.

3) 역내 문제 해결 기제로서 외교와 국제기구

역내 초국경 쟁점의 등장은 역내 외교 관계의 형성과 지역 기구의 창설로 이어진다. 가장 촘촘하게 초국경 활동이 발생했던 유럽의 경우 역내 상주 외교 사절의 비율이 이미 1950년에 80퍼센트에 육박했다. 구소련의 해체 이후 유럽 에서 신생독립국가가 대규모로 등장하면서 역내 상주 외교사절의 비율이 떨어 졌지만, 유럽 국가 간의 상주 외교사절 비율은 여전히 높은 편이다. 예상과 다 르게 중동 국가 간의 상주 외교사절 비율도 상대적으로 높은데, 이는 이슬람 형제애에 기반한 문화적 유산을 반영한다고 추정된다.[22] 아메리카 국가 간의 상주 외교사절 비율은 1960년대 최고점을 찍은 뒤에 점차 약화되는 경향을 보 인다. 1960년대 공산주의의 침투를 막기 위한 미국의 활동이 역내 결속을 가 져왔지만 이후 미국의 영향력이 감소되면서 아메리카 국가 사이에는 구심력보 다는 원심력이 더 강하게 작동하는 듯하다. 아프리카는 국가 능력의 제약으로 역내 국가 간의 상주 외교사절을 파견하지 못하는 듯 보인다. 아프리카 국가 간 상주 외교사절의 비중은 지역 간 상주 외교사절의 비율 수준에 머무른다.

동아시아 국가 간 상주 외교사절의 비중은 제2차 세계대전 이후 시간의 흐 름에 따라 점차 증가하고 있다. 동아시아에서 진행된 냉전으로 공산권과 자유 진영 내 외교는 매우 촘촘하게 이루어졌다. 반면에 진영을 가로지르는 외교는 1972년 9월 29일 중·일 국교 정상화 공동선언이 나오면서 겨우 시작되었다. 냉전이 종식된 뒤에는 동아시아 국가 간의 상주 외교사절 파견이 본격적으로 이루어져 현재 동아시아는 중동에 이어 두 번째로 촘촘한 외교망을 갖게 되었

---

22 이슬람 세계관에서는 '이슬람의 집' 안에 거하는 정치 단위체는 형제 지위를 가지며 상호 교 류를 할 수 있다. 반면에 '이슬람의 집' 밖에 거하는 정치 단위체와는 적대적 관계를 가진다. Nassef Manabiland Adiong, "Nation-State in IR and Islam," *Journal of Islamic State Practices in International Law*, Vol.9, No.1(2013), pp.112~113.

그림 10-9 **권역별 상주 외교사절의 비율**

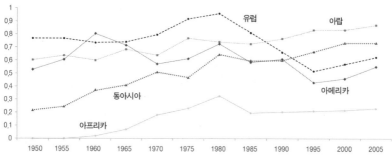

자료: Reşat Bayer, Correlates of War Project, "Diplomatic Exchange Data Set(ver.2006.1)"(2006).

다. 〈그림 10-9〉는 동아시아 국가들이 주로 양자 외교 관계를 활용해 역내 문
제의 해결을 모색한다는 점을 간접적으로 보여준다.

지역 기구의 숫자 측면에서도 권역 간 차이가 드러난다. 유럽과 아메리카에
서는 지역 기구가 다수 존재한다. 역내 초국경 활동의 강도와 빈도가 가장 앞
선 권역이기에 역내의 일반적 이해를 도모하기 위한 지역 기구와 특정 쟁점을
해결하기 위한 역내 기구가 균형을 갖고 존재한다. 가령 미주기구(Organization
of American States)[23]와 유럽평의회(Council of Europe)[24]가 역내 이해를 도모하기
위한 일반적 기구라면, 노르딕 세금 연구회의(Nordic Council for Tax Research)[25]
와 라플라타강 유역 국가위원회(Intergovernmental Committee of the River Plate
Basin Countries)[26]는 특정 세부 쟁점을 협의하기 위한 지역 기구다. 또한 두 권

---

23 미주기구는 아메리카 국가 간에 "평화와 정의를 이루고, 역내 국가 간의 연대를 도모하고, 역
    내 협력을 강화하고, 역내 국가의 주권, 영토불가침, 독립을 지키기 위해" 창설된 지역 기구
    다. 아메리카 35개국이 회원국이며 포괄적 의제에 관여한다.
24 유럽평의회는 경제·사회 발전 촉진과 상호 협력을 통한 유럽의 점진적 통합을 목표로 의회
    민주주의를 채택한 서유럽 10개국이 만든 국제기구에서 출발했다. 현재 유럽 내 46개국이 회
    원국이며 포괄적 의제에 관여한다.
25 노르딕 세금 연구회의는 덴마크, 핀란드, 노르웨이, 스웨덴이 역내 공동 세금과 역외 공동 관
    세를 논의하려고 1973년 만들었다. 2002년 아이슬란드가 가입해 현재 5개국이 회원국이다.

역에서는 발트해 연안, 스칸디나비아반도, 카리브해, 안데스 권역 등 소지역 협력을 위한 지역 기구가 다수 존재한다.

아프리카 지역 기구는 몇 가지 특징을 가진다. 첫째, 아프리카 국가 간의 초국경 인간 활동이 활발하지 않는데도 불구하고 아프리카에는 지역 기구가 많이 존재한다. 아프리카의 국경선은 사람과 동물의 생활권을 반영하기보다 제국주의 국가 간의 합의에 따라 만들어졌기 때문에, 초국경 쟁점의 성격이 유럽이나 아메리카와는 판이하다. 아프리카에서 초국경 쟁점은 사람의 활동이 아니라 메뚜기와 같은 유해 동물의 초국경 활동과 동물을 매개로 하는 전염병과 관련되어 있다. 이러한 아프리카의 특수성을 반영해 동아프리카 사막메뚜기 통제기구(Desert Locust Control Organization for East Africa)와 같은 지역 기구가 다수 존재한다. 둘째, 원자재 수출국 간의 협력을 도모하는 지역 기구가 다수 존재한다. 열대 목재, 커피, 설탕, 땅콩 등 아프리카 국가의 주요 수출품의 가격을 통제하기 위한 역내 기구가 수출국을 중심으로 만들어져 있다. 셋째, 식민 유산에 따라 지역 기구가 군집성을 가진다. 프랑스어권 아프리카 국가는 자체적으로 또는 프랑스와 관련된 소지역 기구를 형성하는 경향을 보인다. 넷째, 다른 권역 내의 지역 기구를 모방한 흔적이 보이나 실제로는 작동하지 않는 지역 기구가 다수 존재한다. 예컨대 아프리카연합(AU: African Union)은 유럽연합(EU: European Union)을 모방했지만 실제 작동하지는 않는다. 아프리카 국가 간에는 회원국 간의 균질성이 유럽만큼 높지 않기 때문에 수입된 지역 기구가 원활하게 작동될 수 없다. 결과적으로 단명하는 지역 기구가 다수 나타날 수밖에 없다.

중동에서 지역 기구는 제한적으로 존재한다. 종교적 단일성과 식민 경험에

---

26 라플라타강 유역은 강으로 유입되는 지류가 펴져 있는 아르헨티나, 브라질, 볼리비아, 파라과이, 우루과이 일대(414만 4000제곱킬로미터)를 의미한다. 이 지역 기구는 수로 이용, 수력발전, 관개시설과 관련된 쟁점을 논의한다.

그림 10-10 권역별 지역 기구의 수 　　　　　　　　　　　　　　　　　(단위: 개)

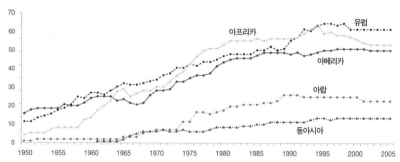

자료: Jon C. Pevehouse, Timothy Nordstrom and Kevin Warnke, "The COW-2 International Organizations Dataset Version 2.0," *Conflict Management and Peace Science*, Vol.21, No.2(2004), pp.101~119.

기반해 1945년 아랍연맹(League of Arab States)이 만들어졌지만, 역내 지역 기구의 성장은 상당히 느렸다. 역내 두 번째 지역 기구인 아랍우편연합(Arab Postal Union/Arab Permanent Postal Commission)이 1952년에 만들어지고, 세 번째 지역 기구인 아랍노동기구(Arab Labour Organization)가 1965년에 만들어졌다. 그러던 것이 1960년대 후반 범아랍 민족주의가 등장하면서 역내 국가 간 협력의 지형이 바뀌었다. 역내의 일반적 이해를 도모하기 위한 소지역 협력 기구와 석유 자원을 통제하려는 지역 기구의 창설이 급증했다. 1970년대에만 지역 기구가 11개 창설되었다. 하지만 1980년대 초반에 이란-이라크 전쟁, 산유국 간의 협력 상실 등 악재가 겹치며 중동의 지역 기구들은 동력을 잃었다. 1990년대 이후 중동에서는 새로운 지역 기구가 하나도 만들어지지 못했고 되레 역내 지역 기구가 세 개 사라졌다.[27] 중동은 단일 권역으로 의미를 갖지 못한다.

27 　활동을 중지한 국제기구는 아랍 산업발전과 광산기구(Arab Industrial Development and Mining Organization, 2000년 활동 중지), 마그레브 중앙보상사무소(Central Compensation Office of the Maghreb, 2000년 활동 중지), 아랍 지하자원 기구(Arab Organization for Mineral Resources, 1991년 활동 중지)다.

아시아는 지역 기구 측면에서 가장 후발 주자다. 역내 최초 지역 기구는 아세아생산성기구(Asian Productivity Organization)로 1961년 출범했다.[28] 이 기구의 출범은 지역 전체의 문제를 해결하기 위해서라기보다는 지역 내의 냉전 구조에 기인한다.[29] 지역주의 열풍이 불었던 1960~1970년대 아시아에서는 원자재 수출 통제를 위한 지역 기구가 하나도 등장하지 않았다. 한국이 주도했던 아시아태평양이사회(ASPAC: Asian and Pacific Council)는 데탕트 국면에서 미국이 지지를 철회하며 소멸했다.[30] 1980년대까지 아시아 국가 간의 우편과 금융 거래를 위한 지역 기구가 일부 탄생했다. 냉전 이후 두 번째로 지역주의 열풍이 불었을 때도 중앙아시아 국가 간의 협력을 위한 작은 움직임이 있었을 뿐이었다.[31] 2010년 한중일 3국 협력 사무국(Trilateral Cooperation Secretariat)이 만들

---

28 동아시아의 최초 지역 기구로 동남아 기술협력 위원회(Council for Technical Cooperation in South and Southeast Asia, Colombo Plan)를 꼽을 수도 있지만, 이 국제기구는 사실 지역 기구라기보다는 영국 식민지를 경험한 신생독립국가 간의 협력체로 시작되었다. 최초 회원국은 호주, 영국, 캐나다, 스리랑카, 인도, 뉴질랜드, 파키스탄이었다. 이 국제기구는 사실상 경제성장을 통해 공산주의 확산을 막으려는 목표에서 시작했지만(Charles A. Fisher, "Containing China? II. Concepts and Applications of Containment," *The Geographical Journal*, Vol.137, No.3(1971), p.301), 외형상으로는 생활수준의 향상을 목표로 내세웠다. 최초 설립 뒤에 미국, 캐나다, 피지가 역외 국가로 참여했고, 캐나다(1950~1992)와 영국(1950~1991)은 탈퇴했으며, 다수의 아시아 국가가 참여했다.

29 공산주의의 확산을 막기 위해 경제성장이 필요하다는 합의에 따라 일본의 주도로 아시아 권역 내의 자유국가들은 기술 증가를 도모할 지역 기구의 출범을 모색했다. 동아시아에서 일본, 한국, 대만, 동남아시아에서 인도네시아, 말레이시아, 태국, 필리핀, 남아시아에서 스리랑카, 네팔, 파키스탄이 참여했다. 아세아생산성기구의 출범 초기에 미국, 영국, 서독이 참관국으로 참여했다는 사실에서 나타나듯이 이 기구는 냉전 질서의 연장으로 이해해야 한다.

30 이상현, 「데탕트기 한국의 동아시아외교: ASPAC 존속을 위한 한국의 대응과 좌절 1972~1973」, ≪한국정치학회보≫, 제45집 5호(2011), 207~211쪽; 조양현, 「냉전기 한국의 지역주의 외교: 아스팍(ASPAC) 설립의 역사적 분석」, ≪한국정치학회보≫, 제42집 1호(2008), 266쪽.

31 터키어를 사용하는 국가들이 1993년 터키 문화와 예술을 위한 합동 행정(Joint Administration of the Turkic Culture and Arts)을 결성했고, 구소련에서 독립한 중앙아시아 국가들이 1994년 중앙아시아 경제공동체(Central Asian Economic Community), 1997년 아랄해 보전을 위한 국

어질 때까지 13년 동안 아시아는 지역 기구의 무풍지대였다.

권역별 상주 외교사절과 지역 기구의 숫자를 비교하면 몇 가지 요약이 가능하다. 첫째, 유럽과 아메리카는 양자 외교와 지역 기구를 통해 역내 문제를 해결하려고 한다. 두 권역에서는 초국경 활동이 빈번하게 진행되면서 역내 문제를 해결하기 위한 방식으로 양자 외교와 지역 기구가 정착되었다. 둘째, 아프리카는 양자 외교보다 지역 기구를 통한 역내 문제의 해결을 모색하고 있다. 아프리카 국가 간의 상주 외교사절 파견 비중은 여러 권역 가운데 가장 낮지만, 가장 많은 지역 기구를 갖고 있다. 셋째, 동아시아와 중동은 지역 기구보다 양자 외교를 통해 초국경 쟁점의 해결을 모색한다. 두 지역에서는 지역 기구가 발전하지 않은 반면에 매우 촘촘한 외교망을 갖고 있다.

4) 맹아 상태의 동아시아 지역 협력체

현재 동아시아 국가만을 회원으로 하는 지역 협력체로는 한중일 3국 협력 사무국만이 존재한다. 이 지역 기구는 "동북아 지역의 평화와 공동 번영"을 실현하기 위해 설립된 국제기구로 지역 협력을 위한 발판으로 구상되었다.[32] 하지만 이 지역 기구는 두 가지 약점을 갖고 있다. 첫째, 동아시아 지역에 있는 국가 가운데 북한과 몽골을 포함하지 못해 포괄적 역내 협력체로서 한계가 있다. 이 기구는 포괄적 의제를 감당해야 하는 제도적 외형을 갖추었지만, 동아시아 역내 국가와 연결되어 있지 못하다. 둘째, 3국 사이에 존재하는 숙적 관

제기금(International Fund for Saving the Aral Sea)을 결성했다.

32 이 국제기구가 만들어지는 과정이 동아시아 지역 협력의 현 주소를 보여준다. 1999년 아세안 +3 정상회담에 참석한 동아시아 3개국은 처음으로 3국 정상회담을 가졌다. 동아시아 3개국은 2008년부터 2010년까지 아세안 정상회담과 별도로 연례 3국 정상회담을 가지면서 역내 협력을 모색했다. 2010년 3차 동아시아 3국 정상회담에서 한중일 3국 협력 사무국의 창설이 합의되었다.

표 10-3 **동아시아 지역협력체**

이름	지역 구분	회원국
아세안(ASEAN)	동아시아	필리핀, 말레이시아, 싱가포르, 인도네시아, 태국, 브루나이, 베트남, 라오스, 미얀마, 캄보디아
	역외	없음
아세안 확대장관회의 (AMM/PMC)	동아시아	아세안 10개국, 한국, 중국, 일본
	역외	미국, 캐나다, 호주, 뉴질랜드, 러시아, 인도, 유럽연합
아세안지역안보포럼 (ASEAN Regional Forum)	동아시아	아세안 10개국, 한국, 중국, 일본, 몽골, 북한
	역외	미국, 캐나다, 호주, 뉴질랜드, 러시아, 인도, 유럽연합, 파푸아뉴기니
아시아-라틴아메리카 협력포럼(FEALAC)	동아시아	아세안 10개국, 한국, 중국, 일본
	역외	호주, 뉴질랜드, 브라질, 멕시코, 아르헨티나, 칠레, 볼리비아, 콜롬비아, 에콰도르, 베네수엘라, 파나마, 파라과이, 페루, 우루과이, 쿠바, 엘살바도르, 코스타리카, 니카라과, 과테말라
아시아-태평양 경제협력체(APEC)	동아시아	필리핀, 말레이시아, 싱가포르, 인도네시아, 태국, 브루나이, 베트남, 한국, 중국, 일본, 홍콩, 대만
	역외	미국, 캐나다, 호주, 뉴질랜드, 러시아, 파푸아뉴기니, 멕시코, 칠레, 페루
아시아-유럽정상회의 (ASEM)	동아시아	아세안 10개국, 한국, 중국, 일본
	역외	유럽 25개국
한중일 3국 협력 사무국	역내	한국, 중국, 일본

계 탓에 기구가 안정적이지 못하다. 2013년 이후 3국 정상회담이 열리지 않고 있으며 3국 간 갈등이 드러나고 있다.

동아시아 역내 협력의 중심은 여전히 아세안(ASEAN: Association of Southeast Asian Nations)이다. 1965년 동남아시아 교육장관 기구(Southeast Asian Ministers of Education Organization)가 만들어지고 1967년 아세안이 출범하면서, 동남아시아 국가 간의 교육 협력과 일반적 이해를 증진하기 위한 역내 협력의 기틀이 마련되었다. 아세안은 1980년대 말까지 큰 의미를 갖지 못했지만, 1990년대 중반 동아시아 지역 문제 해결의 핵심이 되었다. 1994년 아세안지역안보포럼(ARF: ASEAN Regional Forum)이 아시아·태평양 권역에서 "대화와 협의를 증진하고 신뢰 구축과 예방외교를 도모하기 위해" 형성되었다. 아세안지역안보포럼에는 아세안 국가, 호주, 방글라데시, 캐나다, 중국, 유럽연합, 인도, 일본, 북한, 한국, 몽골, 뉴질랜드, 파키스탄, 파푸아뉴기니, 러시아, 동티모르, 미국, 스리랑카 등 총 27개국이 참여한다.[33] 아세안지역안보포럼은 동아시아 권역에서 유일한 포괄적 안보 협의체다.

아세안은 동아시아 역내 또는 지역 간 협의체의 핵심이다. 아세안은 1989년 출범한 아시아-태평양경제협력체(APEC: Asia-Pacific Economic Cooperation)의 의사 진행에서 단일 행위자처럼 활동하며 큰 영향력을 행사하고 있으며, 1999년 출범한 동아시아-라틴아메리카 협력포럼(FEALAC: Forum for East Asia-Latin America Cooperation)에서도 소지역주의 대표로 활동한다. 1996년 출범한 아시아-유럽 정상회의(ASEM: Asia-Europe Meeting)에서도 아세안은 유럽연합과 함께 권역 간 협의체를 구성한다.

아세안이 역내 지역 정치에서 차지하는 비중은 아세안의 국력 지표와 비교하면 이해할 수 없을 만큼 높다. 2007년 아시아 권역의 군사비에서 중국이 차지하는 비중이 22.3퍼센트, 일본이 차지하는 비중이 19.8퍼센트, 한국이 차지하는 비중이 12.9퍼센트일 정도로 동북아시아에 국력이 편중되어 있다. 사실상 아세안 국가의 국력 합계는 한국의 국력을 앞설 뿐이다. 그럼에도 아세안이 역내 지역 정치에서 핵심 역할을 차지하는 이유는 동아시아 국가 간의 숙적 관계 때문이다. 숙적 관계에 따라 동북아시아 3국 간에 협력이 미약하기 때문에 그 공백을 아세안이 메우고 있다. 동북아시아 3국 간에 협력이 이루어지지 않는다면, 아세안을 중심으로 하는 지역 정치는 지속될 수밖에 없는 상황이다.

---

33 아세안지역안보포럼은 대만을 포함하지 않는다. 아세안의 만장일치 원칙에 따라 대만 문제는 아세안지역안보포럼의 의제에서 항상 배제된다.

4 | 잠정적 결론

주권국가로 이루어진 국제사회의 작동 원리가 초국경 쟁점의 등장으로 도전을 받고 있다. 과학기술의 발전으로 초국경 활동이 증가하지만, 주권국가의 독립성과 배타성 때문에 초국경 쟁점의 해결 주체를 둘러싼 긴장이 유지되고 있다. 인류는 초국경·국제 문제를 해결하기 위해 외교, 패권, 거버넌스 등 몇 가지 방식을 발전시켰다. 이런 문제 해결 방식은 주권국가로 이루어진 국제사회에서 갈등을 해결하고 협력을 도모하는 과정에서 효과적으로 활용되고 있다. 또한 초국경 쟁점의 지리적 범위가 지구 전체를 포함하기보다는 지역 차원에 머무르기 때문에, 지역 차원에서 외교, 역내 패권, 역내 거버넌스 등이 먼저 시도된다.

다른 지역과 비교해서 동아시아 역내 문제 해결의 특징은 세 가지로 요약된다. 첫째, 아시아 국가를 포괄하는 지역 기구가 존재하지 않는다. 유럽평의회, 미주기구, 아랍연맹, 아프리카연합 등 네 개 권역에는 포괄적 지역 기구가 존재하는데 유독 아시아에서는 포괄적 지역 기구가 존재하지 않는다. 심지어 동아시아에서도 대만을 포함한 지역 기구가 존재하지 않는다. 둘째, 역내 문제를 지역 기구를 통해 해결하기보다는 보편적 국제기구를 활용하거나 외교 제도를 통하거나 역외 행위자와의 협력을 통해 해결하려는 경향을 보인다. 동아시아 국가 간의 외교망은 상대적으로 촘촘한 반면 지역 기구는 매우 적다. 동아시아에서는 역내로 모이는 구심력보다 역외로 향하는 원심력이 강해 보인다. 셋째, 역내 문제를 해결하는 과정에서 지역 강대국 간의 협력이 이루어지지 않는다. 동아시아에서 문제 해결 능력을 갖춘 국가로 중국, 일본, 한국을 꼽을 수 있는데, 3국 간의 숙적 관계 때문에 동아시아 3국은 지도력을 발휘하지 못하고 있다. 한중일 3국 협력 사무국이 2010년부터 협력의 기틀을 마련한 듯 보이지만, 3국 간의 이해 갈등으로 3국이 역내 문제를 해결하는 과정에서 아세안이나 외부 행위자에 비해 영향력을 발휘하지 못하고 있다.

지역 문제 해결에서 동아시아의 후진성은 두 가지 원인으로 요약될 수 있다. 첫째, 역내에 존재하는 숙적 관계다. 동북아시아 3국 간의 숙적 관계, 분단 국가 간의 숙적 관계, 중국과 인도 간의 숙적 관계, 인도와 파키스탄 간의 숙적 관계, 동남아시아 국가 간의 숙적 관계 등 주요 국가가 모두 숙적 관계를 갖고 있다. 상대방을 신뢰하지 못하기 때문에 지역 기구가 발전할 수 있는 공간이 좁다. 둘째, 역내 정체성을 공유하지 못한다. 불행한 과거사 문제가 해결되지 않은 상태에서 동아시아는 지역 정체성을 공유하기보다 분화하는 양상을 보인다. 냉전 종식이 역내에 정체성을 형성하기 위한 좋은 기회였지만, 뒤이은 미국과 중국 간의 경쟁 탓에 역내 정체성의 분화가 강화되는 양상이 나타난다.

참고문헌

김경일. 2002. 「동아시아지역의 다자안보협력 모색과 그 가능성: 유럽지역과의 비교를 중심으로」. ≪대한정치학회보≫, 제10집 2호, 349~374쪽.

김명섭. 2004. 「탈냉전기 세계질서와 국가주권」. ≪세계정치≫, 제25집 1호, 18~43쪽.

노무현. 2003.6.7. "고이즈미 일본 총리 주최 만찬 답사". 대통령기록관 연설기록. http://www. pa.go.kr (검색일: 2014년 10월 2일).

박상섭. 2004. 「근대 주권 개념의 발전과정」. ≪세계정치≫, 제25집 1호, 95~123쪽.

박승우. 2011. 「동아시아 공동체 담론 리뷰」. ≪아시아리뷰≫, 제1집 1호, 61~110쪽.

이상현. 2011. 「데탕트기 한국의 동아시아외교: ASPAC 존속을 위한 한국의 대응과 좌절 1972~1973」. ≪한국정치학회보≫, 제45집 5호, 193~220쪽.

조양현. 2008. 「냉전기 한국의 지역주의 외교: 아스팍(ASPAC) 설립의 역사적 분석」. ≪한국정치학회보≫, 제42집 1호, 247~276쪽.

주봉호. 2013. 「동아시아공동체의 내용과 방향 모색」. ≪한국시민윤리학회보≫, 제26집 2호, 93~123쪽.

Adiong, Nassef Manabiland. 2013. "Nation-State in IR and Islam." *Journal of Islamic State Practices in International Law*, Vol.9, No.1, pp.102~120.

Barbieri, Katherine and Omar M. G. Keshk. 2016. Correlates of War Project. "Trade Data Set Codebook(ver.4.0)." http://correlatesofwar.org (검색일: 2017년 6월 10일).

Bayer, Reşat. 2006. Correlates of War Project. "Diplomatic Exchange Data Set(ver.2006.1)." http://correlatesofwar.org (검색일: 2014년 10월 2일).

Commission on Global Governance. 1995. *Our Global Neighborhood: Report of the Commission on Global Governance*. Oxford, UK: Oxford University Press.

Correlates of War Project. 2011. "State System Membership List(ver.2011)." http://correlatesofwar. org (검색일: 2017년 6월 10일).

_____. 2013. "Militarized Interstate Disputes(ver.4.1)." http://correlatesofwar.org (검색일: 2017년 6월 10일).

_____. 2017. "National Material Capabilities(ver.5.0)." http://correlatesofwar.org (검색일: 2017년 6월 10일).

Drazner, Daniel. 2004. "The Global Governance of the Internet: Bringing the State Back In." *Political Science Quarterly*, Vol.119, No.3, pp.477~498.

Fisher, Charles A. 1971. "Containing China? II. Concepts and Applications of Containment." *The Geographical Journal*, Vol.137, No.3, pp.281~310.

Frank, Andre G. 1990. "A Theoretical Introduction to 5000 Years of World-System History." *Review*, Vol.13, No.2, pp.155~248.

Ghosn, Faten, Glenn Palmer and Stuart Bremer. 2004. "The MID3 Data Set, 1993~2001:

Procedures, Coding Rules, and Description." *Conflict Management and Peace Science*, Vol.21, Issue2, pp.133~154.

Krasner, Stephen D. 1991. "Global Communications and National Power: Life of the Pareto Frontier." *World Politics*, Vol.43, No.3, pp.336~366.

_____. 2004. "Sharing Sovereignty: New Institutions for Collapsed and Failing States." *International Security*, Vol.29, No.2, pp.85~120.

Lake, David A. 1988. *Power, Protection, and Free Trade: International Source of U.S. Commercial Strategy, 1887~1939*. Ithaca, NY: Cornell University Press.

Lawrence, Robert Z. 1996. *Regionalism, Multilateralism, and Deeper Integration*. Washington, D.C.: Brookings Institution.

Maddison, Angus. 2006. *The World Economy*. Paris, France: Organization for Economic Cooperation and Development.

Olson, Mancur. 1965. *The Logic of Collective Action*. Cambridge, MA: Harvard University Press.

Pevehouse, Jon C., Timothy Nordstrom and Kevin Warnke. 2004. "The COW-2 International Organizations Dataset Version 2.0." *Conflict Management and Peace Science*, Vol.21, No.2, pp.101~119.

Rosenau, James N. 1992. "Governance, Order and Change in World Politics." in James N. Rosenau and E. O. Czempiel(eds.). *Governance without Government: Order and Change in World Politics*, pp.1~29. Cambridge, UK: Cambridge University Press.

Satow, Ernest. 1958. *A Guide to Diplomatic Practice*(4th ed.). London: Longman.

Schenckm, Lisa M. 2008. "Climate Change 'Crisis': Struggling for Worldwide Collective Action." *Colorado Journal of International Environmental Law and Policy*, Vol.19, No.3, pp. 319~379.

Schweller, Randal L. 1998. *Deadly Imbalances: Tripolarity and Hitler's Strategy of World Conquest*. New York: Columbia University Press.

Singer, J. David, Stuart Bremer and John Stuckey. 1972. "Capability Distribution, Uncertainty, and Major Power War, 1820~1965." in Bruce Russett(ed.). *War, and Numbers*, pp.19~48. Beverly Hills, CA: Sage.

Thompson, William R. 2001. "Identifying Rivals and Rivalries in World Politics." *International Studies Quarterly*, Vol.45, No.4, pp.557~586.

UNESCO. 2000.3.14. "The Earth Charter." http://www.unesco.org/en/esd/programme/ethical-principles/the-earth-charter (검색일: 2014년 10월 2일).

United Nations. 2013.10.31. "Composition of macro geographical (continental) regions, geographical sub-regions, and selected economic and other groupings." http://unstats.un.org/unsd/methods/m49/m49regin.htm (검색일: 2014년 10월 2일).

World Bank. 2002. *Globalization, Growth, and Poverty: Building an Inclusive World Economy*. New York, NY: Oxford University Press.

제4부

한반도 및 동아시아 평화를 위한 국가 전략

제11장

정부 수립 60년의 한국 외교 담론

이혜정(중앙대학교 정치국제학과 교수)

한국 정부는 1948년 정부 수립을 기념해 10년 단위로 한국 외교의 역사를 정리해 왔다. 시작은 1959년 이승만 정부의 『외무행정의 10년』이었다. 1961년 군사 쿠데타 이후 1979년까지 18년간 장기 집권한 박정희 정부는 1967년의 『한국외교의 20년』에 이어 1971년에는 『한국외교의 20년(속편): 1967~1970』, 1979년에는 『한국외교 30년, 1948~1978』을 펴냈다. 미·소 냉전의 해체가 진행 중이던 1990년에 노태우 정부의 외무부는 『한국외교 40년, 1948~1988』을 발간했고, 지난 세기말 1999년에 김대중 정부의 외교통상부는 『한국외교 50년, 1948~1998』을 발간했다. 2009년 이명박 정부의 외교통상부가 발간한 『한국외교 60년, 1948~2008』이 현재까지 한국 정부의 '한국외교' 시리즈 중 가장 최신판이다.

개별 외교정책의 수립이 역사를 만드는(making history) 혹은 역사적 변화에 대응하는 작업이라면, 10년 단위로 한국 외교를 정리하는 '한국외교' 시리즈는 역사를 쓰는(writing history) 정부 차원의 역사적이고 정치적인 담론이다. 담론으로서 '한국외교' 시리즈는 단순히 외교정책의 사실들을 기술하는 것이 아니라 시민사회, 정당, 학계 비주류의 대안적인 시각과[1] 구별되는 집권 세력의 '정치적으로 올바름'의 시각에서 이들 사실들을 편집한다. 편집은 크게 두 가지로 최근 10년의 한국 외교를 새롭게 역사에 기록/등재하는 작업과 이전 '한국외교' (시리즈의) 역사를 기억/망각하는 작업으로 나눌 수 있다. 이들 기록과 기억 은 단순히 외교정책의 목표와 성과를 넘어 한국과 세계의 관계, 궁극적으로는 한국의 정치적·역사적 정체성을 편집한다.

편집의 기본 방향은 목차에서 드러난다. '한국외교' 시리즈 6권에 걸친 가장 기본적이고 공통적인 목차는 정부 수립 과정의 역사, 지역/그룹/국가별 외교 현황, 이슈/영역별 외교정책의 세 가지로 구성된다(〈표 11-1〉 참고). 정부 수립 과 관련해서는 이 과정을 대단히 세세하게 서술한 『외무행정 10년』과 정부 수 립 이후의 60년 전체를 개관한 『한국외교 60년, 1948~2008』을 제외하면 첫째, 1910년 한일합방 이후의 독립 노력, 둘째, 제2차 세계대전 중 카이로선언 등 독립 공약, 셋째, 해방과 국토의 분단, 넷째, 냉전으로 인한 미소공동위원회의 합의 실패, 다섯째, 한국 문제의 유엔 이관 이후 5·10 선거를 통한 대한민국 정 부 수립과 유엔의 승인을 공통적으로 간략하게 다룬다(〈표 11-2〉 참고). 정부 수 립과 관련된 편집(기억/망각)의 중요한 쟁점은 1948년 12월 12일의 유엔총회 결의 제195호(III)가 대한민국을 한반도 전역에서 유일한 합법 정부로 승인한 것인지, 아니면 선거가 치러진 남한 지역 내에서의 합법 정부로 인정한 것인지 의 여부다. 냉전 이후 이명박 정부는 1950년대와 1960년대 냉전 초기의 이승

<hr />

1   대안적 논의의 대표적인 사례는 김헌준, 「전환기정의 규범의 확산과 그 효과: 한국의 사례를 중심으로」, ≪한국정치연구≫, 제26집 1호(2017), 101~126쪽; 구갑우, 「한국의 '평화외교': 평 화연구의 시각」, ≪동향과 전망≫, 제67호(2006), 127~154쪽; 구갑우, 「리영희의 '비판'과 '실 천'으로서의 국제정치이론: 탈식민·탈패권·탈분단의 길」, ≪한국정치연구≫, 제26집 제1호 (2017), 75~99쪽; 은용수, 「'비주류' IR이론과 한국의 국제정치문제: 탈식민주의를 향한 재조 명, 탈식민주의를 통한 재구성」, ≪국제정치논총≫, 제58집 3호(2016), 51~88쪽; 황영주, 「평 화, 안보 그리고 여성: '지구는 내가 지킨다'의 페미니즘적 재정의」, ≪국제정치논총≫, 제43집 13호(2003), 45~68쪽; 권김현영, 「평화의 정치학을 위한 모성적 사유: 남성중심적 안보 개념에 대한 비판」, ≪한국여성철학≫, 제7권(2007), 1~30쪽.

표 11-1 외교부(외무부, 외교통상부)가 발간하는 '한국외교' 시리즈(1959~2009)의 목차 변경 내용

	정부 수립	지역외교	통일	안보	경제	유엔/문화/재외국민/행정
『외무행정의 10년』(1959)	1장 외무 기구의 연혁, 2장 우리나라와 각국과의 관계, 5장 조약체결면에서 본 우리나라의 대외관계					3장 주요한 외교문제의 개관: 정치문제(통일·안보), 경제문제, 기타문제, 4장 국제협력의 개관, 6장 국민의 해외진출과 재외국민의 보호, 7장 국제정세의 조사연구 및 홍보
『한국외교의 20년』(1967)	1장 정부수립까지의 역사적 배경	2장 초창기: 정부수립과 6·25동란, 3장 성장기: 유엔 후부터 4·19까지, 과도내각부터 2공화국정부, 4장 도약기: 혁명정부와 3공화국(1964.1~1967.6)				
『한국외교의 20년(속편): 1967~1970』(1971)			3장 국토통일과 유엔외교	1장 국제적 유대와 안보외교	2장 경제외교의 강화	4장 재외국민 보호육성과 문화교류, 5장 외무행정의 강화, 6장 외교정책의 연구와 외교관 훈련의 강화
『한국외교 30년, 1948~1978』(1979)	서장 대한민국 정부 수립까지의 과정	1장 외교발전의 지역별 고찰, 6장 대북방외교 및 대공산권관계	2장 통일기반조성외교	3장 안보외교	4장 경제외교	5장 대UN외교, 7장 문화외교, 8장 국민의 해외진출과 재외국민보호, 9장 외교행정 및 기구발전
『한국외교 40년, 1948~1988』(1990)	서장 대한민국 정부 수립의 역사적 배경	1장 외교발전의 지역별 고찰, 5장 북방외교, 7장 대북한외교	2장 통일외교	3장 안보외교	4장 경제외교	6장 대UN외교, 8장 문화외교, 9장 국민의 해외진출과 재외국민보호, 10장 외교행정 및 기구발전
『한국외교 50년, 1948~1998』(1999)	서장 대한민국 정부 수립의 역사적 배경	1장 주변 4국 및 지역별 외교	2장 통일외교	3장 안보외교	4장 경제·통상외교	5장 유엔 및 기타 국제기구 외교, 6장 문화외교, 7장 재외동포정책, 8장 외교통상부의 조직과 관계기관
『한국외교 60년, 1948~2008』(2009)	서장 한국외교 60년의 발자취	1장 주변 4국 지역외교	2장 안보 및 통일외교		4장 경제·통상외교	3장 유엔 및 다자외교, 5장 문화외교, 6장 재외동포정책, 7장 외교통상부의 조직과 관계기관

자료: 이혜정, 「미국 우선주의와 한미동맹의 변화」, 김상기·홍민·구갑우·이혜정, 『한반도 평화체제 구축과 한미관계』(통일연구원, 2018), 120~121쪽 표 Ⅳ-1.

표 11-2 '한국외교' 시리즈(1967~1999) 중 '정부 수립' 부분의 서술 내용 변화

	『한국외교의 20년』	『한국외교 30년, 1948~1978』	『한국외교 40년, 1948~1988』	『한국외교 50년, 1948~1998』
1910년 한일 합방 이후의 독립 노력	제2차 세계대전 이전의 역사적 배경	독립을 위한 우리의 노력	광복을 위한 운동	국권 상실과 광복 운동
제2차 세계대전 중의 카이로 선언 등 독립 공약	전시 중의 국제 약정	제2차 세계대전 중의 한반도에 관한 국제적 약정	한국 독립에 관한 국제적 약정	
해방과 국토의 분단	38도선의 설정	38도선의 획정과 국토의 분단	국토의 분단	국토의 양단
냉전으로 인한 미소공동위원회의 합의 실패	모스크바 협정, 미소 공동회의	모스크바 협정과 미소공동위원회		
한국 문제의 유엔 이관 이후 5·10 선거를 통한 대한민국 정부 수립과 유엔의 승인	한국 독립을 위한 유엔의 초기 노력, 남북한 총선거와 대한민국 정부 수립, 북한 공산 괴뢰정권의 출현	한국 문제의 유엔 이관과 대한민국 정부 수립		

만과 박정희 정부와 마찬가지로 '한반도 유일 합법 정부'로 해석한다. 이에 반해 1970년대 말의 박정희 정부부터 1990년대 김대중 정부는 원문에 충실한 번역을 통해 이러한 '정통적 해석'의 지역적 한계를 드러낸다(〈표 11-3〉 참고).

지역 외교의 표준 목차는 아시아, 미주, 유럽, 중동, 아프리카 지역 순서다. 이는 아시아 지역 국가로서의 한국의 정체성을 보여준다. 지역 외교가 아니라 개별국과의 외교 관계를 제목으로 내건 이승만 정부 역시 수교도 하지 않은 일본부터 중국, 필리핀의 순서로 외교 현황을 검토했다. 외교는 물론 한국 정치 전반에 압도적인 영향력을 행사하던 미국은 이승만 정부의 '한국외교' 편집(등재)에서 당시까지 한국을 승인했지만 수교는 하지 않았던 호주, 뉴질랜드[2]에 이어 일곱 번째 국가로 등장한다. 1967년의 첫 편집에서 한국 외교의 '도약'으

---

2 김용호, 「대한민국의 수교 노력과 성과에 대한 평가: 시기별 주요 특성」, ≪인하사회과학논총≫, 제30집(2015), 91~122쪽.

표 11-3 유엔총회 결의 제195호(III)(1948.12.12)에 대한 '한국외교' 시리즈(1959~2009)의 서술 변화

원문	2. Declares that there has been established a lawful government (the Government of the Republic of Korea) having effective control and jurisdiction over that part of Korea where the Temporary Commission was able to observe and consult and in which the great majority of the people of all Korea reside; that this Government is based on elections which were a valid expression of the free will of the electorate of that part of Korea and which were observed by the Temporary Commission; and that this is the only such Government of Korea.
『외무행정의 10년』 (1959), 93쪽	동년 12월 12일 UN 총회는 총회결의 제195호(III)로서 UN 한국임시위원단의 보고서를 승인하고 또한 대한민국정부를 한국내의 유일한 합법적 정부로서 승인한다는 결정을 선언하는 동시에
『한국외교의 20년』 (1967), 24쪽	동년 12월 12일 UN 총회는 총회결의 제195호(III)(주1)로서 국제연합 한국임시 위원회의 보고서를 승인하고 또한 대한민국 정부를 한국내의 유일한 합법적 정부로서 승인한다는 결정을 선언하는 동시에
『한국외교 30년, 1948~1978』 (1979), 183쪽	동 결의는 (1) UN 한국임시위원단의 보고를 승인하고 (2) 전한국국민의 대다수가 거주하고 있는 한국지역에 대하여 효과적인 통치력과 관할권을 가진 합법정부(대한민국정부)가 수립되었으며, 동정부가 한국에 있어서의 유일한 합법정부라고 선언하였다.
『한국외교 40년, 1948~1988』 (1990), 229쪽 『한국외교 50년, 1948~1998』 (1999), 206쪽	둘째, 대한민국 정부는 전 한국민의 대다수가 거주하고 있는 지역에 대하여 효과적인 지배와 관할권을 행사하고 있는 한국에 있어서 선거민의 자유롭고 정당한 의사표시에 의한 선거를 토대로 수립된 유일한 합법정부임을 선언하는 한편
『한국외교 60년, 1948~2008』 (2009), 169쪽	그해 12월 12일 유엔총회는 찬성 48, 반대 6 (기권1)의 압도적인 다수로 총회 결의 제195(III)호를 채택하여 대한민국 정부가 정당한 의사표시에 의한 선거를 통해 수립된 한반도 내 유일한 합법 정부임을 선언하였다.

로 군사 쿠데타의 성과 선전에 집중하며 외교 현황의 전반적인 검토에 나서지 않았던 박정희 정부도 1979년의 편집에서는 아시아, 북미, 중남미, 구주, 중동, 아프리카의 순서로 지역 외교를 검토했다. 노태우 정부가 북방외교를 독자적인 장으로 등재한 뒤에 김대중 정부는 미·일·중·러의 주변 4개국을 아시아 국가보다 우선 등재했다. 이명박 정부는 주변 4개국의 첫 번째 범주로 대미 관계를 지역 외교에 선행시키는 데서 더 나아가, 1953년 한미상호방위조약 체결 이후의 한미 관계 전반을 한미 동맹으로 치환해 편집(기억)하고 그 미래를 안보는 물론 가치와 경제 등 모든 영역에서 미국과 전 지구적으로 협력한다는

[글로벌 코리아(Global Korea)[3]의] 한미전략동맹의 비전으로 편집(등재)하고 있다. 이러한 편집(담론)은 김대중과 노무현의 진보 정부가 한미 동맹을 망가뜨렸다는 보수의 정치적 평결에 따른 것이고, 한미 동맹 복원의 이념적·정치적·외교적 비전이 한미 관계의 과거 전체를 새롭게 해석하는 '현재주의'의 작동이다.

미국과 관련한 이승만 정부와 이명박 정부의 '한국외교' 편집(담론)은 극적인 대조를 이룬다. 예산 자체를 미국의 원조에 의존하던 이승만 정부는 일본(제국주의에 대한 비판)부터 외교 현황 검토를 시작하고, 비록 미국의 지원, 특히 '6·25동란' 시의 지원에 대한 감사를 아끼고 있지 않지만 해방 이후 미군정의 실시로 미국과의 관계에 대한 기술을 시작했다. 미국 소절(2장 6절)의 처음은 다음과 같다. "4278년 8월 15일 일본이 항복한 뒤 38선 이남에는 미군이 진주하고 약 3년간의 미군군정이 실시되었다. 기간 미국은 군정을 통해 이 지역에 대한 통치를 함과 동시에 한국 독립에 대한 가진 노력을 다했다."[4] 한국이 미국의 원조에서 완전히 벗어나고 오히려 주한미군 주둔 비용을 분담하고 미국제 무기를 대량으로 구입하는 2009년 이명박 정부는 정부 수립 60년 전반에 걸쳐 미국의 중요성을 강조하며 미군정 기간을 완전히 사상하고 1948년 5월 정부 수립부터 미국과의 관계를 편집(기억)한다. "미국은 한국외교 60년간 가장 긴밀하고 실질적 우호협력 관계를 유지해 온 나라다. …… 남한에서 1948년 5월 유엔 한국임시위원단 감시하에 총선거가 실시되었고 8월 대한민국 정부가 수립되었다."[5]

외교 이슈/영역의 목차 변화는 이승만과 이명박 정부의 대조, 한국 외교 60년 역사와 그에 대한 담론의 변화를 담고 있다. 외교 이슈/영역 혹은 목표의 표준적인 목차는 통일·안보·경제 외교다. 이승만 정부는 정치 문제의 장에서 정부

---

3 청와대, 「(이명박 정부 외교안보의 비전과 전략) 성숙한 세계국가」(2009.3).
4 외무부, 『외무행정의 10년』(1959), 44쪽.
5 외교통상부, 『한국외교 60년, 1948~2008』(2009), 55쪽.

수립 이후의 지속적인 북진 통일의 노력과 그 장애들을 치밀하게 기록한 뒤에 상대적으로 간략하게 (전체 다섯 개의 절 중에서 하나에서만) 군사력 증강과 한미 상호방위조약 체결을 중심으로 하는 '안전보장을 위한 외교'를 다루고, 이후 자립 경제를 목표로 하는 경제 외교를 기록한다. "무력으로라도 북한에 대한 주권을 회복할 권한"을 주장하는 이승만의 북진 무력/통일 정책은 휴전 협상 반대, 반공포로석방, 제네바 정치 협상 반대, 휴전협정의 '뽀이콧트'로 이어졌다.[6] 또한 이승만은 일본제국주의의 부활에 대한 우려, 경제적 민족주의, 반공의 명분으로 일본의 공산당 허용과 공산권과의 교역 등을 비판하며 국교 정상화를 거부하는 반일 정책을 굳건히 했다. 이승만의 반일과 반공 민족주의는 한반도에서의 휴전/정전 체제와 일본을 동아시아 냉전의 주축으로 재건하는 미국의 냉전정책과 충돌했다. 또한 이승만의 북진 통일/전쟁 주장은 물론 그의 중공군 철수 이후 북한 지역만의 총선거를 통한 통일 주장도 제네바 회담 이후 한국전쟁 참전 16개국의 공식적인 통일 방안, 즉 유엔 감시하의 남북한 총선거안과 상충하는 것이었다.

이승만 정부가 반공을 명분으로 미국의 한반도 냉전정책을 거부했다면, 박정희 정부는 '혁명공약' 제1호인 반공을 통해 그에 순응하고자 했다. 반공과 선건설·후통일의 기치 아래 박정희 정부는 4·19 혁명 이후의 중립화나 남북 교류 등 '용공적' 통일 논의를 누르는 한편, 유엔 감시하의 남북한 총선거를 통한 평화통일을 지지하고 "언제나 무원칙하고 계획성 없이 원조를 요구하든 종전의 태도와는 달리 우리나라의 자립경제를 이룩하려는 우리들의 결의를 미국에게 인식시킴으로써" 미국과의 유대를 강화하고 통일을 앞당기는 '조국 근대화'에 매진했다.[7] 한일 국교 정상화를 통한 경제 개발, 한미행정협정의 타결, 월남 파병을 통한 자유 진영의 반공 정책에의 기여와 경제 발전, 아시아태평양각료

---

6   외무부, 『외무행정의 10년』, 93, 137쪽.
7   외무부, 『한국외교의 20년』(1967), 175쪽.

회의를 통한 반공 국가들의 결속 강화를 박정희 정부는 한국 외교의 '도약'으로 기록했다. 이승만 정부의 외교정책 우선순위는 통일, 안보, 경제의 순이었는데, 박정희 정부는 이를 안보, 경제, 통일의 순으로 변화시켰다(〈표 11-4〉 참조).

박정희 정부의 대미 순응 노력에도 불구하고 한국과 미국의 불화는 이어졌다. 미국 자신이 냉전정책을 바꾸었기 때문이다. 리처드 닉슨(Richard Nixon) 대통령은 소련과의 데탕트와 대중국 화해 정책을 통해 베트남에서 미국의 명예로운 철수와 아시아 전역에서 미군 감축을 추진했다. 이는 박정희 정부의 친미(동맹) 반공노선 ― 베트남 파병과 아시아태평양반공국가각료회의 ― 에 대한 배반이었다.[8] 특히 주한미군의 철수와 미국과 중공의 화해 및 그로 인한 중공의 유엔 안전보장이사회 이사국 지위 획득은 박정희 정부에게 자주국방, 새로운 통일 정책, 대유엔·대(對)비동맹 정책을 강요했다. 1971년 박정희 정부는 북한이 데탕트의 조류와 베트남전쟁을 배경으로 "평화통일안을 내세우고 있지만 사실상으로는 무력에 의한 적화통일을 계책하고" 있다고 평가했다.[9]

1970년대 박정희 정부는 주한미군 철수를 반대하고 한미 동맹의 강화를 주장하는 동시에 미국이 중국 및 소련과 시연하고 있는 강대국의 권력정치와 대국주의에 맞서면서, 다른 한편으로는 미군 철수와 연방제 통일, 미·북 평화협정을 주장하는 북한의 민족주의와 평화주의에도 맞서는 한국판 국제주의와 민족주의의 곡예, 자주국방과 평화통일의 곡예에 나서야만 했다. 이 도전은 엄중했고 박정희는 유신 체제를 기반으로 곡예를 시도했다. 그의 곡예는 1979년 10월 자신이 살해당하는 비극으로 끝났다.[10] 그 직전 (박동진 외무부 장관의 발간

---

8   이상현, 「냉전기 동아시아 지역협의체에 대한 비교연구: ASEAN의 성공과 ASPAC의 실패」, ≪국제정치연구≫, 제18권 1호(2015), 379~402쪽; 이상현, 「베트남 참전국 정상회의와 60년대 한국외교」, ≪사회과학연구≫, 제53권 1호(2014), 295~335쪽.

9   외무부, 『한국외교의 20년(속편): 1967~1970』(1971), 65쪽.

10 마상윤·박원곤, 「데탕트기 한미갈등: 닉슨, 카터와 박정희」, ≪역사비평≫, 제86호(2009), 113~139쪽.

표 11-4 『**외무행정의 10년**』과 『**한국외교 60년**』의 비교를 통한 '**한국외교**' 정체성의 변화

『외무행정의 10년』(1959)			키워드	『한국외교 60년, 1948~2008』(2009)	
			정부 수립	서장 한국외교 60년의 발자취	· 정부수립과 한국전쟁 · 동서냉전과 남북관계 · 국제화와 경제외교 · 탈냉전기 한국외교
2장 우리나라와 각국과의 관계(수록 순서 배열)		· 일본 · (자유)중국 · 필리핀 · 월남 · 호주 및 뉴질랜드 · 미국 · 영국 · 독일 · 프랑스 · 이탈리아 · 터키 · 스칸디나비아 반도 · 기타 지역	지역 외교	1장 주변 4국 및 지역외교(수록 순서 배열)	· 대미외교 · 대일외교 · 대중외교 · 대러외교 · 동북아 지역외교
					· 아시아 · 미주 · 유럽 · 중동 · 아프리카
3장 주요한 외교문제의 개관	정치	· 국토통일 · 6·25동란 해결 · 한일관계 해결	통일	2장 안보 및 통일외교	· 1950: 전시 및 전후외교 · 1960: 냉전기 안보 통일외교 · 1970: 데탕트기 안보 통일외교 · 1980: 동맹외교/북방외교 · 1990: 탈냉전기 북핵외교 · 2000: 통일외교/북핵외교
		· 안전보장	안보		
	경제	· 대외경제 · 통상 · 경제외교 · 외자도입 · 국제경제협력	경제	4장 경제·통상외교	· 다자 및 지역 경제협력 · 국제 환경협력 · 경제협력 기반 구축 및 확대 · 에너지협력 외교 · 통상 증진 협력
	기타	· 민간외교	문화	5장 문화외교	· 다양한 문화외교 · 국제 스포츠대회 유치
4장 국제협력		· 국제연합	유엔	3장 유엔 및 다자외교	· 유엔외교 · 범세계적 문제대응 · 공적원조개발
6장 국민의 해외진출과 재외국민의 보호		· 재외동포 · 해외유학생	재외 국민	6장 재외동포정책	· 재외동포 · 해외여행
1장 외무부 기구의 연혁		· 본부/재외공관 연혁 · 세입/세출 · 외교행정 능률 노력	행정	7장 외교통상부의 조직과 관계기관	· 조직 및 기구 · 정원 및 예산 · 외교정책 연구/교육 · 산하기관
5장 조약체결면에서 본 우리나라의 대외관계		· 양자조약 · 다자조약 · 특색 및 문제			
7장 국제사정의 조사연구 및 홍보		· 국제사정의 조사연구 · 홍보			

자료: 이혜정, 「미국 우선주의와 한미동맹의 변화」(2018), 122~123쪽 표 IV-2.

사는 1979년 8월 15일 자) 발간된 박정희 정부의 『한국외교 30년, 1948~1978』은 1970년대 한국 외교, 민주주의, 박정희 자신의 비극을 절절히 기록하고 있다.

그에 따르면 남북의 평화적 경쟁을 주장한 박정희의 1971년 8·15 기념사는 "데탕트 조류에 대한 우리나라의 첫 공식 반응"이었다. 하지만 "북괴의 통일 정책은 변화의 기미가 없었고" 오히려 1971년 4월 '북괴 외상' 허담은 미군 철수, 연방제 실시, 남북 정치 회담 개최 등을 주장하는 '8개항평화통일안'을 제의했다. 이에 굴하지 않고 박정희 정부는 남북적십자회담을 통해 1972년 7·4 남북공동성명을 이끌어내고, 남북적십자회담과 남북조절위원회라는 두 통로를 통해 대화를 추진하는 한편, 10월유신을 통해 '총력안보 체제'를 구축했다. 북한은 보안법과 반공법 등의 철폐를 주장하며 남북적십자회담의 실제 진전을 막으면서 1973년 3월 남북조절위원회에서 남북 쌍방이 10만 명 이하로 감군, 미군 철수 등을 담은 '남북한평화협정안'을 제시했다. 박정희 정부는 이에 대응해 1973년 남북의 유엔 동시 가입과 비적성 공산국가에 대한 문호 개방 등을 담은 6·23 선언과 1974년 1월 남북한 불가침조약을 제안했다. 북한은 6월 23일 당일 저녁 군사적 긴장 완화, 정치·군사 등 다면적 합작, 남북대민족회의, 고려연방제 실시, 단일국호로 유엔 가입 등의 '조국통일 5대강령'을 통해 6·23 선언을 거부하고, "반공정책을 강화하여 '애국역량'를 탄압하고 민족분열을 고정화하여 '2개의 조선'을 획책하고 있다"라고 비난하며 남북대화를 중단했다. 한편 박정희 정부의 남북한 불가침조약에 대한 북한의 대응은 1974년 3월 미국에 대한 평화협정 체결 제안이었다.[11]

요약하자면 박정희 정부는 북한과의 '평화 공세' 대결에서 계속 밀렸다. 더이상 유엔에서 한국의 우위를 보장할 수 없게 된 현실을 반영해 1974년 8·15 경축사를 통해 박정희 정부는 기존의 유엔 감시하의 남북한 총선거를 "공정한 선거관리와 감시하의 토착인구비례에 의한 한반도 전역에 걸친 자유 총선거" 제

---

11 외무부, 『한국외교 30년, 1948~1978』(1979), 82~91쪽.

안으로 바꾸었다.[12] 그사이에 주한미군의 철수는 계속되었고, 유신 체제는 김대중 납치 사건으로 한일 갈등을 초래하고 한미 갈등의 요인이 되어버렸다. 게다가 "1975년 4월 30일 인도지나반도가 완전히 공산화되어 버림으로써 미국에 대한 국제사회의 신뢰감은 또다시 크게 감소되었으며 미국과 안보 협력을 긴밀히 하여온 우리에게도 심리적인 충격을 주게 되었다".[13]

도전은 계속되었다. 1975년 유엔총회 연설에서 헨리 키신저(Henry Kissinger)는 한국·미국과 북한·중국의 휴전 당사자 회담을 제안했고, 총회에서는 한국안과 북한안이 모두 통과되는 '이변'이 발생했다. 1976년 미국 대통령 선거에서는 인권 외교와 주한미군 철수를 공약한 지미 카터(Jimmy Carter)가 당선되었고, '박동선 사건'과 '청와대 도청 사건' 등이 미국 언론에 보도되면서 한미 관계는 더욱 악화되었다. 박정희 정부의 시각에서 카터의 당선에 따른 안보적 도전은 한국의 안보에 무감각하고 무책임한 "북괴의 군사 능력과 남침 적화 능력 의도를 과소평가하는 미국 내의 일부 세력"이 "미·중공 간의 화해 및 중공·소련의 대립을 과대평가하는 세력과 함께 주한미지상군 철수가 한반도의 군사 균형을 파괴함이 없이도 가능하다는 주장"이 실제 정책화될 위험이었다.[14] 카터 정부는 이후 북한 위협에 대한 새로운 평가와 이란혁명 등 국제 정세의 변화를 배경으로 주한미군 철수를 축소하게 되지만, 한미 관계는 1977년 김형욱의 미국 의회 프레이저 위원회 증언 등으로 계속 악화되었고, 북한은 1978년 또다시 남·북·미 3자 회담이라는 새로운 평화 제안을 내놓았다. 1979년의 박정희 정부는 이 제안에 대해 다음과 같은 이유로 반대를 등록/기록한다. "첫째는 한국[이] 회담 과정에서 부차적 지위로 밀려나 국가적 주체성[에] 손상을 받게 될 것이라는 것이다. 둘째는 북괴가 한반도의 군사적 균형 문제를 미국과

---

12 같은 책, 89쪽.
13 같은 책, 132쪽.
14 같은 책, 133쪽.

다루어 미·북괴 간에 평화협정을 체결한 뒤 남북한의 교류와 궁극적 통일을 위한 정치 문제는 남북한 간의 회담에 맡기자는 월남 평화 협상식 2중 구조의 구상을 안고 있으므로 북괴의 계략에 빠질 염려가 있다는 것이다. 셋째로 3자 회담의 진전은 일본을 위시한 많은 서방 국가들의 대북괴 접촉을 유발할 것이라는 것이다."[15]

박정희의 사망 이래 한국 정치의 격변은 광주의 비극을 겪으면서 전두환 정권의 탄생으로 이어졌고, 로널드 레이건(Ronald Reagan)과 나카소네 야스히로(中曾根康弘)와의 한·미·일 3각 보수 동맹이 '복원'되었다. 1990년 노태우 정부의 『한국외교 40년, 1948~1988』은 12·12 쿠데타나 광주 학살을 애써 기록하는 대신에 "1980년도에 들어와 한국외교는 국내외 정세의 격변으로 상당한 시련 속에서 출발, 안보외교 추진에도 적지 않은 어려움을 겪었다"라고 적었다.[16] 그리고 1979년의 시각에서 당사자였던 박정희 정부는 오히려 모두 등재했던, 1970년대 한미 간의 불화들, 즉 박동선 사건이나 김형욱 증언 등은 물론 김대중 납치 사건으로 인한 한일 갈등 등을 모조리 삭제/망각했다. 유신 체제의 흔적도 최대한 지웠다. "한편 정부는 평화 정착의 기반을 강화하기 위해 1972년 10월 먼저 국력을 배양하고 그 기반 위에서 통일을 추구한다는 '선평화·후통일'의 정책 기조(이른바 유신 단행)를 채택했다."[17]

1990년의 한국은 1979년의 한국이 아니었다. 1979년의 한국이 국내의 정치·경제적 위기에다 미국과의 갈등으로 북한의 군사적 위협이나 평화 공세 모두에 제대로 대응하지 못했다면, 1990년의 한국은 "대북한 우위 확보[인구 2 대 1, 국민총생산(GNP) 6 대 1, 무역액 20 대 1]"를 배경으로 1988년 7·7 선언을 통해

---

15 같은 책, 98~99쪽; 홍석률, 「카터 행정부기 미국의 대한반도 정책과 3자회담」, ≪한국과 국제정치≫, 제32권 2호(2016), 33~71쪽.

16 외무부, 『한국외교 40년, 1948~1988』(1990), 138쪽.

17 같은 책, 134쪽.

"대북한 경쟁·대결 외교를 지양하고 동반자적 입장에서, 주도적인 대북한 관계를 모색"하고, 올림픽을 치른 뒤에는 "북한도 국제사회에서 책임 있는 성원이 될 수 있도록 밀어줌으로써 올림픽을 치른 민족으로서의 자긍심을 드높이고자" 했다.[18] 더 나아가 한국은 '적극적인 북방정책'을 추진했다. 노태우 정부가 볼 때 1980년대 후반의 국제 정세는 1970년대 한국에게 6·23 선언의 '소극적·방어적 북방정책'을 강요했던 국제 정세와는 전혀 달랐다. "요컨대 제6공화국[이] 들어서면서 핵심 외교정책의 하나로 부상한 북방외교 정책은 1970년대 초 국제 정세의 변화에 대한 '6·23 선언'을 바탕으로 한 대공산권 문호 개방이라는 소극적 대응과는 다르게 미·소 신데탕트, 중·소 화해 추세, 소련의 대(對)아·태 경제권 적극 진출 등 유리한 국제 환경의 조성과 민주화 등 정치발전에 따른 민족자존에 입각한 자주외교의 전개와 88 서울올림픽의 성공적 개최 등 대내외적 필요성의 부각이라는 유리한 여건을 바탕으로 출발했다."[19]

1960년대 박정희 정부의 안보, 경제, 통일의 우선순위는 1970년대 박정희 정부와 1980년대 노태우 정부의 『한국외교』 담론에서 모두 통일, 안보, 경제의 순으로 바뀌었다. 전자의 이유가 데탕트와 북한의 평화 공세에 따라 자주적인 평화통일안의 대응이 강요되었기 때문이라면, 후자의 이유는 남북한 간 힘의 격차와 유리한 국제 환경을 배경으로 한 북방정책이 남북 대결, 통일 외교에서 한국의 우위를 가져왔기 때문이다.

북방정책은 한국 외교의 지평을 주변 4강 전체로 넓히고, 남북한 힘의 격차를 확실히 벌려놓았다. 전자와 관련해 1999년의 시점에서 김대중 정부는 북한 문제에 대한 한미 공조와 새로운 한일 협력의 도래, (휴전 당사자) 4자 회담을 포함하는 중국과의 협력, 러시아와의 경제협력 등을 강조한다. 후자와 관련해 북한이 '하나의 조선정책'을 포기하고 1991년 유엔 동시 가입에 합의한 이유나

---

18 같은 책, 104, 107쪽.
19 같은 책, 206쪽.

기존의 대미 평화협정 체결 주장을 포기하고 "기본합의서 제5조에서 정전 상태의 평화체제 전환 문제에 있어서 남북 당사자 해결에 합의하고 평화 상태가 정착될 때까지 현 군사 정전체제를 준수하기로 한 것"은 모두 북한의 힘의 열세와 외교적 고립 때문이라고 지적한다.[20]

남북한의 유엔 동시 가입과 탈냉전 세계화의 진전은 1999년 『한국외교 50년, 1948~1998』 담론의 주체·발화자를 외무부가 아닌 외교통상부로 만들었다. 경제 외교는 경제·통상 외교가 되었고, 유엔 외교는 남북 대결을 넘어 유엔 체제의 다자 외교와 보편적 가치 외교로 확대되었다. 김대중 정부는 1997년 외환 위기 속에서 출범했고, 이는 김영삼 정부가 세계화의 이름으로 서둘러 경제협력개발기구(OECD: Organization for Economic Cooperation and Development) 가입을 추진한 데서 연유하는 것이었지만, 1999년 김대중 정부의 외교통상부는 이에 대한 비판을 제기하지 않았다. 한국의 경제협력개발기구 가입 과정을 간략히 기술하고, 이로써 "경제·사회제도 등 제반 분야의 선진화에 기여, 경제의 범세계화에 효과적으로 대응할 수 있을 것으로 기대된다"라고 적을 뿐이었다.[21]

1990년대 북한의 위기, 즉 '고난의 행군'은 한국의 외환 위기에 비할 바가 아니었다. 김대중 정부의 외교통상부는 힘의 열세와 외교적 고립에 처한 북한에게 핵무기는 "체제 유지 및 흡수통일의 방지를 위한 정치적·심리적 안전판이 될 수 있었다"라고 진단한다.[22] 김대중 정부는 '당사자 해결'의 원칙을 잠시 접고 미국과 북한의 제네바 합의를 수용한 김영삼 정부의 실용주의를 높이 평가하지만, 자신의 대북 정책이 지니는 차별성은 무엇보다도 "북한 붕괴 임박론보다 점진적 체제 변화들에 역점을 두고 중·장기적 공존 정책을 추구"하는 점이라고 밝히면서 김영삼 정부의 '북한 붕괴 임박론'에 대한 비판을 제기한다.[23]

20 외교통상부, 『한국외교 50년, 1948~1998』(1999), 147쪽.
21 같은 책, 185쪽.
22 같은 책, 147~148쪽.

제네바 합의는 북한의 핵 동결에 대한 보상의 '거래'로 평가되고, 그 함의는 "한반도 냉전 구도의 혁명적인 전환", 즉 미·북 관계의 개선으로 "한반도의 국제적 냉전은 사실상 종식되고 남북한의 대립 구도만이 존재하는 상황"으로 인식되었다.[24] 이에 따라 김대중 정부의 대북 포용 정책은 평화, 화해, 협력의 실현을 통해 남북의 평화공존을 실현하고 장기적으로는 한반도 냉전 구조를 해체하는 것을 목표로 했다.

김대중 정부의 대북 포용 정책은 2000년 6월 15일의 남북 정상회담의 역사적 성과를 거두었다. 6·15 남북 공동선언은 1항에서 통일 문제의 자주적·민족적 해결 노력을 천명하고 2항에서 남한의 연합제안과 북한의 연방제안의 공통성을 인정했다. 남북한 간 통일 방안 대결의 오랜 역사가 적어도 원칙과 이론의 수준에서는 새로운 국면으로 접어드는 순간이었다. 이러한 남북한 화해를 배경으로 클린턴 행정부 임기 말에 미·북의 수교 교섭도 가속화되었지만, 이를 현실화시킬 시간이 부족했다.

2001년 9·11 테러 이후 미국 부시 행정부는 대테러 전쟁을 선포했고 2002년 '제2의 북핵 위기'가 발발했다. 2003년 취임사에서 한반도의 평화 증진과 공동 번영을 목표로 하는 평화 번영 정책을 천명하며 노무현 정부가 출범했다. 한국 외교 최초의 '평화 외교'라고 할 노무현 정부의 평화 번영 정책을 기다리고 있던 것은 부시 행정부의 대북 강경책과 북한의 핵과 미사일 개발이었고, 국내에서는 북핵과 대북 포용 정책에 대한 정치적 반발인 '남·남 갈등'이었다. 그럼에도 우여곡절 끝에 노무현 정부는 한반도 냉전 구조 해체와 관련해 두 가지의 역사적인 합의를 이루어냈다.

하나는 2005년 4차 6자 회담의 9·19 공동성명이다. 여기에는 한반도 비핵화는 물론 북·미와 북·일 관계 정상화에 대한 공약, 그리고 기존의 양자·3자·4자

23 같은 책, 112, 148쪽.
24 같은 책, 148쪽.

회담의 틀을 뛰어넘는 6자 차원의 에너지 협력 및 한반도의 항구적 평화체제와 연동된 동북아의 항구적 평화와 안정을 위한 공동 노력에 대한 공약이 담겼다. 다른 하나는 2007년 10월 4일의 두 번째 남북 정상회담이다. 노무현·김정일 정상회담은 6·15 공동선언을 재확인하고 경제와 인도주의는 물론 군사의 다양한 분야에서 남북한의 협력을 공약했다. 특히 군사적 적대 관계의 종식을 위한 노력 및 "현 정전체제를 종식시키고 항구적인 평화체제를 구축해 나가야 한다는 데 인식을 같이하고 직접 관련된 3자 또는 4자 정상들이 한반도 지역에서 만나 종전을 선언하는 문제를 추진하기 위해 협력"을 다짐한 것은, 기존의 당사자 회담이 제대로 이루어지지 않는 점을 고려하면[25] 대단히 의미 있는 합의였다.

합의를 이루는 것과 이를 실행하는 것은 별개의 문제다. 노무현 정부에게는 임기 말의 10·4 정상회담에서의 공약을 실현할 시간이 없었다. 게다가 노무현 정부의 후임인 이명박 정부는 김대중·노무현 진보 정부의 대북 정책을 승계할 의도가 전혀 없었다. 이명박 정부에게 가장 주요한 비전은 6·15나 10·4 공동성명이 아니라 2009년 6월 버락 오바마(Barack Obama) 대통령과의 정상회담에서 채택한 "한미 동맹을 미래 지향적이고 포괄적인 협력 관계로 발전시켜 나가기 위한 '동맹 미래 비전(Joint Vision for the Alliance of the ROK and the United States of America)'"이었다.[26]

2009년 이명박 정부의 외교통상부는 21세기 한국 외교의 과제로 다섯 가지를 꼽았다. 첫째는 북핵 문제 해결을 통한 한반도 평화, 둘째는 "한반도 평화 유지와 궁극적 통일을 위해 미국과의 동맹 관계를 더욱 강화하고 긴밀한 공조 체제를 유지"하는 것, 셋째는 국제사회의 보편적 문제 해결에 기여하고 한국의

---

25 신욱희, 「북미관계와 한반도 평화체제: 역사적 고찰」, ≪한국정치외교사논총≫, 제32권 2호 (2012), 35~61쪽.

26 외교통상부, 『한국외교 60년, 1948~2008』, 62쪽.

이미지를 제고하는 것, 넷째는 "경제 통상, 에너지자원 및 과학기술 외교"의 강화, 다섯째는 외교 행정 기구의 개선이었다.[27]

한반도 평화의 과제를 북핵 문제 해결로 국한시키고, 그 해법으로 한미 동맹을 설정한 이명박 정부의 '미국 우선주의'는 한반도 비핵화와 평화체제, 한미 동맹과 자주국방의 병행을 목표로 했던 전임 김대중·노무현 정부와 분명한 대조를 이룬다. 1999년 외교통상부의 『한국외교 50년, 1948~1998』은 김대중 정부의 북핵 대응 방침을 다음과 같이 설명했다. "특히 김대중 정부는 핵과 미사일 개발 등 북한의 일탈되는 행동에 일일이 대응하기보다는 한반도 문제의 포괄적 접근을 통한 한반도 냉전 구조의 해체를 적극 모색하고 있다. 정부는 중국, 러시아 등 과거 북한 동맹국들과 긴밀한 협력 관계를 구축하는 한편 한·미·일 3국 간 정책 협의를 통해 한반도 냉전 구조 해체를 위한 틀을 마련하고 있다. 김대중 정부가 구상하는 틀은 제네바 합의를 기본으로 북한이 한반도 군사 긴장 완화, 핵무기, 미사일, 테러 문제 등을 해결해 나가는 과정에서 미·일 수교와 함께 식량 지원, 경협 제공, 에너지 문제 해결을 가능하게 하는 포괄적인 것이다."[28]

이명박 정부는 북핵 문제의 진단부터 김대중 정부와 달랐다. 2009년 이명박 정부의 외교통상부는 냉전 해체 과정에서 북한의 열세와 고립이 남북한 유엔 동시 가입과 기본합의서의 채택으로 이어졌다는 1999년 외교통상부의 해석을 그대로 수용하지만, 절박한 안보 환경에 처한 북한에게 핵무기 개발이 "체제 유지 및 흡수통일의 방지를 위한 정치적·심리적 안전판"으로 기능했다는 분석은 기억하지 않고 삭제했다.[29] 2009년 『한국외교 60년, 1948~1998』 담론에서

---

27 같은 책, 49~50쪽.

28 외교통상부, 『한국외교 50년, 1948~1998』, 151쪽.

29 외교통상부, 『한국외교 60년, 1948~2008』, 143쪽; 외교통상부, 『한국외교 50년, 1948~1998』, 147~148쪽.

북핵 문제는 다음과 같이 편집(기억)된다. "김영삼 정부의 통일 외교는 정부의 3단계 통일 방안을 실현해 가는 과정에서 남북 간 분단 상황을 관리하고, 북한의 내부 개혁과 대외 정책 변화를 유도해 궁극적으로는 주변 4국을 포함한 국제사회로부터 통일 한국에 대한 이해와 지지를 확보해 통일을 달성해 나가려는 것이었다. 그런데 1993년 북한이 영변 핵 시설에 대한 국제원자력기구(IAEA: International Atomic Energy Agency)의 특별 사찰을 거부하고 핵확산금지조약(NPT: Nuclear Non-Proliferation Treaty) 탈퇴를 선언하며 핵 위기를 조성했다."[30]

제네바 합의에 대한 평가도 달랐다. 2009년 외교통상부는 제네바 합의에 따라 "미·북 관계가 점진적으로 개선되어 한반도 냉전이 사실상 종식되고, 이러한 유리한 연건이 조성될 경우 남북한 대립 구도의 해체도 기대할 수 있었다"라는 점에는 동의하지만, 제네바 합의 자체의 문제점에 주목한다. 즉, "제네바 합의는 그 성과에도 불구하고, 미·북 간 신뢰가 없는 상태에서 상대방이 의무를 불이행할 경우 이를 강제할 장치를 갖고 있지 못했고, 북한의 과거 핵 활동 규명을 통해 핵 개발 의혹을 원천적으로 해소하기보다는 핵 활동 동결을 통해 일단 핵 물질의 대량 생산을 저지하는 데 초점을 두었으며, 궁극적인 핵 시설 해체 및 사용 후 연료봉 처리 문제는 경수로 공사가 상당히 진척된 뒤에 이루어지도록 해서 현상 유지적인 합의라는 비판을 받았다"라는 점을 새롭게 기록하고 있는 것이다.[31]

2009년 『한국외교 60년, 1948~2008』 담론이 새로 기억, 기록, 평가하는 것은 김영삼 정부 후반기의 4자 회담이다. 1999년 『한국외교 50년, 1948~1998』 담론에서 4자 회담은 1996년 김영삼·클린턴 정상회담에서 제안된 이후 우여곡절 끝에 1997년 12월 1차 본회담이 개최되었다고만 기록되었다.[32] 2009년

30 외교통상부, 『한국외교 60년, 1948~2008』, 145쪽.
31 같은 책, 148쪽.
32 외교통상부, 『한국외교 50년, 1948~1998』, 110~112쪽.

외교통상부는 1997년 12월의 1차 본회담 이후 1999년 8월까지 여섯 차례의 본회담을 개최했으며, 비록 북한이 주한미군 철수와 미국과의 평화협정 의제화를 주장해 결국에는 이후 회담이 열리지 못했지만, "한·미·중 3국 간 공동 입장에 힘입어 한반도 긴장 완화 방안과 평화체제 구축 문제에 관해 심도 있는 의견을 교환하는 계기가 되었다"라고 평가한다.[33]

2009년 『한국외교 60년, 1948~2008』 담론의 주요한 특징은 한미 동맹 중심의 과거 해석과 미래 전망에 더해, 기존의 통일·안보·경제 외교의 틀을 전면적으로 바꾸었다는 점이다. "안보 및 통일외교"가 하나로 묶이고, "유엔 및 다자외교"라는 새로운 범주가 "경제·통상외교"보다 먼저 배치되었다. "2000년대 통일외교와 북핵외교" 소절은 김대중·노무현 정부의 대북 정책에 이어 '비핵·개방·3000'의 새로운 대북 정책을 소개하고, 기존의 대북 지원 현황에 더해 북한 인권 문제와 북한 이탈 주민 문제에 대한 이명박 정부의 새로운 관심을 강조한다. '6자 회담을 통한 북핵외교' 역시 "북한이 IAEA와 협조를 계속 거부했기 때문에 북한의 우라늄 농축 프로그램 인정과 별개로 제네바 합의가 어차피 이행될 수 없는 상황"[34]이었다는 비판(관)적 해석을 강조하며, 2005년 9·19 공동성명의 성과를 이루어냈지만 2009년 북한의 핵과 미사일 시험 발사로 난항에 빠져버린 6자 회담의 현황을 간략하게 정리한다.

이명박 정부의 한국 외교 담론에서 지역 외교보다 한미 동맹을 우선하고, 통일·안보·경제 외교의 틀이 안보통일·유엔다자외교·경제통상으로 바뀐 것은 한국의 정체성 자체의 변화를 의미한다. 분단국가(통일외교)의 정체성이 이제 지구적이고 전략적인 한미 동맹(안보통일)을 통한 '선진 일류' 글로벌 코리아(유엔다자외교, 자원 등 경제통상외교)의 정체성으로 대체된 것이다.

2008년 미국발 세계 금융 위기로 미국식 신자유주의의 구조적 문제가 노정

---

33 외교통상부, 『한국외교 60년, 1948~2008』, 151쪽.

34 같은 책, 163쪽.

되면서, 그 정치적 후폭풍으로 국내적으로는 트럼프 행정부가 등장했고 국제적으로는 중국의 부상이 가속화되었다. 이러한 맥락에서 보면 이명박 정부의 미국 우선주의는 이승만이 드와이트 아이젠하워(Dwight Eisenhower)와 불화하고, 미국의 냉전정책에 순응하려던 박정희가 냉전정책 자체의 수정에 나선 닉슨·카터와 불화한 것과 같은 한미 관계의 또 다른 엇박자다. 이명박 정부의 글로벌 코리아는 남북 관계의 개선은 물론 아시아 지역 협력도 소홀히 하는데, 이러한 지역주의의 실패 역시 따지고 보면 한국 외교의 오랜 숙제다. 이승만의 반일이 지구적·지역적 차원에서, 특히 반둥회의의 반제 노선과는 화해할 수 없었고, 박정희의 '월남전 지원국 정상회담'이나 아시아태평양각료회의에서의 반공 지역주의 역시 시대의 조류와는 맞지 않았다. 친미·반공으로 제3세계의 반식민·반제국주의와 연대할 수 없었던 한국에게 지역주의의 유일한 (상상의) 기반은 경제인지도 모른다. 하지만 베트남 파병을 한국의 경제적 이익으로만 기억하고 찬양하는 식의 경제적 민족주의로는 지역의 신뢰를 얻을 수 없다.

결국 한국 외교 담론의 기본 범주들, 주변 4국과 지역, 통일과 안보와 경제, 유엔 다자 외교 간의 균형이나 조화가 궁극적인 과제다. 이에 대한 해법은 어쩌면 한국 민족주의가 한미 동맹 이외의 국제주의나 지역주의를 제대로 상상한 적이 있었는지에 대한 반성에서 출발해야 할 수도 있다.

참고문헌

김용호. 2015. 「대한민국의 수교 노력과 성과에 대한 평가: 시기별 주요 특성」. ≪인하사회과학 논총≫, 제30집, 91~122쪽.

마상윤·박원곤. 2009. 「데탕트기 한미갈등: 닉슨, 카터와 박정희」. ≪역사비평≫, 제86호, 113~ 139쪽.

신욱희. 2012. 「북미관계와 한반도 평화체제: 역사적 고찰」. ≪한국정치외교사논총≫, 제32권 2호, 35~61쪽.

외교통상부. 1999. 『한국외교 50년, 1948~1998』.

_____. 2009. 『한국외교 60년, 1948~2008』.

외무부. 1959. 『외무행정의 10년』.

_____. 1967. 『한국외교의 20년』.

_____. 1971. 『한국외교의 20년(속편): 1967~1970』.

_____. 1979. 『한국외교 30년, 1948~1978』.

_____. 1990. 『한국외교 40년, 1948~1988』.

이상현. 2014. 「베트남 참전국 정상회의와 60년대 한국외교」. ≪사회과학연구≫, 제53권 1호, 295~335쪽.

_____. 2015. 「냉전기 동아시아 지역협의체에 대한 비교연구: ASEAN의 성공과 ASPAC의 실패」. ≪국제정치연구≫, 제18권 1호, 379~402쪽.

청와대. 2009.3. 「(이명박 정부 외교안보의 비전과 전략) 성숙한 세계국가」.

홍석률. 2016. 「카터 행정부기 미국의 대한반도 정책과 3자회담」. ≪한국과 국제정치≫, 제32권 2호, 33~71쪽.

제12장

한반도 평화를 위한 한국의 안보·국방 전략

한용섭 (국방대학교 안전보장대학원 교수)

1 | 서론

한국에 국가 안보·국방 전략이 있는가? 1993년 문민 정권의 등장 이래 25년간 정권별로 5년 단위의 국가 안보·국방 정책을 발표해 왔다. 그런데 이를 자세히 살펴보면 정권마다 발표한 안보·국방 정책이 어떤 일관성과 통합성을 보여주지 못하고 있을 뿐만 아니라, 정권마다 서로 다른 안보·국방 정책을 보여주고 있음을 발견하게 된다. 따라서 학계와 전문가들은 한국이 국가 수준의 중·장기적이고 지속적인 국가 안보·국방 전략이 존재하는지에 대해 자성론적 비판을 많이 제기하고 있는 것이 현실이다.

특히 21세기에 들어서 국내 정권이 진보에서 보수로, 보수에서 진보로 교체되면서, 각 정권의 안보·국방 정책은 좌에서 우로, 우에서 좌로 급변하는 현상을 보여왔다. 이와는 대조적으로 한국의 국가 안보 대상이 되는 외부의 도전요소인 북한의 핵미사일 위협은 21세기에 들어 지속적으로 증가하는 추세를 보이고 있다. 외부의 안보적 위협에 대처해야 하는 한국은 정권의 속성에 따라 안보·국방 정책이 극적인 변화를 보이게 되면서 사실상 한국의 국민과 주변국은 한국의 안보·국방 전략이 무엇인지에 대해 인식과 이해의 혼란 속에 있다고 할 수 있다.

그러므로 한국의 안보·국방 정책은 그 정책의 대상인 북한의 변화를 추동하기는커녕, 국내에서 상대 정치·사회 세력을 비판하는 논리로만 그 존재 의의를 찾고 있다. 이러한 현상은 전략과 현실의 괴리, 정치 논리와 전략의 연결 고리 부재, 전략에 대한 불신과 전략의 효과성 저해 현상을 부추겨 왔다고 할 수 있다. 안보·국방 정책과 안보·국방 전략은 때로는 고도의 비밀성을 갖고 유지되고 추구될 필요가 있는데, 전략과 정책을 놓고 남한에서 진영 간 싸움의 결과로 비밀까지 공개되는 등 정쟁 대상으로 전락함으로써 그 정책과 전략의 효과를 떨어뜨리게 되는 현상이 초래되기도 했다.

이러한 현실과 정책의 괴리, 정책과 전략의 무연계성, 안보 논리의 국내 정치적 공격으로의 사용은 국론 분열과 국내외적 자원 낭비 현상을 동반했다. 급기야 북한이 한국의 국내 분열을 더욱 확대시키는 대남 공작을 하게 만들었다. 한편 북한은 남북한 대결에서 남한을 제치고, 미국과 맞장 뜨는 핵 게임을 시도했다. 도널드 트럼프(Donald Trump) 미국 대통령과 김정은 북한 국무위원장 간의 대결과 연이은 정상회담, 그리고 결렬은 한국이 국내에서 진보와 보수 간의 진영 논리에만 갇혀 있는 한 해결할 수 없는 문제가 되어가고 있다. 북·미 간의 군사적 대결이 더욱 첨예해지는 한, 북핵 게임은 미국과 중국·러시아 간의 강대국 정치로 흐르고 그렇게 한반도의 운명이 결정될 가능성이 커진다. 따라서 이 시점에 한반도의 지속 가능한 평화를 위해 한국의 과거 국가 안보·국방 전략을 회고해 보고, 어떻게 이를 재정립하는 것이 한국의 생존과 번영을 보장할 수 있는지 심각하게 고려해 보아야 한다.

그러므로 이 글에서는 한국의 국가 안보·국방 전략의 환경적 조건과 국내적 조건을 분석해 보고, 한반도의 평화와 안보, 한국의 국가 안보 이익의 추구를 위한 바람직한 국가 안보·국방 전략의 방향을 제시해 보고자 한다.

2 | 한국의 국가 안보·국방 전략의 보편성과 특수성

국가 안보 전략은 무엇인가? 국가 안보 전략이란 "한 국가가 주어진 환경 속에서 외부의 위협으로부터 국가이익을 보존하고 확장시키기 위해 국가가 가용한 자원(정치적·외교적·경제적·군사적·사회문화적·이념적·국제적 자원)을 동원해 조직화, 조정, 통제, 사용하는 방법"이라고 정의할 수 있다. 여기서 외부 위협이 무엇인지에 대해 국민 대다수가 동의할 수 있는 정의가 필요하다.

또한 외부 위협을 정의하기 위해서는 한국을 둘러싼 국제정치안보 환경에 대한 분석이 필요한데, 한국은 지정학적으로 반도 국가이기 때문에 한국을 둘러싼 미국, 일본, 중국, 러시아 등 4강에 대한 올바른 분석을 필수 요건으로 한다. 주변 4강의 안보 전략을 잘 분석해 우리 국익에 활용할 것은 활용하고, 우리 국익에 저해되는 요소가 있으면 미리 발견해 우리에게 부정적인 영향을 최소화하는 방법을 찾아야 한다. 이것이 한국의 안보·국방 전략의 방향에 가장 크게 영향을 미치는 국제적 여건이라고 할 수 있다.

이러한 국제적 환경을 분석하는 데에는 국제정치학자와 전문가들의 역할이 매우 중요하다. 반드시 한국의 국가이익과 안보 목표를 염두에 두고, 주변 국가를 객관적으로 분석하는 것이 중요하다. 학자와 전문가의 희망적 사고나 자신의 정치적 성향을 투사한 주장이 아닌 객관적 분석이 반드시 필요하다고 할 것이다.

또한 남한만이 가진 특수한 안보 여건은 북한 김씨 왕조 정권이 북한 주민을 희생해서라도 영구 집권을 도모할 뿐만 아니라, 핵미사일 위협을 증가시킴으로써 북한 주민과 한국 국민을 인질로 삼고 미국과 대결을 추구하고 있는 것이다. 한국전쟁 이래 지금까지 북한은 한국의 안보 제공자인 미국을 적국으로 간주하고, 남북한 간의 군사 대결을 북·미 간의 군사 대결로 전환시키는 수단으로 핵무기와 미사일을 증강시켜 왔다. 따라서 북한의 핵미사일 개발을 막고 적화통일 정책을 포기시키기 위해 한국의 국가 안보·국방 전략을 만들고 집행해야 한다.

외부의 위협에 대해 정부가 책임지고 국민 대다수가 동의하는 위협 분석과 대처 방안을 만들어가야 한다. 그런데 정부가 외부의 군사 위협을 집권 세력의 정치 성향에 맞추어 위협을 과대평가하거나 과소평가하는 일은 금물이다. 나아가 위협을 위협이 아니라고 간주하게 되면, 위협에 대처하는 안보 전략이나 안보 정책, 국방 전략이나 국방 정책은 방향이 잘못될 가능성이 존재한다.

특히 외부의 전쟁 도발 가능성에 대해 잘못 판단하면 어떤 결과가 초래되는지 재삼 거론할 필요가 없다. 임진왜란 이전에 조선의 김성일과 황윤길이 일본의 조선 침략 가능성에 대해 엇갈리는 보고를 하는 바람에 당파 싸움에 휘말린 선조가 오판하고 대비하지 못했던 전례가 되풀이될 수 있는 것이다. 북한의 핵미사일 위협에 대해 위협 분석과 추론을 잘못하게 되면 그 대응 정책의 효과성과 신뢰성 여부는 불을 보듯 뻔한 결과가 될 것이다. 이 절에서는 한국의 국가 안보·국방 전략을 규정짓는 환경적 요인에 대해 국제적 요인과 북한 요인을 구분해서 살펴보기로 한다.

1) 한국 안보·국방 전략의 국제적 조건

한반도는 미국, 일본과 같은 해양 국가와 중국, 러시아와 같은 대륙 국가에 직접적으로 둘러싸인 지정학적 여건을 갖고 있다. 이 지정학적 환경은 변할 수 없는 상수다. 그렇기 때문에 한국의 안보·국방 전략은 강대국 정치와 경쟁을 헤쳐나갈 수 있는 미국의 헨리 키신저(Henry Kissinger)와 같은 외교·안보 전략가와 효과적이고도 지속적인 한국의 국가 안보 전략을 요구하고 있다. 동북아에서 강대국 정치의 희생양이 되었던 19세기 말과 20세기 초의 비극에서 벗어나 지속적으로 한국의 주권과 안보를 확보하려면 어느 한 강대국과 동맹을 결성하고 그 힘을 빌려 한국의 안보와 국방, 경제성장까지도 시도할 수밖에 없다. 이런 점에서 탈냉전 후 북한의 한 전문가가 "남한은 미국과 동맹을 잘 맺어 안보와 경제를 성공시켰는데, 북한은 붕괴된 소련과 동맹을 맺었기 때문에 안보와 경제에서 실패했다"라고 자인한 바 있듯이 한국은 지정학적 여건을 극복하기 위해 동맹전략과 정책을 유지하고 발전시킬 수밖에 없다.

그래서 1950년 한국전쟁 이후 미국과 동맹을 맺고 한미 동맹에 안보와 국방의 대부분을 의존해 왔으므로, 안보·국방 전략의 최우선 순위는 한미 동맹을 유지하고 발전시키는 것에 놓일 수밖에 없다. 탈냉전 이후 한미 동맹의 재조정을 시도했으나, 북한의 변함없는 핵미사일 개발 때문에 한국은 미국의 핵 억제력 제공과 한미 동맹의 강화에 더욱 의존할 수밖에 없는 상황이다. 특히 북한의 핵미사일 위협이 증대하면서 한국은 비핵 정책을 유지하는 가운데 국가 안보를 추구해야 하기 때문에 핵 억제력 제공자인 미국과 한미 동맹을 강화시키는 것 외에 다른 방법이 없다. 미국의 핵 억제 정책이 변하게 되면 그 변화하는 요소와 변하지 않는 요소를 식별하여 변하지 않는 요소는 활용하고, 변화하는 요소는 어떻게 변화하는지 잘 파악해 강점은 활용하고 약점은 시급하게 보완하는 작업을 진행해 나가야 한다.

탈냉전 이후 중국과 러시아와 국교를 수립하고 북방정책을 추진하면서, 중국의 개혁·개방을 활용해 중국과는 급속한 경제 관계 증진을 가져왔다. 그 결과 일면 "경제는 중국, 안보는 미국"이라는 등식을 전가의 보도인 듯 믿어왔다. 미국과 중국의 안보 이익이 갈등하고 대립하지 않을 때는 이런 전략과 정책이 유지될 수 있었다. 하지만 2010년대에 이르러 중국이 세계 제2위 경제 대국의 경제력을 바탕으로 군사력 증강을 추구하고 군사적으로 지역 패권국의 지위를 추구하면서 한미 군사동맹과 한중 전략적 동반자 관계는 양립이 곤란하게 되는 시기를 맞았다. 특히 한국과의 대결을 넘어 북·미 게임으로 전환하기 위해 김정은 정권은 급속하게 핵미사일 능력을 증강하고 있는데, 김정은 정권의 안정을 위해 북한 비핵화를 위한 전면 제재에 나서기를 주저하는 중국 시진핑 정부는 미국 사드(THAAD: Terminal High Altitude Area Defense) 체계의 한국 내 배치 문제에 대해 이의를 제기하면서 한국에 대한 경제 압박을 전면적으로 시행했다. 이를 보고 한국 국가 안보 전략의 국제적인 제약 사항을 인식하게 되었다. 이 과정에서 특이한 현상은 한국 내부에서 사드 찬성파와 반대파가 나뉘고, 이들이 각각 친미파와 친중파로 연결되어 격돌하게 되는 현상이 벌어진 것이다. 국내에서 격론이 있은 뒤에 어느 정도 우리 국익을 위한 콘센서스가 이루어져야 하는데 그 간격이 더 벌어지게 되었으며, 중국이 이 간격을 악용해 한국 국내 정치에 개입하게 된 것은 앞으로는 피해야 할 교훈이 되고 있다.

그런데 주변 4강을 제대로 활용하려면 우선 한국인들이 우리의 국가이익에 대한 확고한 인식과 신념을 갖고 있어야 한다. 다음으로 주변국의 강점과 약점, 그들의 국가이익과 국익 추구 성향을 잘 이해하고 인식한 가운데에 그것들을 우리의 국익에 맞게 활용할 수 있는 전략적 태도를 가져야 한다. 무조건 추종하는 것도, 상대를 겁내 우리의 국가이익을 주장하는 것을 양보하는 것도 피해야 한다.

미국을 올바로 이해하고 미국의 장점을 활용해야 하지만 약점은 보완하거나 줄일 수 있는 방안을 모색해야 하듯이, 중국과 러시아의 장점은 활용하도록 노력하되 약점이나 우리에게 위협이 되는 요소가 있으면 그것을 잘 인식하고 보완하거나 활용할 수 있는 방안을 모색해야 할 것이다.

2) 북한 요소(North Korean Factor)

북한의 김일성·김정일·김정은 삼부자 체제는 매우 특이한 국가 체제다. 탈냉전 이후 국제 규범과 국제 체제를 무시하고 국제사회의 흐름과 거꾸로 간 불량 국가이며 경제적으로 실패한 국가다. 한때 우리는 북방정책이나 햇볕정책을 통해 북한의 선군 정치와 핵미사일 개발 정책이 우리의 선의(good will)를 베푸는 대북 정책에 따라 변화할 수 있다고 가정하기도 했다. 하지만 북한의 선군 정치와 핵미사일 개발 정책은 우리의 대북 정책과 상관없이 독립변수로 작용해 왔다고 볼 수 있다.

2017년 9월 23일 리용호 북한 외무상이 유엔총회에서 한 연설에 의하면 북한은 한국전쟁 직후 김일성 시대부터 미국과 맞장 뜨기 위해 핵 무력을 건설해 온 것으로 되어 있다. 북한을 비핵화시키기 위한 남북한 협상, 북·미 협상, 6자 회담 등이 있었다. 하지만 북한은 합의를 위반하거나 시간 벌기를 통해 핵미사일을 지속적으로 개발해 왔으며, 김정은 시대에는 그 개발 속도를 가속화하면서 핵과 미사일 능력을 고도화시켜 왔음을 명명백백하게 밝혔다. 핵보유국 지위를 영구화하는 작업을 진행하며 대륙간탄도탄으로 미국을 직접 위협하게 되자 미국과의 한판 겨루기에 들어갔으며, 북·미 정상회담이 개최되었고 결렬되었다.

북한의 남한 공산화 전략은 1945년 분단 이후 지속되어 온 것으로 보아도 무방하다. 만약 북한의 공산 집단이 한국전쟁으로 남한을 침략하지 않았다면 한반도 통일은 독일 통일보다 빨랐을지도 모른다. 김일성 정권의 호전성과 모험성은 1960년대와 1970년대에 더 심해졌다. 1990년대 초 탈냉전 뒤에 북한은 핵무기와 미사일 등 대량 파괴 무기를 증강시키면서 한국에 대한 군사 위협을 증가시키고, 미국을 한반도에서 몰아내고 북한 중심의 통일이나 한반도에서의 지배적 영향력 행사를 시도하고 있다. 김일성·김정일·김정은 체제의 특성 때문에 한국의 안보·국방 전략은 더욱더 안보와 국방을 중요시할 수밖에 없는 사정이 되고 있다.

3 | 한국 안보·국방 전략의 국내적 조건

한국의 국내 정치 세력의 뚜렷한 양극화가 한국 안보·국방 전략의 내용, 적실성, 효과성을 좌우하고 있다. 정치 세력의 분열은 국내 여론의 분열을 조장하고, 언론이 이를 더 확대시키고 있어 안보·국방 전략과 정책에 대한 국론 통합을 방해하고 있다. 우리 주변국과 북한이 국론 분열을 악용할 기회를 주고,

결국 안보·국방 전략이 외부 위협으로부터 국가이익을 제대로 수호하고 확장하지 못하게 되는 결과를 가져온다. 특히 정권의 5년 단임 속성이 이러한 양극화를 제대로 통제하지 못하고 방기하거나 심지어 조장하는 역할을 하고 있다.

예컨대 보수 세력은 북한을 적으로 간주하고 북한이 남한을 분열시키고 파괴하며 궁극적으로는 적화통일을 추진한다고 본다. 북한의 핵과 미사일 위협은 대화로 해결이 불가능하고 제재와 억제로만 대응이 가능하다고 간주한다. 즉, 동맹국인 미국의 억제력 제공으로만 한반도 평화가 가능하다고 보고 있다. 보수 세력은 한국에 대한 안보 제공자로서 미국의 역할을 수용하고, 북한은 물론 중국과 러시아의 세력 확장으로부터 미국이 한국을 보호해 왔다고 간주하며, 한미 동맹은 한국의 안보에서 변수가 아니라 상수로 보아야 한다고 주장해왔다. 최근에는 주한미군의 사드 배치는 조속히 이루어져야 하며, 사드 배치에 대한 반대는 있을 수 없다는 견고한 입장을 보였다.

진보 세력은 북한은 공존하고 협력해야 하는 동족이며, 민족은 공조해야 하고, 민족 공조와 대화를 방해하는 것으로 간주되는 미국과 친미·보수 세력은 배격해야 한다고 본다. 북핵의 해결 방법으로는 제재와 압박보다 대화를 통해야 한다고 인식하고 있다. 미국의 궁극적인 목표는 한반도의 분단 유지, 한반도 평화와 통일의 방해자라고 여기는 경향을 보여왔다. 미국은 한반도뿐만 아니라 동북아의 분열 조장자이자 협력 훼방자로 간주하는 경향도 보였다. 진보세력은 자칭 '자주파'라고 부르며 한미 동맹으로부터 한국의 자주권을 회복해야 하며, 한미 동맹의 영속화를 주장하는 보수 세력을 '반민족·반평화 세력'이라고 치부하기도 했다. 주한미군의 사드 배치를 한국이 수용한 것을 주권 없는 행위, 미국을 무조건 추종하는 행위라고 반대하며 중국의 사드 반대 이유를 그대로 수용해 국내 보수 세력에 반대하는 데 활용하기도 했다.

한국의 보수·진보 세력은 외부 위협과 동맹에 대해 다른 견해를 보일 뿐만 아니라 국내 정책의 결정 과정에서 완전히 상대방을 비난하고 무시하는 태도를 보여왔다. 이것이 한국의 지속 가능하면서도 신뢰할 수 있는 안보·국방 전략의 존재와 양성을 어렵게 만들어왔다.

게다가 보수·진보 세력은 한국 현대사의 평가와 교육에서 상호 대립적인 태도를 보여왔다. 평화 시에는 일부 대립과 갈등이 존재해도 이를 흡수할 공간이 있지만 국가 안보의 대위기 시에는 이러한 대립과 갈등이 국가의 존망을 위협할 수도 있어 국민들은 매우 우려하고 있다.

국가 위기 시에는 여야를 막론하고 국론이 통합되고 일치된 대응책을 내놓아야 하며, 만약 전쟁이 발발하면 국민이 일치단결된 가운데 총력전을 치러야 한다. 그럼에도 국내에서 정치 세력이 입장 차이로 분열되어 있으면 국가의 안보 이익 추구에 치명적인 지장이 생길 수 있다. 따라서 국가 지도자들이나 여론 지도층 인사들은 국론 통합 속에 안보 위기를 극복하기 위해 혼신의 노력을 다할 것을 요구받고 있다고 하겠다.

4 | 북한 핵미사일 위협 시대에 한국의 국방 전략

국가 안보 전략은 최상위의 국가 전략이며, 그 세부 전략은 외교 전략, 국방 전략, 대북 전략 등으로 구분해 볼 수 있다. 그런데 국방 전략은 외교 전략이나 대북 전략과는 다른 특성을 가진다고 볼 수 있다. 국방 전략의 기획 과정은 전략 기획과 전력 기획으로 나눌 수 있는데, 외부 위협 가운데 외부의 군사적 위협을 6년 내지 15년 앞서 예견하고 분석해 그 위협에 대비하기 위한 군사전략을 만들고, 그 군사전략을 뒷받침할 수 있는 전력을 구상하고 연구·개발, 획득, 건설하는 작업을 하게 되므로, 미래 위협에 대한 예측 분석력이 있어야 하고, 전력을 미리미리 건설해 가야 함을 의미한다.

이것은 무엇을 의미하는가?

국회에서 여야 간에 외부 위협에 대한 일치된 견해와 전력의 건설 방향에 대한 일치된 견해가 없다고 해도, 국방 전문가의 분석력에 근거해 지속적이고 일관성 있게 설득하고, 대다수의 의견이 집약되도록 설명하며, 전력을 지속적으로 건설해 가야 함을 의미한다. 따라서 국방 정책을 견인하는 주요 책임자들은 정치 성향과는 무관하게 국익을 최우선에 놓고 전문적이고 단결된 성향을 보여야 한다. 국론 분열이나 포퓰리즘에 편승할 게 아니라 국론 분열과 정치·사회적 분열상을 극복하려는 스마트한 소수 정예 집단을 구성하도록 노력해 가야 함을 의미한다. 예컨대 북한의 핵미사일 위협을 다른 정부 부처보다 6년 내지 15년 앞서 예견하고, 대응 전력을 5년은 앞서 건설해 놓아야 한다.

다시 한번 강조하자면 국방 전략이 미래의 6년에서 15년 혹은 20년까지의 안보 위협이나 군사 위협을 분석해 미래 위협에 대한 국방력 건설을 목표로 하고 있다는 점을 고려한다면 국방 전략의 수립과 집행은 국내의 정치적 분열을 극복하고 오로지 국가 안보를 위한 전문적 작업을 필요로 한다. 물론 국방 정책과 국방 예산이 국회를 통과하지 않을 수 없으므로 정권의 속성에 따라 영향을 받는다는 점을 간과하기는 어렵다. 하지만 "국방은 국가 존망의 도리"라고 갈파한 손자의 말을 인용하지 않더라도, 5년 단임 정부의 이데올로기적 지향성에 영향을 받아 가만히 있으면 안 될 것이다.

한국의 국방 전략이 지향해야 할 목표는 북한의 핵미사일 위협에서 초래되는 북한의 도발과 전쟁 위협을 효과적으로 억제하는 것이다. 따라서 국방 전략과 정책은 북한이 핵이나 미사일을 시험하거나 시험 발사하면 부랴부랴 그 대응책을 수동적으로 따라잡기식으로 수립하고 발표할 것이 아니라, 예상되는 위협에 대해 선제적으로 대응하는 전략과 정책이 되어야 한다.

이러한 관점에서 볼 때 탈냉전 이후 27년간 줄곧 증가해 온 북한의 핵미사일 위협에 대해 이를 제대로 예견하고 거기에 효과적으로 대응하거나 선제적으로 억제하는 국방 전략을 수립하고 집행해 왔는지 반성하지 않을 수 없다. 국방 전략을 책임진 부처나 지도층이 정치권과 제반 사회 세력의 영향을 받아, 북한의 핵미사일 위협을 대비하는 데 소극적으로 처신해 왔다는 점을 지적하지 않을 수 없다. 한국은 북한의 핵미사일 위협에 핵무기나 북한에 상응한 요격미사일 체계로 대응할 수 없다는 정치적·군사적 제약 사항을 인식하고 있으면서도, 동맹국 미국의 핵우산 제공을 비롯한 확장 억제 전략과 정책 집행에 기대어 적극적이며 미래 지향적으로 행동하지 않은 점은 반성이 필요하다.

북한의 핵미사일 위협에 대해 미국의 확장 억제 정책을 비롯한 핵전략의 변화에 주목하며 그것이 잘 발휘되도록 한미 동맹의 협력 여건을 잘 조성하는 것이 국방 전략에서 다루어야 할 일이다. 더 바람직한 것은 미국의 핵전략이 북한의 핵미사일 위협으로부터 한국에게 억제 전략과 억제 능력을 제대로 제공할 수 있도록 미래 지향적인 협조를 미리미리 준비해 나가야 하는 것이다.

예컨대 2013년 2월 북한의 3차 핵실험 당시에는 그 전에 대응 전략의 수립과 전력이 이미 건설되어 있었어야 한다. 『2014년 국방백서』에 북한의 핵위협을 거론하며 대응 전략을 제시하고 있는데, 이것은 너무 늦은 것이다. 거기에 대한 준비 작업은 2009년 북한의 2차 핵실험 당시부터 시작되어서 2014년에는 이미 대응 전력을 건설해 놓았어야 하는 것이 맞다.

북한의 핵미사일 위협이 한국을 겨냥한 것이라면 적어도 2013년부터 북한 핵미사일에 대한 거부적 억제 전략을 수립하고 선제 타격 전략, 미사일 방어 전략, 미국의 확장 억제 전략을 통합한 능동적인 대북 억제 전략을 수립하고 이미 집행에 들어갔어야 한다. 이와 관련해 사드 체계에 대해서도 전략적·전술적 불가피성에 대해 국내 여론이 형성되기 전에 국방 정책 담당자들이 주요 사항을 놓고 국내의 관련 단체와 지역 주민을 상대로 설득 작업을 벌이는 한편, 중국에 대해서도 외교 채널과 전문가 네트워크를 활용하는 설득 작업을 적극적으로 전개해야 했다. 앞으로도 논란이 예상되는 정책 이슈에 대해 최대한 사전 소통을 통해 설득 작업을 전개해야지, 모든 것이 결정되고 난 뒤에 받아들여 달라고 요구해서는 국내 정치나 국제정치에서 통하기가 힘들다는 것을 잊어서는 안 된다.

또한 한반도 평화를 위해 지금 요구되는 것은 억제를 통한 평화다. 다시 말해 국가 안보 전략에서 우선순위의 조정이 필요하다. 평화 시에는 대화를 통한 평화, 북한과 동북아 주변 국가들과의 협력에 의한 평화, 즉 외교 전략을 통한 평화가 우선시되겠지만, 현재는 국가 안보 위기 상황이기 때문에 국방 전략이 우선시될 수밖에 없다. 따라서 위기가 해소되고 평화를 회복하기 위해서는 전쟁 억제 전략을 우선해야 된다. 억제를 통한 평화를 위해서는 억제력 강화와 건설을 목적으로 하는 국방 전략을 우선해야 한다.

억제 전략과 억제력 강화를 위해 선제 타격 전략, 한국형 미사일 방어 전략, 대량보복전략 등이 발표되었는데, 이를 통합해 한국형 억제 전략이 나와야 한다. 선제 타격 전력, 한국형 미사일 방어 전력, 대량 보복 전력이 먼저 설정되고 이를 선도할 전략이 무엇인지에 대해 보텀업(bottom up) 방식의 전략 구상이 따라온 것으로 받아들여지고 있다. 사실 전략 구상이 전력 구상을 선도하는 톱다운(top down) 방식이 되어야 하는데 거꾸로 된 것이다. 이러한 과정에서 각 군에서는 각 군대로 북한의 핵미사일에 효과적으로 대처할 수 있는 개별 전력 건설이 무차별적으로 거론되고 있다. 예컨대 사드 체계와 함께 SM-3, 핵 추진 잠수함도 도입해야 한다는 주장들이 있다. 북한의 핵미사일 도발을 억제할 수 있는 혹은 핵미사일을 사용한 무력 도발 시 이를 제압할 수 있는 전략이 무엇인지 먼저 전략적 합의를 이루고, 이를 달성하기 위한 전력이 서로 중복되지 않고 전략목표를 효과적으로 달성할 수 있는 전력 조합이 무엇인지에 대해 합의를 이룰 수 있는 논의가 선행되어야 한다. 미사일 방어 전략이 중요하다면, 미국의 전략과 전략 자산을 통합해 운영할 수 있는 시스템을 갖추는 것도 중요할 것이다. 지도부에서 전략과 전력의 조합에 대한 콘센서스를 갖추는 것이 꼭 필요한 사항인데, 이러한 정책 결정 과정을 잘 이끌 수 있는 전략적 합의가 먼저 이루어져야 한다. 이를 위해 국가 안보·국방 전략의 수립이 필수적이라고 하겠다.

5 | 한반도 평화를 위한 안보·국방 전략의 운영 방향

앞서 지적한 것처럼 국가 안보 전략은 외교 전략, 국방 전략, 대북 전략 등으로 구성된다. 따라서 국가 안보 전략과 국가 국방 전략을 논의하고 결정할 기구가 필요하며 국가안보회의 상임위원회가 그런 역할을 해야 한다. 김대중·노무현 정부에서 구성·운영되다가, 이명박 정부가 이를 해체시켜 버렸으나 박근혜 정부에서는 다시 국가안보실을 구성·운영했다. 문재인 정부에서는 국가안보회의 상임위원회와 국가안보실 두 개를 다 구성·운영하고 있다. 국가안보회의 상임위원회에서 국가 안보 전략서를 발간해 국가 안보를 달성하는 전략의 윤곽을 보여주어야 할 것이다. 각 국정 분야가 국가 안보 이익의 달성을 위해 통합적으로 운영되도록, 우선순위를 잘 조정해 운영되도록 조치를 취해야 할 것이다. 국가안보회의 상임위원회는 국내 정치의 분열상에 매몰되지 않고, 국가 안보 이익을 최우선으로 고려하면서 미래를 내다보고 장기적이며 지속적이고 효과적인 안보 전략이 수립되고 집행되도록 책임지는 자세가 중요하다.

국가 안보·국방 전략이 잘 수립되고 제대로 집행되려면 대통령의 역할이 제일 중요하다. 지난 시절 대통령들은 선거공약으로 제시한 국가 안보 정책 구상을 그대로 국정 과제로 선정해 관련 부처에 지시 사항으로 내려보냈다. 대통령이 되기 위한 선거 전략으로 마련한 국가 안보 정책 구상과 대통령이 되고 난 뒤에 수립하는 실질적이고 현실적인 국가 안보 전략과 정책 구상은 판이하게 다를 수가 있다는 점을 대통령은 명심해야 한다. 선거에 당선되기 위해 이전 정부의 실책을 비판하고 선거에서 표를 얻기 위해 제시한 선거공약은 정치적 경쟁 세력을 비판하기 위한 것이 중요한 목적이지 실제로 한국이 당면한 안보 과제들을 효과적으로 해결하기 위한 것이 아닐 수 있다. 그러므로 선거 때의 공약을 국가 안보 전략이나 정책에 그대로 옮기는 것은 현실을 잘못 반영할 가능성이 있다.

예컨대 한국이 현재 당면한 안보 문제가 과거 정권의 잘못에서 비롯된 것만은 아니다. 안보는 상대가 있기 때문인데, 특히 북한이 핵미사일을 지속적으로 개발·시험하는 것은 김정은 정권의 특성에 기인한 바가 크므로 누가 집권하고 어떤 대북 정책을 시행하든 발생할 수 있다. 이에 대해 보수 정부는 보수 정부대로, 진보 정부는 진보 정부대로 서로 상대의 잘못으로 치부하는 경향을 보여 왔는데 이것은 본말이 전도된 것이다. 따라서 정권을 잡은 뒤에 북한 핵미사일 문제의 심각성과 북한의 도발을 전 정권의 잘못으로 치부하기보다는 안보 문제를 제대로 파악하고 현재의 국력과 지혜를 총동원해 그에 대한 해결책을 범정부적이고 초정파적으로 모색하는 것이 바람직하다. 대통령은 정파의 입장과 이해를 벗어나 국가적 혹은 전 국민적 차원에서 안보 문제를 보고, 전체 국력과 동맹국의 자원을 동원해 해당 문제를 해결해야 하는 책임과 권한이 있다. 한국 사회가 진보와 보수로 확연하게 갈라져 있는 현실에서 국가 안보의 최종·최고 책임자이자 국군통수권자인 대통령은 어느 한 진영의 시각만 반영해 안보 문제를 보고, 어느 한 진영의 편을 들어 안보 문제를 해결하려고 하면 안 된다. 이런 점에서 한국의 국회의장이 의장에 당선되는 순간 소속 정당에서 벗어나 중립적인 입장에서 의사 진행을 맡는 관행을 참고할 필요가 있다.

대통령은 임기를 시작하면 당면한 안보 위협과 도전을 새롭고 종합적인 시각을 갖고 분석하고, 중립적이고 큰 안목에서 국가이익을 위해 당면한 안보 위협과 도전을 어떻게 해결해 갈지 종합적인 구상을 새로이 해야 할 필요가 있다. 박근혜 정부는 2013년 2월 취임 직전의 북한의 3차 핵실험에도 불구하고, 선거 기간 중 남북 관계 개선의 공약으로 한반도 신뢰 프로세스와 남북대화 추진을 제시했다. 이것은 북한의 지속적인 핵미사일 개발 현실을 무시한 정책이었는데, 신뢰 프로세스를 추진하려고 무리하다가 북한이 호응하지 않자 통일준비위원회를 만들고 '통일 대박'을 외치며 신뢰 프로세스 정책을 뒤늦게 바꾸었다. 문재인 대통령은 선거 기간 중에 대화를 통한 북핵 문제 해결, 한중 관계를 고려한 사드의 중단 공약 등을 내세웠으나, 대통령에 취임한 뒤에 북한의 핵미사일 시험·발사 등의 도전 앞에서 제재, 압박, 억제로 방향을 선회했다.

따라서 최근처럼 한반도 최대의 안보 위기 속에서 대통령이 정권과 지지 세력을 초월해 국민과 국가의 안보를 보호하고 효과적인 국가 안보 전략을 구상하고 추진하기 위해서는 대통령에 취임한 뒤에는 중립적이고 거국적인 입장에서 안보 전략과 정책을 설정하고 추진해 가는 것이 바람직하다고 할 것이다.

끝으로 국가 안보 전략과 정책을 책임진 중요한 정책 결정자와 집행자들은 한국의 발전한 민주주의를 염두에 두어야 한다. 여러 비정부 단체와 시민사회 단체들이 안보·국방 정책의 결정 과정에 활발히 참여하는 점을 고려해 해당 정책의 수혜층과 피해층은 물론 비정부·시민사회 단체들을 향한 활발한 양방향 소통 등 사전 설득 작업을 벌여야 한다. 주한미군 기지 이전 사업, 제주 해군 기지 건설 사업, 사드 배치와 같은 국방 정책의 수립·집행 과정에서 수많은 논란과 국론 분열, 시위와 집단행동, 고소 등이 발생했다. 전략·정책 결정 과정에서 발생 가능한 분열과 갈등을 먼저 예상해 보고, 이를 능동적이고 선제적인 소통을 통해 해소할 수 있는 갈등 해결 전략을 구상해 보는 것도 부작용을 줄이는 한 방안이 될 것이다.

6 ｜ 결론

민주화 이후 한국의 정치권력은 보수에서 진보로, 진보에서 보수로, 보수에서 진보로 세 번의 정권 교체를 겪었다. 문재인 정부는 진보 세력만을 대표하는 정파적 입장을 반영하는 것이 아니라 거국적이고 국민 통합적인 시각에서 국가 안보·국방 전략을 세우고 집행해야 그것이 지속 가능하고 효과적인 국가 안보·국방 전략이 된다는 것을 알게 되었다.

국가 안보 전략은 국제정치적 환경과 북한의 핵미사일 도발 속에서 한국의 국가이익을 수호하고 확장시키기 위해 국가 및 외국의 자원을 동원, 조직화, 조정, 통제, 사용하는 것이기 때문에 대통령을 비롯한 국가안보회의 상임위원회와 각 부처의 역할이 매우 중요하다. 국제정치·안보 분야 전문가들과 연구소들은 국가 전략의 폭넓은 연구와 효과적인 정책 옵션 개발의 책임을 지고 있으므로, 주변 4강과 북한에 대한 객관적이고 심도 있는 연구를 진행시켜 가야한다.

특히 한국의 국내 정치·사회가 진보와 보수로 갈라져 있고, 언론과 각종 사회단체가 이를 더 양극화시키고 있으므로 국가 안보·국방 전략을 제대로 수립하는 과정에서 어려운 점이 너무 많다. 왜냐하면 국가 안보·국방 전략은 초당적이고 국민 통합적인 분석과 처방을 하는 것이 필수적이기 때문이다. 이러한 현실적 제약 속에서 국제정치·안보 전문가들이 당파적이고 당리당략적인 정책 대안의 확대재생산에 몰입한다면 국가의 장래는 매우 암울해질 것이다. 북한이 주도적으로 위협을 던질 때마다 그에 함몰되어 벗어날 길이 없을 뿐만 아니라 한반도의 지정학적 여건 속에서 주변 4강에 이간당하고 이용당할 수밖에 없다. 그 결과는 비참하게도 19세기 말이나 20세기 초 혹은 해방 직후에 겪었던 분단 등의 비극이 다시 발생할 수도 있다.

그러므로 국가 안보·국방 전략의 수립과 집행에서 지식인은 반드시 국가이익을 가장 중심이 되는 기준과 목표로 삼고, 지피지기하는 자세를 갖고, 지속적이고 효과적인 국가 안보·국방 전략을 만들 수 있도록 최선을 다해야 한다. 특히 국방 전략과 정책을 책임진 인사들은 국내 정치의 분열상을 극복할 수 있도록 튼튼한 논리로 무장한 채 백가쟁명의 바다를 스마트하게 항해해야 한다. 여야 정치권과 여러 사회단체들을 향해 합리적이고 미래 예견적인 전략과 정책을 제시할 뿐만 아니라 각종 사이비 논리의 허구를 꿰뚫으며 진심을 갖고 설득하는 등 국가의 안보와 국방을 위해 꿋꿋이 전진해 가야 할 것이다.

제13장

한반도 평화와 통일
통일의 개념과 통일 전략

김영호(성신여자대학교 정치외교학과 교수)

1 | 서론

니콜로 마키아벨리(Niccolò Machiavelli)는 『군주론(Il principe)』(1513)에서 지도자와 참모의 관계를 논하며 지도자의 유형을 세 가지로 분류하고 있다. 첫째, 스스로 문제를 이해하고 상황을 판단해 결정을 내릴 수 있는 능력을 가진 지도자, 둘째, 스스로 그런 능력은 없지만 참모의 조언을 이해하고 판단할 수 있는 지도자, 셋째, 이것도 저것도 아닌 무용지물(無用之物)의 지도자다.[1] 통일과 북핵 문제는 한국의 국가 지도자들이 최종적 결정권자다. 최근 북한의 6차 핵실험 이후 더욱 심각해지는 북핵 위기에 직면해 가장 바람직한 지도자의 모습은 스스로 국가이성적 판단 능력을 가진 첫 번째 유형의 지도자다. 이런 지도자를 찾기 어렵다면 참모의 조언을 듣고 이해해 스스로 결단을 내릴 수 있는 지도자가 그다음으로 바람직할 것이다.

---

[1] 니콜로 마키아벨리, 『군주론』, 박상섭 옮김(서울대학교출판문화원, 2011), 제22장, 117~118쪽.

이런 지도자들이 가져야 할 덕목은 안보와 남북 관계의 '현실에 대한 현명한 상황 판단 능력(prudence)'이다. 프루던스는 임기응변(expedience)과는 다르다. 임기응변은 뚜렷한 지향점 없이 이해관계에 따라 상황에 휩쓸려가는 것을 말한다. 이와 달리 프루던스는 국가의 생존과 번영이라는 뚜렷한 국가 전략적 목표를 갖고 이것을 달성하기 위해 상황에 대처해 가는 것을 말한다. 통일이라는 목표는 진공상태에서 추구되는 것이 아니라 주어진 대내외적 상황을 고려하면서 추진되어야 한다. 프루던스의 핵심은 이런 여건에 대한 이해와 이에 바탕을 둔 대안 모색이라고 할 수 있다.

마키아벨리는 『군주론』에서 '네체시다(necessity)'라는 개념을 통해 국가 지도자가 국가 전략을 추구할 때 '여건(與件)'을 무시해서는 안 된다는 점을 강조하고 있다. 그의 지적처럼 통일 전략은 대내외적으로 처한 여건들을 무시할 경우 비현실적이 되어 소기의 목적을 달성하기 어렵다. 최근 북한의 6차 핵실험과 계속된 미사일 도발 탓에 통일 전략의 수립 과정에서 고려해야 할 여건들이 점점 더 복잡해지고 있다. 통일 전략은 통일의 당위성에 대한 도덕적 주장을 넘어서 현실적 여건들을 고려한 기반 위에 수립되어야 한다.

해방, 건국, 한국전쟁을 거쳐 지금에 이르기까지의 남북 관계를 보면 북한의 전복 전쟁, 재래식 전쟁, 핵전쟁의 위험이 중첩되어 있다. 이런 세 차원의 전쟁 위험의 중첩성은 남북 관계가 전례를 찾을 수 없을 정도로 일촉즉발의 위기 상황으로 치닫고 있다는 것을 보여준다. 여기에 미국과 중국 사이의 패권 경쟁이 가열되고 동북아 지역에서 블록화 현상이 나타나면서 중국과 러시아는 국제사회가 요구하는 강력한 대북한 제재에 여전히 미온적 태도를 보이고 있다. 북한이 핵과 미사일을 통한 군사적 위협을 현실에서 가해오면서 북핵 위기의 근본적 해결 방안은 한반도 통일밖에 없다는 공감대가 미국을 중심으로 국제사회에서 형성되고 있다. 그러나 중국과 러시아는 유엔을 통한 제재에는 동의하면서도 한국 주도의 궁극적 통일에는 반대하고 있다.

통일 전략의 수립은 여건에 대한 고려와 함께 '통일이란 무엇인가?'라는 통일의 본질에 대한 이해를 전제로 해야 한다. 이 문제와 관련해 다양한 의견이 우리 사회에서 제시되고 있다. 현재의 통일부의 전신인 '국토통일원'의 명칭에서 보듯 영토 통일의 관점에서 통일을 보는 시각이 있다. 이런 시각은 방법을 두고 논란이 있을 수 있지만 그 결과에 대해 이의를 제기하기 어려울 것이다.

이와 달리 통일을 '민족 통일'의 관점에서 바라보는 시각이 있다. 이런 시각은 전문가들은 물론 일반인들 사이에서도 널리 받아들여지고 있다. 이런 시각은 '민족'이라는 개념에 대한 이해가 다양하기에 그런 개념적 이해의 차이에 따라 통일에 대한 생각도 다를 수밖에 없다. 베니딕트 앤더슨(Benedict Anderson)은 민족은 '상상의 공동체'라고 지적한 바 있다. 그의 주장에 비추어보면 민족의 종족적 측면을 상상하든지 아니면 다른 측면을 상상하든지에 따라 민족 통일의 관점은 크게 달라질 수밖에 없다. 이런 관점의 차이에 따라서 통일 전략도 차이가 날 수밖에 없다.

이 글은 통일의 개념에 대한 논의를 바탕으로 기존 통일 전략의 문제점들을 비판적으로 분석하고 대안을 제시해 보고자 한다. 통일의 개념과 통일 전략은 불가분적 관계에 있다. 그 이유는 '통일은 무엇인가'라는 통일 개념과 인식에 따라 통일에 대한 접근 방식과 전략도 달라질 수밖에 없기 때문이다. 여기서는 종족적 민족 개념과 근대국가적 국민 개념이 한국 사회에서 충돌을 일으키면서 통일의 개념과 통일 전략 인식에 어떤 영향을 미치고 있는지에 초점을 맞추어 분석할 것이다. 또한 이 글은 최근 심화되고 있는 북핵 위기에 직면해 한반도 평화 유지와 통일을 위한 전략을 제시해 보고자 한다.

2 ı 통일의 개념과 통일 전략

통일은 분열된 것을 하나로 합치는 것을 의미한다. 분열된 것이 무엇이고 무엇을 하나로 만들어야 하는지에 따라 통일의 개념은 다양할 수밖에 없다. 우선 논의될 수 있는 것은 통일은 분단된 영토를 하나로 합친다는 것이다. 이런 통일 개념의 정의에 이의를 제기할 사람은 없을 것이다. 근대국가는 다양한 특징들을 갖고 있지만 그중 하나가 '영토 국가'다. 통일은 영토의 통합을 통해 근대국가의 완성을 뜻하는 것이다.

다음으로 통일에 대한 개념으로 흔히 제시되는 것이 민족 통일이다. 여기서 '민족'은 영어 'nation'을 번역한 것이다. 이용희의 지적처럼 원래 'nation'은 우리말의 '국민', '민족', '국가'라는 세 가지 의미를 갖고 있다.[2] 우선 국제정치학의 고전 중 하나인 한스 모겐소(Hans Maugenthau)의 책 제목이 *Politics Among Nations*인데, 이 제목은 『국가 간의 정치』로 번역되었다. 즉 '국제정치'로 옮겨진 것이다. 여기서 보듯 'nation'은 국가라는 의미를 갖고 있다. 국가를 회원으로 하는 유엔의 명칭은 'United Nations'이다. 이 명칭을 지을 때 미국의 외교적 영향력이 강하게 행사된 것으로 알려져 있다. 미국은 연방 국가로 'state'는 주(州)에 해당하기 때문에 국가의 의미로 'nation'을 선호했다는 것이다.

다음으로 'nation'은 구한말 일본에서 민족으로 번역된 뒤에 한국 사회에 들어와 사용되고 있다. 이때 민족에는 종족적 측면이 강하게 부각되고 있다. 한 민족이 단일민족으로 오랫동안 살아왔는데 분단으로 분열되었기 때문에 남북한에 떨어져 사는 민족을 하나로 묶는 것이 통일이라는 주장이다. 한민족이 남북한에서 각각 70년 가까이 떨어져 살았기 때문에 '민족의 동질성'을 회복하는 작업이 이루어져야 한다는 주장도 종족적 의미의 민족을 강조하는 민족 통일의 개념에서 나오는 것이다. 노태우 정부에서 제시되어 지금까지 널리 논의되고 있는 '한민족공동체 통일 방안'도 종족 개념에 기초한 통일론의 전형적인 예다. 나아가 북한이 내세우는 '민족공조론'이라는 선전도 종족적 민족 개념을 이용하고 있다.

사실 종족적 통일 개념은 커다란 의미가 없어 보인다. 그 이유는 우리 민족

---

2   이용희, 『일반국제정치학(상)』(이조, 2013), 162~163쪽, 각주 60.

이 70년간 남북으로 분단되어 살았지만 언어라든지 인종적 측면에서는 커다란 변화가 없기 때문이다. 남북한 사이에 발음 차이가 나지만 서로 소통하는데 문제가 없고 외모를 보아도 같은 종족이라는 것을 금방 알 수 있다. 그 때문에 이미 하나가 되어 있는 종족적 의미의 민족을 하나로 다시 묶는다는 통일 개념은 그 자체로서는 의미가 크지 않다. 이와 관련해 우리가 관심을 가져야 할 부분은 종족적 통일 개념이 안고 있는 내재적 문제점과 그것이 미치는 부정적 영향이다.

종족의 '동질성(homogeneity)'이라는 민족 개념에 따라 통일을 강조하다 보면 남북한 정치체제의 '이질성(heterogeneity)'이 민족에 가려져 제대로 보이지 않는 문제가 발생한다. 이러한 '가림 현상'은 에릭 보글린(Eric Voegelin)이 말하는 '현실의 일식 현상(日蝕現象)'이 통일 문제의 이해 과정에서 일어나고 있음을 의미한다.[3] 일식에 따른 태양의 가림 현상은 일시적일 뿐이고 그 배후에 버티고 있는 태양의 존재라는 현실 자체를 없애버릴 수는 없다. 그러나 자연적 일식 현상과 통일 관념상의 일식 현상은 엄연히 구분되어야 한다. 전자는 자연적으로 원상태로 복원되지만 '생각의 일식 현상'은 그 내재적 문제점을 드러내는 비판적 인식으로만 가능하다.

우선 종족적 민족 통일 개념이 미치는 부정적 영향을 먼저 논의한 뒤에 내재적 문제점을 검토하도록 하자. 이러한 종족적 인식으로 생겨나는 커다란 문제점은 남북한 사이에 존재하는 정치체제의 차이점을 제대로 인식하지 못하게 한다는 것이다. 한국은 자유민주주의 체제이고 북한은 전체주의 체제다. 이처럼 남북한 체제 정통성(legitimacy)의 원리는 이질적이다. 통일은 남북한의 이질적 정치체제를 동질적 체제로 만드는 것이다. 북한은 전체주의 체제하로 남

---

3   Eric Voegelin, "The Eclipse of Reality," in Thomas A. Hollweck and Paul Caringella(eds.) .*What is History? and Other Late Unpublished Writings*(Baton Rouge: Louisiana State University Press, 1990), p.114.

한을 적화 통일하려는 입장이다. 이것은 한국으로서는 받아들일 수 없다. 한국으로서는 자유민주주의 체제하에 남북한을 동질적 정치체제로 만드는 것이 통일이다. 이렇게 보면 통일은 민족 통일이 아니라 '체제 통일'이라는 점을 알 수 있다.

체제 정통성의 원리를 달리하는 남북 관계는 '갈등 관계'가 아니라 '적대 관계'라는 것을 알 수 있다. 마치 남북 관계를 동일한 체제 원리에 서 있는 자유민주주의국가 내의 여야 관계처럼 갈등 관계로 보는 것은 잘못이다. 여야 대립은 아무리 격화해도 상대 정당을 타도하고 절멸시키겠다는 적대 관계로 발전하지는 않는다. 이러한 여야의 갈등 관계하에서는 대화와 협상을 통해 이해관계의 차이점들이 조정될 수 있다. 자유민주주의 체제하에서는 민주 선거를 통해 여야 사이의 수평적 정권 교체가 일어나고 다수당 지위에도 변화가 생긴다.

이와 달리 남북 관계는 체제 정통성의 원리를 달리하기 때문에 갈등 관계가 아니라 적대 관계로 규정되어야 한다. 이런 적대 관계는 체제의 동질성이 확보되었을 때 비로소 갈등 관계로 나아갈 수 있다. 이렇게 보면 '평화통일'은 북한의 체제 변화를 통해 남북한 사이의 적대 관계가 갈등 관계로 전환되는 것을 의미한다. 남북한 사이에 정치체제의 동질성이 확보될 때 비로소 진정한 의미에서 대화와 협력이 가능하고 평화통일의 길이 열리게 될 것이다.

남북한 체제의 이질성은 지금까지 한국 정부들이 추진해 온 기능주의적 대북한 접근 방식에 근본적인 문제가 있다는 것을 보여준다.[4] 기능주의는 하나의 동질적 체제가 존재할 때 적용 가능하다. 이런 체제의 존재를 전제로 할 때 상호간의 교류와 협력이 관계 발전에 긍정적 효과를 낼 수 있다. 그러나 기능주의는 이질적 체제를 하나의 새로운 동질적 체제로 만들려고 할 경우에는 적용될 수 없다. 지금까지 이런 기능주의적 접근 방식에 따라 햇볕정책과 한반도 신뢰 프로세스 등과 같은 대북 정책이 추진되었다. 이런 대북 정책들이 소기의

---

4   노재봉 외,『정치학적 대화』(성신여자대학교 출판부, 2015), 245~246쪽.

성과를 거두지 못했던 이유는 그 정책들이 딛고 서 있는 기능주의적 접근 방식의 한계점 때문이다.

남북한이 동질 체제가 아닌데도 불구하고 기능주의적 접근 방식을 추구하면서 대북 정책의 목표 설정에 커다란 혼란이 생겨났던 것이다. 또한 남북한처럼 실존적 투쟁을 벌이고 있는 상황에서 잘못된 기능주의적 접근 방식을 남한이 계속 좇는다면 손해를 볼 것이며 결과적으로 패배할 수밖에 없다. 최근 심화되고 있는 북핵 위기는 이런 기능주의적 접근 방식의 한계점을 여실히 보여주고 있다.

남북한과 달리 자유민주주의와 시장경제라는 체제의 동질성을 공유하는 유럽 국가들의 경우에는 기능주의가 의미를 갖는다고 할 수 있다. 유럽에서 등장한 통합 이론은 이런 체제의 동질성을 근거로 발전했다. 이런 여건하에서 과거 두 차례나 전쟁을 했던 유럽 국가들은 교류와 협력을 통해 국가들 사이의 분쟁을 완화시키고 유럽연합(EU: European Union)과 같은 국가연합으로 발전할 수 있었다. 이렇게 보면 체제의 이질성을 그대로 내버려 둔 채 남북한 사이에 교류와 협력을 통해 국가연합이나 연방제로 나아갈 수 있다는 주장은 이론적 근거가 없는 것이다. 이것은 잘못된 통일 개념에 기초한 통일 방안과 전략은 현실성이 없다는 것을 보여준다.

다음으로 종족적 민족 개념이 안고 있는 내재적 문제점을 살펴보자. 앞서 지적한 것처럼 영어 단어 'nation'은 민족뿐만 아니라 국민의 의미도 갖고 있다. 프랑스혁명을 계기로 등장한 국민 개념은 신분제를 폐지하고 특정 영토 안에 사는 주민들을 종족을 불문하고 자유롭고 평등한 개인이자 근대국가의 주체로 명분화하는 과정에서 생겨났다. '모든 권력은 국민으로부터 나온다'고 하는 국민주권론은 특정 종족이나 계급이 아니라 자유롭고 평등한 개인의 존재를 전제로 하고 있는 것이다. 이런 국민주권론에 기반을 둔 근대국가를 흔히 '국민국가(nation-state)'라고 부르는 것도 그 때문이다.

대한민국의 건국 과정을 살펴보면 자유와 평등의 새로운 원리에 바탕을 둔 개인의 탄생이 돋보인다. 조선 시대에는 백성으로, 일제강점기에는 신민으로 살아오다가 비로소 대한민국 건국과 함께 권리를 가진 국민으로서 한국인의 정체성이 바뀌었다. 다시 말하면 조선 시대 한성의 광화문 거리와 일제강점기 경성의 광화문 거리를 활보하는 사람들의 생김새와 종족적 측면에는 변화가 없지만, 대한민국이라는 근대 국민국가의 탄생과 함께 한국인의 정치적 정체성에 혁명적 변화가 일어났던 것이다. 이런 변화의 과정은 종족적 측면의 민족 개념에 초점을 맞출 경우 제대로 이해될 수 없다. 종족적 민족 위에 어떤 원리에 바탕을 둔 정치체제를 얹을지는 정치적 문제다. 대한민국 건국과 함께 동시적으로 일어난 분단을 극복하는 통일은 자유롭고 평등한 개인들로 구성된 동질적인 국민을 남북한에 만들어내는 인위적이고 정치적인 과정이다.

대한민국 건국 이후 이루어진 농지개혁은 지주-소작제의 해소를 통해 산업화의 토대를 쌓음으로써 경제 발전에 기여한 것이 사실이다. 그러나 농지개혁을 이런 경제적 측면으로만 바라보아서는 자유와 평등의 정치적 원리에 기초한 근대국가로서의 대한민국의 국가적 특성이 제대로 포착되지 않는다. 지주-소작제는 새로운 대한민국이 내세운 평등의 정치적 원리와 맞지 않았다. 농지개혁은 이런 불평등의 해소를 통해 경제적 평등뿐만 아니라 진정한 의미의 정치적·사회적 평등을 실현해 알렉시스 드 토크빌(Alexis de Tocqueville)이 말하는 '민주 사회'로 나아가기 위한 출발점이 되었던 것이다. 근대국가는 민주 사회를 바탕으로 비로소 성립할 수 있기 때문이다.

프랑스 사상가 에르네스트 르낭(Ernst Renan)은 "민족은 매일매일의 국민투표다"라고 주장하고 혈연에 기초한 민족 개념을 비판하며 '동의에 의한 민족', 즉 국민의 개념을 강조했다. 르낭과 달리 독일의 요한 고틀리프 피히테(Johann Gottlieb Fichte)는 『독일 민족에게 고함(Reden an die deutsche Nation)』(1808)이라는 글에서 종족과 언어를 강조하는 문화적 민족주의를 제창하고 '정치적 낭만주의(political romanticism)'의 등장에 기여했다. 독일식 낭만주의는 프랑스혁명의 합리주의에 반발해 근대의 불순물이 들어가지 않은 중세의 농경 사회를 순수하고 자연적인 것으로 보았다. 독일인은 하나의 '국민(people)'이고 그 국민이 개체성을 가진 존재가 되고 개인은 전체의 기계적 반영에 불과한 것으로 인식된다.[5] 이런 유기체적이고 집단주의적 성격을 갖는 낭만주의적 발상에 근거한 독일식의 민족 개념이 일본을 거쳐 식민지 시대에 한국으로 유입되어 아직도 북한뿐만 아니라 한국 사회에도 커다란 영향을 미치고 있다.

우리 사회에서 종족적 의미의 민족 개념이 정치체제 통합으로서 통일의 중요성을 무시하는 부정적 영향을 미친다는 점은 이미 지적한 바 있다. 이런 부정적 측면은 북한과 같은 전체주의국가에서 극단적 형태로 나타난다. 북한의 헌법 제63조 '공민의 권리와 의무'라는 조항을 보면 "'하나는 전체를 위하여, 전체는 하나를 위하여'라는 집단주의원칙에 기초한다"라는 구절이 있다. 이것은 정치적 낭만주의가 북한 전체주의국가 형성에 미친 영향을 구체적으로 보여준다. 그 집단을 대표하는 인물이 북한에서는 헌법 전문에 나오는 '수령'이다. 북한의 수령론은 정치적 낭만주의에 기초한 지도자관이다. 북한이 말하는 수령은 엘리트가 아니고 민중에서 배출된 민중의 두목이다. 이 두목이 왕이 떠나버린 근대 정치체제의 빈자리를 차지하고 전체를 대표하고 있다고 주장하는 것이 북한 전체주의의 특징이다.

북한의 전체주의는 식민지 시대 저항 민족주의의 경험을 역이용해 종족적 민족주의와 정치적 낭만주의를 결합시켜 이성보다 감성에 호소하는 정치 이데올로기를 만들었다. 북한이 말하는 "우리 민족끼리"라는 민족공조론은 통일이 정치체제의 문제라는 점을 흐리게 한다. 그렇기 때문에 국민으로서의 'nation'을 통해 근대 국민국가를 만들기 위한 운동인 민족주의는 평등의 원리에 기초한 민주적이며 동시에 개인의 자유를 중시하는 자유주의적 원리를 핵심으로 하고 있다는 점이 다시 강조되어야 할 것이다. 통일의 개념을 더욱 분명하게 이해하기 위해서는 '자유주의적 민족주의'에 기반을 둔 남한의 자유민주주의

5   같은 책, 212쪽.

체제와 정치적 낭만주의와 '종족적 민족주의'가 결합해 등장한 북한의 전체주의 체제를 차별적으로 이해하는 것이 중요하다.

통일을 정치체제의 관점에서 접근할 때 북한 주민의 인권 문제는 통일 과정에서 중요한 이슈로 떠오른다. 근대국가는 '인간의 권리'를 실현하기 위해 등장한 국가형태다. 근대국가는 영토 안의 모든 인간의 평등을 전제해서 개인과 국가를 직접 연결하고 그 개인의 인권에 대한 보호 책무를 국가에게 부여하고 있다. 그렇기 때문에 근대국가는 '인권 국가'인 것이다. 우리가 북한의 인권에 관심을 갖는 것은 북한 주민의 열악한 인권 상황에 대한 '동정심(compassion)' 때문만이 아니라는 점을 인식하는 것이 중요하다. 근대국가 대한민국이 농지 개혁을 실시한 것이 평등의 원리를 실현하기 위한 것이었던 것과 마찬가지로 북한 인권 문제는 근대국가의 본질과 관련된 문제라는 점을 잊어서는 안 된다. 통일은 분단 상황을 극복하고 통일된 근대국가를 완성하는 것이다. 또한 이것은 근대국가의 본질인 인권 국가를 전 한반도상에서 실현해 나가는 과정이다.

통일이 근대국가의 완성이라고 한다면 북한 주민의 인권을 단순히 수단적 차원으로 접근해서는 안 된다. 또한 종족적 민족과 정치적 낭만주의의 관점에 서면 개인의 인권보다 민족이라는 집단이 앞선다. 이런 유기체적 인식하에서 개인의 인권은 무시되고 전체주의적 공포정치가 정당화된다. 또한 우리 사회에서 북한 주민의 열악한 인권 문제를 제기하면 북한 정권의 분노를 사서 교류와 협력 추진에 방해가 되고 민족 화합을 해친다는 주장이 자주 제기된다. 그래서 과거 일부 정권들은 유엔 북한 인권 결의안에 반대하거나 기권하기까지 했다. 북한 인권을 수단적으로 이해하거나 무시하는 이러한 사고는 인권 국가로서의 근대국가의 본질에 대한 오해와 잘못된 통일 개념에서 비롯되고 있음을 이해하는 것이 중요하다.

한국 사회에서 종족적 민족 개념과 근대적 국민 개념이 충돌하고 분열을 일으키면서 통일의 개념에 혼선을 불러일으키고 있다. 통일은 단일민족의 통합이 아니라 정치체제의 동질성을 확보하는 것이다. 이런 통일의 개념에 서서 보면 동질 체제를 전제로 하는 기능주의적 통일 전략은 뚜렷한 한계를 가질 수밖에 없다. 또한 체제 문제를 등한시하거나 아예 무시한 국가연합이나 연방제 형성을 추구하는 통일 방안은 현실성이 없다는 것을 알 수 있다. 통일 전략은 남북한 사이에 존재하는 정치체제의 차별성에 대한 현실주의적 인식에서 나와야 할 것이다.

체제 중심의 통일 전략은 2013년 5월 발표된 '한미 동맹 60주년 기념 공동선언'에 잘 나타나 있다. 이 선언은 한반도 통일이 "비핵화, 민주주의, 자유 시장 경제 원리(The principles of denuclearization, democracy and a free market economy)에 기초해 이루어져야 한다"라고 천명하고 있다. 이 선언을 통해 한미 양국 정상은 자유민주주의와 시장경제에 기초한 통일의 중요성을 강조함으로써 한국 주도의 통일을 강조하고 있을 뿐만 아니라 한반도 통일은 '정치체제 선택의 문제'라는 점을 분명히 밝히고 있다. 이 선언은 2009년 6월 한미 양국이 발표한 '한미 동맹을 위한 공동 비전' 선언에 '비핵화'를 추가해 보완한 것이다. 한미 간의 선언 형식으로 발표된 체제 중심의 통일 전략이 북한의 6차 핵실험과 함께 더욱 심화되고 있는 북핵 위기를 맞이해 국내적으로 더욱 활발하게 논의되어야 할 것이다.

독일의 통일 과정을 보면 동독 공산 정권의 붕괴와 함께 동독 주민들이 민주적 절차를 거쳐 서독으로 통합을 결정하면서 평화통일이 이루어졌다. 이것은 독일 통일 과정에서 동독 주민의 자결권(self-determination)이 존중되었다는 것을 의미한다. 주변 강대국들의 반대가 있었는데도 독일 통일이 원만하게 이루어졌던 중요한 한 이유가 바로 강압적인 방식 없이 동독인들의 자결권이 행사되었기 때문이다. 북핵 위기에 직면해 한국은 한미 동맹에 기초해 대북한 군사적 억지력을 확고히 갖추어 나가야 한다. 이를 바탕으로 한반도 평화를 유지하면서 북한 정권 교체(regime change)와 북한 주민들에 대한 정보 유입을 통해 북한 주민들이 자결권을 행사할 수 있는 여건을 마련하는 방향으로 통일 전략을 추진해 나가야 할 것이다.

3 | 북핵 위기와 통일 전략

1998년 5월 비밀리에 핵 개발을 해오던 파키스탄은 여섯 번째 핵실험 직후 '사실상의 핵보유국(de facto nuclear state)'으로 인정받았다. 현재 파키스탄은 여전히 국제사회로부터 '법적으로(de jure)' 핵보유국으로 인정받지 못했지만 핵탄두 30여 개와 핵 탑재가 가능한 미사일을 다수 보유하고 있다. 미국은 테러와의 전쟁 때 파키스탄의 핵 보유를 공식적으로 인정하지 않으면서도 아프가니스탄을 공격하기 위해 파키스탄에게 협조를 구하지 않을 수 없었다. 북한은 유엔 제재에도 불구하고 파키스탄처럼 사실상의 핵보유국 지위를 확보하기 위해 지속적으로 핵과 미사일 시험을 이어가고 있다.

북한은 자체적으로 마련한 핵 독트린과 핵 배치 태세를 일치시키고 핵과 미사일의 실전 배치를 위해 앞으로도 지속적으로 핵과 미사일 시험에 나설 것으로 보인다. 이처럼 심화되는 북핵 위기는 한반도상의 전략적 지형이 완전히 변화된 것을 의미한다. 이런 새로운 전략 지형은 한국의 통일 전략 모색과 추진을 더욱 어렵게 만들고 있다.

북핵 문제와 관련해 통일 전략을 논의하기 위해서는 북한 정권에게 핵무기가 갖는 의미를 살펴볼 필요가 있다. 북한 정권에게 핵은 군사적·정치적 위신(prestige)의 측면들을 동시에 갖고 있다. 북한의 핵무기는 경제적 어려움에 직면한 북한이 전략적 선택과 집중을 통해 남한을 상대로 압도적 군사력 우위를 확보하기 위한 군사적 수단의 측면을 갖고 있다. 북한의 핵 보유는 한국군이 재래식 전력에 기초해 입안한 모든 군사전략과 계획을 무력화시킬 수 있다. 한국은 이미 북한의 핵과 미사일 공격의 실질적 사정권에 들어와 있다. 그럼에도 마치 북한이 핵과 미사일로 한국을 공격하지 않을 것이라는 허구적 주장은 종족적 민족 관념이 주적(主敵)에 대한 인식을 흐리게 하기 때문이다.

북한 정권에게 핵무기는 전체주의 체제 유지뿐만 아니라 남한의 적화를 위한 군사적·정치적 수단이다. 북한이 중장거리 미사일에 핵무기를 탑재해 실전 배치할 경우 한국전쟁 때처럼 괌과 일본을 통해 미군과 유엔군을 한반도에 증원하려는 시도는 북한의 직접적 군사 위협과 직면하게 될 것이다. 또한 북한은 핵 협상을 고리로 삼아 미국과 평화협정을 체결하고 주한미군 철수를 실현하기 위해 노력하고 있다.

이런 북한의 주장은 최근 중국이 제시한 쌍궤병행(雙軌竝行) 전략과 흐름을 같이하고 있다. 중국은 북한의 핵과 미사일 개발 활동 중단과 한미연합 군사훈련 중단, 한반도 비핵화와 북·미 평화협정 체결을 동시적으로 추진하자고 주장하고 있다. 1993년 한국의 요청으로 미국은 1차 북핵 위기의 해법을 찾기 위해 한미 팀스피릿 군사훈련을 중단했다. 그 직후 1994년 제네바 협정이 체결되었지만 북한은 그 협정을 헌신짝처럼 버리고 비밀리에 핵 개발을 지속해 사실상의 핵보유국으로 등장했다. 이것은 한미연합 군사훈련 중단은 유화정책(appeasement policy)으로서 최근 북핵 위기의 해법이 되지 못한다는 것을 보여준다.

중국은 '한반도 비핵화'를 주장하면서도 북핵 폐기를 위해 적극적 노력은 하지 않고 북·미 간 평화협정을 주한미군 철수를 위한 수단으로 삼으려고 하고 있다. 중국은 유엔과 국제사회가 제재를 가하면 북한에 대한 지원을 계속하는 식으로 뒷문을 열어두어 국제사회의 제재를 무력화시켜 왔다. 또한 중국은 북한의 미사일 공격에 대응하는 한국과 주한미군의 방어용 무기인 사드(THAAD: Terminal High Altitude Area Defense) 배치에 반대하고 있다. 중국이 해야 할 일은 북한의 핵과 미사일 개발을 중단시키기 위해 국제사회의 제재 노력에 적극적으로 협력하는 것이다. 중국의 쌍궤병행 전략은 전혀 새로운 것도 없고 실현 가능성이 없는 방안으로 보아야 할 것이다.

마지막으로 핵무기는 북한 정권의 위신과 관련이 있다. 북한 전체주의 정권은 몽테스키외(Montesquieu)가 지적한 것처럼 '공포'를 지배 원리로 하는 집단이다. 그렇기 때문에 이 체제는 주민의 잠재적 저항에 만성적으로 직면해 있다. 이런 저항의 가능성을 차단하기 위해 북한 정권은 주민에 대한 정보 유입을 차단시킬 뿐만 아니라 여러 곳의 정치범 수용소에 10만 명이 넘는 주민들을 가두어두고 있다. 그러나 어떤 체제든지 공포만으로는 유지될 수 없다. 아무리 악한 체제라고 해도 그 체제의 위신을 유지하고 고양시키지 않으면 장기적으로 유지될 수 없다. 북한 정권이 핵실험과 미사일 발사 직후에 북한 주민에게 이를 대대적으로 선전하고 이를 지지하는 군중집회를 여는 것은 체제의 위신과 밀접한 연관성이 있다.

체제의 위신 고양에 관심을 두는 북한 정권과 비교해 볼 때 한국 사회는 언제부터인가 국가적 영광(glory)에 대한 관심이 없어져 버렸다. 이것은 국가의 생존과 번영 측면에서 심각한 문제다. 어떤 국가든 경제적 풍요만으로 만족하며 살 수는 없다. 그 이유는 게오르크 헤겔(Georg Hegel)의 지적처럼 국가는 인정(recognition)을 받으려고 하는 인간들로 구성된 공동체이기 때문이다. 한국은 북핵 위기에 직면해 수동적으로 대응하며 안보 무기력증에 빠질 것이 아니라 국민적 자부심을 회복해 능동적 대응 방안을 찾기 위해서라도 국가적 영광을 고양하기 위한 적극적 방안들을 모색해야 한다.

한국은 북핵 위기에 직면해 한반도상에서 핵전쟁을 막고 평화를 유지하면서 동시에 통일 전략을 수립하고 추진해야 하는 상황이다. 레몽 아롱(Raymond Aron)은 평화의 형태를 몇 가지로 분류하고 있다.[6] 여기에는 첫째, 세력균형에 의한 평화, 둘째, 헤게모니에 의한 평화, 셋째, 제국에 의한 평화, 넷째, 공포의 균형에 의한 평화, 다섯째, 동의에 의한 평화 등이 포함된다. 아롱의 분류에 한 가지 추가할 수 있는 것이 폴 케네디(Paul Kennedy)가 제시한 유화정책에 의한 평화다.[7]

---

6   Raymond Aron, *Peace and War*, translated by Richard Howard and Annette Baker Fox(Garden City: Doubleday, 1966), pp.150~162.

7   Paul M. Kennedy, "The Tradition of Appeasement in British Foreign Policy 1865~1939," *British Journal of International Studies*, Vol.2, No.3(October 1976), pp.195~215.

우선 국가들 사이의 '힘의 균형으로 유지되는 평화'는 불안정하고 전쟁을 완전히 제거할 수 없다. 세력균형은 국가의 독립성을 유지하고 패권 국가와 제국의 등장을 막기 위해 때로는 전쟁을 정책 수단으로 선택하지 않을 수 없다. 이런 불안정한 평화는 국제정치 현실을 무정부 상태로 규정하는 현실주의의 평화관이라고 할 수 있다. 한국전쟁 이후 북한의 핵 개발 이전까지 한반도상에서는 세력균형에 의한 평화가 유지되어 왔다. 그렇지만 북한의 핵 개발 이후 한반도 평화는 아롱이 말하는 '공포의 균형에 의한 평화'로 유지될 수밖에 없는 양상으로 전개되고 있다. 이런 형태의 평화를 논의하기 이전에 나머지 것들을 간단히 살펴보도록 하자.

한반도상에서 남북한 쌍방의 동의에 따른 현 상태(status quo) 유지에 남북한이 만족하며 평화가 유지될 가능성은 낮아 보인다. 냉전 종식 직후 남북한은 기본합의서와 비핵화 선언을 채택했지만 북한은 이를 어기고 비밀리에 핵 개발에 나섰다. 그러나 무엇보다 북한 전체주의 체제의 혁명적 성격 때문에 '동의에 의한 평화'는 실현되기 어렵다. 북한은 남한의 적화 통일을 체제 이념으로 삼고 있다. 이런 혁명적 명분을 포기하는 순간 북한 체제는 존속의 명분을 잃어버리고 말 것이다. 최근 북한이 핵무기가 단순히 체제 유지용이 아니라 남한 적화용이라고 공공연히 말하고 있는 것에서 북한 체제의 혁명적 성격이 분명하게 드러나고 있다.

다음으로 '헤게모니와 제국에 의한 평화'는 한국인이 개념적으로 의식하지는 못하지만 역사적으로 입증되는 사례들이다. 중국 중심의 조공 체제는 제국적 평화를 상징한다. 대동아공영권을 내세운 일본제국의 한국에 대한 식민지 지배가 또 다른 제국적 평화의 모습이다. 막강한 해군력을 바탕으로 제국의 평화를 구축한 19세기 영국 중심의 질서를 팍스 브리타니카(Pax Britannica)라고 부른다. 영국과 달리 중국과 일본의 제국적 평화는 아시아 지역에 국한된 패권적 평화였다. 중국 제국의 경우 구한말까지 유럽의 국제정치 체제와 전략적 상호작용이 없었다. 그렇기 때문에 우리가 흔히 '자기만의 세계'라고 하는 표현에서 알 수 있는 것처럼 과학기술이 발달하지 않아 국제정치 질서가 각각의 문명권으로 나누어져 있었을 때의 중화 질서를 제국적이라고 부르는 것도 가능하다. 그렇지만 실질적으로 중국 주도의 제국적 평화는 패권적 평화였다고 보아야 할 것이다.

이렇게 보면 조선왕조 이후 구한말을 거쳐 현재에 이르기까지 한반도는 패권 질서하에 놓여 있었다는 것을 알 수 있다. 중국 중심의 패권적 질서, 일본의 제국주의적 패권 질서, 미국과 소련의 냉전적 패권 질서, 미국 유일의 패권 질서를 거쳐 21세기에는 미·중 패권 경쟁 질서하에 한반도 전체가 놓여 있다. 물론 이들 패권 국가들의 체제 성격과 정책에 따라 그 질서의 성격이 '왕도적 패권'과 '패도적 패권'으로 나누어지고 전쟁과 평화가 되풀이된 것도 사실이다.[8]

여기서 최근 북핵 위기와 관련해 지적해 두려는 것은 한국인들이 역사적으로 패권에 의한 평화에 너무 익숙해져 있기 때문에 안보 위기가 발생했을 때 독자적 자구 노력이 능동적으로 이루어지지 않는 문제가 있지 않나 하는 점이다. 물론 주변 국가가 모두 제국적·패권적 위상을 가진 국가들이고 이들 모두를 향해 자력으로 세력균형을 취하는 것은 어렵기 때문에 사대주의나 용외세(用外勢) 정책을 추진해 온 것이 이해하지 못할 일은 아니다. 하지만 그렇다고 해도 지난 25년간 지속되어 온 북핵 위기에 대한 한국의 대응 방식을 보면 지나치게 수동적이며 의존적이라고 할 만하다. 한미 동맹을 중시하면서도 한미 간의 국력과 전략의 차이에서 오는 비대칭적 측면에 주목해 연합 방위 체제를 더욱 강화하고 대북한 억지력을 확보할 수 있는 한국의 독자적 전략이 미흡하다는 점이다.

특히 북한의 핵과 중장거리 미사일의 실천 배치가 현실화되는 시점에서 이들의 위치와 이동을 실시간으로 파악하기 위해서는 미사일 방어 체제 가입이 긴요함에도 불구하고 이런 결정은 이루어지지 않고 있다. 이런 상황은 1998년

---

8   이 구분은 김영호, 『대한민국과 국제정치』(성신여자대학교 출판부, 2012), 22~23쪽 참조.

북한의 대포동 미사일 발사 때부터 미·일 동맹을 강화하고 미사일 방어 체제를 적극적으로 구축해 나간 일본과 좋은 대조를 이룬다. 여기서 지적해 두고자 하는 것은 지난 역사에서 제국과 패권에 의한 평화에 한국인이 안주해 온 나머지 절체절명의 북핵 위기를 맞이해서도 지금처럼 수동적 대응에 급급하는 것이 아닌가 하는 점이다.

한반도의 지정학적 위상과 제국적·패권적 평화에 익숙했던 국가 안보 문화(national security culture)가 최근 북핵 위기에 대한 한국의 대응 방식에 지대한 영향을 끼치고 있다는 것을 알 수 있다.[9] 안보 정책이 표면으로 드러난 빙하의 일부라고 한다면 안보 문화는 그것을 떠받치는 수면 아래의 거대한 빙하라고 할 수 있다. 오랜 역사를 통해 형성되어 온 안보 문화와 특정 시기의 안보 정책을 구체적으로 연관시켜 논의하는 것은 학문적이자 정책적으로 매우 중요한 의미를 갖는다.

북핵 위기에 직면해 폴 케네디가 말한 '유화정책에 의한 평화론'마저 우리 사회에서 등장하고 있다는 것은 매우 우려스러운 일이다. 원래 유화정책은 특정 국가의 불만을 수용하고 일정한 양보를 통해 더 이상 전쟁과 분쟁이 확대되는 것을 막기 위한 정책이다. 역사적으로 보면 유화정책은 두 가지 양상을 띠고 있다. 우선 대영제국이나 중화 제국과 같은 제국들이 침략을 당했을 때 분쟁 확대를 막기 위해 주변부 영토의 일부를 포기하거나 조차를 허용하는 유화정책을 취하는 경우가 있다. 이런 정책으로 잠깐 동안은 제국 본국에 미치는 부정적 영향을 차단할 수는 있지만 궁극적으로는 적에게 유약하다는 인상을 심어주어 나라 전체가 분쟁에 휩싸이기 쉽다.

유화정책의 또 다른 패턴은 제2차 세계대전 직전에 유럽 국가들이 아돌프 히틀러(Adolf Hitler)의 위협에 직면하자 취한 조치들이다. 히틀러는 우드로 윌

---

9   Peter J. Katzenstein(ed.), *The Culture of National Security: Norms and Identity in World Politics*(New York: Columbia University Press, 1996), p.2.

슨(Woodrow Wilson)이 내세운 민족자결주의를 역이용해 오스트리아와 체코의 수데텐 지역을 강압적으로 합병해 나갔다. 이때 유럽 국가들은 히틀러의 요구를 수용하면 만족해 더 이상 팽창정책을 추진하지 않을 것으로 믿고 뮌헨 협정과 같은 유화정책을 추진했다. 그러나 히틀러는 이런 유화정책이 그의 팽창정책에 맞서 싸울 의사가 없는 것으로 판단하고 폴란드마저 침공하면서 제2차 세계대전을 일으키고 말았다. 그 뒤 유화정책은 현상 타파 국가의 침략과 팽창 유혹을 부추기는 매우 부정적 의미를 갖는 외교 전략으로 비판받고 있다.

북핵 위기와 관련해 전쟁을 피해야 한다는 추상적 평화 논리를 내세워 유화정책을 추진하는 것은 매우 위험하다. 지난 25년간 북핵 위기가 점진적으로 고조되어 가는 과정을 살펴보면 북핵은 협상용이라든지 경제 지원을 통해 핵폐기를 유도할 수 있다든지 하는 비현실주의적 사고와 정책이 오늘의 심각한 위기를 불러왔다는 것을 알 수 있다. 이렇게 보면 아롱이 지적하는 것처럼 북핵 위기의 심화와 함께 '공포의 균형에 의한 평화'가 한반도·동북아·세계 평화를 위해 추구되어야 한다는 것을 보여주고 있다. 핵보유국의 1차 공격 능력을 완전히 무력화시킬 수 있는 방어망 구축과 1차 공격의 피해를 최소화시킬 수 있는 확실한 방안이 확보되지 않는 한 공포의 균형에 의한 평화는 불안정할 수밖에 없다. 그렇지만 다른 대안이 없는 한 핵에 대해서는 핵으로 대응하는 공포의 균형을 통해 평화를 유지하면서 장기적 차원에서 통일을 모색해야 한다.

북핵 위기에 직면해 한국이 선택할 수 있는 방안으로 몇 가지가 있다.

첫째, 평화적 해결을 명목으로 핵을 가진 북한에게 스스로 항복할 것인가?

둘째, 북한의 핵 보유를 인정하고 북핵을 머리에 인 채로 북핵의 인질로 계속 살 것인가?

셋째, 미국의 핵우산 보호를 통해 북핵을 억지할 것인가?

넷째, 미국의 전술핵무기를 남한에 재도입하거나 스스로 핵무장해서 '공포의 균형'을 통해 대북한 핵 억지 체제를 구축할 것인가?

다섯째, 북한의 핵과 미사일 시설에 대해 선제 타격(preemptive strike)을 가하거나 예방전쟁(preventive war)을 감행할 것인가?

통일 전략의 관점에서 보면 첫째와 둘째 선택은 한국 주도의 통일을 포기하는 것으로 받아들일 수 없는 방안이다. 또한 셋째와 넷째 대안은 북핵에 대한 억지력 확보를 강조하고 있다. 그렇지만 이러한 대안들도 북한의 핵 보유를 인정하면서 한반도의 현 상태를 다른 차원에서 그대로 유지하는 데 불과하다. 대북한 핵 억지력이 확보된다고 해도 북한이 파키스탄처럼 계속해서 핵무기와 운반 수단인 미사일의 숫자를 늘려 나간다면, 그러한 현 상태는 정지된 상태가 아니라 더욱 악화일로를 걷는 상황일 것이다. 그렇게 악화된 현 상태는 통일 전략의 관점에서 보면 한국에게 매우 불리한 전략적 상황이라고 할 수 있다.

한국전쟁 직전과 닉슨 독트린에서 보는 것처럼 미국의 한반도·동북아 정책은 국제 정세와 국내 정치적 변수에 따라 얼마든지 한국에게 불리한 방향으로 전개될 수 있다. 또한 핵을 보유하게 된 북한이 남한에 대한 군사적 위협을 통해 남한으로부터 경제적 대가를 얻어내려고 할 가능성도 배제할 수 없다. 그렇게 되면 한반도는 중동처럼 만성적인 안보 불안 상태에 빠지고 말 것이다.

북한의 핵 시설에 대한 선제 타격 방안은 북한의 반격과 함께 한반도에서 또다시 전면전이 발생할 가능성을 배제할 수 없다. 이런 희생을 각오하고서라도 북핵 위기를 해결하겠다는 결의를 한국과 미국이 하기는 쉽지 않을 것이다. 미국 영토가 직접 공격받지 않았는데도 불구하고 미국이 선제공격에 나설 가능성은 낮아 보인다. 또한 미국이 냉전 종식 이후에 남한에서 철수시킨 핵무기를 재도입하기도 어려울 것이다. 그렇다면 한국은 미국의 핵우산 아래에서 대북한 핵 억지력을 확보하고 북한의 체제 변화를 도모하는 장기적 전략으로 나아갈 수밖에 없다.

북핵 위기와 관련해 우리가 경계해야 할 것은 양분법적 사고다. 북핵 문제 해결을 위해 전쟁을 할 것인가, 하지 않을 것인가? 북한을 핵보유국으로 인정할 것인가, 하지 않을 것인가? 이런 양자택일적 방안과는 달리 실제로는 양극단 사이에 수많은 전략적 옵션이 존재할 수 있다. 북핵 문제를 해결하고 통일을 모색해 가는 과정에서 양극단의 가능성을 배제하지 않으면서도 그 사이에 존재하는 창의적 전략들을 찾으려는 노력이 필요하다.

4 ∣ 결론

6차 핵실험 이후 북한이 사실상 핵보유국으로 등장하면서 통일 전략은 북핵 문제 해결 방안과 분리해서 생각할 수 없게 되었다. 앞으로 북핵 문제 해결에 대한 구체적 대안을 제시하지 않는 통일 전략은 비현실적일 뿐만 아니라 유화적 발상에 불과할 것이다. 이 점에서 앞서 지적한 것처럼 한반도 비핵화와 자유민주주의와 시장경제에 기초한 통일 전략을 강조한 2013년 한미 양국의 선언은 중요한 의미를 갖는다고 할 수 있다. 그렇지만 이 선언은 일반적 원칙을 제시했을 뿐 통일을 향한 구체적 전략을 제시하지 못했다는 한계점이 있다.

북핵 문제 해결과 관련해 한국, 미국, 유엔은 중국의 역할에 커다란 기대를 걸고 있다. 그렇지만 지금까지 수많은 유엔 제재 결의안이 통과되었지만 앞문을 막으면 뒷문을 열어두는 식의 중국의 미온적 태도 탓에 대북 제재안들은 소기의 목적을 거두지 못했다. 이런 중국의 미온적 태도는 북한 붕괴와 남한 주도의 통일이 중국의 국익에 부합하지 않는다는 측면이 있다는 것을 보여준다.

중국이 북한 붕괴와 한국 주도의 통일에 반대하는 이유로 여러 가지가 거론된다. 북한은 지정학적으로 중국에게 완충지대다. 중국은 장기적으로 남한까지 중국 중심의 패권적 영향권으로 흡수해 대만해협을 가로질러 '역애치슨 라인'을 그으려고 하고 있다. 또한 북한이 붕괴하면 중국의 동북 3성 지역으로 수많은 북한 난민이 들어올 수 있다. 이들은 단순한 난민이 아니라 전염병 등을 갖고 들어올 수 있는 위험도 매우 크다. 그렇기 때문에 중국은 북한이 핵 개발에 나서고 있다고 해도 북한에게 식량과 원유를 최소한으로 지원해 북한 체제를 유지하려고 하고 있다. 이렇게 보면 북한이 사실상 핵보유국으로 등장한 시점에서 통일 전략은 중국의 입장을 더욱 구체적으로 고려해야 한다는 것을 보여준다.

이와 관련해서 최근에 헨리 키신저(Henry Kissinger)와 존 볼턴(John Bolton)이 제시한 두 가지 방안을 검토해 보고자 한다. 우선 볼턴은 지난 25년간 북핵 폐기를 위한 대북 정책이 실패했고 더 이상 협상을 통해서는 이 문제가 해결될 수 없다는 점을 강조하고 있다.[10] 그는 북한의 붕괴는 난민 발생 등 중국에게 매우 부정적 영향을 미칠 것이기 때문에 중국은 남한 주도의 질서 있는 통일을 받아들여야 한다고 주장한다. 두말할 필요도 없이 통일 한국은 비핵화를 전제로 해야 한다. 다음으로 남는 문제는 주한미군 철수에 대한 중국의 요구다. 볼턴은 통일 이후 주한미군은 부산 지역으로 철수해 균형자로서 동북아 지역에서 발생할 수 있는 위기에 신속하게 대응할 수 있는 기동군의 역할을 해야 한다고 주장한다. 그의 주장은 한반도 비핵화와 한국 주도의 통일을 지지하면서도 중국이 요구하는 주한미군의 완전 철수에는 반대하는 것이 특징이다. 볼턴은 한반도 문제는 궁극적으로 미국과 중국이라는 두 강대국 사이의 합의로 이루어져야 한다는 것을 강조한다는 점에서 의미가 크다.

다음으로 키신저 역시 한반도 비핵화와 한국 주도의 통일을 동시에 강조하고 있다.[11] 그는 북한의 비핵화는 경제제재만으로는 절대로 해결될 수 없고 미국과 중국의 전략적 합의가 필요하다는 점을 강조한다. 나아가 그는 북·미 간 평화협정은 중국의 의혹을 불러일으킬 수 있기 때문에 북핵 문제 해결에 도움이 되지 않는다고 주장한다. 또한 그는 북핵 동결과 협상이라는 주장은 일본, 한국, 대만의 핵 개발을 부추기는 핵 도미노 현상을 불러오기 때문에 해결책이 될 수 없다고 본다. 그렇기 때문에 키신저는 한반도 비핵화와 한국 주도의 통일이 보장된다면 주한미군을 철수하는 문제를 진지하게 고려해야 한다고 주장

---

10 "News Daily," *Breitbart*, 11 August, 2017.

11 "Kissinger's solution," *JoongAng Ilbo*, 28 August, 2017.

하고 있다. 그의 주장은 통일 문제를 미국과 중국이라는 두 강대국의 합의로 해결할 수 있다는 '빅딜론'을 대표한다고 볼 수 있다.

볼턴과 키신저의 주장에서 보는 것처럼 주변 강대국들은 북한 비핵화에 대해서는 일치된 견해를 보이고 있다. 하지만 비핵화를 통한 통일 이후 주한미군의 역할이나 철수와 관련해서는 매우 다른 입장이다. 이런 강대국 중심의 빅딜론에 대응해 한국 주도의 독자적 북핵 해결 방안, 군사전략, 통일 전략의 모색이 그 어느 때보다 절실하다고 할 수 있다.

참고문헌

김영호. 2012. 『대한민국과 국제정치』. 성신여자대학교 출판부.
노재봉 외. 2015. 『정치학적 대화』. 성신여자대학교 출판부.
마키아벨리, 니콜로(Niccoló Machiavelli). 2011. 『군주론』. 박상섭 옮김. 서울대학교출판문화원.
이용희. 2013. 『일반국제정치학(상)』. 이조.

Aron, Raymond. 1966. *Peace and War*. translated by Richard Howard and Annette Baker Fox. Garden City: Doubleday.
Breitbart. 2017.8.11. "News Daily."
JoongAng Ilbo. 2017.8.28. "Kissinger's solution."
Katzenstein, Peter J.(ed.). 1996. *The Culture of National Security: Norms and Identity in World Politics*. New York: Columbia University Press.
Kennedy, Paul M. 1976. "The Tradition of Appeasement in British Foreign Policy 1865~1939." *British Journal of International Studies*, Vol.2, No.3(October).
Voegelin, Eric. 1990. "The Eclipse of Reality." in Thomas A. Hollweck and Paul Caringella(eds.). *What is History? and Other Late Unpublished Writings*. Baton Rouge: Louisiana State University Press.

제14장

문재인 정부의 평화정책 평가와 과제

서보혁(통일연구원 평화연구실 연구위원)

1 ┃ 서론: 논의 배경과 범위

북한은 2006년 10월 9일 최초로 핵실험을 감행한 이래 여섯 차례의 핵실험과 수십 차례의 탄도미사일 시험 발사를 통해 핵 보유 능력을 높여갔다. 김정은 정권은 핵 능력을 고도화한 상태에서 경제 건설을 추구하고 있지만 국제사회의 전방위 제재에 직면해 그 성과가 뚜렷하지 않다. 그사이 2017년 미국과 북한 사이의 대결은 한반도를 긴장으로 몰아넣었고, 그해 5월 출범한 문재인 정부는 한반도 평화 정착이 국가 생존과 국민 안전을 위한 최우선 과제로 보고 역점을 두고 다루어갔다. 2018년 들어 문재인 정부는 북한과 미국을 오가며 긴장을 완화시키고 북한의 평창 동계 올림픽 참가를 이끌어내면서 한반도 평화 프로세스를 가동하려고 했다. 그러나 2019년 2월 하노이 북·미 정상회담의 결렬로 평화 프로세스는 본격화되지 못하고 있는 상태다. 이에 문재인 정부가 추진해 온 한반도 평화정책을 잠정 평가해 볼 필요성을 갖는다.

그러나 이 글은 단지 지난 3년을 회고하는 데 그치지 않고 교착상태에 있는 비핵·평화 협상과 남북 관계를 활성화하는 데 필요한 과제를 생각해 보고자 한다. 한반도 평화 정착을 위해 한국과 관련 당사자들이 무엇을 해야 할지를 생각하기 위해 지난 몇 년 사이 일어난 합의와 실천, 그리고 교착상태를 살피는 작업은 의미가 있을 것이다.

학술적인 차원에서도 문재인 정부가 추구하는 '평화로운 한반도 만들기'는 기존의 전통적인 대북·안보 정책과는 다른 측면을 보여주고 있다. 문재인 정부의 정책에는 평화주의적 시각이 가미되어 있다. 평화주의는 평화를 평화적 수단으로 추구하는 입장을 가리킨다. 문재인 정부는 북핵 문제의 평화적 해결을 한반도 평화 프로세스의 제일 과제로 설정했다. 나아가 힘에 의한 평화를 포기하지 않으면서도 상호 이해를 통한 평화 구축의 길도 지지하고 있다.[1] 그러한 점에서 문재인 정부의 평화정책을 평화학의 시각에서 평가하는 것도 의미가 있다.

이 글의 범위는 문재인 정부가 출범한 뒤부터 지금까지 통일·외교·안보 정책 중 한반도 평화 정착과 직접 관련되는 정책 일부에 한정하고 있다. 한반도 평화 정착과 직접 관련 있는 정책에는 비핵화, 평화체제, 긴장 완화, 남북 관계, 북·미 관계, 역내 안정 등을 꼽을 수 있는데, 여기서는 비핵화, 평화체제, 긴장 완화에 초점을 두고 논의를 진행할 것이다. 이때 비핵화와 평화체제는 하나로 묶어 비핵·평화 분야로 다룰 것이다. 그 외의 세 분야는 앞의 분야와 밀접한 연관이 있거나(남북 관계, 북·미 관계), 다소 비중이 낮기 때문에 여기서 함께 다루지 않는다.

서론에 이어 2절에서는 문재인 정부의 정책 전개 과정을 정책 목표와 함께 회고한 뒤에, 3절에서는 그것을 평가하고 향후 과제를 제시해 보고자 한다. 논의의 효율을 위해 두 절의 논의는 각각 정책 목표와 방향, 비핵·평화 분야, 긴장 완화 분야로 전개할 것이다. 4절에서는 가능한 요약과 결론을 맺을 것이다.

본론에 들어가기에 앞서 '평화체제'라는 용어 사용에 관해 언급해 두고자 한

---

1   청와대, "국민을 위한 평화"(문재인 대통령의 노르웨이 오슬로 포럼 기조연설), 2019년 6월 12일.

다. 일반적으로 평화체제는 평화를 회복하고 유지해 나가는 유무형의 제반 노력과 그 지속 가능한 상태를 말한다. 여기에는 평화조약, 정전협정, 평화관리위원회 같은 가시적 측면과 함께 평화 의식, 평화 문화, 분쟁의 평화적 해결 원칙 등과 같은 묵시적 측면을 포괄한다. 그렇게 볼 때 지금까지 한반도 평화체제 논의는 대부분 가시적 측면, 혹은 위로부터의 시각이 중심이었다고 볼 수 있다. 이 글에서 한반도 평화체제는 정전체제를 대체하고 평화가 실질적이고 제도적으로 보장된 상태로 정의하고 있는데, 역시 제도 중심의 특징(혹은 한계)에서 벗어나지 못하고 있는 것이 사실이다. 다만 평화주의 시각에서 문재인 정부의 정책을 성찰함으로써 그런 한계를 극복할 단서를 찾아보고자 한다.

2 ┃ 문재인 정부의 평화체제 구축 정책

1) 정책 목표와 방향

청와대 국가안보실이 2018년 발간한 공개 문서에는 국가 안보 전략을 국가 비전-국정 목표-국가 안보 목표-국가 안보 전략 기조-국가 안보 전략 과제로 구성하고 있다. 문서는 문재인 대통령이 서문을 집필했다. '국민의 나라 정의로운 대한민국'으로 설정한 국가 비전은 다섯 개의 국정 목표로 구체화되는데 그중 하나가 '평화와 번영의 한반도'다.[2] 이 비전을 구현하는 내용이 국가 안보 목표와 국가 안보 전략 기조에 각각 제시되어 있고, 국가 안보 전략 과제에는 '한반도 비핵화와 항구적 평화 정착 추진'으로 제시되어 있다. 그리고 이 과제

---

2 나머지 네 개의 국정 목표는 국민이 주인인 정부, 더불어 잘 사는 경제, 내 삶을 책임지는 국가, 고르게 발전하는 지역 등이다. 청와대 국가안보실, 「문재인 정부의 국가안보전략」(2018. 12), 23쪽.

는 평화적 접근을 통한 북핵 문제 해결, 한반도 평화체제 구축, 군사적 신뢰 구축 및 군비 통제 추진 등으로 달성한다는 구상을 밝히고 있다.[3]

문재인 정부는 출범부터 북핵 문제의 평화적 해결을 위해 '평화와 번영의 한반도' 구현을 최우선 목표로 설정했다. 이를 위해 북한의 도발에는 한미 동맹과 제재 등으로 단호히 대응하면서도 북한이 핵을 포기하면 누릴 밝은 미래를 제시하며 대화와 협력의 기회를 넓히는 데 주력했다. 또 문재인 정부는 비핵화는 한반도 평화체제 구축, 남북 관계 및 북·미 관계의 발전 등 관련 사안들과 함께 포괄적이고 선순환적으로 추진한다는 입장을 밝혀왔다. 이는 북핵 우선, 대북 압박 위주의 이전 정부들과 크게 차이나는 점이다.

한반도 평화체제는 정전체제를 전환해 전쟁 종식은 물론 공존공영의 남북 관계가 안정적이고 지속 가능한 상태를 말한다. 이를 위해서는 정전협정을 평화협정으로 전환하기 위해 관련 당사자들(남·북·미 3자 혹은 남·북·미·중 4자) 사이의 신뢰 증진, 적대 관계 청산, 교류·협력 등이 일어나야 한다. 그와 동시에 비핵화가 이루어져야 평화체제를 전망할 수 있다. 그래서 한반도에서 평화체제는 비핵·평화 체제로 접근할 수밖에 없다. 그리고 한반도 평화체제는 동북아 다자 안보 협력 논의와 연계해 접근할 성질이기도 하다.

문재인 정부가 추진하는 군사적 신뢰 구축과 군비 통제 역시 이전 정부에서는 적극 추진하지 않았던 분야다. 남북한은 2018년 9·19 남북 군사 합의와 그 직후의 초보적인 이행을 통해 남북한이 주도하는 긴장 완화의 가능성을 열어놓았다. 긴장 완화를 위해 문재인 정부는 남북한 간 군사적 신뢰 구축은 물론 경제협력을 비롯한 각종 남북 교류·협력, 인도적 문제(국군 포로 생사 확인과 귀환, 전사자 유해 발굴과 송환 등)의 해결 노력, 접경 지역에서의 산림·보건·방재

---

3 나머지 네 개의 국가 안보 전략 과제는 지속 가능한 남북 관계 발전 및 공동 번영 실현, 한미 동맹 기반 위에 우리 주도의 방위 역량 강화, 국민과 국익 중심의 실용 외교 추구, 안전한 대한민국을 위한 국가 위기관리 체계 강화다. 같은 책, 32, 37~43쪽.

협력 등 다양한 비군사적 방법들을 적극 강구하고 있다.

문재인 정부가 추진하는 '평화와 번영의 한반도'는 '정의로운 대한민국'의 구현은 물론 한반도 미래 100년의 비전, 곧 '신한반도 체제'와 맞닿아 있다. 2019년 3·1절 기념사에서 문재인 대통령은 신한반도 체제를 남북 관계 발전 → 북·미 및 북·일 관계 정상화 → 신동북아 평화·안보 질서 → 동아시아 철도·에너지·경제 공동체 → 다자 평화·안보 체제로의 발전을 전망하고 있다.[4] 이런 구상 속에서 평화체제 구축은 "남북이 국제 정세에 휘둘리지 않고 한반도 문제의 주인이 되는 길이고 공동 번영과 통일로 나아가는 길"로 인식되고 있을 만큼 문재인 정부의 국가 안보 전략에서 중요한 위치를 차지하고 있다.[5]

2) 비핵·평화 분야의 전개 과정

문재인 정부의 등장 이후 비핵·평화 분야에서 관련국 정상들이 공개 합의한 사례가 세 차례 있는데, 모두 2018년의 일이다. 먼저 남북한 사이에서는 판문점 공동선언과 평양 공동선언이 있었다. 판문점 공동선언에서는 군사적 긴장 완화와 전쟁 위험 해소, 항구적이며 공고한 평화체제 구축 협력, 완전한 비핵화를 통한 핵 없는 한반도 실현 목표 확인 등이다. 평양 공동선언에서는 한반도 전 지역에서 전쟁 위험 제거와 적대 관계 해소, 핵무기와 핵 위협 없는 한반도 만들기가 합의되었다. 한편 싱가포르 북·미 공동성명에서 "트럼프 대통령은 북한에 대한 안전보장을 약속했고, 김정은 위원장은 한반도의 완전한 비핵화에 대한 그의 확고한 의지를 재확인했다". 합의된 네 개의 항 가운데 북·미

---

4 청와대, "제100주년 3·1절 기념식 기념사", 2019년 3월 1일, http://www.president.go.kr (검색일: 2020년 6월 2일).

5 청와대, 2018년 9월 17일 수석보좌관회의에서 문재인 대통령의 발언, http://www.president.go.kr (검색일: 2020년 6월 2일).

는 평화체제 구축, 북한은 완전한 비핵화 노력을 공약했다.

이렇듯 남북 및 북·미 간의 비핵·평화 협의는 문재인 정부의 적극적인 역할 수행에 따라 연쇄적으로 진행되었다. 일련의 정상회담을 통해 비핵·평화는 이전의 선후 관계에서 병행 추진 과제로 공감대가 형성되었다. 문재인 정부는 기회가 있을 때마다 '평화로운 한반도'를 수립하는 3대 핵심 과제로 비핵화, 평화체제, 남북 관계 발전을 제시하며 비핵·평화 체제의 전망을 공식화했다. 이러한 언명에서 보듯이 비핵·평화는 남북 관계와 북·미 관계의 발전과 연동되어 있다. 한국전쟁 이후 최초로 열린 싱가포르 북·미 정상회담에 즈음해 문재인 대통령은 "북핵 문제와 적대 관계 청산을 북·미 간의 대화에만 기댈 수는 없"다고 전제하고, "남북대화도 함께 성공적으로 병행해 나가야" 한다고 강조하며 남북 관계와 북·미 관계 발전의 병행을 희망했다.[6]

비핵·평화 체제를 추진하는 방안으로 북한은 핵·미사일 무기 및 프로그램 폐기, 미국은 대북 안전보장과 제재 해제, 북·미 관계의 정상화, 한국을 포함한 국제사회는 대북 경제 지원과 협력 등이 거론되어 왔다. 문재인 정부가 추진한 비핵·평화 정책은 2018년 말에 가시적인 성과를 내기 시작했다. 문재인 대통령은 9·19 평양 정상회담을 가진 뒤에 미국 워싱턴을 방문한 자리에서 그 성과를 다음과 같이 소개했다.

북한은 핵실험장을 폐기했으며 미군 유해를 송환하고 9·9절 열병식에서 중장거리 미사일을 동원하지 않는 성의를 보여주었습니다. 지난주 나는 평양에 있었습니다. 김정은 위원장과 세 번째 남북 정상회담을 갖고 평양 공동선언을 발표했습니다. 김 위원장은 한반도를 핵무기와 핵 위협이 없는 평화의 땅으로 만들겠다고 직접 발표했고, 가능한 한 빠른 시기에 비핵화를 끝내고 경제 발전에

---

6 청와대, 2018년 6월 11일 수석보좌관회의에서 문재인 대통령의 발언, http://www.president. go.kr (검색일: 2020년 6월 2일).

집중하고 싶다는 희망을 밝혔습니다. 북한은 2017년 11월 이후 핵과 미사일 도발을 중단했습니다. 국제사회가 지켜보는 가운데 풍계리 핵실험장도 폐기했습니다. 이번에 북한은 비핵화의 빠른 진전을 위해 우선 동창리 미사일 엔진 시험장과 미사일 발사대를 유관국 전문가들의 참관하에 영구적으로 폐기하기로 확약했습니다. 또한 북·미 정상회담의 합의 정신에 따라 미국이 상응하는 조치를 취한다면 영변 핵 시설의 영구 폐기를 포함한 추가적 비핵화 조치를 계속 취할 용의가 있음을 천명했습니다.[7]

도널드 트럼프(Donald Trump) 미국 대통령도 싱가포르 북·미 정상회담 이후 북한의 핵·장거리 미사일 실험 중단, 미군 억류자·전사자 유해 송환이 아무런 대가 없이 이루어졌다고 수차례 언급했다. 북한의 이러한 조치들은 북한의 평창 동계 올림픽 참가 유도를 시작으로 한 문재인 정부의 일관된 긴장 완화와 비핵·평화 정책의 성과임에 틀림없다.

3) 긴장 완화 분야의 전개 과정

2018년 남북한의 군 최고 결정권자들이 '역사적인 판문점선언 이행을 위한 군사분야 합의서'(이하 9·19 남북 군사합의서)를 채택한 것은 남북한 간에 재래식 전력에 대한 군비 통제의 가능성을 보여주었다(〈그림 14-1〉 참조).

9·19 평양 공동선언과 남북 군사합의서가 채택된 것은 과거에는 없었던 사례로 비핵화-평화체제-남북 관계 발전-군비 통제를 하나에 담은 최초의 포괄 합의였다. 물론 남북한 간에 군비 통제 논의가 없었던 것은 아니다. 그러나 그것은 한국전쟁 이후 40년 가까이 지나서였다. 1990년대 초·중반 들어 남북한

---

7   청와대, "문재인 대통령, 미국 외교협회(CFR)·코리아소사이어티(KS)·아시아소사이어티(AS) 공동 연설", 2018년 9월 25일, http://www.president.go.kr (검색일: 2020년 6월 2일).

그림 14-1 '역사적인 판문점선언 이행을 위한 군사분야 합의서'의 내용

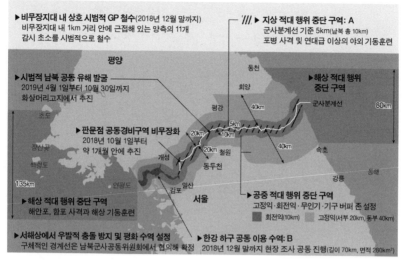

▶ 비무장지대 내 상호 시범적 GP 철수(2018년 12월 말까지)
비무장지대 내 1km 거리 안에 근접해 있는 양측의 11개
감시 초소를 시범적으로 철수

▶ 시범적 남북 공동 유해 발굴
2019년 4월 1일부터 10월 30일까지
화살머리고지에서 추진

▶ 판문점 공동경비구역 비무장화
2018년 10월 1일부터
약 1개월 안에 추진

▶ 해상 적대 행위 중단 구역
해안포, 함포 사격과 해상 기동훈련

▶ 서해상에서 우발적 충돌 방지 및 평화 수역 설정
구체적인 경계선은 남북군사공동위원회에서 협의해 확정

▶ 지상 적대 행위 중단 구역: A
군사분계선 기준 5km(남북 총 10km)
포병 사격 및 연대급 이상의 야외 기동훈련

▶ 해상 적대 행위
중단 구역

▶ 공중 적대 행위 중단 구역
고정익·회전익·무인기·기구 버퍼 존 설정
회전익(10km)   고정익(서부 20km, 동부 40km)

▶ 한강 하구 공동 이용 수역: B
2018년 12월 말까지 현장 조사 공동 진행(길이 70km, 면적 280km²)

평양 / 평강 / 동천 / 회양 / 초도 / 장산곶 / 백령도 / 135km / 연평도 / 개성 / 김포 / 일산 / 서울 / 동두천 / 철원 / 군사분계선 / 속초 / 강릉 / 동해 / 40km / 5km / 10km / 20km / 40km / 80km

자료: ≪연합뉴스≫, 2018년 9월 19일 자.

은 남북 고위급회담 8회와 군사분과위원회 14회 등 총 22차례의 회의 및 접촉을 통해 군비 통제를 논의했다. 그중 남북 기본합의서와 불가침 부속합의서 채택은 의미가 컸다. 그러나 대부분의 합의는 초보적이고 원칙적이었으며 이행은 이루어지지 못했다. 남북 군사 회담이 본격화된 것은 2000년 6·15 공동선언 이후였는데, 대부분 남북 교류·협력의 군사적 보장이 의제였다. 그러나 남북 관계의 부침에 따라 긴장 완화를 위한 군사 협력은 미미했다.

문재인 정부 들어 남북한 간 긴장 완화의 계기는 북한이 평창 동계 올림픽에 참가하기로 결정한 것이다. 남북한은 상호 비방을 중단했고, 판문점 정상회담 직후에는 비방 시설을 철거했다. 9·19 남북 군사합의서에는 분단 이후 최초로 육해공 3차원과 비무장지대(DMZ) 등지에서 실행할 긴장 완화 방안이 담겼다. 1년간 진행된 그 이행 실태에 대해 정경두 국방부 장관은 다음과 같이 보고한 바 있다.

먼저 지난해 11월 1일부로 지상, 해상, 공중에서의 상호 적대 행위를 중지했으며, 판문점 공동경비구역(JSA)을 비무장화하고, 남북한 지역 '공동 경비'와 자유 왕래를 위한 준비를 마쳤습니다. 또한 남북 군사력이 첨예하게 대립하고 있는 비무장지대(DMZ)를 실질적인 비무장 완충 구역으로 환원시키기 위해 감시 초소 일부를 시범적으로 철수했고,[8] ……. 남북 공동 유해 발굴을 위해 비무장지대 내에는 최초로 남북을 잇는 도로가 연결되었습니다. 이후 우리 군이 먼저 6·25전쟁 이후 최초의 비무장지대 내 유해 발굴을 시작하여 지금까지 1600여 점의 유해를 발굴했습니다. 아울러 남과 북이 함께 한강 하구 공동 수로 조사를 실시하고 해도를 공유하는 등 자유항행 준비를 마쳤습니다.[9]

2018년 남북 관계 개선 과정에서 나타난 특징 중 하나는 정치적 신뢰 구축이 군사적 신뢰 구축으로 이어졌다는 점이다. 지난 시기 남북 관계가 개선되었을 때는 경제적·사회문화적 측면에서 신뢰가 높아졌지만 군사적 신뢰 구축은 찾아보기 어려웠다. 가장 민감한 군사영역은 뒤로 미루는 경향도 한몫했고, 북핵 문제의 엄중함도 제약 요소로 작용했다. 그에 비해 9·19 남북 군사 합의는 북한 최고 지도자가 내건 "완전한 비핵화" 공약과 초보적인 조치, 그리고 최초의 북·미 정상회담 개최 등과 같은 상황이 호조건으로 작용했다. 한국은 전쟁 재발 방지, 남북한 간의 전반적인 협력 보장, 비핵화 견인 등을 배경으로 군사적 신뢰 구축에 적극적인 자세를 보였다. 북한 역시 남북 간에 군사적 신뢰 구축이 긴장 완화를 가져오고 그것이 경제 건설 총력 노선에 유용하다고 판단했을 것이다. 9월 19일 문재인 대통령과 김정은 위원장이 평양 공동선언을 발표했다. 그 직후 문재인 대통령이 평양 릉라도5월1일경기장에 모인 수만 명의

---

8 시범 철수한 감시 초소는 11개로 그중 하나는 기억을 위해 보존하기로 했다.
9 국방부, "정경두 국방부 장관의 '9·19 남북 군사합의서 1주년 세미나' 축사", 2019년 9월 16일, http://www.mnd.go.kr (검색일: 2020년 6월 3일).

평양 시민들에게 "오늘 김정은 위원장과 나는 한반도에서 전쟁의 공포와 무력 충돌의 위험을 완전히 제거하기 위한 조치들을 구체적으로 합의했습니다"[10]라고 말한 것은 정치적 신뢰와 군사적 신뢰의 시너지를 극적으로 보여주었다.

3 ı 정책 평가와 향후 과제

1) 정책 목표와 방향

문재인 정부가 천명한 국가 안보 전략 전반과 그 속에서 '평화와 번영의 한반도' 실현을 위한 비핵·평화 체제 추진은 타당하다. 그리고 정부는 관련국들과의 긴밀한 소통과 대내외적 설득으로 이 같은 방향성에 대한 공감대를 얻어냈다고 볼 수 있다. 그러나 주요 사항에 대한 세부 전략에서는 한계를 드러내 평화 프로세스의 교착을 초래하기도 했다. 그 결과 한반도 평화 프로세스는 담론의 과잉과 실행의 한계 사이에 큰 격차를 보이고 있다.

첫째, 정부는 한반도 평화 프로세스의 세 축(비핵화, 평화체제, 남북 관계) 사이의 선순환 관계 형성을 강조해 왔다. 그럼에도 비핵화가 셋의 관계를 주도하는 비중을 점하고 있는데, 이 점을 정책에 적극 반영하지 않고 선순환을 강조하거나 북·미 협상에 의탁하지 않았나 생각해 볼 수 있다.

둘째, 평화 프로세스의 세 축 사이의 선순환 관계를 형성하려고 노력했지만 북한과 미국을 만족시키는 적정 중재안을 제시하지 못했다. 종전 선언, 제재 완화, 대북 인도적 지원 등의 방안이 시점과 조건은 물론 북·미 양측과의 조율 부족으로 그 타당성에도 불구하고 합의에 이르지 못했다.

---

10 "文대통령, 15만 평양시민 앞 연설 '전쟁 공포, 무력 충돌 위험 완전 제거'", ≪국민일보≫, 2018년 9월 19일 자.

셋째, 남북한 간 신뢰 제고에 한계를 보였다. 여기에는 무엇보다 북·미 협상이 준 영향이 일차적으로 작용했다. 그럼에도 남한이 제재 국면의 제약을 돌파·우회하며 대북 지원과 교류·협력에 적극 나서지 못했다는 지적이 일었다. 또 비록 초보적인 수준이지만 북한의 비핵화 조치에 대해 남한이 자체적으로 상응하는 조치나 미국의 상응 조치를 유도하는 데 한계를 보였다. 이런 성찰을 바탕으로 다음에서는 비핵·평화, 긴장 완화 두 영역에서 지난 3년을 평가하고 과제를 간략히 검토해 보고자 한다.

2) 비핵·평화 분야

현재까지 진행된 비핵·평화 프로세스는 초보적이다. 물론 북핵의 고도화와 전쟁 위기를 중단하고 2018년 이룬 초보적인 성과는 결코 작은 것이 아니다.

먼저 정치적 측면에서의 성과는 남북 및 북·미 정상회담을 개최하며 세 당사국들 사이의 정치적 신뢰를 형성하고, 비핵화, 평화체제 수립, 관계 발전을 동시 과제로 포괄 접근하는 데 합의한 점이다. 이런 정치적 성과를 군사기술적 성과보다 높이 평가할 만하다. 남북 정상 간 신뢰, 김정은 위원장의 비핵화 공약, 트럼프 대통령의 북·미 협상 지속 의향 등이 확인되었다. 물론 하노이 북·미 정상회담(2019.2.27~28) 뒤에 그러한 전망은 약화되었다.

그럼에도 한국전쟁 이후 처음으로 가진 2018~2019년의 북·미 정상회담은 양측이 상호 제일 관심사를 병행 추진하는 데 합의한 사실 자체로 높이 평가할 만하다. 특히 미국이 북한의 주권과 최고 지도자의 권위를 인정한 것이 인상적이다. 다만 군사적·경제적 측면에서의 주권 존중이 남아 있다. 미국이 북한에 대한 주권 존중을 전면적으로 하지 않으면 북한 정권은 위협 인식이 높아져 비핵화 속도를 늦추거나 "새로운 길"을 검토할 것이다.

둘째, 군사기술적 측면에서 2018년의 성과는 북한의 핵과 미사일 시험 중단, 핵실험장 폐기, 동창리 미사일 발사대의 일방적 폐기 의사, 영변 핵 시설

조건부 폐기 의사 등이다. 그러나 하노이 북·미 정상회담 결렬로 양측은 상대방에게 먼저 행동할 것을 요구해 왔다. 하노이 북·미 정상회담이 사전 실무 접촉에서 비핵화 로드맵을 합의하지 못하고 개최된 것은 큰 문제였다. 그로부터 7개월 뒤에 열린 스톡홀름 북·미 실무 접촉(2019.10.5)도 합의 없이 마쳤다.

앞으로 비핵·평화 프로세스는 비핵화, 평화체제, 군비 통제, 대북 제재, 남북 관계, 북·미 관계 등 여섯 개 영역이 맞물려 전개될 것이다. 물론 이 중 선도 부문은 비핵화, 평화체제를 묶은 비핵·평화 협상이다. 나머지는 비핵·평화 협상의 영향을 받을 것이다.

향후 과제를 다시 정치적·군사기술적 측면에서 생각해 보자.

첫째, 정치적 과제는 남북 및 북·미 대화 동시 재개와 보조적으로 남·북·미(·중) 다자 회담의 모색이다. 한미, 남북, 북·미, 세 양자 관계의 선순환이 비핵·평화 체제 수립을 향한 최대의 정치적 목표다. 한미 대북 정책 워킹 그룹, 남북 군사공동위원회, 북·미 고위급회담을 동시에 가동해 비핵·평화 협상을 다시 본격화한다. 이 세 채널이 동시에 움직이고 비핵·평화 프로세스가 활성화되면 남·북·미 3자 간 군사 채널을 가동할 수 있다. 그리고 2021년 5·21 한미 정상회담에서 남북 관계 개선의 필요성에 대한 공감대가 형성되어 향후 한국의 역할이 주목받게 되었다.

둘째, 군사기술적 과제로는 동결-폐기-검증을 연속적으로 추진하는 것이다. 먼저 김정은 위원장이 완전한 비핵화 공약을 재확인하고 미국과 핵 협상 재개 의사를 밝히는 것이 필요하다. 이를 위해 한·미·중이 김정은 위원장이 움직일 명분을 제공해 주어야 한다. 그러면 북한이 핵 동결과 함께 부분 핵 폐기 공약을 실행해야 한다. 현재 북핵은 핵실험 유예(moratorium)를 하고 있을 뿐 핵 개발은 계속하고 있다. 그래서 미국은 북한의 비핵화 공약을 의심하고 일괄적인 비핵화론이 높아져 왔다. 하지만 비핵화 절차와 북핵 문제의 복잡성을 감안할 때 동결-폐기-검증의 3단계 연속 과정을 우회하거나 대체할 방안은 존재하지 않는다. 다행히 바이든 행정부가 단계적 북핵 정책을 표방하고 있어

북·미 간에 재협상 가능성이 열렸다.

비핵·평화 프로세스의 계속 추진을 위한 주요 과제는 앞서 북한의 가시적인 비핵화 조치가 불가역적인지, 상대방이 내놓을 반대급부가 적정한지에 달려 있다. 핵 동결과 부분 핵 폐기가 동시에 이루어지도록 한국과 미국은 조율된 유도 방안을 제시해야 한다. 그런 방안에 대북 제재 완화, 종전 선언, 북·미 연락 사무소 개소를 검토할 만하다.

3) 긴장 완화 분야

9·19 남북 군사 합의 이행으로 한반도에서 발생한 긴장 완화의 효과는 작지 않다. 가장 먼저 지적할 것은 전쟁 발발을 포함한 군사적 충돌 위험성이 거의 사라졌다는 점이다. 이것은 2017년 한반도 위기와 비교하면 분명한 차이이며 남·북·미 정상들의 (재)확인 언급과 공약 준수로 지속가능성을 더해주고 있다. 물론 2019년 하노이 북·미 정상회담이 결렬된 뒤에 북한이 10여 차례 감행한 단거리 미사일과 방사포 시험 발사가 군사 합의를 위반했는지를 둘러싸고 논란이 일 수는 있다. 군사 합의에는 단거리 발사체와 관련된 내용은 없지만, 군사합의서 제1조를[11] 감안할 때 군사 합의의 취지를 거스르고 있다는 비판은 가능할 것이다.

특히 해상에서의 적대 행위 중단으로 남북 어민들의 조업이 안정적으로 진행되고, 접경 지역 주민들이 안심하고 생계 활동을 전개할 수 있게 되었다. 평화가 경제를 선도하는 양상인 평화 경제의 가능성을 보여준 것이다. 접경 지역 지방자치단체들을 포함해 남한의 모든 지자체들이 남북 교류·협력을 준비하는 현상도 긴장 완화가 만들어낸 새로운 모습이다. 물론 제재 국면에서는 이런

---

11 9·19 남북 군사합의서 제1조 "남과 북은 지상과 해상, 공중을 비롯한 모든 공간에서 군사적 긴장과 충돌의 근원으로 되는 상대방에 대한 일체의 적대행위를 전면 중지하기로 하였다".

현상이 실제 남북 협력으로 연결되지 않고 있다. 그러나 비핵·평화 프로세스가 본격화될 경우에 대비해 남북 교류·협력을 구체적으로 준비하는 것은 의미 있는 자세다. 최근 정부의 '남북교류협력법' 개정안에서 보듯이 지자체는 독자적인 행위 주체로 인정받고 있다.

그러나 현재까지 진행된 남북한 간 긴장 완화 노력은 기대만큼 만족스럽지 않다. 9·19 남북 군사합의서상의 다섯 개 합의 분야 중 적대 행위 전면 중지만 완료되었고, 나머지 네 개 분야는 부분 실행되거나[12] 실행되지 않은 분야도 있다.[13] 평화 수역 및 시범 공동 어로 구역 설정 및 운용은 남북 군사공동위원회에서 협의해 확정하기로 했는데 군사공동위원회는 한 번도 열리지 않았다. 이 문제는 해상 경계선이 획정되지 않은 가운데 추진할 성질이어서 군사합의서의 내용 중 가장 민감한 부분이다.

지금까지 남북한 간 긴장 완화 노력은 구조적 군비 통제는커녕 운용적 군비 통제 수준에서도 만족스럽지 못하다. 군사 정보 교환이나 훈련 통보 혹은 참관은 이루어지지 않고 있다. 이를 관장할 남북 군사공동위원회가 운용되지 않고 있다. 이렇게 된 데에는 군사적 신뢰 구축에 관한 남북한의 의지와 상호 협상 준비가 잘되지 않은 점을 원인으로 꼽을 수 있다. 더욱이 북한과 미국의 비핵·평화 협상의 정체가 미치는 영향도 무시할 수 없다. 하노이 북·미 정상회담에서 보듯이 비핵화 협상이 기대한 만큼 진전되지 않을 경우 긴장 완화의 길은 험난할 것이다.

하노이 북·미 정상회담이 성과 없이 끝난 뒤에 비핵·평화 프로세스는 정체되어 있다. 남북한 간의 긴장 완화 노력도 진전을 보이지 못하고 있다. 하노이 북·미 정상회담 직후 한국 정부는 2019년 3월 6일 한국전쟁 전사자 유해 공동

---

12 비무장지대의 평화지대화를 위한 군사적 대책, 교류·협력 관련 군사적 보장, 군사적 신뢰 구축을 위한 다양한 조치.
13 서해 북방 한계선 일대에 평화 수역 조성 및 안전한 어로 활동 보장.

발굴단을 80~100명 규모로 구성했다고 북한에 전달하며 공동 발굴을 추진했지만, 북한이 이에 호응하지 않으면서 하노이의 그늘이 드리워졌다.[14] 남북 군비 통제가 북한과 미국의 비핵·평화 협상의 제약을 받기 시작한 것이다.

이를 전제로 하고 향후 남북 군비 통제가 추진할 과제를 당면 과제와 중·장기 과제로 나누어 생각해 보자. 먼저 당면 과제는 9·19 남북 군사 합의의 전면 이행이다. 구체적으로 다음 네 가지 과제를 제시해 본다.

첫째, 비무장지대의 평화지대화를 완성하는 일이다. 이는 정전협정상의 비무장지대를 정상화하는 일을 넘어 평화체제로 가는 징검다리다. 그 과정에서 남한-북한-유엔사령부(사실상 미국) 사이의 소통이 활성화되고, 긴장 완화는 물론 정전체제의 평화체제로의 전환 가능성을 예비한다는 의미가 있다. 비무장지대와 그 일대의 활용 방안을 둘러싸고 국내에서는 'Great Peace Zone', 역사·생태 지대화, 남북 공동 농업 지구 개발 등 다양한 의견이 제시되고 있다. 이를 위해 남북이 공동으로 비무장지대를 유네스코 복합 문화유산으로 등재하는 방안은 그 자체의 의미와 함께 전 세계를 향해 한반도가 더 이상 분쟁 지역이 아니라 평화지대로 변화하고 있음을 보여줄 수 있다. 비무장지대의 활용을 준비하는 과정은 처음부터 민간과 국제기구의 참여를 함께 보장해 비무장지대가 지속 가능한 평화 구축의 토대가 되기를 기대한다. 문재인 대통령이 밝힌 비무장지대의 국제 평화지대화 제안도 그런 취지를 담고 있다. 이를 위해 비무장지대와 그 일대에 지뢰 제거를 적정하게 이룬 뒤에 가칭 '한반도-세계평화센터'를 만들어 노벨 평화상을 받은 생존 인사들이 그곳의 상임 고문을 맡고 역시 상을 받은 국제기구들이 한반도 지부를 만들어 센터에서 공동으로 평화연구와 교육·문화 사업을 진행하는 것을 적극 검토할 만하다.

둘째, 남북한 간에 군사적 긴장 완화가 중요한 과제로 부상할 것이다. 서울

---

14 남북은 9·19 남북 군사합의서를 채택하면서 2019년 2월 말까지 공동 유해 발굴단을 각각 구성해 상호 통보하기로 합의한 바 있다.

과 평양 간의 거리가 200킬로미터가 되지 않는 상황에서 비무장지대의 평화지대화도 중요하지만, 이 구간에서 군비 통제가 되지 않는다면 군사적 불신과 긴장은 계속될 것이다. 향후 남북 군사 회담의 주요 의제는 9·19 남북 군사 합의의 이행과 함께 접경 지역 군사력의 후방 배치 논의가 되어야 한다. 비무장지대의 평화지대화가 1단계 긴장 완화 방안이라면, 2단계로 서울-평양 안전 지대화 방안을 준비할 수 있을 것이다. 이것은 한반도에 대한 국제사회의 인지도를 긍정적인 방향으로 높여 남북한 각각의 경제 발전은 물론 한반도 차원의 평화 경제에도 기여할 것이다. 개성 공단의 재개 및 확대와 함께 개성을 남북 교류·협력의 센터로 발전시키는 방안, 2차 남북 정상회담에서 밝힌 '해주 지역과 주변 해역을 포괄하는 서해평화협력특별지대' 설치도 검토해 볼 만하다.

셋째, 앞 논의의 연장선상에서 서해 평화 수역과 남북 공동 어로 구역 설치 문제다. 이는 두 차례의 남북 정상회담에서 합의한 바 있지만 실행되지 못하고 있다. 정전협정에서 관련국들이 해상 경계선을 획정하지 못했기 때문이다. 그에 따라 남북한 사이에 본격적인 논의를 하지 못한 채 공동 어로 구역에 대한 서로의 입장 차이만 확인했다.

또 서해 북방 한계선 일대의 공동 어로 구역 설정과 관련해 남한 어민들의 입장이 충분히 반영되지 못하는 점도 지적되고 있다. 해상 경계선 문제가 중·장기적으로도 해결되기 어렵다면 완전한 평화체제 구축까지 해상에서는 경제협력으로 긴장 완화를 추구하는 방법이 최선이다. 남북이 정상들의 합의에 따라 서해 평화 수역과 남북 공동 어로 구역 설치 문제를 구체적으로 협의하기를 기대한다.

넷째, 남북 군사 협력의 제도화 방안이다. 이와 관련해서 남북한 간에는 군사공동위원회, 군사 당국자 회담, 고위급회담, 정상회담 등 다양한 방안을 시도한 바 있다. 평양 공동선언에서 남북 군사공동위원회의 가동에 합의했는데 아직 시행되지 못하고 있다. 군사공동위원회의 구성과 운영에 관해서는 이미 1992년 5월 5~8일에 7차 남북 고위급회담에서 합의문을 채택한 바 있어 운영

자체에는 어려움이 없다. 관건은 역시 북한과 미국의 비핵·평화 협상의 진전 여부다. 북·미 협상이 활성화된다면 남북 군사 협력도 제도적인 기반 위에서 진전해 갈 것이다. 그때를 대비해 교류·협력에 대한 군사적 보장, 긴장 완화와 신뢰 구축, 군축 등 분야별로 구체적인 대비책이 있어야 한다.

이상과 같은 9·19 남북 군사 합의 이행 및 확대를 바탕으로 남북한은 장래에도 긴장 완화와 군사 협력을 지속 가능하게 발전시켜 가야 한다. 여기에서 핵심은 한반도 맥락에 맞는 군비 통제 방안을 공동 수립해 시행하는 것이다. 다른 하나의 과제는 남북 공동의 안보관을 복합 안보 개념을 바탕으로 모색하는 일이다. 코로나19 사태, 기후 위기의 영향, 핵 유출 등 세계적·지역적 안보환경의 변화와 한반도의 특수성을 반영해 안보 정책을 종합적으로 재검토할 필요가 큰데, 그 토대에서 안보관의 재정립도 중요한 과제다. 9·19 남북 군사 합의는 협력 안보의 예로 보기에 충분하고 인간 안보의 측면도 담고 있다.[15]

4 | 요약과 결론

지금까지 나타난 문재인 정부의 평화체제 구축 정책은 그 목표와 방향이 타당하다고 판단되며 국내외적으로 폭넓은 공감대를 형성하고 있다. '평화와 번영의 한반도'로 표상되는 이 정책은 크게 비핵화, 평화체제, 남북 관계 발전을 축으로 하고 있다. 전쟁의 위기에서 출범한 문재인 정부가 긴장을 완화하고 일련의 정상 외교와 스포츠 외교로 평화 프로세스를 개시한 것은 크게 평가받을

---

15 예컨대 판문점 공동선언에서 남북은 "안전한 어로 활동을 보장하기 위한 군사적 대책", "교류 협력 및 접촉 왕래 활성화에 필요한 군사적 보장 대책"을 취해가기로 했다. 또 9·19 남북 군사 합의서를 통해 남북은 산불 진화, 조난 구조, 환자 후송, 기상 관측, 영농 지원의 경우 상대측에 통보 후 비행할 수 있고, 민간 여객기는 비행 금지 구역을 적용하지 않는다고 합의했는데, 이들 사항이 모두 인간 안보에 해당한다.

만하다. 남북, 북·미, 북·중 등 일련의 정상회담으로 한반도는 안정을 되찾았다. 합의 이행이 교착상태에 있지만 긴장이 고조되지 않고 비핵·평화 협상의 문은 열려 있다. 특히 한국전쟁 이후 적대 관계를 지속해 온 북한과 미국의 정상회담을 중재하고, 북핵 폐기와 평화체제를 선후가 아닌 동시 병행의 과제라고 공감대를 형성한 것은 향후 평화 프로세스를 본격화하는 데 디딤돌로 작용할 것이다. 구체적인 긴장 완화 합의를 이루어냈으며 초보적이지만 일부 실행을 진행한 점도 긍정적이다.

이런 긍정적인 평가와 함께 문재인 정부가 전개해 온 평화정책의 한계와 문제점도 분명하다. 한계란 한반도 평화 프로세스가 북·미 관계에 따라 일차적으로 영향을 받는다는 점이다. 이는 문재인 정부의 평화 촉진자 역할이 제한적임을 말해준다. 9·19 남북 군사 합의의 이행이 중단되어 있는 것도 그런 사정과 무관하지 않다. 비핵·평화 협상이 북·미 간의 전략적 상호작용에 따라 향방이 일차적으로 규정받고, 남북 관계 역시 그 영향권에서 자유롭지 못하다. 이를 고려할 때 문재인 정부가 한반도 평화 비전을 과도하게 설정하거나 그 과정에서 관련국들과의 협의가 불충분하지는 않았는지 성찰할 일이다.

문재인 정부의 평화정책이 보여준 구체적인 문제점들 가운데 본론에서 언급하지 않은 몇 가지를 생각해 보고자 한다.

첫째, 평화 프로세스의 기본 개념이 명확히 정리되지 않았다는 지적이 높다. 예컨대 '평화 프로세스', '비핵평화 프로세스', '비핵·평화 프로세스'처럼 통일되지 않은 용어들이 난립하는데, 이는 기본 개념과 전략이 명확하게 정립되지 않았다는 의문을 불러온다.

둘째, 많은 관련 정책들 간에 관계와 우선순위가 불명확하다. 물론 이 문제는 상황에 의존하는 측면도 있다. 그럼에도 불구하고 정책들 사이의 관계는 선순환이나 조화처럼 낙관론 일변도의 성격으로 환원되지 않은 전략적 차원이 있는데, 향후 그러한 관계 설정이 구체화되어야 할 것이다.

셋째, 2018년 일련의 정상외교 이후 시계 제로의 이행 국면을 전개할 방안의 개발 문제다. 하노이 북·미 정상회담 이후 교착상태가 장기화되는 원인은 크게 보아 제재 국면의 제약과 북·미 간 전략적 계산의 불일치 때문이다. 그럼에도(혹은 그렇기 때문에) 북한의 긍정적인 행동을 유도하기 위해 선제적이고 창의적인 접근이 요청된다. 여기에 제재, 남북 합의 이행, 비핵화 등 다각적인 측면이 작용한다. 합의 이행을 촉진하기 위해 상대보다 한발 뒤에 움직이거나 일대일식 주고받기 외에도 일방적·다자적 방식도 개발할 필요가 높다.

넷째, 목표로서의 비핵(평)화에만 치중할 경우 다양한 현실 가능성에 유연하게 대응하지 못할 우려가 발생한다. 북한의 핵 보유 의지와 북·미 간의 깊은 불신, 비핵·평화 협상의 난관 등을 고려할 때 비핵·평화와 달리(혹은 그 중간 과정에서) '핵 평화'라는 다른 길도 상정이 가능한데 이에 대한 대비도 진행해야 한다. 바이든 행정부의 대북 정책은 합리적이고 실용적으로 보이며, 한미 간에 조율된 대북 정책이 기대된다. 북한의 호응을 유도하고 대화 국면을 조성하는 데 한국의 역할 또한 주목받을 것이다.

평화주의는 하나의 시각으로서 신념을 발산한다. 그러나 평화로 가는 길이 한길만 있는 것은 아니며 평탄한 길만 있는 것도 아니다. 물론 이 말을 평화주의의 유용성을 약화시키는 것으로 오해할 필요는 없다. 문재인 정부의 평화정책은 전통적 안보 정책과 경쟁 관계에 있는 것이 사실이다. 여기서 지적하고자하는 것은 문재인 정부의 평화정책을 평화 다원주의와 전략적 유연성으로 보완해 그 현실성을 제고해야 할 필요성이다. 그럴 때 전통적 안보 정책과 대안적 평화정책이 균형을 이룰 뿐만 아니라 대내외적으로 정책의 지지도를 제고시킬 수 있을 것이다.

참고문헌

청와대 국가안보실. 2018.12. 「문재인 정부의 국가안보전략」.

지은이(수록순)

팡중잉(龐中英) | 중국 칭다오 대학 해양발전연구원 원장

요코야마 마사키(横山正樹) | 일본 페리스 여학원대학 명예교수

박영준 | 한국평화학회 회장, 국방대학교 안전보장대학원 교수

김준석 | 가톨릭대학교 국제학부 교수

홍태영 | 국방대학교 안전보장대학원 교수

이동선 | 고려대학교 정치외교학과 교수

백선우 | 고려대학교 국제대학원 연구교수

고봉준 | 충남대학교 정치외교학과 교수

남기정 | 서울대학교 일본연구소 교수

이승주 | 중앙대학교 정치국제학과 교수

조동준 | 서울대학교 정치외교학부 교수

이혜정 | 중앙대학교 정치국제학과 교수

한용섭 | 국방대학교 안전보장대학원 교수

김영호 | 성신여자대학교 정치외교학과 교수

서보혁 | 통일연구원 평화연구실 연구위원

한울아카데미 2309

21세기 한반도 평화연구의 쟁점과 전망

ⓒ 박영준 외 14인, 2021

엮은이 ㅣ 박영준
지은이 ㅣ 펑중잉·요코야마 마사키·박영준·김준석·홍태영·이동선·백선우·
　　　　고봉준·남기정·이승주·조동준·이혜정·한용섭·김영호·서보혁
펴낸이 ㅣ 김종수
펴낸곳 ㅣ 한울엠플러스(주)
편집책임 ㅣ 조인순
편　　집 ㅣ 조일현

초판 1쇄 인쇄 ㅣ 2021년 6월 28일
초판 1쇄 발행 ㅣ 2021년 7월 19일

주소 ㅣ 10881 경기도 파주시 광인사길 153 한울시소빌딩 3층
전화 ㅣ 031-955-0655
팩스 ㅣ 031-955-0656
홈페이지 ㅣ www.hanulmplus.kr
등록번호 ㅣ 제406-2015-000143호

Printed in Korea.
ISBN 978-89-460-7309-8 93340 (양장)
　　　978-89-460-8087-4 93340 (무선)

※ 책값은 겉표지에 표시되어 있습니다.
※ 무선제본 책을 교재로 사용하시려면 본사로 연락해 주시기 바랍니다.

현대의 전쟁과 전략

**현대 전쟁의 양상과 각국의 전략을 분석해
대한민국의 안보 전략을 다각도로 제시하다**

군사와 안보 환경은 정치적 문제뿐 아니라 사회·경제적 분야
와도 맞물려 그 양상이 빠르게 변화하고 있다. 그러므로 각국
은 대외 변화의 흐름을 고려하면서 동시에 자국의 실정에 맞
는 전략을 선택해야 한다. 동북아 주요 국가들의 전략 경쟁이
가열되는 가운데 한반도는 여전히 정전 상태에 머물러 있다.
이런 상황에서 우리는 어떤 군사·안보 전략을 세워야 할까?

전쟁과 전략 분야의 연구를 주도해 온 국방대학교 군사전략학
과 교수들은 현대 전쟁의 양상과 주요 국가들의 전략을 분석
해 국가안보 전략을 다각도로 제시하고자 '전략연구총서 1권'
을 기획했다.

이 책은 현대 전쟁이 발발한 원인과 배경, 전쟁전략이 무엇인
지 분석하고, 미국·일본·중국·러시아와 같은 강국들의 군사·
안보 전략상의 변화를 고찰한다. 최신 자료와 정보, 이 분야 전
문가들의 냉철한 분석과 전망 등이 국방정책을 개발하고 수
정·보완하는 데 하나의 지표가 될 것이다.

엮은이
**국방대학교 안보대학원
군사전략학과**

지은이
**박영준·기세찬·박민형·손경호·
손한별·이병구·박창희·김영준·
김태현·노영구·한용섭**

2020년 10월 20일 발행
신국판
392면

미·일·중·러의 군사전략(개정판)

'지피지기 백전불태'
미국, 일본, 중국, 러시아의 군사전략으로 알아보는 한국의 안보

한국 안보에 직접적인 영향을 미치는 미국, 일본, 중국, 러시아 4개국의 군사전략을 분석하는 책이다. 각국의 군사전략을 꼼꼼하게 소개할 뿐 아니라 대외적 움직임 속에 숨겨진 의도를 분석하고 있어, 해당 분야에 관심 있는 사람에게 많은 도움이 될 것이다.

이번 개정판에는 2008년 초판 발행 이후 변화한 동북아 국제 정세와 각국의 군사전략을 새로이 실었다. 독자들은 개정판에서 미국 중심의 안보질서가 중국과 미국의 패권경쟁 국면으로 변화하고, 일본과 러시아 역시 각각 미국과 중국과 긴밀한 외교적 관계를 맺어가고 있는 상황을 좀 더 면밀히 이해할 수 있을 것이다. 나아가 '지피지기 백전불태'의 정신으로 주변국의 상황을 통해 한국 군사전략의 좌표 지점을 가늠해 볼 수도 있을 것이다.

엮은이
국방대학교 안보문제연구소

지은이
한용섭·박영준·박창희·김영준

2018년 8월 3일 발행
신국판
272면

한국 국가안보 전략의 전개와 과제
한반도, 동아시아 그리고 평화

역사학적 방법론으로 분석한 대한민국의 안보 전략!
안보 위기의 시대, 지금 한국은 어떤 안보를 구상해야 하는가?

이 책은 역사학적 방법론으로 한국의 국가안보 전략을 살펴본다. 전반부에서는 개별 정치가들의 저술과 연설을 주요 텍스트로 삼아 정권별 국가안보 전략을 소개하고, 후반부에서는 역사학적 방식을 적용해 북한 핵 문제와 동아시아 안보질서의 현안들을 분석하고 대안을 제시한다.

이 책은 국방대학교에서 학생들을 가르치는 저자가 그동안 여러 매체에 국가안보와 정부의 외교 정책에 대해 쓴 글을 한데 모은 것이다. 동아시아 정세 분석과 한반도의 지정학적 위치를 오랜 시간 연구해 온 저자의 통찰력에 기대 국가안보 전략에 대한 안목을 기를 수 있다.

한반도 사드 배치, 미국 트럼프 대통령 당선 등 그 어느 때보다 국가안보 전략을 고민할 때 고려해야 하는 사항이 많아졌다. 역대 정부의 국가안보 전략에 대한 고민과 성찰이 바탕이 된다면 지금 우리가 마주한 복잡한 국가안보 현안에 학문적으로나 정책적으로 좀 더 잘 대응할 수 있지 않겠는가?

지은이
박영준

2017년 3월 3일 발행
신국판
448면

제3의 일본
21세기 일본 외교·방위정책에 대한 재인식

일본은 다시 군국주의로 회귀할 것인가?
현대 일본의 외교·방위 전략을 전망하다

요즘 우리 사회에서는 독도 문제로 재차 일본에 대한 반일감
정이 고조되면서 일본이 군국주의로 회귀할 가능성이 있지 않
겠는가 하는 우려가 제기되고 있다. 그렇다면 과연 21세기 일
본은 이러한 통념이 전망하듯이 대외 침탈을 자행했던 군국주
의로 회귀하고 있는 것인가. 아니면 어떤 다른 어떤 길을 걷고
있는 것인가.

이 책은 일본이 지금까지 그러했듯이 평화헌법 체제하의 자기
제약적 안보정책에 머무르지 않을 것이라는 점을 시사한다.
하지만 그와 동시에 일본이 1930년대에 그러했듯이 대외팽창
을 추진하는 정치세력에 의해 군국주의로 회귀하게 될 것이라
는 통념에도 의문을 제기한다. 이 책의 저자는 21세기 일본이
현존하는 국제질서를 유지하면서도 새롭게 정의된 국가이익
과 국가목표를 추구하기 위해 그들의 증대된 국력을 다양한
수단을 통해 적극적으로 발휘하는 국가로 변모할 것이라고 전
망한다.

지은이
박영준

2008년 7월 25일 발행
신국판
456면

★ 2009 대한민국학술원
우수학술도서